범죄자 마인드

INSIDE the CRIMINAL MIND

임상심리학자가 찾아낸 범죄자의 사고방식

저 자_ 스탠튼 E. 새머나우

역 자_ 이자연

감수자_ 정주호

도서출판 청람

오래 전에 나에게 가르침과 영감을 주셨던

새뮤얼 요컬슨 박사님과

나의 부모님인 찰스 새머나우와 실비아 새머나우를 추억하며

목차

감사의 말

원고를 읽어주고 유용한 제안을 해주신 다음 분들에게 감사를 표합니다. 변호사 앨버트 보닌, 생명과학 편집자 노먼 그로스블랫, 녹스빌 소재 테네시 대학 해슬램 경영대학 교수 테리 립, 퇴임 변호사 조셉 린치, 평생 친구 리처드 스트롬버그.

또한 50년 동안의 결혼생활 동안 내가 하는 모든 일에서 확고하고 명랑하게 나를 지지해 준 내 평생의 사랑 도로시 K. 새머나우에게 감사를 표합니다.

이 책 개정판 제안을 받아주고 출간해 준 펭귄 랜덤 하우스 출판사의 트리샤 보즈코스키에게 감사합니다.

편집자인 어브리 마틴슨과 일할 기회를 갖게 된 것을 깊이 감사하게 생각합니다. 어브리는 꼼꼼하게 내 글을 검토해 주고, 뛰어난 제안을 하고, 신속하게 답하고, 언제나 활기차게 격려하는 등 너무나 많은 면에서 훌륭했습니다. 그녀와의 모든 교류가 긍정적이었습니다. 나는 최고로 운이 좋았습니다.

2022년판 서문

나는 1970년 1월에 워싱턴 DC에 있는 세인트 엘리자베스 병원 범죄행동 조사 프로그램에서 임상 연구 심리학자로 일하게 되었다. 1961년부터 이 작업을 개척한 새뮤얼 요컬슨 박사의 연구에 합류해서, 그가 세상을 떠난 지 6년 후인 1978년에 이 프로젝트를 완료했다. 우리 연구는 여전히 범죄자들에 대해 북미에서 가장 장기간 수행된 심층 연구이자 치료 연구로 남아 있다. 참가자들은 좀도둑에서부터 연쇄 살인범에 이르기까지 다양했는데, 그들 중 일부는 법원에서 "심신장애(원문은 insanity지만 우리나라 형법에 맞춰 심신미약, 심신상실 등을 포함한 심신장애로 번역: 역자 주)를 이유로 무죄"를 선고받은 사람들이었다. 우리는 범죄를 저지르는 것이 일상인 다양한 배경을 가진 사람들을 수천 시간을 들여 면담했다.

나는 초기에 디트로이트 외곽의 한 주립병원에서 중범죄를 범한 청소년 환자들을 대상으로 임상 연구를 했는데, 범죄는 용서할 수 없는 일이지만 가난과 기회 부족, 정신적 충격, 절망에 따른 대응이었다고 믿고 있었다. 다시 말해 범죄자들을 피해자로 인식한 것이다. 하지만 연구에 참여한 범죄자들(그리고 그들을 잘 아는 사람들)과 면담한 이후, 범죄와 범죄 원인에 대한 요컬슨 박사와 나의 생각은 180도 바뀌었다.

우리가 처음에 믿었던 것과는 반대로, 이 범죄자들은 불운하게 환경에 의해 범죄자로 만들어진 것도, 미친 것도 아니었다. 범죄의 원인에 대한 기존의 심리학적, 사회학적 공식에 초점을 맞추었던 것은 역효과를 낳는 것으로 드러났다. 마치 범죄자들이 충분히 변명을 못하기나 한 것처럼 범죄자들에게 더 많은 변명거리를 제공했기 때문이다. 우리는 범죄자들이 범죄를 저지르기로 "선택한다"는 것을 발견했다. 범죄는 그 사람 안에 존재하며, 그가 처한 환경에 의해 야기되는 게 아니라 그가 생각하는 방식에서 비롯된다. 범죄자들은 책임감 있게 행동하는 사람들과는 다른 식으로 생각한다.

우리가 면담한 사람들은 피해자들이 아니라 스스로의 삶의 방식을 자유롭게 선택한 가해자들이었다. 〈범죄자 성향(*The Criminal Personality*)〉이라는 제목의 세 권짜리 책에서 우리는 범죄자들의 생각 패턴(thinking patterns)에 대해 구체적으로 기술하였을 뿐 아니라, 일부 범죄자들이 남을 해치지 않고 살 수 있도록 생각을 바꾼 일련의 과정에 대한 정보를 제공했다.

1978년 알렉산드리아에 사무실을 개설한 이래로, 나는 범죄 혐의로 기소된 수백 명의 남녀와 아이들의 심리평가를 진행했고, 스물 두 곳 이상의 법원에서 전문가 증인으로 증언했다. 나는 수천 시간을 들여 그 가해자들이 생각 패턴을 바꿈으로써 변화하도록 도왔다. 그들의 부모와 형제, 친척, 선생님들, 기타 그들 인생에서 중요한 사람들을 면담하고 조언하는 것도 내 일의 일부였다.

미국 내 48개 주와 캐나다에서 나는 매일 범죄자들과 교류해야 하는 모든 분야 전문가들, 즉 경찰, 교도관, 교육자, 정신건강 관계자, 사회복지 담당관, 사법 관계자, 성직자를 상담하고 교육했다. 내 연구는 최전선에 있는 전문가들에게는 반향을 일으켰지만, 대부분의 경우 범죄자들과 대면하지 않고 탁상공론만 하는 이론가들에게는 거부당하거나 무시당했다. 특히 〈범죄자 성향〉 첫 번째 권이 출간된 이후 늘 그랬다. 1977년 네브라스카 대학 심리학과의 리처드 디엔스트비어 교수는 혹평하는 비평문을 쓰면서 결론 부분에 "이 책은 이론보다 실용적인 면에 관심을 갖고 있는 사람들에게 상당히 도움이 될 것"이라고 인정했다.

나는 지난 50여 년간 범죄자들과 일하며 범죄자가 누구이고 범죄를 줄이기 위해 무엇을 해야 하는지 같은 문제에 대해 미국 사회의 태도가 바뀌는 것을 지켜보았다. 1960년대에는 가해자들을 교정시설에 집어넣는 것보다 사회에 재적응시키는 데 관심이 급격히 높아졌다. 1970년대에는 상습적 범행이 증가해 "뭘 해도 소용없다"는 결론이 득세하면서 재적응에 대한 열기가 식었다. "마약과의 전쟁"은 1971년에 시작되었다. 1980년대에는 엄격한 양형 권고조치가 이루어졌다. 1990년대에는 "세 번 걸리면 아웃(Three strikes and you're out, 삼진아웃: 역자 주)" 법률이 통과되었다. 1980년대부터 1990년대까지, 많은 주들이 사형을 선고했고, 연방정부와 일부 주들은 가석방을 폐지했다.

"대규모 수감"으로 알려진 시대를 거친 뒤, 미국은 "범죄를 엄하게 대하는" 태도에서 벗어났다. 정치가 전반적으로 진보 성향으로 가면서, 대부분의 범죄자들은 본질적으로는 선한 심성을 갖고 있는데 기회를 거부당하고 불공정을 겪으면서 탈선하게 된 것이라는 시각이 다시 득세한 것이다. 사실보다는 이념에 근거해, 개혁가들은 "비폭력적인" 재소자들을 감옥에서 풀어주어 교육과 직업 훈련 및 사회적 기술 등을 제공하는 지역사회 프로그램에 참여하게 하라고 주장했다. 다시 한번 범죄자들은 스스로 통제할 수 없는 어떤 힘 — 빈곤, 인종차별, 나쁜 선례, 심지어 스스로의 유전 형질까지 — 의 피해자로 간주되었다. 연방정부의 부채를 제외한 거의 모든 것이 범죄를 유발하는 요인으로 지적되었다.

미국은 전에도 범죄자의 잘못이 아닌 근본적 원인들로 추정되는 것들을 논함으로써 범죄를 줄일 수 있다는 희망을 품고 그쪽 방향으로 갔지만 성공적이지 못했다. 지난 세기 동안 범죄행위의 원인에 대한 절대적 지식이 쌓인 것도 거의 없다. 한 세기에 걸친 미신이 부활해 정작 관심을 집중해야 할 부분 — 범죄자와 그들이 생각하는 방식 — 으로부터 관심이 멀어지게 되었다. 범죄 원인을 계속 연구하는 것도 중요하지만, 원인을 밝힌다고 해결이 보장되는 것은 아니다. 인과관계의 수수께끼에 시간을 쓰는 것은 지적인 만족을 줄지는 모르지만 범죄자가 생각을 바꿔서 일련의 살육에서 벗어나도록 하는 데에는 별 도움이 되지 못한다.

내가 선택과 책임을 강조하기 때문에 일부 비평가들은 나를 강경한 반동분자이거나, 그보다 더 나쁘게 말하면 범죄자를 악마시하고 그들을 잡아가둔 뒤 열쇠를 버리길 바라는 보수주의자라고 평한다. 다른 이들은 나를 범죄자가 충분한 치료만 받으면 변화할 수 있고 거리를 자유롭게 활보해야 한다고 믿는 순수한 눈을 가진 진보주의자라고 생각한다. 이 책을 읽는 독자라면 누구든 내가 어떠한 정치적 의도도 없음을 알게 될 것이다.

〈범죄자 마인드(*Inside the Criminal Mind*)〉는 미국에서 1984년에 초판이 발행되었고

2004년과 2014년에 개정판이 나왔다. 정책과 법과 이론, 범죄에 대한 여론은 요동쳤지만, 범죄적 사고의 가장 본질적인 것은 변하지 않았다. 비평가들은 범죄성(criminality)은 법에 의해 정의되며 변한다고 주장한다. 나는 개별적인 주법을 고려하기보다는 체포할 수 있는 수준이든 아니든, 남에게 입히는 해를 강조하는 넓은 개념의 범죄성을 제시한다.

범죄자들에 대한 이론들과 선행 개념들을 제쳐놓고 그들의 관점에서 삶을 보는 것은 반드시 필요하다. 나는 다양한 배경을 갖고 있고 다양한 종류의 범죄를 저지르는 범죄자들의 생각 속에 만연한 열 가지 구체적인 "오류들(예컨대 삶을 체스판처럼 보는 것, 비현실적인 기대, 소유의식 등)"을 논할 것이다. 범죄자의 머릿속을 여행하면서 독자 여러분은 범죄자가 집과 학교, 일터, 지역사회에서, 동료들과의 일상 속에서 어떻게 역할을 하는지 이해하게 될 것이다. 범죄자의 사고방식을 알게 되는 것은 범죄 피해자가 되는 것을 피할 수 있게 도와줄지도 모른다.

범죄자는 책임감 있는 사람들과는 다르게 생각하기 때문에 사용하는 언어도 다르다. 예를 들어 범죄자가 당신을 "신뢰한다"고 말한다면, 칭찬이라고 생각하지 말아야 한다. 그의 "신뢰"라는 말의 사용은 그 사람의 세계관을 보여주는 것이며 일상적 쓰임과는 다른 의미를 지닌다. 오해를 피하기 위해서는 이 같은 독특한 언어 사용에 익숙해지는 것이 중요하다. 범죄자가 "이해한다"는 말을 사용하는 것조차 잘못 이해되곤 한다.

최근의 총기난사 사건들로 인해 "레드플래그" 법("Red Flag" Laws, 범죄나 사고를 저지를 위험이 있는 사람들로부터 총기를 일시적으로 압수하도록 경찰 등이 주법원에 청원할 수 있게 한 법: 역자 주)을 제정하라는 여론이 일어났다. 법 집행기관 및 정신건강 담당자들이 정신적으로 불안정한 사람들에게 관심을 갖게 하고 그들이 자신 또는 남들에게 위험을 유발할 수 있음을 보여준 것이다. 이 같은 제안은 상당한 지지를 얻었다. 그러나 그런 노력이 얼마나 현실적이며 얼마나 효과가 있을까? 나는 이 복잡한 문제를 정신질환에 대한 논의에서 다룰 것이다. 범죄자의 협박과 괴롭힘을 감내한 가족과 동료들을 살펴봄으로써 가정폭력, 아이 양육권 전쟁, 동료 및 부하직원 학대로 나타난 테러리즘을 논할 것이다.

특히 엽기적이거나 본성을 벗어난 것처럼 보이는 범죄가 일어나면 사람들은 보통 이렇게 반응한다. “그 사람 심각한 병이 있는 게 틀림없어.” 하지만 폭력적인 행동은 일반적으로 아픈 마음이나 정신질환의 산물이 아니다. 그 이유는 자기 어머니를 잔인하게 살해한, 입원 전력이 있는 남자의 사례를 이용해 설명할 것이다. 당연히 살인이 정신질환에서 비롯된 것으로 보일 수 있다. 그러나 오랜 세월에 걸친 심층 연구는 예측하지 못했던 결과를 내놓았다.

보수주의자들이나 진보주의자들이나 똑같이 형사사법제도 개혁을 요구한다. 사람들은 다른 문제에는 동의하는 일이 별로 없지만, 또 강조점이나 구체적 방안에 대한 의견은 갈릴지라도 형사사법제도에 큰 변화가 필요하다는 사실에는 예의 바르게 동의하는 것 같다. 그러나 범죄에 엄격 대응하는 정책을 부정하는 열기 속에 공중의 안전이 위험에 빠질지 모른다. 감옥문을 열고 풀어주자는 좋은 의도의 노력이 50년 전 주립병원들이 폐쇄된 것보다 더 큰 재앙을 불러올까? “탈시설화(de-institutionalization)” 때문에 정신질환이 있는 환자들은 풀려나 다리 밑에서 살게 되었고, 동네 구치소에 수감되었고, 도심 거리에 노숙하고 있다.

이 책은 형사사법제도 개혁에 대한 내용이다. 나는 두 가지에 집중했다. 첫 번째는 범죄 퇴치에 효과적인 정책을 발전시키기 위해 범죄자가 어떤 사람인지 종합적으로 이해하는 것의 중요성이다. 두 번째는 범죄자들의 생각 패턴을 바꾸도록 돕기 위한 구체적 프로그램을 도입해야 할 필요성이다. 이념이나 정치 때문이 아니라 범죄자의 마인드에 대한 지식을 근거로 이 두 가지를 권고한다.

역자 서문

"범인은 조현병을 앓고 있었고…", "이들은 평소 PC방에서 폭력적인 게임을 즐겨한 것으로 알려졌으며…", "평범한 중학생이었던 그는 부모의 이혼 이후 말수가 줄었으며 학교에서 왕따를 당하기도…", "범행 당시 만취 상태로 상황판단 능력이 떨어져…"

범죄자에 대한 서사에는 흔히 '잠재적 원인'들이 따라붙는다. 특히 총기난사나 존속 살해, 아동 성폭행 같은 흉악범죄가 일어나면 사람들은 도대체 인간이 왜 이런 끔찍한 짓을 벌이기에 이르렀는지 알고 싶어 하고, 가족이나 친구, 질병 등 성장 배경 속 온갖 요인들이 조명받기 마련이다. 어떤 특정 사건이나 환경 변화 때문에 천사 같던 아이가 달라졌다고 믿는 경우도 흔하다. 이런 믿음은 종종 범죄자가 '상황의 피해자'라는 시각으로 이어진다.

이 책의 저자인 스탠튼 새머나우 박사는 범죄자들의 과거나 성장 배경이 아니라 그들의 현재 사고방식에 주목해야 한다고 주장한다. 범죄 원인이 뭐든 간에 범죄자가 세상을 보는 시각과 자신과 타인의 삶을 대하는 방식을 알면, 그 범행이 어쩌다 일어난 일인지, 아니면 지금까지도 있어왔고 앞으로도 반복될 행동인지 알 수 있다는 말이다. 박사에 따르면 뼛속까지 범죄자인 사람들에게는 공통적으로 범죄자 마인드가 있다. 이것이 범죄자들을 이해하고 그들의 행동을 예측할 열쇠이다.

임상심리학자인 저자는 50여 년간 수많은 범죄자들과 그 가족, 지인들과 면담한 내용을 토대로 범죄자 마인드의 특징을 정리했다. 정신질환, 빈곤, 가정 불화, 마약 중독 등 다양한 잠재적 원인 꼬리표를 달고 있는 중범죄자들을 만나온 그는, 범죄자와 같은 상황 속에 있던 많은 다른 이들은 전혀 범죄를 저지르지도, 생각하지도 않았다고 지적한다. 문제 상황이 있는지가 아니라 범죄자 마인드를 갖고 있는지 여부에 초점이 맞춰져야 한다는 것이다.

범죄자 마인드는 범죄자들의 삶에 뿌리 깊게 자리잡고 있는 몇 가지 '생각의 오류들'을 말한다. 저자는 이 범죄자 마인드를 바로 잡지 않는 한, 위험 요인을 제거하고 좋은 기회를 제공한다고 해서 범죄자가 달라지지 않는다고 주장한다. 교도소나 소년원의 기술 교육, 독서, 정신건강 프로그램만으로는 교정 효과에 한계가 있다는 뜻이다. 저자는 범죄자를 환자 또는 피해자로 취급하며 비판을 삼가는 일부 접근법에 대해서도 회의를 표한다. 범죄자가 새 인생을 살게 하기 위해서는 스스로의 문제점을 직시하고 그가 선택한 행동이 얼마나 큰 피해를 가져온 무책임한 행동이었는지 뼈저리게 인식하도록 하는 과정이 반드시 필요하다고 그는 강조한다.

저자의 이런 입장에 대해 어떤 독자들은 언뜻 불편함을 느낄지도 모른다. 미국 사례를 바탕으로 쓴 책이라 우리나라의 현실과 다소 차이가 있을 수 있고, 통계적 분석이나 범죄심리학 이론보다는 사례 소개 중심이라는 점에서 일반화 가능성에 대한 문제 제기도 있을 수 있다. 특히 저자가 범죄자 마인드를 가진 사람이면 연령이나 범죄의 경중을 가리지 않고 '범죄자'로 지칭했기 때문에 모든 범죄자를 같은 부류로 취급한다고 오해할 수도 있다. "한번 범죄자면 죽을 때까지 범죄자이고 교화의 여지가 없단 말인가?" 하는 의문이 들 수도 있다.

그런 독자들에게 18장 '범죄자 변화시키기'는 큰 감동으로 다가올 것이다. 이 장에서는 강도 행각을 벌인 뒤 심신장애를 가장해 처벌을 피하고 병원에서 생활하던 리로이의 교화 과정이 상세히 소개된다. 리로이는 범죄자 마인드의 전형과도 같은 생각 패턴으로 30년 동안 크고 작은 법규를 위반했지만 환경이나 정신건강 탓으로 돌리면서 살아왔고 그 자신이 나쁘다고는 한번도 생각하지 않았다. 도무지 바뀔 것 같지 않던 리로이 같은 범죄자들이 수년에 걸친 요컬슨 박사와의 정기 모임을 통해 자신을 돌아보고 깊은 반성에 이르게 되는 이야기는 범죄자의 마인드를 바꾸는 것이 얼마나 많은 시간과 노력이 필요한 지난한 과정인지를 보여준다. 이론 적용만으로 쉽게 예측할 수 없는, 범죄자 한 명 한 명의 치열한 자기와의 싸움 고백을 통해 현실과 밀접한 임상 연구로서 이 책이 지닌 가치가 명백히 드러난다.

교도 행정 및 범죄 예방 정책은 주장이 갈리고 논쟁이 끊이지 않는 까다로운 분야이다. 범죄자가 뚜렷한 이유나 실익이 없는 상황에서 스스로를 위험에 빠뜨리는 범죄를 저지르는 이유를, 또 그들이 오랜 수감생활과 교정 프로그램을 경험하고도 출소 후 다시 범죄로 돌아가는 이유를 일반적인 인간 심리학적 관점으로는 이해하기 힘들다. 미국도 시대와 정권에 따라 범죄에 대한 강경책과 온건책 사이를 수차례 오가며 혼선을 겪었다. 학자들의 연구가 현실과 유리되어 있는 경우에는 특히 혼란이 가중될 수밖에 없다. 그런 면에서 이 책은 또 다른 토론의 출발점이 될 것이다. 정책 입안자 및 교도 행정 실무자들에게, 임상심리상담사와 치료사들에게, 범죄심리학 전공자들에게, 그리고 범죄자의 머릿속을 궁금해하는 많은 독자들에게, 이 책에 담긴 두 교수의 70년에 걸친 범죄자 연구 기록이 새로운 시각과 통찰력을 제공할 것이라고 확신한다.

끝으로 이 번역 프로젝트의 물꼬를 터주신 송채수 가천대학교 인권센터장님과 감수하고 추천해 주신 정주호 가천대학교 경찰행정학과 교수님, 번역 과정에서 귀한 조언을 주신 동시통역가 황유진 님, 책을 멋지게 출간해 주신 도서출판 청람의 이수영 대표님과 꼼꼼히 교정해 주신 편집부 박미선 님에게 깊은 감사의 말씀을 드린다. 이 번역서는 이 분들 덕에 나올 수 있었다. 곁에서 지지하고 응원해 준 가족들에게도 한없는 고마움과 사랑의 마음을 전한다.

2023년 새해 벽두에

역자 이자연

01

범죄 원인에 초점을
맞추는 것은
쓸데없는 짓이다

01

범죄 원인에 초점을 맞추는 것은 쓸데없는 짓이다

세상을 이해하려고 애쓰는 과정에서 사람들은 "왜?"라고 물으며 설명을 구한다. 우리는 마치 문제를 야기한 원인을 찾아낼 수만 있다면 해결책을 찾을 수 있으리라고 짐작한다. 범죄 원인들을 찾아내려는 사회학, 심리학, 생물학 이론들이 수십년 동안 발전해 왔다. 여기서 다 열거하지는 않겠지만, 사람이 통제 불가능한 상황들 때문에 범죄자가 된다는 잘못된 결론에 근거한 지속적인 관념에 대해 이 책에서 논할 것이다.

2019년, 레너드 번스타인의 1957년 뮤지컬 〈웨스트 사이드 스토리〉의 새 버전이 브로드웨이에서 초연했다. 주제가에 변화들이 있긴 했지만 풍자적인 노래 "맙소사 크럽키 형사님(Gee, Officer Krupke)"은 그대로 남아 있었다. 그 노래에서 조직폭력배들은 자신들의 범죄성을 사회경제적 결핍과 뿌리 깊은 정신병리학으로 돌린다. 노래에 따르면 비행청소년들은 술에 찌든 아버지들 때문에 비행청소년이 된 것이다. 그들은 쓸모없는 게 아니라 오해받은 것이다. 그리고 사회가 끔찍한 짓을 해왔기 때문에 그들은 "사회학적 환자"다. 이런 가사들이 암시하는 근본적인 오해들이 범죄자보다 사회가 더 범죄에 책임이 있다는 시각에 힘을 실어준다.

환경은 범죄를 일으키지 않는다

가난과 범죄의 연관성을 가장 먼저 언급한 것은 마르쿠스 아우렐리우스(121~180 AD)였다. 그는 "가난은 범죄의 어머니"라고 말했다. 범죄는 지속적으로 경제적 불이익에 대한 규범적이고 대응적인 반응으로 여겨져 왔다. 예일대 일라이저 앤더슨 교수는 〈디애틀란틱〉에 기고한 글 "거리의 규칙(The Code of the Street)"에서, 명성을 얻기 위해 규칙을 지켜야 하는 하드코어(hardcore) 거리 청소년 중 일부가 공유하는 "대항적 의미"에 대해 묘사했다. 2019년 위올라잇그룹(wealright group)의 보고서에 따르면 앤더슨의 글은 "범죄행각을 합리화하고 심지어 필연화하는" 내용이었다. 수많은 연구들이 제시하듯, 가난은 생존하기 위해 분투하는 사람들에게 심대한 영향을 끼친다. 그러나 경제적으로 가장 궁핍한 사람들이 범죄를 저지름으로써 상황에 대처한다는 것을 보여주는 증거는 어디에도 없다.

반세기도 더 전에 전미역사협회(American Historical Association: AHA)는 "우리의 도시들에서 가장 높은 비행과 범죄율은 도시 빈민 지역에서 나오며 납득할 만한 완벽한 이유가 있다"고 했지만, 그러면서도 "범죄자들은 사회 모든 계층에서 나온다.… 도시 빈민 아이들 대부분이 훌륭한, 법을 준수하는 시민으로 성장한다는 사실은 아무리 강조해도 과하지 않다"고 인정했다.

여전히 "근원적 원인"이라는 용어가 범죄에 기여하는 사회적 조건들을 칭할 때 쓰이지만, 전문가들은 범죄행동을 충분히 설명하는 단 하나의 요인은 없다는 사실을 인지하고 있다. 대신 그들은 병을 키울 가능성을 높이는 모든 것을 칭하는 "위험 요인들"을 찾는다. 미국 질병통제예방센터(Centers for Disease Control and Prevention: CDC)는 열한 개의 개인적인, 여덟 개의 가족과 관련된, 여섯 개의 동료 및 사회와 관련된, 그리고 여섯 개의 지역사회와 관련된 위험 요인들을 발견했다. CDC에 따르면 "위험 요인들은 청소년 폭력의 직접적 원인이 아니다." CDC는 사람들이 상상할 수 있는 거의 모든 사회적, 가족적인 악감정을 지목해 31개 위험 요인이 뒤죽박죽으로 엮이게 만들었다. 일부 위험 요인들은 사실상 결과를 묘사한 것이라 "위험 요인"이라 불리지 말았어야 했다. "반사회적인 또래 친구와의 친분"은 위험 요인이 아니다. 그것은 사람이 한 선택들의 결과

이자 범죄를 저지른 청소년의 특징이다. 또 다른 예는 "부모나 양육자에 대한 약한 감정적 유대"이다. 범죄적 사고를 하는 사람은 부모와 유대감이 약한 것이 당연하다. 어릴 때 불법적 행동을 하는 것을 부모가 방해하기 때문이다. CDC는 또한 "젊은이들이 폭력적이 될 위험을 완화시켜 주는 보호 요인들"도 열거했는데 높은 학점, 긍정적 사회적 지향, 종교적 신념 등이 포함되어 있다. 그러나 나는 그런 보호 요인들을 가지고 있지만 그럼에도 불구하고 범죄행위에 연루된 청소년들 및 성인들과 면담을 해왔다.

누군가에게 위험 요인인 것이 다른 누군가에게는 기회가 되기도 한다. 나는 총기와 마약을 쉽게 구할 수 있는 동네에 사는, 가난하고 혼란스러운 가정에서 자란 범죄자들과 면담했는데, 그들 대부분에게 유사한 위험 요인을 지니고 있지만 범죄를 저지르지 않은 형제자매들이 있었다. 범죄에 가담함으로써 부모나 형제가 스스로의 삶을 망가뜨리는 것을 지켜보는 것은 많은 "혼돈스러운 동네" 주민들에게 책임감 있게 살 기회를 붙잡게끔 영감을 주었다.

내가 면담한 린다는 아버지와 오빠가 교도소에 있었다. 린다는 워싱턴 DC의 남동부의 공공주택에서 자랐다. 린다는 적십자사에서 경력을 쌓았고, 집을 소유했으며, 한 번도 경찰에 연행되지 않았다. 나는 그녀 가정과 이웃에 "롤모델이 부재"했는데 어떻게 그녀가 범죄에 빠지지 않았는지 물어보았다. 린다는 세 어절로 답했다. "나는 관심이 없었어요(I wasn't interested)." 어릴 때부터 그녀는 누구를 따라하고 어떤 삶을 살아갈지에 대한 선택을 해왔다. 린다가 마약 밀매업자가 되었거나 도둑이 되었거나 매춘부가 되었다면 많은 이들이 그녀의 배경에 비추어 보았을 때 예측되던 결과라고 말했을 것이다. 그러나 그런 일은 일어나지 않았다. 주변 위험 요인들 때문에 스스로를 발전시키고자 하는 린다의 동기부여는 더 높아졌다.

일단 일이 벌어진 뒤에는 삶의 거의 모든 조건이 위험 요인으로 생각될 수 있다. 부유한 가정에서 자랐어도 마찬가지다. 심리학자인 커트 바톨과 앤 바톨은 "높은 경제적 지위를 가진 가정의 아이들과 성인들도 심각한 비행과 범죄에 개입한다"고 지적한다. 2013년, 한 청소년이 음주운전으로 4명의 보행자를 사망에 이르게 했다. 그의 변호인은 판사 앞에서 부유한 부모 때문에 소년이 버릇없이 자랐고 선을 넘지 말아야 한다는 것을 배우지 못했다고 변호했다. 이 "풍요병(affluenza, affluent(풍요로운)와 influenza(유행성

독감)의 합성어인 어플루엔자는 부(富)를 독감에 빗댄 용어: 역자 주)" 변호가 너무 효과적이어서 이 청소년은 징역을 살지 않고 보호관찰을 선고받았다. 그러나 그의 불법행위는 계속되어서 보호관찰 기간 동안 준수사항을 위반했고 어머니와 함께 멕시코로 도주했다가 결국 둘 다 2년간 징역에 처해졌다. 확실히 범죄 마인드는 특정 사회경제적 집단에 제한되지 않는다.

범죄가 만연한 지역 주민 대부분은 범죄자가 아니다. 그들은 피해자들이다. 1970년대 브라질에서는 농촌 지역 사람들이 도시로 이주하면서 도시 빈민가들이 생겨났다. 가격을 감당할 수 있는 집을 찾을 수 없어서 그들은 빈민촌으로 몰렸다. 리우데자네이루만 해도 약 150만 명의 사람들이 마약조직들이 지배하는 1,000여 곳의 빈민촌에 살았다. 마약왕들 지배하에서 무장한 젊은이들이 주민들을 보호한다는 명목으로 자기들 영역을 순찰했다. 리우에서 가장 큰 빈민촌인 호시냐에는 거의 십만 명이 살았다. 이 지역을 지배하는 폭력조직인 아미고스 도스 아미고스(Amigos dos Amigos)는 살인, 마약 밀매, 성매매, 불법 도박, 납치 등을 저질러왔다. 빈민촌 주민 대부분은 법을 준수하는 사람들이다. 많은 사람들이 직업이 있고 중산층에 편입한다. 그들은 빈민가에 상하수도와 전기, 인터넷이 연결되도록 돕기 위해 열심히 일한다. 호시냐에는 작은 가게들과 지역센터, 학교, 오락시설, 케이블 텔레비전이 있다. 여러 세대에 걸쳐 열심히 일한 사람들이 계속 이 곳에 살면서 환경을 개선하려고 노력한다. 그러나 조직폭력배들 사이에서 혹은 조직원들과 경찰 사이에서 폭력 사건이 일어날 때마다 바깥 출입이 금지되고 아이들이 학교에 못 가고 보건시설은 폐쇄된다는 점에서 그들은 여전히 피해자들이다.

호시냐에서는 부유한 코파카바나 지역의 고층빌딩들이 보인다. 이 같은 소득 격차는 총기난사와 연결 지어져 왔다. 〈바이오메드 센트럴 공중보건(*BMC Public Health*)〉에 실린 논문에서 로이 권과 조셉 카브리라는 "소득 격차가 분노와 원한을 키우는 환경을 조성하고 이것이 궁극적으로 폭력을 가져온다"고 주장했다. 이 사회학자들은 "총기난사전염병"에 효과적으로 대응하기 위해 소득 불평등과 불평등에 의해 생겨나는 불안정한 요인들을 근절해야 한다"고 강조한다. 이 같은 시각은 부유한 사람들도 총기난사를 저지른다는 사실을 무시하고 있다. 2017년 라스베이거스 MGM 맨덜레이 베이 호텔에서 58명을 살해한 스티븐 패덕은 비디오 포커 게임을 할 때 수만 달러를 한번에 거는 도박을 했다. 2020년 4월 18일 캐나다 노바스코샤의 농촌 마을에서 18명을 살해한 가브리엘 워트만은 백만장자였다.

사실 수십억 명의 사람들이 소득 불평등의 영향을 받지만 절대 다른 사람을 총으로 쏘지는 않음에도 불구하고, 불평등에 초점을 맞춘 사회학자들 설명에 따르면 격변은 사회 책임이다. 그들의 해결책은 전혀 해결책이 아니다. 총기난사를 벌이는 것은 다름 아닌 범죄적 사고방식이며, 그런 사고방식을 가진 사람의 배경은 다양하다.

불평등이 범죄성을 일으킨다기보다는 범죄성이 불평등을 증가시키는 데 크게 기여할 수 있다. 누군가 수감되었을 때 제한적이던 그 가족의 경제력은 더 압박을 받는다. 고정 수입이 끊기면 삶의 질이 곤두박질친다. 범죄자 때문에 희생양이 된 작은 사업은 문을 닫아야 하며 사업자와 종업원들은 더 빈곤해진다.

위험 요인이라는 개념은 범죄행위를 종합적이고 세련된 방식으로 설명하는 것처럼 보이지만, 사실상 사람에게는 전혀 관심이 없다. 설탕 과다, 고콜레스테롤, 수면의 질 저하, 신체적 기형, 납이 들어간 페인트, 음력 주기, 비타민 부족, 실내 온도 상승 등 위험 요인 목록은 끝도 없으며 CDC가 찾아낸 것보다 훨씬 더 많아졌다.

심리학자 호스티나와 밀러는 "경제적 궁핍" 속에서 자란 일부 아이들이 "긍정적으로 대응"하게 하는 데에 보호 요인들이 큰 영향을 끼친다고 주장한다. 그들은 젊은이들의 "활발하고, 사회성 좋은 성향"과 전반적인 "회복탄력성"을 그들의 "사회적 환경" 덕으로 돌린다. 심리학자들은 같은 환경에서 자란 아이들이 왜 전혀 다른 길을 걷고 누군가는 구치소에 가게 되는지 설명하지 않는다. 결과가 어떻게 되든 갖다 댈 쉬운 해설이 있는 것 같다.

환경은 범죄 기회를 제공할 수 있다

환경이 범죄를 야기하지는 않지만 범죄에 영향을 줄 수는 있다. 〈무법 대양(*The Outlaw Ocean*)〉이라는 제목의 저서에서, 〈뉴욕타임스〉 기자인 이안 얼비나는 바다를 마지막 미개척지라고 묘사했다. 대부분의 해역은 관리를 받지 않고 있기 때문에 문명과 야만의 차이가 거의 없다. 법이 없는 이 영역에서는 범죄가 일어나도 보도되지 않고 조사되지 않고 기소되지 않는다. 화물 밀수와 인신매매, 불법 조업이 창궐한다. 이 같은 바다 환경은 범죄가 자행되어도 처벌되지 않을 기회를 제공한다. 대체 어떤 류의 사람들이 이런 환경을 찾아갈까? 얼비나에 따르면 꽤 많은 사람들이 정부와 규율로부터 벗어나고 싶어서 바다에서 살고 싶어 하고 실제로 실행한다고 한다.

기회가 범죄를 야기하지는 않는다. 만만한 타깃이 발견되면 범죄자들은 기회를 포착한다. 추운 날 차 주인이 차에 난방만 켜놓고 따뜻해질 때까지 안 타고 놔둔다면 오리 도둑 앞에 앉아 있는 오리 꼴이 난다. 범죄자들은 렌터카 앱을 악용해 키가 꽂혀 있는 자동차들의 위치를 파악한 뒤 이 차들을 훔쳐 범죄에 사용한다. 2019년과 2020년 사이 미국 워싱턴 DC에서 자동차 절도가 141퍼센트 증가한 데에는 코로나19가 한몫했을 것으로 보인다. 〈워싱턴포스트〉는 "거리에 배달업자 차량이 증가하면서 절도 기회가 엿보이는 타깃 차들이 늘었다"고 보도했다.

위기의 시대에는 범죄자들이 기회를 놓치지 않고 공격에 나선다. 〈포춘〉 보도에 따르면 사이버 범죄자들은 병원과 연구소 컴퓨터들을 해킹하고 중환자들의 기록에 접근이 안 되게 막는 등 코로나19 전염병을 악용했다. 중환자들이 분초를 다투어 빨리 기록에 접속해야 하는 것을 알기에 접근 가능하게 해주는 대가로 거액을 요구한 것이다.

코로나19로 수백만 명의 사람들이 집에 머물 때 사기꾼들은 역대 최고 수준으로 공격에 나섰다. 〈체크북(Checkbook)〉에 따르면 사기꾼들은 모든 분야에서 공격을 해왔다. 자동안내 전화, 문자, 이메일, 소셜미디어 광고 등 온갖 수단을 동원해 재정 지원을 제안하거나 가짜 치료법이나 약을 판매했다. 〈워싱턴포스트〉 칼럼니스트인 미셸 싱글터리는 범죄자들이 투자 대비 큰 수확을 거둘 수 있다고 사기를 치거나 "집에서 할 수 있는 마케팅 일"을 제안함으로써 소득이 절실한 사람들을 갈취했다고 보도했다. 연방거래위원회(FTC)의 소비자보호국 앤드류 스미스에 따르면, 확진자 수가 첫 정점을 찍었던 2020년 2분기 동안에는 소득 관련된 사기 사건이 기록적인 수준으로 일어났다.

범죄자들은 전체주의 국가에서 정부가 전복되거나 지도자가 갑자기 사망했을 때 따라오는 무법적인 혼란을 활용한다. 구소련의 몰락 이후 러시아에서는 범죄가 급증했다. 이라크에서도 독재자 사담 후세인이 쫓겨나자 혼란과 내전이 일어났고, 리비아의 혁명 지도자 무아마르 카다피가 사망한 뒤에도 같은 현상이 일어났다.

환경은 범죄를 억제할 수 있다

범죄자들은 마음에 안 드는 환경이나 기타 장애물들 때문에 자기 성격을 바꾸지는 않는다. 환경으로 인해 기회가 줄어들면, 일시적으로나마 범죄를 저지르는 것을 삼간다. 2010년 〈크리스천 사이언스 모니터〉는 볼티모어의 높은 살인율도 사람을 꼼짝 못하게 하는 눈보라가 치는 시기에는 0으로 떨어졌다고 보도하며 이렇게 덧붙였다. "불평등과 가난, 결핍, 정당한 분노가 눈폭풍이 몰아친 며칠 동안 줄어든 것은 아닐 것이다." 기사는 간단한 명제와 함께 끝났다. "범죄의 근본 원인은 범죄를 저지를 기회다."

2020년 코로나19 시기 동안, 사람들이 집에 격리되면서 일부 범죄의 기회가 감소했다. 〈뉴욕타임스〉에 따르면, 엘살바도르의 살인율은 2월과 3월 사이에 50퍼센트 감소했다. 〈워싱턴포스트〉에 따르면 워싱턴 DC의 강도율은 3분의 1로 급감했다. 거리에서 쉽게 타깃을 찾을 수 없게 됨에 따라 범죄자들은 다른 방식으로 사람들을 약탈했다. 집에 질린 대중에게 호소하며, 무허가 코로나19 테스트 키트나 검증되지 않은 치료약을 파는 사기극을 홍보한 것이다. 워싱턴 DC 경찰청장은 "우리의 폭력 범죄자들에 관한 한, 전염병도 그들의 행동을 전혀 바꾸지 못했다"고 말했다.

제재를 강화하거나 환경 디자인을 개선하는 것은 효과가 있었다. 폭행과 경범죄가 증가한 뒤, 전미철도여객공사 암트랙은 열차 탑승 경찰관 수를 늘렸다. 건축가, 개발자, 그리고 도시 계획자들은 밝은 보안등이나 감시 카메라, 자물쇠 같은 예방 수단을 도입함으로써 범죄를 저지했다. 그들은 대중이 집합하는 장소에 열린 공간을 만들고 범죄자들이 숨기 어렵게 만들었다. 필라델피아는 빈민 지역 공터들을 잔디 깔린 깔끔한 구역으로 바꾸었고, 3년에 걸쳐 총기 관련 폭력건수가 29.1퍼센트 감소했다.

콜롬비아 칼리의 로드리고 게레로 벨라스코 시장은 "난폭한" 살인과 싸워야 했다. 2015년 〈사이언티픽 아메리칸〉에 실린 한 기사에서 그는 사회경제적 문제들이 해결되지 않는 한 폭력 범죄가 줄어들 수 없다는 협박도 받았다고 회고했다. 살인의 물결에 즉각 맞서야 하는 상황에서 그는 거리에 경찰관을 늘리고 그들 몸에 감시 카메라를 장착하게 했다. 그 결과 "범죄 예방 효과는 증대되고 더 많은 용의자들이 법정에 서게 되었다." 주류 판매와 총기 소지 허가가 제한되던 시기에는 살인율이 35퍼센트나 감소했다.

늘어나는 제재는 범죄자의 성격을 바꾸지 않는다. 일련의 상황으로 인해 행동에 나서기 어렵게 되면, 범죄자는 다른 출구를 찾을 것이다.

매스미디어의 폭력성

미디어의 폭력성은 반세기 이상 범죄행동과 연결 지어져 왔다. 1963년 심리학자 레너드 에론은 텔레비전 시청 습관과 공격적 행동 사이의 인과관계를 언급했다. 1969년 사회학자 마샬 클리너드는 광고가 "사기행각에 가담하기 쉽게 만드는 성향을 키운다"고 했다. 1972년 정신의학과 전문의 프레데릭 워담은 만화책들을 "범죄 입문서"라고 묘사했다.

폭력성 짙은 영화, 텔레비전 프로그램, 비디오 게임들이 폭력적 행동에 개입하게 하는 위험 요인인지 여부에 대한 논란은 수십 년 동안 계속되어 왔다. 2017년 학술지 〈옥스퍼드 범죄학 연구 백과사전(*Oxford Research Encyclopedia of Criminology*)〉은 "토론이 때로는 논쟁적일 수 있다는 말은 상황을 과소평가한 표현"이라고 했다. 아이들과 청소년들 사이에서 폭력적인 비디오 게임들이 불티나게 팔리는 것이 범죄에 영향이 있는 것으로 여겨져 왔다. 2003년 미국 심리학회(American Psychological Association)는 "높은 수준의 폭력적 비디오 게임에의 노출은 학내 비행 및 다툼, 더 나아가 폭력적인 범죄행위와 관련이 있다고 알려져 왔다"고 논평했다. 최근 좀 더 조심스러운 주장에 따르면 그러한 게임을 하는 것은 공격적 행동의 증가와 관련이 있다. 2016년 모든 종류의 미디어 폭력 효과에 대한 거의 400편의 논문들의 결과에 대해 평하며, 미국 소아과학회(American Academy of Pediatrics Council)의 소통 미디어 분과는 "미디어 속 폭력에의 노출과 공격적 행동 사이에는 깊은 관련이 있다"고 했다.

모방 범죄가 존재하는 것은 사실이다. 그러나 모든 모방자 한 명당, 같은 미디어를 보고도 자기가 본 것을 행동으로 옮길 생각을 해본 적 없는 수백만 명의 사람들이 있다. 7년 간격으로 실시된 4개의 설문조사를 분석한 2021년 자료에 따르면 남자든 여자든 "소비한 미디어 양과 모방 범죄 발생은 관계가 없다." 핵심적 이슈는 화면상에 보이는 내용이 아니라 보는 사람의 심리적 구조다. 책임감 있는 사람이라면 자기가 본 영상이나 하는 게임에 의해 범죄자로 변하지는 않는다.

비디오 게임을 하는 것의 혜택들도 보도되었다. 애나 고슈어는 〈워싱턴포스트〉에 쓴 글에서 비디오 게임들이 "도움이 된다"고 단언했다. "폭력의 미묘한 차이를 인지하며 탐험할 수 있게 해주고, 폭력을 사회적 맥락 속에서 제시하고, 현실에서는 직면하지 않을 윤리적 질문들과 마주할 직접적인 기회를 제공"하기 때문이다. 이 글은 "더 많은 사람들이 비디오 게임을 하면 우리 삶이 더 나아질지도 모른다"며 끝난다.

생물학과 범죄

학자들은 연구를 통해 사람이 범죄행동을 저지르게 이끄는 생물학적 성향을 찾아내려고 애써왔다. 반세기 전, 인간행동의 생물학적 측면에 대한 이해가 깊어짐에 따라 사회학 교수 클라렌스 제프리는 몇십 년 뒤에는 "범죄학에 큰 혁명"이 일어날 것이라고 내다보았다. 그러나 혁명은 아직 없었다.

펜실베이니아 대학의 에이드리언 레인은 안정 시 심박수가 낮은 것을 젊은 사람들이 자라서 폭력적 범죄자가 되게 만드는 생리적 결정 요인으로 언급했다. 그는 그런 사람들은 심박수를 정상 수준으로 높이기 위한 자극을 추구할 수 있다고 추측했다. 4,000명 이상의 교도소 재소자들의 뇌활동을 스캔해 본 결과, 켄트 키엘은 "사이코패스"들의 뇌 속 편도체가 비활성화되어 있거나 일반인들보다 크기가 작은 것을 발견했다. 편도체는 감정을 처리하고 공감능력을 발전시키는 데 핵심적인 부위다. 애리조나 주립대학의 더스틴 파디니는 사이코패스들이 잔인한 범죄를 저지르는 것은 "그들의 뇌가 위험 감지 신호를 무시하기 때문"이라는 것을 발견했다. 2020년에 나온 런던의 글로벌 대학의 한 연구는 뇌 구조의 차이로 인해 "일부 사람들은 반사회적인 행동에 참여하는 것을 막아줄 사회적 기술을 발전시키기가 어렵다"고 언급했다. 이 논문 연구자들은 이 같은 뇌 차이가 "유전적이고 반사회적인 행동에 선행하는 것"인지, "지속적인 반사회적 생활방식의 결과물"인지는 불분명하다고 덧붙였다.

핀란드에서 시행된 한 연구는 폭력 범죄와 관련이 있는 유전자를 찾아냈다. 과학자들 발표에 따르면 핀란드 내 모든 폭력 범죄의 4~10퍼센트가 이 유전자들을 갖고 있는 사람들에 의해 일어났다. 그러나 이 연구의 책임연구자는 고위험 유전자 조합을 갖고 있는 사람들조차도 대다수는 평생 범죄를 저지르지 않는다고 덧붙였다. 이 연구로 아무것도 증명할 수 없다는 뜻이다.

과학자들은 유전자와 환경의 상호작용이 복잡하다는 사실을 알고 있다. 예일대 교수 니콜라스 크리스타키스는 환경의 몇 가지 측면들이 유전자 발현에 영향을 끼치는 방식에 대해 연구하고 있다. 버지니아 대학 캐슬린 크롤 박사는 범죄에 대해 쓴 것은 아니지만 "유아기 경험이 아동 발달기 유전자 발현에 영향을 끼치는지"에 대한 일반적 논제들을 제기한다. 하지만 생물학적 특성이 반드시 운명적인 것은 아니다. 레인 박사는 "같은 생물학적, 성격적 특성을 가지고 있어도 다른 결과가 나올 수 있다"고 지적한다. 특정 조건을 갖고 있는 사람들 가운데 무엇이 누군가는 범죄를 저지르지 않고 누군가는 범죄를 저지르게 하는지 여전히 불명확하다.

환경이나 생물학적 구성 때문에 범죄를 저지른다는 생각으로 인해 범죄자가 피해자라는 시각이 사라지지 않는다. 그러나 범죄 원인에 대한 집착이 범죄와의 전쟁에 진전을 가져오지는 않았다.

사회학적, 심리학적, 생물학적 결정주의자들은 선택과 개인 책임을 고려할 여지를 거의 남겨놓지 않는다. 우리가 진흙 덩어리처럼 외부의 힘에 의해 형태가 결정되기 때문에 우리 행동에 책임을 지기를 기대할 수 없다고 보는 듯하다. 교정시설에서 일하는 두 명의 심리학자들은 이 같은 생각이 범죄자들이 책임감 있는 사람으로 변화하도록 돕는 자신들의 일에 방해가 된다고 했다.

1991년 나는 뉴잉글랜드의 교정시설에서 일하던 임상심리학자로부터 편지를 한 통 받았다. 재소자들이 사고방식을 바꾸도록 돕는 프로그램을 실시하고 있다는 곳이었다. 그는 "범죄자들은 우리들과 똑같다"고 믿는 듯한 학계 심리학자들 사이에서는 "범죄적 생각 패턴이라는 개념에 대해 이상하고 흥미로운 저항의식이 있다"고 적었다. 그는 학계의 많은 심리학자들이 "범죄자들에게 무책임하다는 표현을 쓰는 것을 싫어한다"는 사실 — 책임감을 중점적으로 다루는 것이 범죄자들에게 당혹감을 준다는 이론 — 을 알게 되어 혼란스럽다고 했다.

19년이 지난 뒤 플로리다 교정시설의 한 사회복지사도 비슷한 태도를 목격했다고 나에게 써보냈다. 관리직에 있는 그의 동료 여러 명이 재소자들이 냉혹한 환경에서 자라느라 혹은 정신질환으로 고통받느라 발달시킬 기회가 없었던 "적응 기술"을 배울 필요가 있다고 확신하고 있었다는 것이다. 이 사회복지사는 "사실 재소자들은 아주 잘 적응하고 있는데 그들에게 적응하는 기술을 가르치기 위해 정신건강 전문가가 불려왔다"고 적었다. 또한 정신질환 증세도 관찰되지 않은 재소자들이 정신질환을 위한 치료를 받았다고 했다. 그는 "나쁜 행동들은 계속되었고 사고방식을 살피려는 노력은 전무했다"고 했다. 이 사회복지사는 기저에 깔린 원인보다 개인의 책임과 사고방식을 강조한다는 이유로 동료들에게 "잔혹하고 완고하다"고 비판을 받았다.

결론

뷔페처럼 다양한 이론들이 '왜' 범죄자들이 범죄를 저지르는지 설명하고자 한다. 일부 인과관계적 설명은 진실의 한 조각을 품고 있을지 모르지만 해결방안을 제시하지는 않는다. 사회적 조건의 개선이 많은 사람들에게 도움이 되리라는 것은 합리적인 기대다. 하지만 범죄적 사고는 그런 노력을 기울인다고 바뀌지 않는다. 예를 들어 범죄자는 취업 관련 기술을 익히고 범죄를 저지를 새로운 영역으로 진입할지도 모른다. 평생에 걸친 사고방식은 저절로 사라지지 않는다.

우리는 인간 조건의 많은 측면을 유발하는 원인들을 여전히 알지 못하지만, 그렇다고 해서 범죄행동을 다룰 방법이 없는 것은 아니다. 내가 "테이블 위 긁힌 자국"이라고 부르는 방법을 쓰는 것이 매우 중요하다. 테이블 위 긁힌 자국이 왜 생겼는지 알아야 하는 것은 아니다. 대신, 이 긁힌 자국을 어떻게 할지 결정하는 데 있어서 필요한 것은 테이블이 어떤 소재로 만들어졌는지를 아는 것이다. 우리는 범죄자들이 왜 특정 방식으로 사고하는지 모르지만, 우리는 그들이 어떤 방식으로 사고하는지는 안다. 다음 장에서 범죄행동을 유발하는 생각의 오류들에 대해 논하겠다.

02

범죄자 마인드라는 개념 명확히 하기

02

범죄자 마인드라는 개념 명확히 하기

1976년 〈범죄자 성향〉 첫 번째 권이 나온 뒤에 일부 비평가들은 범죄자 성향이나 범죄자 마인드 같은 건 없다고 주장했다. 이들의 비평에는 다음과 같은 내용이 포함된다.

1. "범죄자"의 정의는 특정 시기와 장소에서 인간행동을 다스리는 법에 좌우된다.
2. "범죄자"라는 말은 경미한 범죄를 저지르는 사람과 상습적인 중범죄자를 구분하지 않는다.
3. 사람들이 범죄를 저지르는 것은 악의 때문이 아니라 스스로 통제할 수 없는 환경에 대한 대응이다.
4. 사람들은 악한 의도 때문이 아니라 심리상태 때문에 범죄를 저지른다.
5. 극심한 스트레스와 예측하지 못했던 고난 때문에 누구든 갑자기 범죄를 저지르거나 범죄를 저지르기 일보 직전의 상태에 처할 수 있다.
6. 다른 사람에게 피해를 주지만 결코 경찰의 눈에 띄지 않는 사람들도 범죄자인가?

이 같은 포인트들을 하나하나 논하면서, 나는 독자들이 "인간이 어떻게 생각하고 살아가는지"의 맥락에서 범죄성을 바라볼 근거를 제시할 것이다.

"범죄자"의 정의는 특정 시기와 장소에서 인간행동을 다스리는 법에 좌우된다

사람은 법에 따라 어느 지역이나 사회에서는 범죄자이고 다른 지역, 사회에서는 아닐 수 있다. 그러나 어떤 사람들은 어디에 살든, 그 지역 법이 어떻든 상관없이, 반복적으로 다른 사람들에게 신체적, 재정적, 감정적으로 해를 끼친다. 한 범죄자는 나에게 "현행법상 성폭행이 합법이었다면 나는 성폭행을 저지르지 않을 것이고 대신 다른 걸 했을 것이다"라고 말했다. 이 사람이나 이 사람과 유사한 사람들은 자기 자신과 세계를 바라보는, 책임감 있는 사람들과는 달라도 너무 다른 특정한 사고방식을 갖고 있다. 기회가 있을 때마다 이들은 양심의 가책을 거의 느끼지 않고 남들을 이용한다. 불법행위에 가담하지 않을 때조차 이들은 철창에 갇히는 일부 행실 나쁜 사람들보다 더 큰 해악을 끼친다.

"범죄자"라는 말은 경미한 범죄를 저지르는 사람과 상습적인 중범죄자를 구분하지 않는다

체포할 수 있는 공격의 범위에는 초콜릿을 훔치는 것부터 대규모 학살까지 포함된다. 자동차 관련 법 위반이라는 한 가지 카테고리에 들어가는 행동의 범위만 잠시 생각해 보라. 누군가는 성실하게 제한 속도를 준수하고 한번도 속도위반 티켓을 떼지 않는다. 또 누군가는 수많은 교통법규 위반을 저지르고 면허증이 정지된 뒤에도 계속 운전을 한다. 심리평가를 하면서 나는 이렇게 법을 비웃는 사람들은 운전을 부주의하게 할 뿐 아니라 삶의 다른 영역에서도 부주의하다는 것을 알게 되었다. 운전 기록은 성격에 대한 단서를 제공할 수 있다.

폴의 예를 들어 보자. 수차례 무면허 운전을 하다가 폴은 결국 교통경찰의 단속에 걸려 교통위반 티켓을 끊었다. 그러나 이 일이 일어나기 오래 전부터 폴은 무책임한 사람이었다. 학교를 무단결석하고, 숙제를 거부하고, 수업을 방해했고, 싸움을 벌여 정학을 당했다. 열네 살에 맥주를 마시기 시작했고 나중에는 불법 마약을 시도했다. 한번은 아버지와 언쟁 끝에 아버지를 폭행했고 집에서 도망쳤다. 혼자 지낼 때 폴은 일하고 싶을 때만 일을 했으며 폭음했다. 본질적으로 그 자신이 법이었다. 면허 정지가 풀리자마자 그는 부주의한 운전으로 체포되었다. 폴은 나중에 오토바이에 빠져 할리 데이빗슨을 살 수 있는 돈을 벌기 위해 오래 일하겠다는 의욕이 생겼다. 그리고는 새 오토바이로 얼음 위에서 과속 질주하다가 충돌사고로 갑자기 삶을 마감했다. 그의 범죄자 마인드는 체포되기 수년 전부터 표시가 났고 그가 요절하게 된 이유가 되었다. 하지만 운전 기록만 봐서는 이 같은 사실을 알 길이 없다.

사람들이 범죄를 저지르는 것은 악의 때문이 아니라 스스로 통제할 수 없는 환경에 대한 대응이다

우리가 살고 있는 가족이나 더 거대한 사회적 환경은 우리에게 영향을 끼친다. 그러나 그것이 모든 것을 결정하는 것은 아니다. 우리는 상황에 대응하며 그 대응방식은 우리의 근본 성격을 보여준다.

수차례 절도 혐의로 기소된 열일곱 살 숀의 경우를 생각해 보자. 숀은 혼란스럽고 갈등이 끊이지 않았던 것으로 보이는 중산층 가정에서 자랐다. 숀의 보호관찰관은 그가 애초에 "그의 양육 및 가족 가치에 비추어 보았을 때 전혀 전형적이지 않다"고 묘사했던 이 청소년의 행동을 이해하느라 끙끙댔다. 그는 숀의 통제 불능의 위법적 행동에 영향을 주었다고 생각되는 몇 가지 요인들을 보고서에 열거했다. "아버지가 원거리 일터에 배정됨에 따라 청소년인 숀이 어른 몫의 책임을 져야 했다", "가족이 새로 이사한 동네에서 숀은 왕따와 텃세를 겪어야 했다", "청소년기 반항심과 혼란이 증가했다", "아버지가 귀환하면서 아들인 숀이 기존 위치를 상실했다." 보호관찰관은 숀의 삶이 소통과 상호 존중이 부재했던 아버지의 불안정한 결혼생활로 인해 더 복잡해졌다고 지적했다. 그는 숀의 아버지가 "용서를 모르는" 완고한 사람이었으며 "관용이라고는 없는" 성격이었다고 썼으며, 작은 마을에서 교외로 이사한 것이 숀을 "터프 가이"로 바꾸어 놓았다고 결론지었다.

보호관찰관은 숀에 대한 이런 이론을 제기했지만 그는 모든 면에서 틀렸다. 결혼생활은 악화되었지만 부모님의 논쟁을 부른 가장 큰 요인은 숀이었다. 나는 숀과 숀의 부모님을 몇 달 동안 상담했다. 이 가족이 목가적인 물가의 작은 동네에 살 때에도 숀은 장난전화를 걸었고, 거짓말과 도둑질을 했고, 그 밖에도 숀 스스로의 표현에 따르면 "아드레날린이 치솟게 만드는" 행동들을 했다. 숀은 "나는 뭔가 신나는 일을 위해 산다. 나는 항상 아슬아슬한 상태를 좋아한다"고 말했다.

수천 명의 사람들이 이사를 하고 적응하고, 모두가 청소년기를 겪지만, 그런 요인들은 숀이 폭발적으로 반사회적 행동을 벌이는 것과 무관하다. 이사한 뒤에 숀은 더 쉽게 마음 맞는 친구들을 찾게 되었고 인구밀도가 높고 무질서하게 팽창된 교외 지역이 가져다준 익명성을 범죄를 감추는 데 이용했다. 마을 사람 모두가 숀을 아는 작은 마을에 살 때에는 하지 못하던 행동이었다.

어릴 때부터 숀은 범죄자 마인드를 보였다. 숀은 가족 몰락의 악순환의 피해자가 아니라 남에게 피해를 입히는 사람이었다. 속임수와 반항으로 가족의 삶에 혼란과 갈등을 가중시킨 뒤, 그는 부모를 탓했다.

사람들은 악한 의도 때문이 아니라 심리상태 때문에 범죄를 저지른다

평소 성격에 비추었을 때 전혀 상상이 되지 않는 공격적인 행동들이 있다. 감정적으로 혼란을 겪고 있던, 그러나 범죄자는 아니었던 사람들이 저지르는 행동 말이다. 엘레노어는 슈퍼마켓에서 돈을 내지 않고 수백 달러 상당의 식료품을 실은 카트를 밀고 밖으로 나갔다가 체포되었다. 엘레노어의 부모는 딸이 그런 행동을 할 수 있다는 사실 자체에 크게 충격을 받았다. 엘레노어는 전과가 없었고 범죄를 저지를 의도를 품은 적도 없을 것 같았다. 엘레노어는 직장에서의 진급 실패와 남자친구와의 관계에서 온 감정적 동요로 매우 우울했고, 이런 문제들에 대한 고민에 사로잡힌 채 무심코 걸어 나온 것이라고 주장했다.

하지만 심리평가를 해본 결과, 나는 엘레노어의 절도행동이 갑작스러운 충동이나 정신적 혼돈 때문에 일어난 것이 아니라는 것을 알게 되었다. 엘레노어는 이미 가게에서 도둑질을 한 적이 많았다는 사실을 털어놓으며, "은밀하잖아요. 들키지 않고 빠져나갈 거라고 생각하니까요"라고 말했다. 엘레노어는 심지어 체포된 이후에도 가게에 있으면서 도둑질할 생각을 잠깐 했다고 인정했다.

엘레노어는 가난이나 배고픔 같은 것 때문에 도둑질을 한 게 아니었다. 엘레노어는 중산층 중에서도 상층에 속하는 가정 출신이었다. 현금과 신용카드를 지갑에 넣고 다니면서도 그녀는 자기가 먹을 수 있는 양보다 더 많은 양의 음식을 훔쳤다. 집에서 가져온 장바구니에 식료품을 채워 넣는 것은 충분히 할 수 있는 일이었다. 무인계산대를 지나 식료품이 든 장바구니가 가득 쌓인 카트를 밀고 나가면 가게 직원들이 자기가 돈을 냈을 것으로 짐작하리라는 계산이었다.

엘레노어를 심리평가하는 동안 나는 그녀의 성격에 대해 더 알게 되었다. 그녀를 아는 사람들에게는 이해심 많고 민감한 것처럼 보였지만, 사실 그녀는 관계에 있어 비밀이 많았고 부정직했다. 그녀는 가족 내에서 또 남자친구와의 관계에서 종종 주도권 다툼을 벌였고 자기 뜻을 고집하며 그들을 방어적으로 만들었다.

전과가 없었기 때문에 엘레노어는 법정에서 초행범으로 취급받았다. 하지만 범죄로 기소된 사람들의 심리평가를 하면서 진정한 초행범을 나는 아직 한번도 본 적이 없다. 해당 범죄는 그들이 처음으로 체포되었음을 나타낼 뿐이다. 엘레노어의 경우 첫 번째 범죄로 보이는 행동이 이중성과 체포될 만한 행동을 벌이는 성향이라는 거대한 빙산의 일각이라는 것을 보여준다.

극심한 스트레스와 예측하지 못했던 고난 때문에 누구든 갑자기 범죄를 저지르거나 범죄를 저지르기 일보 직전의 상태에 처할 수 있다

감당할 수 없는 스트레스나 트라우마를 겪으며 절망에 빠지면 우리 중 누구라도 범죄를 저지를 수도 있다고 당신은 주장할지 모른다. 견디기 어려운 큰 역경은 우리를

"코너로 몰아" "평소 성격에서 벗어난" 범죄를 "덥석" 저지르게 할 수도 있다고 말이다. 그게 무슨 의미인지 자세히 살펴보자. 직장 전체에 강제 구조조정이 진행되면서 갑자기 정리해고당한 사람을 상상해 보자. 이 트라우마는 다달이 그의 월급으로 생활하던 그의 가족에게 큰 타격을 준다. 그는 복수를 하겠다고 결심하고, 총을 사서 직장으로 돌아가 난사하기 시작한다.

누군가의 행동을 이해한다는 것은 그의 성격을 안다는 것이다. 스트레스와 트라우마에 어떻게 대응하는지는 그 고난이 일어나기 전에 그 사람이 어떠했는지에 달려 있다. 위의 사례에서 정리해고당한 다른 직원들은 복수를 시도하지 않았다. 유사한 상황에서 다른 사람은 폭음을 하거나, 혼자 있거나, 다른 직업을 찾겠다는 의욕을 다지는 식으로 대응한다. 스트레스의 원인을 물리적으로 제거해버리겠다는 생각은 그 사람 마음속에 떠오르지 않는다.

성향을 벗어난 범죄행동이라는 것은 존재하지 않는다. 우리는 우리가 잘 아는 사람들에 대해 그들의 성향을 잘 안다고 생각할지 모른다. 하지만 그 사람이 그 성향을 벗어나 행동해 왔다는 것은 우리가 그 사람을 생각만큼 잘 알지 못했다는 이야기다. 그 사람이 능력과 성취, 매력 등으로 범죄자적인 정신상태를 숨길 수 있었던 것이다. 그런 사람들은 남들에게 돌이킬 수 없는 피해를 입히기 전까지는 진짜 어떤 사람인지 주변에서 눈치채지 못한다.

타인에게 피해를 주지만 절대 경찰의 눈에 띄지 않는 사람들도 범죄자인가?

정신건강 분야에서 진단명은 바뀌어도 사람의 본성은 똑같다. 사이코패스와 소시오패스라는 말은 정신건강 진단에서 더 이상 쓰이지 않지만, 사이코패스, 소시오패스, 그리고 요즘 쓰이는 반사회적 인격장애 같은 말은 종종 유사한 의미로 쓰인다. 미국 정신의학회(American Psychiatric Association: APA)에서 펴낸 〈정신장애 진단 및 통계 편람(*Diagnostic and Statistical Manual of Mental Disorder: DSM-5*)〉의 가장 최근 버전에 따르면, 반사회적 인격장애를 가진 사람은 "다른 사람의 권리를 존중하지 않고 침범하는 행동방식을 여기저기에서" 보인다. 이런 사람들은 일반적으로 충동적이고 부주의하고 공격적이고 반성을 하지 않는다. 분명 그들은 범죄자들이다. 하지만 이들 중 일부는 겉과 속이 다른 태도로 피해자들을 매혹하고 경찰관들과 정신건강 전문가들을 속인다.

어떤 사람들은 많은 사람들에게 해를 끼치지만 법에 저촉되지 않는다. 그래도 그들 역시 "범죄자"들이다. 자기애적 성격장애를 가진 사람들은 이미 부풀려진 자아상(self-image)을 뒷받침하기 위해 사람들을 조종하고 착취한다. 그들의 멸시와 성급함은 사람들에게, 특히 그들과 가장 가까운 사람들에게 안 좋은 영향을 끼친다. DSM-5는 이런 사람들이 끊임없이 남에게 떠받들여지고 싶어 하는 욕망을 갖고 있고, 착취하는 행동을 하며, 공감능력이 부족하다고 지적한다. 배우자, 자녀, 동료들은 이런 사람들의 심리적 욕구를 만족시키느라 진이 빠진다. 이들은 심지어 처음 만나는 사람들에게도 불쾌감을 준다. 식당 종업원, 영업사원 또는 매점 계산원들도 이들의 경멸의 대상이 된다.

이런 자기애적인 고객에 대해 한 심리학자는 이렇게 묘사했다. "이 사람은 남의 의견이나 자기 행동이 남들에게 끼칠 영향 같은 것은 아랑곳 않고 자기가 하고 싶은 일을 하는 데에 익숙하다. 그는 공격적이다. 모든 상황을 자기가 통제해야 하고, 종종 규칙이나 남들의 시선, 자기 행동이 가져올 파장 같은 것은 깡그리 무시하고 자기가 원하는 것을 하려 한다. 자기 목적을 이루기 위해 맞서거나, 협박하거나, 부추긴다." 이런 사람들이 입히는 해를 절대 과소평가해서는 안 된다. 자아도취자는 남들에게 지속적으로 해를 끼치고 그럼에도 자기는 책임이 없다고 믿는 "범죄자"다.

"범죄자"라는 말은 강한 감정 반응을 일으킨다. 독자들은 내가 "범죄자"라는 말을 법적인 맥락에서 쓰는 게 아님을 이해해야 한다. 내가 강조하는 것은 "사고과정"이다. 책임감 있는 사람들도 종종 "생각의 오류"를 범한다. 심지어 훌륭한 사람들도 항상 훌륭한 것은 아니다. 그들도 생각이 부족해서, 무례해서, 완고해서, 생각 없이 말해서 의도치 않게 남들에게 상처를 준다. 때로 그들은 의도적으로 언어폭력을 가한다. 범죄가 삶의 방식인 사람들에게 이 생각의 오류는 극단적으로 나타난다. 그 결과 어떤 사람은 기본적으로 책임감 있는 사람과 극단적으로 다르게 생각한다.

03

생각의 오류들

03 생각의 오류들

행동은 생각의 결과다. 행동의 "원인"을 이해하려면 행동을 일어나게 한 생각이 무엇인지 찾아내야 한다. 범죄자의 사고과정을 이해하지 못하면 다음에 나올 문장들을 이해하기는 어려울 것이다.

남의 집을 터는 것에 대해 이야기하며 한 범죄자는 이렇게 단언했다. "방에 들어가면 방안의 모든 것은 내 거야." 또 다른 범죄자는 말했다. "그들이 내 돈을 나 대신 안전하게 관리하고 있길." 여기서 내 돈은 그의 은행 계좌 속 저축이 아니라 그가 강탈하려고 계획 중인 은행의 돈을 뜻하는 것이다. 살인미수로 수감된 한 남자는 "나는 절대 내 가족에게 상처를 주지 않아"라고 말했다. 스스로를 "가정적인 남자"라고 칭하던 그는 그러면서 자신이 종종 부인과 자녀 앞에서 이성을 잃을 정도로 폭음을 했고 가끔 "내 몸을 충족시키기 위해" 다른 여자들과 밤을 보냈다고 말했다. 가택 침입과 성범죄를 저지른 어떤 이는 "내 자신을 악인이라고 생각했다면 살 수가 없었을 것"이라고 말했다.

이번 장에서는 범죄를 일상적으로 저지르는 사람들이 보이는 열두 가지 "생각 오류"들에 대해 논할 것이다. 올바르게 이해하기 위해 각각의 생각 오류들은 '연속선상'에 존재한다는 사실을 기억하는 것이 중요하다. 예를 들어 작은 거짓말을 하는 것과 거짓말을 밥 먹듯이 하는 것에는 큰 차이가 있다. 범죄자들은 기본적으로 책임감이 있는 사람들과는 다르게 생각하고, 여기에 생각의 오류들이 결합하면서 큰 해악을 낳는다. 일터에서 같은 어려움에 직면한 세 명의 직원이 다음과 같이 서로 다른 반응을 보인다고 생각해 보자.

밥은 자동차 정비소에서 일하며 겨우 입에 풀칠할 정도의 돈을 번다. 일감이 줄어드는 시기가 오자 직원들은 할 필요 없는 수리를 해주고 고객에게 비용을 청구하라는 지시를 받는다. 밥은 이것이 도둑질이라고 생각한다. 상사가 이런 수리를 하라고 시키면 그는 돈이 절실하더라도 이 일을 다른 사람에게 넘긴다. 그러는 한편, 그는 자신의 원칙을 굽히지 않아도 되는 다른 일을 찾는다. 또 다른 정비공 더글러스는 고객에게 바가지 씌우는 것을 찜찜해하지만, 돈이 절실할 때에는 불필요한 수리를 한다. 칼은 불필요한 수리에 대한 청구서를 정기적으로 작성하고 어떨 때에는 심지어 하지도 않은 수리에 대한 비용을 청구한다. 그는 고객을 등쳐먹는 것에 대해 전혀 양심의 가책을 느끼지 않으며 걸리지 않고 성공하는 스스로에게 자부심을 느낀다. 이런 부정한 행동은 그의 직업활동에만 국한되지 않고 개인적인 삶에서도 만연하게 일어난다.

당신은 정비소의 일감 감소가 직원들이 돈이 절실해진 나머지 사기를 치게 만드는 환경적인 압박이라고 생각할지 모른다. 그러나 그 행동을 결정지은 요인은 환경이 아니라 개인의 생각이다. 밥과 더글러스는 생각 패턴이 서로 다르고 칼의 생각 패턴과도 다르다. 그래서 그들의 행동도 다른 것이다.

이번 장은 이 세상의 '칼' 같은 사람 — 사기와 착취, 협박이 삶의 일부인 사람 — 들에게 초점을 맞춘다. 생각 오류를 알아챌 수 있다면 당신은 범죄인들이 집과 학교, 일터, 지역사회에서 행동하는 방식을 이해할 수 있을 것이다. 이 같은 지식은 범죄 희생양이 되는 것을 피할 수 있게 도와줄지도 모른다.

범죄자들이 다르게 생각한다는 개념 자체는 새로운 게 아니다. 1930년, 유명한 심리학자 알프레드 아들러는 이렇게 언급했다. "범죄자들은 다르다. 그들에게는 자기 나름의 논리와 자기 나름의 지성이 있다. 그들은 세상에 대한 잘못된 견해 — 자기 자신의 중요성과 다른 사람들의 중요성에 대한 잘못된 추정 — 를 갖고 있어서 시련을 겪는다." 아들러는 나아가 범죄자의 범죄들은 그의 삶에 대한 일반적인 개념에 꼭 들어맞는다"고도 했다. 아들러의 글 전반에 암시된 것은 사람들이 범죄자가 되기를 선택하는 것이며, 범죄자들은 종자가 다른 사람들이라는 사실이다. 90년이 넘도록 아들러의 이 같은 주장에 동조하는 사람이 없었다. 범죄자들이 잘못된 생각 패턴과 비현실적인 자아 인식을 가진 사람들이라기보다 환경의 피해자라고 믿는 경향이 있는 오늘날에도 아들러의 주장에 귀를 기울이는 사람은 많지 않을 것이다.

범죄자들에게 공통적으로 발견되는 생각 오류는 다양한데, 나는 그중에서도 가장 만연한 열두 가지를 확인했다. 극단적으로 나타나면 거의 항상 사람들에게 큰 해를 입히는 생각 오류들이다. 이 기본적 사고과정들에 익숙해지면 독자들도 이후 따라오는 범죄 행동을 더 잘 이해할 수 있을 것이다.

거짓말하기

범죄자들은 거짓말을 한다. 정직한 사람들도 망신당하는 것을 모면하기 위해, 일시적인 이득을 취하기 위해, 다른 사람들에게 잘 보이기 위해 거짓말을 한다. 영화 감독이자 패션 디자이너인 톰 포드는 〈배너티 페어〉와의 인터뷰에서 "수차례 거짓말을 하지 않고 거대한 칵테일 파티에 끝까지 참여하기는 어렵다"고 말했다. "당신 너무 멋지네요. 세상에, 만나서 너무 반가워요. 우리는 좀 더 자주 만나야 해요와 같은 말을 하는 거죠. 실제로는 빨리 집에 가서 넷플릭스가 보고 싶어 죽겠지만."

아이들은 거짓말을 할 때 보통 머뭇거리면서 하고, 한 다음에 양심에 찔려 괴로워한다. 대부분의 아이들에게 거짓말은 삶의 일부는 아니다. 그러나 범죄자들은 자기를 지키고 자기 계획과 동기, 의도, 거취를 감추기 위해 거짓말한다. 사소한 일에 대해, 딱히 이유 없는 거짓말도 한다. 이들의 목적 없는 거짓말들은 사실 목적이 있다. 누군가를 속임으로써 자신이 권력과 통제력을 쥐고 있는 이미지를 지키려는 것이다.

거짓말이 숨 쉬듯이 쉽게 입에서 나오기 때문에 범죄자의 거짓말은 충동적인 것처럼 보인다. 하지만 자동화된 습관은 충동이 아니다. 거짓말은 범죄자가 스스로 통제할 수 있는 행동이다. 진실을 말하는 것이 목표에 부합한다고 생각한다면 그는 진실을 말할 것이다. 다른 사람들을 무장해제시키기 위해 범죄자는 진실의 일부만 전달해서 순진한 듣는 이들이 이야기의 전부를 들었다고 착각하게 한다. 이런 전술은 거짓말과 허위 진술, 사칭을 통해 각종 범죄를 저지르는 사기꾼들이 특히 효과적으로 사용한다. 남들이 자기 말을 믿을 때 범죄자는 승리감을 느낀다.

범죄자는 거짓말을 상황에 맞게 재단하는데, 생략기법을 주요 전술로 사용한다. 상황을 예상하면서 범죄자는 거짓말을 미리 계획할 수 있다. 그는 속으로 멸시하는 사람에게 겉으로는 동조하는 시늉을 하면서 호의를 베풀 것이다. 자기 생각은 숨기고 정보를 다 주지 않는다. 이런 사람은 자기가 그저 필요에 따라 행동할 뿐이라고 생각하기 때문에 사기꾼이라고 칭하면 불쾌해할 것이다.

범죄자는 진실과 거짓말을 구별할 줄 알며, 자신에게 가장 이득이 될 말을 할 준비가 되어 있다. 여러 사람에게 수많은 거짓말을 해왔기 때문에 범죄자는 자기가 무슨 말을 누구에게 했는지 잊어버릴 수 있고, 이 때문에 상반된 진술에 대한 해명 요구를 받으면서 지위를 잃을 수 있다.

피해자 행세

범죄자의 목적은 어떤 상황에서도 승자가 되는 것이다. 범죄자는 자기 잘못을 보기보다는 다른 사람들을 탓하고, 자신은 억울하게 고소당하거나 오해를 받고 속고 부당하게 대우받았다고 불평한다. 차별당한 정황이 전혀 없을 때에 차별당했다고 주장한다. 자신이 희생양이라는 이야기를 자주 하다가 몰입한 나머지 가끔은 진짜 믿어버리기도 한다. 누군가 반론을 제기하면 물러서기보다는 자신이 오해를 받고 있다고 주장하는데, 다른 사람을 방어적으로 만들기 위해 의도적으로 쓰는 계략이다.

스스로 유발하지 않은 통제할 수 없는 상황의 진짜 희생자들과 달리, 범죄자는 시련에 부딪힐 때마다 자신을 피해자로 내세운다. 여자친구가 떠나면 그것은 그 여자 탓이지 자기가 한 행동 때문이 아니다. 수감 같은 감당할 수 없는 결과에 직면하면 범죄자는 자신이야말로 화를 내야 할 사람이라고 생각한다. 한 도둑은 이렇게 말했다. "그 사람이 그 물건을 아쉬워할 건 알지만, 난 교도소에 가야 한다고요." 그가 범인이라는 반박할 수 없는 증거에 직면하면 그때는 아마 피해자를 탓할 것이다. "그 사람이 차에 열쇠를 놔뒀잖아요. 가져가라는 초대나 마찬가지였다고요." "그 여자가 밤에 그렇게 입고 밖에 돌아다니지 말았어야죠." "그 사람을 쏠 계획은 없었어요. 그런데 그 사람이 먼저 자기 주머니로 손을 갖다 댔다고요."

범죄자들은 자기 죄를 덜어줄 것이라고 생각되면 무슨 말이든 한다. 위의 예에서 보듯, 그들은 관심을 그들 행동에서 피해자를 포함해 다른 사람들이 저지른 잘못이나 하지 않은 행동 탓으로 돌리려 한다. 대부분의 경우 그들은 옳고 그른 것을 구분할 줄 안다. 한 범죄자는 말했다. "나는 무엇이든 옳은 것을 옳지 않게 만들 수 있고, 옳지 않은 것을 옳게 만들 수 있어요. 그때는 '옳게' 하고 싶었어요." 어린 시절부터 범죄자들은 자기 잘못을 인정해야 할 때 남을 탓하는 것에 능숙하며, 이는 그들이 성인이 되기 전에 자동적인 습관이 된다.

권력 추구

범죄자들은 남들을 위해서가 아니라 자기 자신을 위해서 권력을 추구한다. 권력은 그들의 삶에서 산소나 마찬가지다. 그들은 세상을 자신들의 개인적인 체스판으로, 사람들을 폰(체스에서 가장 값어치가 낮은 말: 역자 주)으로 본다. 그리고 매회 자신이 이길 것이라고 기대한다. 사람들이 모두 자기처럼 음모를 꾸밀 것이라고 생각하면서 범죄자는 사람들 마음을 가지고 장난을 치고 방심하고 있을 때 놀라게 하는 것을 즐긴다. 이런 음흉함은 그에게 권력자 같은 기분을 느끼게 해준다. 자신이 어떤 식으로 행동했는지를 돌이켜보며, 한 범죄자는 "매 순간 나 자신을 작은 신으로 만들었어요"라고 말했다. 그는 자신이 모든 것을 지배했다고 강조했다.

범죄자의 권력 추구는 위협이나 폭력을 통해 표현되는데, 종종 그의 전술이 뚜렷이 드러나지 않는다. 그의 긍정적인 일면에 집중해서 보는 가족, 친구, 동료, 지인들에게 그는 책임감 있어 보이거나 심지어 자애로워 보일 수도 있다. 주변 사람들은 재능과 좋은 행동, 사교적인 성격 같은 특징으로 그를 인식하지만, 사실 범죄자는 사람을 잘 믿는 주변 사람들의 약점을 이용하고 있는 것이다. 사람들은 이 은밀한 조종자의 피해자가 되어 다른 사람 같았으면 비난할 행동도 참고 넘어가고, 신뢰하는 마음에 이 사람이 끔찍한 범죄 혐의를 받아도 믿지 않으려 한다.

수년간 나는 어린 시절 경찰관이나 전쟁 영웅이 되는 것을 꿈꿨다는 범죄자들을 많이 만났다. 그들은 제복과 총기, 배지, 악당을 쫓을 기회 등에 매혹되었다. 경찰이나 군인이 되는 범죄자들은 자기 권위를 남용해 과도한 권력을 사용하거나 뇌물을 받고 보호해 주어야 할 곳에서 갈취를 일삼는다.

어떤 범죄자들은 자기 사업을 운영해 불법행위의 창구 역할을 함으로써 크게 "한 건" 올리는 것을 상상한다. 그들은 성공이 무엇을 요하는지에 대한 현실적인 생각은 전혀 없이, 우두머리가 되는 것에 주의를 집중하며 자기가 벌어들일 큰돈을 어떻게 쓸지를 꿈꾸는 것에만 관심을 둔다. 어떤 범죄자들은 입고 다니는 옷과 몰고 다니는 차로 권력자의 이미지를 키워나간다. 그들은 전문적인 자격요건과 자격증들을 갖추고 있다고 거짓으로 주장한다. 범죄자들은 적법한 노력으로 성공하더라도 불만스러워하고 규칙과 정책을 위반함으로써 시스템을 속이기 시작한다. 남들에게 적용되는 제한은 이들에게는 적용되지 않는다.

인간관계에 있어서도 범죄자들은 상대를 완전히 통제하려고 함으로써 권력을 추구한다. 범죄로부터 이득을 취하는 것도 중요하지만, 권력과 흥분이 더 중요하다. 어떤 범죄자들은 한번 손에 쥐었으나 별 필요는 없는 수확물들을 나눠주거나 버리기도 한다. 암스테르담의 반 고흐 미술관에서 그림 두 점을 훔친 도둑은 그 그림으로 뭘 해야 할지 몰랐다. 그는 〈뉴욕타임스〉 인터뷰에서 "나는 그저 그럴(훔칠) 기회가 있었기 때문에 그런(훔친) 것"이라고 말했다.

범죄자는 계획, 공모, 준비, 실행, 도주 등 범죄의 모든 단계에서 권력자의 기분을 경험한다. 체포될 때조차 권력 추구는 멈추지 않는다. 변호사를 속이고 법원 시스템을 탐색하려 한다. 수감되어 있을 때조차 그의 사고방식은 바뀌지 않는다. 교도소에서도 절도, 폭행, 뇌물 수수, 그리고 성적 착취 등이 일어난다.

남에게 해를 끼친다는 인식의 결핍

대부분의 범죄자들은 신체적인 상해만 해로 인식하고 감정적인 상처나 재정적 손실을 끼친 것에는 무심하다. 자기 목적에 부합하는 경우에는 남에게 해를 끼쳤음을 인정하고 심지어 배상하겠다고 서약할지도 모르지만, 실행하는 일은 드물다. 그의 입장에서 보면 잘못한 게 전혀 없기 때문에 배상할 것도 없는 것이다. 오히려 자신을 부당하게 대한 사람들이 배상을 해야 한다.

구치소에서 면담한 16세의 월은 자기가 일했던 식당에서 강도질했던 것에 대해 이야기했다. 그는 식당 매니저가 그날 밤에 은행에 입금하려고 돈을 준비할 것을 알고 식당이 문 닫을 즈음에 들이닥쳤다. 그는 총을 휘두르며 막대한 현금을 챙겨 떠났다. 매니저가 알아보고 경찰에 신고해서 월은 다음 날 체포되었다. 그 범죄에 대해 이야기하며 이 십대 청소년은 말했다. "아무도 다치지 않았어요. 피 흘리는 일도, 뼈가 부러진 일도 없었고요." 자신의 범죄가 피해자들에게, 나아가 그들 가족들에게, 자기 부모에게, 식당의 다른 종업원들에게 또는 주변에서 일하던 직장인들에게 끼칠 영향에 대해 그는 조금도 고려하지 않았다.

범죄자는 삶을 살며 오직 자신이 얻을 이득에만 초점을 맞추고 산다. 남들에게 어떻게 멋지게 보여 자기가 마땅히 받아야 할 인정을 받을지를 계산한다. 좋은 일을 할 때에도 그의 지대한 관심은 오직 어떻게 이득을 볼지에 있다. 예컨대 범죄자가 노인에게 친근하게 행동한다면 결코 그들의 외로움을 달래주고 싶어서가 아니다. 그에게 신뢰를 얻어 그의 은행 계좌에서 돈을 빼내기 위한 계략의 일부일 뿐이다.

범죄자는 자기가 사랑한다고 말하는 사람들에게 말할 수 없는 슬픔을 준다. 내가 구치소에서 톰을 면담했을 때 그는 키워준 어머니에게 자기가 얼마나 감사하게 생각하는지 이야기했다. 그는 어머니가 자기가 붙잡혀 있을 때 찾아온 것, 자기 은행 계좌에 돈을 넣어준 것, 자기가 풀려났을 때 새 출발을 제안한 것 등에 대해 고마워했다. 그러나 집에서 몇 달을 보낸 뒤 톰은 어머니가 끊임없이 자기 일에 간섭하고 자기 삶을 망치고 자기를 아이처럼 대해서 집에 있는 게 교도소에 있을 때만큼이나 참기 힘들다고 불평했다. 한때 성자처럼 묘사했던 사랑하는 존재가 괴물이 되어 있었다. 톰의 어머니는 밤

늦게 아들이 지하에 있는 자기 침실 창문을 통해 마약을 팔면서 음악을 크게 틀어놓았기 때문에 정신이 없었다. 무슨 일이냐고 따져 물었다가 톰으로부터 홍수 같은 욕과 협박의 말을 들어야 했다. 톰은 어머니가 자기가 원하는 일을 해주거나 간섭하지 않는 한 어머니를 사랑했다. 그렇지 않을 때에는 어머니를 자기 일에 귀찮게 간섭하는 적으로 취급했다.

범죄자들에게는 사람이 인격체라는 인식이 없다. 톰의 행동이 보여주듯 범죄자가 원하는 바를 할 수 있게 도와주고 간섭하지 않는 사람은 그의 편이지만, 누구든 자기를 방해하는 사람에게는 경계심을 드러낼 것이다. 범죄자들은 하나같이 "공감이란 게 무슨 이점이 있죠?"라고 말한다.

자신이 독특하다는 생각

스스로 독특하다는 생각은 범죄자들이 갖고 있는 자아상의 핵심이다. 범죄자는 다른 누구도 그를 이해하지 못하거나 자기처럼 생각할 수 없다고 믿는다. 그리고 자기 생각이 더 우월하다고 생각하기 때문에 다른 사람들의 생각에는 무관심하다. 청하지도 않았는데 누가 자기에게 아이디어를 제시하면 화를 낸다. "자기"가 낸 아이디어가 아니기 때문에 가치가 없기 때문이다. 다른 사람의 조언을 받아들이는 것은 수치스러운 일이다. 범죄자는 남에게 조언을 구하기보다는 남에게 충고를 할 가능성이 훨씬 높다. 질문을 하는 것은 무지를 인정하는 것이나 마찬가지다.

범죄자는 자기만의 법칙을 만들어 남들의 법칙을 따를지 말지 결정한다. 자기 행동을 설명할 필요도, 뭐가 되었든 허락을 요청할 필요도 없다. 자신이 독특하다는 이런 생각은 그를 변화하기 어렵게 만드는 엄청난 장애물이다. 다른 사람에게 자신을 온전히 드러내고 잘못을 인정하거나 관점이 다른 사람의 의견을 듣는 것은 그에게는 항복이자 심리적 소거에 해당한다.

허풍과 주인의식

범죄자는 자신의 능력을 과대평가한다. 그가 허풍 떠는 만큼의 기술이나 성취 수준을 실제로 갖고 있는 경우는 드물다. 범죄자는 자기가 할 수 있는 최선을 다할 것이라고 믿는 게 아니라 그 자신이 최고라고 믿는다. 그는 자기가 의사 자격이 있다고, 비행기 조종사 면허가 있다고, 또는 세계 수준의 운동선수라고 자랑할지 모른다. 필수적인 교육이나 훈련도 받지 못했으면서 자신이 성취할 수 있는 것에 대해 뻔뻔한 주장을 늘어놓을지도 모른다. 그는 자신이 남들보다 아는 것과 경험이 더 많다고 믿으며, 이에 동조하지 않는 사람들의 말은 귀담아듣지 않는다.

범죄자는 자기보다 더 권위 있는 존재는 없다고 믿는다는 점에서 궁극적으로 무정부주의자다. 이런 과대포장된 자아상은 정신질환의 증세가 아니다. 범죄자의 허풍은 양극성 장애 "경조증" 에피소드의 특징이나 정신병적 장애의 징후일 수 있는 웅대성(grandiosity)과는 다르다. 범죄자들은 현실적이지는 않지만 현실과 접점이 있다.

교정시설들과 커뮤니티 내 교정 프로그램들은, 심지어 일부 기업들도 범죄자와 전과자에게 교육과 훈련, 그리고 사회성 기술을 배우고 상담을 받을 기회를 제공한다. 열정적으로 그런 프로그램에 참여하기 시작하더라도 전과자들은 환멸을 느끼고 중간에 그만둔다. 어떤 활동이든 흥분과 성공 보장 확신이 따라오지 않으면 그들은 관심을 두지 않는다.

많은 범죄자들에게 중도포기는 일상이다. 범죄자는 즉각적인 인정을 얻지 못하면 당장 하던 일을 그만둘 것이다. 그는 다른 사람이 내세운 조건대로 행동하는 것에 분개한다. 만약 아홉 명의 범죄자가 야구단을 만든다면, 각각의 선수들은 자기가 주장이 되어야 한다고 생각할 것이다. 그게 안 되면 그만두거나 남아 있되 다른 선수들을 괴롭힐 것이다.

범죄자의 허풍들은 그가 누구인지 보여주는 필수적인 부분이다. 허풍을 계속하는 것은 생존의 문제다. 그는 자신이 만들어낸 허상을 굳건하게, 그 어떤 대가를 치르더라도 유지해야 한다.

의무감이라는 개념 부족

범죄자들은 자기가 남에게 은혜를 입었다는 생각을 하지 않는다. 의무가 있다는 것은 권력을 느끼는 것의 정반대이다. 그들은 의무의 속박을 받고 싶어 하지 않으며 스스로 통제하고 싶어 한다. 그 결과, 어떤 활동이 예정되어 있든 간에 그들이 약속장소에 나타나지 않거나, 늦게 오거나, 준비되지 않은 상태로 오는 것은 흔한 일이다. 그들은 전형적인 매너를 지키든 완전히 저버리든 상관없이 남들은 자기 의무를 다해야 한다고 주장한다.

쉽게 한 약속은 쉽게 깨진다. 예컨대 범죄자가 누군가와 2시에 만나자고 약속했다면 뭔가 더 좋고 더 신나는 일이 생기지 않는 한 나가겠다는, 말하지 않은 조항이 숨어 있는 것이다. 그런 일이 생긴다면 범죄자는 잊어버렸다거나 몸상태가 좋지 않았다거나, 아니면 꼭 나가야 하는 건지 몰랐다고 주장할 것이다. 의무에 대해 누군가 언급하면 그는 미루거나 아니면 할 생각이 전혀 없으면서 나중에 하겠다고 말할 것이다. 그가 약속을 잊어버린다면 애당초 그것이 그에게 중요하지 않은 일이었기 때문이다.

범죄자는 숨은 동기가 있을 때 아마 약속한 대로 지킬 것이다. 의무를 다함으로써 그는 최소한 일시적으로라도 다른 사람들에게 좋은 인상을 주거나 약속을 잘 지키는 사람으로 자신의 입지를 세울 수 있다. 그러면 사람들이 신세를 졌다는 부채의식을 느낄 것이라는 것을 그는 알고 있다.

책임감 있는 시간 관념 부족

거의 60년 전에 정신과 의사인 벤저민 카프먼은 "사이코패스들"과 "의무 불이행자들"을 "앞을 내다볼 줄 모르는 완벽한 기회주의자들"이라고 묘사했다. 그들은 필수 요건 같은 것은 아랑곳 않고 자신들이 원하는 것은 뭐든 금세 얻을 수 있다고 확신하기 때문에 장기적 계획을 세울 필요를 거의 느끼지 않는다. 그러나 큰 범죄로 크게 "한 건" 하겠다는 기대가 있을 때에는 몇 년에 걸쳐 계획을 하기도 한다. 그들은 또한 과거로부터 교훈을 얻기도 한다. 그들이 좀 배웠으면 싶은 그런 교훈을 얻는 게 아닐 뿐이다. 예를 들어 자기 행동의 문제점을 보기보다는 어떤 "실수를 저질러서" 붙잡혔는지를 기억하고, 미래에 또 다른 범죄를 저지를 때에는 그런 실수를 반복하지 않겠다고 다짐한다.

범죄자는 책임지는 행동을 하지 않고 속임수를 써서 책임감 있다는 평을 듣기를 원한다. 그는 크게 한 건 올리기 위해 친구들이나 친척들로부터 돈을 "빌리는" 데에 주저함이 없다. 거대한 사업을 성사시키기 위해 실행 가능한 계획도 세우기 전에 그는 이미 사업으로 벌어들인 수익금을 쓰고 있다고 생각한다. 그가 정보를 모으고, 계획을 예측하고, 한 단계 한 단계 진행하고, 장애물을 극복하는 과정을 밟는 일은 거의 없다. 그는 즉각적인 결과와 만족을 기대한다.

정신상태 전환하기

범죄자들은 생각과 행동이 일치하지 않는다. 단 몇 분 사이에도 같은 사람에 대해 도움을 베풀었다가 혐오했다가 할 수 있다. 동료를 도우러 나섰다가도 곧 심하게 욕하며 비난한다. 그의 태도는 상황의 현실과 상관없이 자기 기분에 따라 왔다 갔다 한다. 하도 변덕스러워서 주변 사람들은 서로 다른 두 사람을 대하는 것처럼 느끼곤 한다.

범죄자가 흥미롭고 즐겁게 여기는 것은 순간순간 바뀐다. 그래서 그의 학교나 일터에서의 성취도는 극과 극을 오간다. 스스로의 흥분을 고취시키기 위해 그는 이 활동에서 저 활동으로 갑자기 점프하기도 한다.

범죄자들은 끊임없이 남들 눈에 비친 자아상을 강화하고자 하기 때문에 그들의 행동은 변덕스럽고 불안정해 보인다. 별 이유 없이 시각이 바뀌기도 한다. 어떤 범죄자들은 교회나 유대교 회당이나 이슬람 사원에 다닌다. 종교적 의무를 지키며 특정한 의식을 규칙적으로 행하기도 하지만 그것이 그들이 어떻게 사는지를 반영하는 것은 아니다. 그들은 10시에 기도하고 같은 날 오후에 남의 지갑을 낚아챌지도 모른다. 좀 더 종교적이 되겠다고 맹세하면서, 일부 범죄자들은 불법적인 행동을 몇 주 또는 몇 달간 삼가기도 한다. 그러나 그들에게 흥분되지 않는 삶이란 공기 없이 살라는 것과 마찬가지

이기 때문에 다짐은 점차 약해지고 과거 살던 방식으로 돌아간다. 진심으로 의도해도 지속되지 않기 때문에 사람들은 범죄자가 처음부터 거짓말한 것이라고 결론 짓는다. 하지만 다짐하던 당시에는 진심이었을 수 있다. 알 길은 없다.

결과가 주는 두려움 차단

두려움은 책임감 있는 행동을 하게끔 이끄는 안내자다. 우리는 병원 검진을 예약하고, 비상시를 위해 저축을 하고, 우리에게 닥칠지 모르는 고난이 두려워 생명보험에 가입한다. 그러나 범죄자들에게 두려움이란 입에 담을 수 없는 말이다. 두려움을 인정하면 "불구자나 계집아이 같이 약하게" 보인다고 생각한다. 범죄자는 두려움에 떠는 사람들을 경멸한다. 포식자가 눈에 불을 켜고 먹잇감을 찾듯이 남들이 두려움을 느낄 때 감지하고 이들을 이용하려고 움직인다.

범죄자들도 범죄에 따르는 체포, 기소, 구류, 부상, 사망 같은 "직업적 위험"에 대한 두려움이 있다. 그러나 그들은 범죄를 저지르는 동안에는 이런 두려움을 순간적으로 없앨 수 있는 무시무시한 능력이 있다. 이 행동은 저항할 수 없는 충동의 결과가 아니라 선택의 결과다. 재소자에게 잡힐지도 모른다는 생각을 한 적 없느냐고 물으면 그는 아마 그런 일이 벌어질 수 있다는 것을 알고 있었다고 말할 것이다. 그러나 범죄를 저지르는 순간에는 자신을 누구도 막을 수 없다고 생각한 것이다. 그렇지 않다면 애초에 행동에 나서지도 않았을 것이다. 들키지 않고 빠져나온 적이 사람들이 생각하는 것보다 훨씬 더 많기 때문에, 그런 경험도 자신이 천하무적이라는 생각에 힘을 실어준다. 범죄를 저지르는 데 필수적인 이 극도의 낙천주의는 범죄자의 가장 큰 적이다. 이 낙천주의로 인해 자신이 감수하는 위험 부담을 과소평가하게 되기 때문이다.

거부에의 두려움

범죄자들의 가장 일반적인 두려움의 대상은 거부당하는 것이다. 거부는 그의 심리적 존재를 위협하기 때문이다. 범죄자는 거부당하는 것에 극도로 민감하다. 다른 사람의 시선, 음성, 제스처는 모두 위협으로 해석될 수 있다. 범죄자는 자기가 통제할 수 없는 사건은 무엇이든 개인적인 모욕으로 받아들인다. 그가 만일 대중교통을 이용하는데 선반에 그의 짐을 올려놓을 자리가 없다면 그는 화를 낼 것이다. 다른 차가 자신의 차에 너무 바짝 다가오면 그는 분노에 차서 소리를 지를 것이다. 상점 점원이 적절한 서비스를 제공하지 않으면 그는 그녀를 공격할 것이다. 범죄자는 자신이 기대했던 일이 잘 풀리지 않을 때마다 굴욕적으로 느낀다. 실망을 느끼는 이유를 평가하거나 기대했던 바를 돌이켜보는 대신, 그는 분노한다.

기본적인 책임감이 있는 사람들도 다른 사람들이 자기 기대에 부응하지 않을 때면 초조해지고 잔소리를 할 수 있다. 그러나 범죄자는 사람들이 자신을 위대한 이미지로 봐주지 않을 때 자존감의 위기를 느낀다. 왜 사람들이 그가 불쾌하게 생각하는 그런 방식으로 자신을 취급하는지 알아내려고 분석을 하지는 않는다. 사소해 보이는 것에도 그는 균형이 맞지 않게 크게 대응할 뿐이다.

비판은 가혹할 때조차도 도움이 될 수 있고 교훈을 줄 수 있다. 고용주가 반복적으로 지각을 하거나 업무 중에 게으름을 피우는 직원에 대해 비판적이라면 비판받을 만하다. 그것은 인신공격이 아니다. 범죄자는 비판을 받으면 변명을 쏟아내거나, 아니면 자기 생명이 위태롭기라도 한 것처럼 비판한 사람을 공격할지도 모른다. 범죄자가 스스로 비판이라고 생각하는 것에 과민 반응하는 것은, 정신병리학에서 "관계 망상(idea of reference)"이라 불리는, 무언가를 자신과 관련이 있다고 잘못 가정하는 증세와는 다르다. 예를 들어 모르는 사람 두 명이 대화를 나누며 웃고 있을 때, 그 모습을 보고 자기를 비웃는 것일 뿐 아니라 자기를 해하려는 음모를 꾸미고 있다고까지 생각한다면 "관계 망상"에 해당할 것이다. 범죄자는 비판을 받고 자아상에 위협을 느낄 때 다른 사람들에게 분노를 표함으로써 종종 일을 악화시킨다. 상황 통제가 안 될 가능성이 높다 보니 비판에 반응해야 할 상황 역시 많다. 그래서 범죄자들은 대부분의 경우 화가 나 있다. 표현하지 않을 때조차도.

원점상태 사고

범죄자들은 극단적으로 생각한다. 자신을 "최고"라고 간주하거나 혹은 자신이 아무것도 아니라고 생각한다. 그들의 자존감이 무너지고 완전한 실패를 직면하게 될 때 원점상태 사고(zero-state thinking)가 일어난다. 그들에게는 단계적 사고라는 게 없다. 지나치게 낙관적이거나 처참하게 비관적이다.

원점상태 사고는 범죄자가 아니면서 자기 혐오, 과도한 죄책감, 열등감, 슬픔 등을 경험하는 사람이 겪는 우울증과는 다른 양상으로 나타난다. 자기 자신의 단점에 대해 깊이 생각하기보다는 세상에 대한 통제권을 잃어 마땅히 자기가 가져야 한다고 생각하는 것을 가질 수 없게 되었기 때문에 절망한다.

원점상태 사고는 세 가지 특성을 지닌다. 첫째는 스스로 무가치하다는 생각에 휩싸이는 것, 둘째는 사람들이 자신을 투명인간처럼 보고 대한다는 확신, 셋째는 뭐든 나아질 것이라는 희망의 상실이다. 통제권을 잃는 것은 언제나 가능하기 때문에 원점상태에 대한 두려움은 늘 존재한다.

범죄자는 학교나 일터에서 일을 잘 못할지 모르지만, 자신의 낮은 성취도에 신경쓰지 않는 한 원점상태에 이르지 않는다. 남들은 그를 실패한 사람으로 볼지 모르지만 자기가 원하는 대로 하는 한 그는 자신을 그렇게 생각하지 않는다. 책임 추궁을 당할 때 말이 없고 감정을 보이지 않기 때문에 낙심한 것처럼 보일 수 있다. 하지만 사실은 전혀 그렇지 않다. 침묵은 사람들을 조종하기 위한 전술이며, 원점상태 사고를 하고 있다는 신호는 아니다.

원점상태는 체포되거나 억류된 후에 일어난 가능성이 높다. 체포된 다음 제럴드는 나에게 자기 인생에 더 이상 길이 보이지 않는다고 말했다. 그는 범죄행각으로 인해 부모의 신뢰를 잃었고 재판을 기다리는 동안 친구들도 그를 외면했다. 제럴드는 계속 범죄인의 삶을 살다가 결국 죽음에 이를까 봐 두려워하며 말했다. "나는 죽을 뻔한 고비를 너무 많이 넘겼어요." 몇 년 전 그는 상심한 나머지 자기 배에 칼을 꽂았는데, 출혈과다로 사망할 뻔했으나 여자친구의 구조로 살았다. 제럴드는 분노에 차서 "이게 다 무슨 소용이에요?"라고 말했다. 제럴드는 지적이고 외향적이고 신체 건강했다. 그의 부모는 그를 사랑했으며 치료 모임에 참여하라고 설득하려 했지만 소용없었다. 내가 그를 면담했을 때, 그는 명백히 그 자신을 "원점"에 있는 것으로 보고 있었고, 사는 게 의미없다고 보고 있었고, 미래에 대한 희망도 거의 없었다.

스스로를 좋게 보던 시각이 무너지면, 범죄자는 죽는 게 낫다고 생각할지도 모른다. 치료에 관심이 없기 때문에 도움도 거절한다. 한 마약 밀매상은 나에게 "마약을 포기하면 나는 앞으로 아무 문제가 없을 것이라고 생각했어요"라고 말했다. 그러나 그는 마음에 들지 않는 현실과 맞부딪혔다. 일터에서의 귀찮은 일들, 낮은 생활 수준, 보호관찰관과의 의무적 면담, 무작위 마약 테스트, 그 밖의 부담스러운 의무사항들. 그는 말했다. "이게 삶이라면, 지옥 같은 삶이에요. 나는 전보다 지금이 훨씬 더 문제가 많아요." 그는 자살하는 것을 고려했다. 그러다 대신 범죄로 돌아갔다.

원점상태에서 범죄자들은 분노에 가득 찬다. 상황을 통제할 수도 없고 그런 삶은 참기 힘들기 때문이다. 이 같은 마음상태에서 해독제는 범죄로 돌아가는 것이다.

앞서 생각의 오류에 대한 설명을 읽은 당신은 이제 이 장 첫머리에 언급한 범죄자들의 말들 — 방에 들어가서 모든 것이 자기 것이라고 생각하는 도둑, 은행이 "자기" 돈을 안전히 관리하고 있길 희망하는 은행강도, 살인미수로 기소되었으면서 스스로 가정적인 남자라고 생각하는 재소자, 성범죄자이자 절도범이면서 스스로 괜찮은 사람이라는 생각이 없었다면 살 수 없었을 것이라고 말하는 도둑 — 을 더 쉽게 이해할 수 있을 것이다.

침입한 집의 모든 물건이 자기 것이라는 도둑의 말에는 허풍과 두려움, 결핍, 남에게 해를 끼친다는 인식 부재 같은 것이 혼재되어 있다. 그 현금과 보석, 전자기기 등이 다른 사람 소유라는 사실을 그는 잘 알고 있다. 그 물건들의 소유권을 빼앗고, 숨기고, 원하는 것은 갖고 나머지는 버리거나 팔아서 이득을 보는 것이 그에게는 도전이다.

은행강도도 같은 마인드를 갖고 있다. 그는 은행에 저축성 계좌를 가질 필요가 없다. 돈을 챙기면서 그는 강도질을 잘 해내리라고 확신했다. 결과에 대한 두려움을 차단하고 은행에 걸어 들어가 총을 빼들고 현금을 요구해 달아나면서 그는 자신이 엄청난 권력을 가진 것처럼 느꼈다. 무고한 사람들이 인질극 중에 부상을 입는다면 그는 자기 할 일을 하는 와중에 의도치 않게 발생한 희생이라고 생각할 것이다.

"가정적인 남자"는 가족이 있다는 데에 가치를 두긴 했지만 의무를 지거나 혼외관계에서 추구하는 흥분을 부인할 의향은 없었다. 그는 자신의 폭음 습관을 군복무 이후 생긴 외상 후 스트레스 장애(PTSD) 탓으로 돌렸다. 청소년기부터 폭음을 해왔으면서 말이다. 또한 다른 여성들을 만나고 다닌 것은 자기한테 나가라고 한 부인 탓이라고 했다. 해를 끼친다는 인식도 의무감도 없고, 양심을 차단하는 능력은 뛰어난 덕에 그가 자랑스러워하던 그의 가족은 산산조각 났다.

성범죄자이자 절도범인 사람이 어떻게 자신을 괜찮은 사람이라고 주장할 수 있을까. 그의 관점에 따르면, 다른 사람들은 전부 거짓말쟁이에 악한이고, 변태이며, 범죄자들이다. 그러나 자기 자신이 한 행동은 비난받을 수 없다고 본다. 학교에 가고, 직장을 다니고, 종교행사에 참여함으로써 존경받을 만한 사람이라는 가면 뒤에 숨는 것은 범죄자가 자아상을 드높이고 종종 불법행위에 가담할 수 있게 해주었다.

생각의 오류들은 범죄 종류와 상관없이 범죄인들의 행동에서 하나의 역할을 한다. 예컨대, 방화범, 성폭행범, 횡령범, 그리고 은행강도들은 모두 권력과 자기 자신을 위한 통제력을 추구한다. 그들은 결과에 대한 두려움과 양심이 주는 가책을 차단해버린다. 스스로가 수레바퀴의 중심이며 주변 모든 것이 자신을 중심으로 돈다고 생각하고 남에게 해를 끼친다는 개념이 없다. 이러한 생각의 오류는 교육 수준, 인종, 사회경제적 위치와 상관없이 만연하다.

열두 가지 생각의 오류에 대해 알게 된 당신도 이제 범죄행위 ― 당황스러운 한편 무서울 수 있는 행동들 ― 를 이해할 수 있는 더 발전한 사람이 되었다.

04

두 명의 살인자들:
다른 배경 그러나
같은 생각의 오류들

04 두 명의 살인자들: 다른 배경 그러나 같은 생각의 오류들

래리와 트레버는 살인을 저질러 신문 헤드라인을 장식했다. 중학교 중퇴 학력의 래리는 남부의 작은 도시의 빈곤한 유색인종 동네에서 홀어머니 손에 자랐다. 트레버는 대학생으로 부유한 교외 지역에서 부모 손에 자랐다. 이 두 청년은 가정 환경 면에서는 공통점이 거의 없지만 생각의 패턴이나 성격은 유사했다. 래리가 모르는 사람을 죽이고 트레버가 자기 아버지를 죽인 데에는 아래 열거한 생각의 오류들이 큰 몫을 했다.

- 남에게 해를 끼친다는 인식 부족
- 책임져야 할 때 자신이 피해자라고 주장하고 남 탓으로 돌리기
- 양심을 차단하는 능력
- 자격이 있다는 생각
- 스스로 독특하다는 생각
- 의무감이라는 개념 부족
- 두려움을 차단하는 능력

래리

친구와 함께 가게에서 나오는 노인을 보았을 때 래리는 이십대 초반이었다. "우리는 그저 뭔가 하고 싶었어요." 나중에 교도소에서 나와 면담할 때 그는 그렇게 말했다. 그래서, 즉 "심심해서" 래리와 친구는 이 처음 보는 노인에게 다가갔고, 야구 방망이로 수차례 쳤다. 노인이 땅에 쓰러졌을 때에는 발로 차기 시작했고, 피를 흘리는 그를 보도 위에 둔 채 지갑을 챙겨 떠났다. 부검 결과에 따르면 피해자는 머리에 입은 "수차례의 강한 충격"에 의해 사망했다.

기본적 사실을 나열하자면 이렇다. 래리는 출생 당시 아무 문제없이 아홉 달을 채우고 나온 아기였다. 래리의 부모는 그가 중학생일 때 헤어졌다. 래리와 나머지 다섯 형제자매는 "프로젝트"라는 이름으로 알려진 황폐한 공공주택에 어머니 에드나 그린과 같이 살게 되었다. 법원 명령으로 실시된 보호관찰 보고서에 따르면, 실직상태로 정부 보조금을 받던 어머니 에드나는 불안정한 상태였고 아이들을 관리하는 것을 힘들어했다. 래리의 아버지는 에드나와 아이들이 거리를 쏘다니는 것을 좋아하고 아이들이 "야생동물들"처럼 행동한다고 말했다. 정규직을 갖고 있던 래리의 아버지는 가끔 음식을 가져왔고 전 부인의 각종 청구서 비용을 지불했다. 부모 중 누구도 중범죄로 기소된 적은 없었다. 래리는 9학년(중학교 3학년에 해당: 역자 주)이 되도록 평균 C학점을 유지하고 있었다. 학교가 지겨워졌을 때쯤 어떤 일도 하지 않고 학교를 결석하기 시작했고, 결국 열다섯 살에 중퇴했다. 때때로 마당 손보는 일을 한 것을 제외하고, 래리가 가장 오래 직업을 유지한 건 단 하루였다.

나는 래리와 그를 잘 아는 사람들을 거의 열 시간 동안 면담했다. 나는 또한 법원 기록과 보호관찰 기록을 검토했다. 래리는 살인과 관련된 질문을 제외하고는 내가 묻는 모든 질문에 즉각 대답했다. 그는 자기 어머니에 대해 한마디도 좋은 말을 하지 않았다. "나랑 어머니는 서로 싫어했다"며 어머니가 비열하고 무관심했다고 비난했다. 어머니가 종종 화를 못 참고 자신의 뺨을 때렸다고 비판하며, 래리는 다른 사람이 자기 어머니면 좋겠다고 말했다.

어머니 에드나가 문제와 한계가 있었음은 분명하다. 집 안도 엉망이었고 아이들 관리도 부적절했다. 하지만 청소년 시절 무질서한 행동으로 고소를 당했던 한 명을 제외하면 래리의 다른 형제자매들은 아무도 전과가 없다. 범죄자는 체포된 후 면담을 할 때 보통 자신을 상황 — 가족, 가난, 또래 압력 등 — 의 피해자로 표현한다. 내가 에드나를 면담했을 때, 그녀는 무관심하고 적대적인 어머니 이미지에 들어맞지 않았다. 그녀는 래리를 키우기가 얼마나 힘들었는지 토로했다. 래리는 학교 선생님들과의 관계가 좋지 않았고 선생님들이 지시를 내리는 것에 분개했다. 그녀는 "래리는 학교에서 항상 싸우고 말대꾸를 했어요"라고 말했다. 래리는 어머니가 언제나 수선을 떤다고 불평했다. 에드나는 인정했지만, 상당 경우 아들이 자기를 "전혀 신경쓰고 싶지 않아 했기" 때문이라고 했다. 래리는 어딜 가든 싸움을 했다. "그냥 나가서 친구들에게 싸움을 걸곤 했어요"라고 에드나는 회고했다. 특히 그녀가 참을 수 없었던 것은 래리가 장난치는 수준을 훨씬 뛰어넘는 잔인한 방식으로 형제자매들을 대했던 것이다. 에드나에 따르면, 형제 중 한 명이 실수로 자고 있는 래리를 깨웠을 때 래리는 "화가 나서 그 애 몸 위에 올라가서 뛰었으며, 주먹으로 머리를 때리고 옆구리를 발로 찼다." 또 다른 형제는 래리가 너무 화가 난 나머지 목을 졸라서 거의 죽을 뻔했다. 에드나는 "형제자매 중 래리 같은 아이는 아무도 없어요. 아이들은 그 애를 미쳤다고 했어요"라고 말했다. 직업을 알아보라고 압박을 가하면 래리는 "직업 따위 필요 없어요. 필요한 게 있으면 나가서 훔칠 수 있어요"라고 말했다. 래리가 종일 뭘 했냐고 묻자 에드나는 "집에 앉아서 라디오를 듣거나 텔레비전을 보거나 했어요"라고 말했다. 근처에 사는 한 할머니 집을 방문하기도 했는데 그 할머니에게는 어린 아들을 둔 딸이 있었다. 에드나는 래리가 그 아이를 아주 좋아했으며, 나중에는 아이 엄마를 좋아하게 되었다고 덧붙였다. 래리는 생산적인 일을 하라는 어머니의 간청은 들은 척도 않고 자기 맘대로 나갔다 들어왔다 했다.

래리의 성격은 끊임없이 문제를 일으켰다. 에드나는 말했다. "사람들에게 말하는 방식이나 사람들을 괴롭히는 것 때문이에요. 만일 가게에서 당신이 그 애를 쳐다봤다면, 그 애는 "왜 날 쳐다보는데?"라고 말할 거예요. 나는 내 아이들에게 남을 다치게 하면 안 된다는 것을 가르쳤어요. 나도 남을 다치게 한 적이 없어요. 그 아이가 오래 전에 내 말을 들었으면 좋았을 텐데 말이에요." 아들이 자신을 싫어하는 것 같다는 생각에 슬픔에 잠긴 그녀는 "평생에 걸쳐 자기를 도와준 사람에게 어떻게 그렇게 나쁘게 말할 수 있는지 모르겠어요"라고 했다. 그녀는 래리가 살인 용의자로 체포된 사실에 절망했다. "전혀 방해가 되지도 않았던 사람에게 그렇게 하다니 정말 말도 안 돼요. 그 사람이 천국에서 돌아와서 래리에게 이야기 좀 해주어서 그 애가 가만히 앉아 자기가 사람들을 어떻게 대해왔는지 생각을 좀 해봤으면 좋겠어요." 에드나는 이런 일이 벌어질 줄 알았더라면 "노인을 길 밖으로 밀어내고 대신 내가 맞았을 것"이라고 말했다. 그녀는 또 이렇게 말했다. "내 아들을 사랑해요. 하지만 밖에 나가서 남들을 해치라고 가르치진 않았어요." 래리의 누이인 캐롤라인은 그의 문제를 태도 탓으로 돌렸다. "누구든 그 애의 잘못을 지적하면 그 애는 항상 자기가 옳기를 원했어요. 모든 것이 자기 뜻대로 되고 절대 자기가 틀리는 일은 없길 원했던 것 같아요."

래리의 부드러운 면을 본 사람들도 있었다. 어린 손자를 둔 이웃집 할머니는 이렇게 말했다. "래리는 나를 자기 엄마처럼 대했어요. 그 애는 나를 위해서 가게에 심부름을 가주었고 돈도 받지 않았어요. 그 애는 내 손자를 가게에 데려가기도 했어요." 래리의 아버지는 친구를 잘못 고른 것이 래리가 타락한 원인이라고 보았다. "그 애는 문제아들과 어울리고 싶어 했어요. 걔들은 같이 놀고 싶은 애들을 괴롭히는 그런 애들이었죠." 아버지는 래리와 다른 자녀들과 비교했다. 래리 다음으로 어린 아들에 대해 언급하며 그는 "이 아이는 래리와 같이 놀지 않았어요. 그냥 가까이 있는 것을 원치 않았어요. 말썽거리로부터 떨어져 있고 싶었던 거죠." 아버지는 래리가 어머니와 함께 살게 되면서 래리를 자주 보지 못했기 때문에 그의 날것 그대로의 분노와 공격성을 본 적이 없었다. 래리가 살인죄로 체포되었다는 소식을 라디오를 통해 들었을 때 그는 깜짝 놀랐다. 왜 래리가 아버지와 함께 살지 못했냐고 묻자 그는 "래리가 그 거친 친구들에게로 돌아가길 원했기 때문"이라고 말했다.

래리는 모든 일을 자기 방식대로 하려 했고 동의하지 않는 사람은 누구라도 배제했다. 학교를 그만둔 뒤, 그는 거리를 배회했고, 집에서 텔레비전을 보았고, 여자들 집에 방문했고, 클럽을 자주 드나들었다. 그는 술과 마리화나를 시작했고, 마약을 시도했다. 그는 학교를 그만둔 이유에 대해 이렇게 말했다. "내 마음이 거기 있지 않았으니까요. 나는 백일몽을 꾸고 있는 것만 같았어요. 잠이 들어버리곤 했죠. 시키는 일도 하기 싫었어요. 그만두었죠. 나는 모든 일을 사람들이 하라는 대로 하기보다는 내가 원하는 대로 하고 싶었어요."

학교 중퇴 후 래리는 집에서 어머니와 시간을 더 많이 보내게 되었고, 그들의 갈등은 고조되었다. 래리는 불평했다. "어머니는 언제나 나한테 나가서 일을 찾으라고 했어요." 패스트푸드 식당에서 일하는 것을 래리는 단 1분도 생각해 보지 않았다. "나는 최저임금을 주는 식당에선 일하기 싫어요. 나는 돈을 많이 버는 일이 좋아요." 그는 돈을 벌기보다 어머니에게 돈을 요구했다. 어머니가 언짢아하며 시간을 끌면 그녀에게 분개했다. 그는 어머니가 자기보다 남자친구를 더 챙기고 자기는 아들 대하듯 하지 않았다며 장광설을 늘어놓았다. 래리와 어머니의 언쟁이 심해져 래리의 아버지가 경찰을 부르겠다고 협박해야 하는 지경에 이르렀다. 래리는 경찰관을 독을 품은 태도로 대했다. "나는 경찰을 보는 게 지긋지긋해요. 만일 경찰이 나보고 집에 가라고 한다면, 나는 내가 원하는 곳으로 가겠다고 말할 거예요. 경찰들은 바보들이에요. 그들은 나에게 어떻게 해야 할지 말해주지 않을 걸요. 그들은 그저 체포하기를 원해요. 그게 그들에게 뭔가 할 거리를 주니까요." 많은 경우, 래리는 경찰관들에게 잘못된 주소와 이름을 주었다. 축제 중에 취해서 지나는 사람들에게 욕지거리를 하던 그를 어떤 경찰들이 제지한 적이 있었다. 집에 가라는 훈계를 듣고 그는 떠나는 척하다가 다시 공원으로 숨어들어 갔다.

래리는 자기 성격을 변호하기보다 오히려 자랑스러워하는 것 같았다. 그는 자발적으로 말했다. "누군가 계속 언쟁을 벌이면 열을 확 받아요." 심지어 그의 여자친구나 그가 매력을 느꼈던 이웃집 아이 엄마조차도 그의 분노를 경험했다. 래리는 "가끔 그 여자가 자기 남편 이야기를 할 때 나는 화가 치솟아서 욕을 퍼부었어요"라고 말했다. 어느 날 그 여자가 래리가 열이 나나 싶어 그의 이마에 손을 얹자 그는 여자의 손목을 잡고 뒤로 꺾어버렸다. 래리는 "그 여자는 내가 화난 모습을 많이 봤다"고 말했다. 그녀에게 충실했는지 아니면 다른 여자들과도 잤는지 묻자 래리는 이렇게 답했다. "다른 여자와 안 했다면 뭔가 잘못된 거죠." 게다가 그는 "나는 (성관계를 할 때) 아무 피임도구도 사용하지 않아요. 그 느낌을 원하거든요"라고 말했다.

래리와 나는 양심에 대해 놀라울 정도로 솔직한 토론을 나누었다(9학년에 공식적 교육을 중단했지만 그는 지적이었고 말을 잘했다). 분노를 느끼는 상황에 대해 이야기하며 래리는 말했다. "내가 뭘 할지 나도 몰라요. 나는 그냥 그 사람을 해쳐서 나를 건드리면 안 된다는 것을 알게 하고 싶어요. 내 눈에 뭔가 보이면 나는 아마 그걸 집어 들어서 그걸로 그 사람을 칠 거예요. 많은 사람들이 나한테 양심이 있다고 말해요. 그들은 나에 대해 아는 게 없어요. 어떻게 알겠어요? 내 뇌 속을 들여다본 적도 없는데. 그들은 내가 심각한 문제를 겪으면 내 양심이 나를 괴롭힐 거라고 생각해요. 나는 그런 걸 생각해 본 적도 없어요. 그들 말이 나는 도움이 필요하대요. 그들이야말로 도움이 필요한 사람들이에요. 나는 양심이 없어요. 무슨 일이 일어나면 일어나는 거예요. 나는 많은 일을 해봤어요. 그런 것에 대해 걱정하지 않아요. 어떤 사람들은 양심이 있고 양심이 그들을 괴롭힐 거예요. 나는 아니에요." 그가 저지른 일에 대해 한번이라도 미안한 감정을 가졌던 적이 있냐고 묻자, 래리는 잠시 멈추고 생각하더니 이렇게 답했다. "없어요. 내가 뭔가 그런 걸 했다면, 아마 나는 기억도 못할 거예요. 누군가에게 미안하다고 했을지도 몰라요. 대부분의 경우 나는 그냥 그들을 쳐다보고 웃어요." 자기가 만일 여자의 감정을 상하게 했다 해도, 그건 그들이 자초한 일이지, 자기가 그런 게 아니라고 했다. "저는 좋은 사람이에요. 저는 다른 사람을 괴롭히는 걸 좋아하지 않아요."

래리는 살인죄 전에도 전과가 많았다. 폭행, 강도, 소소한 절도, 대규모 절도, 무질서 행위, 재산 손괴, 상점 털이 등. 대부분은 기회가 되어서 한 범죄였거나 화가 나서 저지른 범죄였다. 기회성 범죄의 한 예는 그와 그의 친구들 일부가 밤에 학교 옆을 지나다가 충동적으로 침입하기로 한 것이었다. 학교 안에는 그들이 원하는 게 아무것도 없었다. 그는 "그냥 그렇게 하자는 생각이 떠올랐다"고 말했다. 젊은이들은 유리창을 깨고 들어가 교실들을 뒤지며 책상을 뒤집어놓고 교과서를 꺼내 덤불에 던져버렸다. 그는 그가 저지른 범죄의 일부만 가지고 체포되었다. 그는 도둑질에 대해 완전히 무심했다. "난 내가 원하는 걸 보면 그냥 가져요. 가격은 중요하지 않아요. 나는 들키지 않고 훔칠 수 있어요."

래리는 아홉 살에 쿵푸 영화를 텔레비전에서 본 뒤로 싸움에 매혹된 것으로 보고되었다. 그는 자신이 "텔레비전에 나가서 무술을 하는 것"을 상상했다. "쿵푸는 춤 동작 같아요." 그러나 그는 그 무예를 숭상하는 것 이상의 것을 했다. 그저 싸우기 위해서 싸움을 즐긴 것이다. 그는 "싸울 때는 발로 차야 해요"라고 말했다. "1분간은 괜찮다가 1

분 뒤에는 화가 나서 욕을 하고 의자를 집어 들어 던져버릴 수도 있어요." 그는 술을 마시면 자기 성격이 폭발할 확률이 더 높다고 인정했다.

공격당하거나 맞은 적이 있냐고 물어보았을 때 래리는 망설임 없이 답했다. "맞으면 기분이 좋아요. 마치 내가 압제에 맞서는 것 같아요. 나는 빗자루나 병과 돌로 머리를 맞아본 적 있어요. 내가 견뎌낼 수 있다는 걸 알기 때문에 누군가 나한테 올라타도 기분 좋아요." 그는 "밤에 두 명이 날 뒤에서 덮쳤던 적이 있다"며 "머리에 꿰맨 자국이 있다"고도 말했다. 그는 병원에 가기를 거부했다. "나는 병원들을 그다지 좋아하지 않거든요. 싫어해요. 그냥 혼자 아파하는 편이 나아요." 불법행위에 가담한 이야기를 하면서 래리는 "또래 친구들의 압박"을 언급했지만, "거리 상황을 보고, 무리와 함께 도망치고, 내가 나 자신을 어떻게 조절하는지 보는 것"이 스스로 도전이 되었다고 말했다.

래리는 짧은 징역형을 받았는데 그 형기의 대부분은 보호관찰을 통해 개선될 기회를 주고자 한 판사에 의해 집행유예되었다. 래리는 보호관찰의 준수사항을 무시하고 취업활동을 하지 않았으며, 보호관찰관에게 알리지 않고 거주지를 옮겼고, 매월 보고서를 제출하지 않았다. 보호관찰 준수사항을 한 번 이상 위반함에 따라 그는 추가된 기간 동안 실형을 살게 되었다. 내가 자주 보호관찰 준수사항을 위반한 것에 대해 묻자 래리는 분개하며 보호관찰관을 탓했다. "그 사람은 자기가 무슨 말을 하는지도 몰라요. 정신이 딴 데 가 있는 게 분명해요. 그냥 그 사람 말을 따를 수가 없었던 건지도 몰라요. 나는 남들 방식 말고 내 방식대로 일을 처리하고 싶었어요. 나는 식당이나 패스트푸드점에서 일하지 않을 거예요. 잔디 깎는 일은 할지 몰라도요."

교도소에서 그를 면담할 때 래리는 말했다. "자다가 깨보면 이 모든 게 꿈이면 좋겠어요. 그냥 깨어나서 새로운 미래가 내 앞에 펼쳐져 있으면 좋겠어요." 그렇게 말하자마자 그는 덧붙였다. "나는 전혀 내가 나쁘다고 생각하지 않아요." 사형선고 가능성에 대해 래리의 의견은 분명했다. "나는 남들이 날 죽이게 하느니 차라리 내가 내 목숨을 끊을 거예요." 수감된 동안 자살할지도 모른다는 생각도 이야기했다. 그는 끝까지 자신이 완벽한 통제권을 갖길 원했다. 판사에게 경고를 날리며 래리는 말했다. "판사가 나한테 화가 나도 상관없어요. 그런 건 두렵지 않아요. 내 성질, 그들은 그게 어떻게 작동하는지 몰라요. 알게 될 거예요. 그들이 나에게 하게 만들 수 있는 건 법정모독뿐이에요." 비록 설명의 일관성은 떨어졌지만 살인에 대해 래리는 친구를 탓했다. 자신과 그 친구가 얼마나 가까웠는지를 강조하며 피의 맹세도 했다고 말했다. 법적으로 위기에 처한 상황에서 그 맹세는 별 의미가 없었다. 모든 사람이 자기 자신을 위해 살 뿐이었다. "내 목숨을 건지도록 노력할 거예요. 나는 전에도 수많은 친구들 정보를 경찰에 넘겼어요. 이번엔 뭘 할지 몰라요." 래리는 교도소에서 종신형을 살고 있다.

트레버

트레버는 교외의 부유한 중상층 가정에서 자랐다. 그의 두 남동생들은 학교에서 또 직장에서 뛰어난 성취를 보였다. 그의 부모도 형제들도 다 전과가 없었다. 트레버는 자신에게 정신병동에 입원치료를 받을 것을 권한 아버지와 언쟁을 벌이다 아버지를 흉기로 찔러 살해하고 체포되었다. 나는 법원이 명한 심리평가를 위해 대략 20시간 정도 그를 면담했다.

트레버는 아버지 윈터가 "백과사전" 같은 뛰어난 지적 능력을 갖고 있고 엔지니어로서 많은 성취를 한 점은 인정했다. 트레버는 아버지에 대해 "그에게는 지식 획득이 아드레날린이 솟구치게 하는 그런 일이었어요"라고 말했다. 자신의 인생에서는 상상할 수 없는 일이었다. 아버지의 성격에 대해서는 가혹하게 비난하며 아버지가 남들에게는 매력적이었지만 그에게는 악마 같았다고 말했다. 트레버는 아버지라는 "비참한 존재"에게 중요한 것은 돈과 물질적 소유, 그리고 지역사회에서 빛나는 이미지를 유지하는 것이었다고 주장했다. 트레버는 아버지를 "일 중독자"라고 불렀고, 아버지가 그렇게 일하는 이유가 뭔지 전혀 알지 못했다. 재미를 느끼는 것이 훨씬 중요하다고 생각하는 그는 "일은 뇌를 상하게 해요"라고 주장했다. 아버지의 성공 덕을 보지 않았냐고 묻자, 트레버는 편안하게 지낸 점을 마지 못해 인정했다. 그러나 유복한 그의 집에서 사느니 작은 아파트에서 매일 반복되는 힘들지 않은 일을 하며 사는 편이 만족스러울 것이라고 말했다.

트레버는 부모의 가치는 하찮게 본 반면, 부모의 돈에는 집중했다. 아버지에 대해

"돈 빼면 아무 가치 없는 인간"이라고 칭하기도 했다. "그 인간이 말은 한마디도 안 하고 내 청구서 계산만 한다면 천국일 것"이라고 트레버는 말했다. 트레버는 얼마가 됐든 원한 돈을 부모가 주지 않으면 자신이 직접 손에 넣었다. 그는 어머니나 아버지 중 한쪽이 지갑에서 돈이 없어진 걸 알게 되면 상대방이 가져갔을 것으로 짐작할 것을 알고 있었다. 이런 식으로 훔친 돈이 수백 달러에 달했다.

트레버는 어머니를 아버지 말을 대신하는 "대변인" 취급했고 그래서 그녀에게 화가 나 있었다. 한편 순종적이고 결코 남편에게 맞서지 못하는 어머니가 안 됐다는 마음도 있었다. 그는 청소년기에 대해 회고하며 이렇게 말했다. "나는 어머니와 함께 있을 때면 마음속에 항상 분노가 일었고 추하고 안 좋은 기분을 지속하기에 충분한 에너지가 있었어요." 언젠가 너무 화가 나서 "어머니의 주의를 나에게 집중시키려고" 그녀를 붙잡고 빙빙 돌렸다고 했다. 그는 자기 어머니가 기본적으로 좋은 사람이었다며, 그가 못되게 굴어도 "어머니는 나에게 배출구가 필요한 것이라고 생각했어요"라고 말했다.

트레버는 아버지를 "감정적으로 가학적인 사람"이라고 묘사했지만, 트레버야말로 이 집안에서 진정 가학적인 사람이었다. 초등학교를 다니던 시절부터 그는 동생들을 고문했고 주먹으로 때려서 동생들을 울리고는 즐거워했다. 트레버는 동생들이 부모의 가치를 받아들이는 것을 경멸했다. "내 동생들은 나한테 잘해줬어요"라고 인정했지만 계속 그들을 공격했다. "걔네를 볼 때마다 나는 걔네를 뭔가로 또는 주먹으로 때리고 싶었어요." 이처럼 잔인했던 이유로 그가 제시한 유일한 설명은 "그냥 그러면 기분이 좋아서요"였다. 그는 이유 없이 동생들을 공격한 것에 대해 후회하는 연기를 해서 부모를 조종했다고 자랑했다. "나는 후회하지 않았어요. 정말 재미있었어요. 나는 반성하는 연기를 위해 연습을 정말 많이 했어요." 그의 부모가 준 어떤 벌도 트레버의 폭행을 멈추게 하지 못했다. 짜증이 난 그의 부모는 그의 엉덩이나 뺨을 때리기도 했다. 트레버가 부모의 "가혹한 학대"라고 불평한 내용들 중 하나였다. 트레버는 부모가 그를 훈육하기 위해 시도한 거의 모든 것을 신체적 또는 감정적 학대라고 묘사했다.

"죽인다는 게 내 뇌에는 새로운 일이 아니에요." 교도소에서 이루어진 한 면담에서 트레버는 이렇게 말했다. 그는 어릴 때 "벌레들을 들쑤셨던 것"을 기억하고 있었다. 집에서 개미나 벌레를 한 마리 밟아 죽인 정도가 아니었다. 그는 벌레를 뒤쫓아가서 무리 전체를 밟아버리거나 일부러 죽이기 위해 찾아다녔다. 그는 "장난감들과도 정말 폭력적인 관계였다"고 회상했다. 그에게 장난감은 모두 "싸우는" 용도였다.

트레버가 다른 소년과 싸우다가 다치게 해서 잠시 정학을 받은 적이 있었다. 그는 (무엇이었는지 기억 안 나지만) 당시 부모가 한 행동에 크게 화가 나서 값비싼 도자기 조각품을 집어 들어 부숴버렸다. 트레버는 대규모 학살을 저지르는 비디오 게임에 관해 스스로를 중독자라고 불렀다. 죽이는 것에 매료된 것은 비디오 게임 캐릭터들에만 국한되지 않았다. 그는 초등학교 이래로 아버지에게 너무나 화가 나서 아버지를 다양한 방법으로 죽이는 상상을 하곤 했다. 그는 "오래 전부터 아버지 얼굴에 주먹을 날리고 목을 조르고 싶었다"고 말했다. 아버지만큼 자주는 아니었지만 어머니에 대해서도 비슷한 생각을 품었다.

트레버는 경쟁이 치열한 고등학교에 진학하기 전까지는 학교 성적이 좋았다. 처음에는 우등 점수를 받았는데, 점차 "환멸"을 느끼게 되면서 "공부하는 게 지긋지긋"해졌다. 학교는 지루했고 배우는 많은 것이 그에게는 중요하지 않게 느껴졌다. 수업을 빼먹고 숙제를 안 하면서 점수는 곤두박질쳤고, 그의 부모는 낙담했다. 숙제가 있거나 프로젝트를 해가야 할 때면 그는 집에서 그것에 대해 언급하지 않았다. "뭔가 큰 일이 있다는 것을 절대 이야기하지 않았어요. 차라리 숙제를 하는 척하고 나서 텔레비전을 보거나 쉬었죠." 다음 날 아침이면 "미친 듯이 숙제를 해서" 겨우 겨우 마감을 맞췄다. 최소한 한 동안은. 트레버는 부모가 일류 대학에 들어가려면 좋은 점수를 받아야 한다고 끊임없이 압력을 가했다고 불평했다. 그는 "나는 더 이상 좋은 점수에 전념하지 않겠다고 스스로에게 약속함으로써 부모님에게, 또 그들의 보수적 가치에 반기를 들기로 결심했어요"라고 말했다. "저는 계획이 있었어요. 망쳐놓으려면 무엇을 해야 하는지 알고 있었죠."

몇몇 일류 대학들이 그의 입학을 거부했을 때 트레버는 안심했다. 그러나 실망스럽게도 그는 학문적 기준이 높고 반드시 출석을 해야만 하는 대학에 합격했다. 대학에 갔을 때 그는 공부하기를 중단했고 몇몇 과목을 낙제했다. 고등학교 때부터 손대기 시작한 마약이 그의 삶의 중심이 되었다. 마약 구매를 위해 부모의 돈을 훔친 트레버 주위에는 금세 그가 뿌리는 돈에 빌붙으려는 친구들이 모여들었다. 트레버는 나에게 자기가 "사람들에게 말을 잘하지 못하는 사람"이라고 했지만, 최상품 마약을 다량 구매할 수 있는 돈이 있었기 때문에 "사람들과 쉽게 어울렸다"며 "내가 돈 있는 사람이라는 사실로 인해 일어난 일"이라고 말했다.

트레버에게 관심을 가졌던 대학 학장은 트레버의 부모에게 더 많은 상담사들이 그를 도우려고 노력할수록 그가 더 나빠졌다고 알렸다. 트레버는 신입생으로서 네 달 동안 다니다가 자퇴했고, 치료받는다는 명목으로 집으로 돌아왔다. 그는 마치 순응하는 듯한 태도를 취했다. 부모와 다시 같이 살면서 트레버는 텔레비전을 보고 비디오 게임을 하는 한편, 불시에 소변검사를 받아야 했기 때문에 마약은 멀리 했다. 그의 표현에 따르면 "고무줄처럼 한껏 당겨진 채로 인간이 보낼 수 있는 가장 지루한 몇 달"을 보낸 뒤, 그는 대학에 돌아가는 편이 낫다는 결론을 내렸다. 그러나 이번에는 덜 까다로운 대학으로 가기로 했다.

누구도 트레버를 잘 알지 못했고, 그는 그 사실이 자랑스러운 것처럼 보였다. 그는 식구 중 아무와도 가깝지 않았고 친한 친구도 없었다. 사실 그는 누구와도 가깝지 않았다. 취업을 하거나 운동을 할 때도 다른 사람들과 피상적인 교류만 했다. 그는 자신이 "지적 능력이 뛰어난 사람들"과도 잘 지낼 수 있었지만 "또래와 대화를 잘 나누지 못했다"고 말했다. 자신의 사회적 기술에 대한 그의 전반적 평가는 이 말이 요약적으로 보여준다. "나는 인간이 가장 뒤처질 수 있는 수준으로 뒤처져 있었어요." 왜 그렇다고 생각하느냐고 묻자 그는 별것 아니라는 듯이 말했다. "그저 끔찍하게 안 좋은 운이 겹친 거죠." 그는 또한 자신이 "괴상한 부모 밑에서 자라서 감정적으로 장애가 있다"고 했다. "그들은 나를 잘 키우지 못했어요. 가능한 모든 방식으로 망쳤다고요." 또 "그들은 일에 전념해야 하는 삶을 살라고 나에게 강요했다"고 비난했다. 그는 "그들 탓이 아닌 일은 단 한 가지도 생각할 수가 없다"고 단호하게 말했다.

트레버는 외톨이였다. 다른 사람에게 전혀 신경쓰지 않았기 때문이다. "그들을 통해서 내가 이득을 취할 수 있는 게 아닌 한 남들에게 전혀 관심이 없었어요. 나한테 뭔가 해주는 것도 아닌데 어떻게 내가 관심을 가질 수가 있겠어요?" 대신 그는 혼자 비디오 게임을 하는 것을 선호했다. 게임 중 몇 편은 가게에서 훔친 것이었다(훔친 이유는 돈이 없어서가 아니라 단순히 "훔쳐도 안 들킬 것 같아서"였다). 그의 부모는 그가 텔레비전을 보고 비디오 게임을 하는 시간을 제한하려고 노력했지만 소용없었다. 이 문제를 둘러싸고 거의 매일 충돌이 일어났고 갈등이 감정적으로 너무 격해져서 끔찍한 집안 분위기 때문에 트레버의 동생들에게도 악영향을 주었다. 트레버의 부모는 한발 물러섰다. 자신들이 야기하지도 않은 난리를 감당해야 했던 다른 아들들을 위해 환경 개선이 필요했다. 끊임없이 트레버와 언쟁을 벌임으로써 전체 가족의 삶을 망칠 수 없었다.

더 쉬워 보이는 다른 학교로 옮기고 나서 트레버는 "긴장을 풀기 위해" 마약을 계속 과다 투약했다. 무엇으로부터의 긴장이었는지 묻자, 그는 수업에 들어가고, 과제에 주의를 기울이고, 시험 공부를 해야 하는 것이라고 말했다. 트레버는 마약에 대해 부모와 언쟁을 벌임으로써 자기 마음 — 그가 전혀 회개하지 않고 있다는 것 — 을 알게 한 것을 후회했다. 마약에 대해 "단호한" 태도를 보여 부모를 안심시키기 위해 그는 약물 남용 교육 수업에 참여했지만, 수업 내내 자거나 수업을 빠졌다.

트레버의 부모는 어떻게 아들을 도울 수 있는지에 대해 점점 더 혼란스러워졌다. 트레버는 그들의 관심과 개입 시도를 거부했다. 십대 초기였을 때부터 그는 그의 행동에 대한 부모의 "심문"에 분개했으며 부모를 "귀찮은 놈들"이라고 불렀다. 그는 아버지와 끊임없는 갈등상태에 있었다. 그가 아버지에게 말을 더 안 할수록 아버지가 더 많이 질문했기 때문이다. "나는 절대 그 사람과 이야기하길 원치 않았어요. 내가 대답을 안 하면 그 사람은 화가 났지요. 무시하려고 하면 나한테 소리를 지르기 시작했어요."

트레버의 부모는 아들을 구하려는 행동을 결코 포기하지 않았다. 트레버가 대학에 있을 때 그들은 그를 위해 과외교사를 고용했다. 트레버는 말했다. "우리 아버지는 이걸 선물인 것처럼 생각했어요. 나는 과외교사를 원하지 않았다고요." 그러나 그는 과외교사가 그의 학점을 올리는 데에는 도움이 되었고, 그래서 한동안 과외를 받는 것이 "부모님이 날 좀 내버려두게 해주었다"고 말했다. 트레버의 부모는 학교 운영자들과도 자주 연락했는데 이 역시 트레버를 화나게 하는 간섭이었다. 그는 "부모님이 의도적으로 내 삶을 파괴하고 있다"고 생각했다. 둘 다 죽여버리면 마음이 놓일 것 같았다. "나는 항상 죽어 있는 아버지를 상상하기를 즐겼어요. 죽여버리면 천국 같을 거예요. 난 그저 아버지가 죽길 바랐어요. 그의 돈은 선해요. 그는 가버리고 그의 돈은 남아 있으면 좋을 거예요." 그는 아버지를 고문하고 목 조르고 흉기로 찌르고 총으로 쏘아서 죽이는 것을 상상했다. 그는 지구상 어느 누구보다도 아버지를 경멸했다. 그리고 어머니가 모든 일에 있어서 아버지 말을 따라 하고 동조하는 것에 분개했다.

고등학교 시절, 그리고 첫 번째 대학에서 낙제한 뒤에, 트레버의 부모는 그에게 상담사를 만날 것을 요구했다. 트레버는 이에 따랐지만 여러 상담실을 전전하면서도 속내를 드러내지 않았고 의자를 차지하고 누워 있는 것 외에는 거의 아무것도 하지 않았다. 그는 자신은 정신건강 전문가들에게 아무 악감정이 없으며 그들 중 일부는 똑똑하고 좋은 사람들이라고 생각한다고 말했다. 단지 그들을 만나야 할 이유를 전혀 알 수 없었을 뿐이다. 자기 자신을 바꾸는 것에 조금도 관심이 없었던 트레버는 상담사들에게 변화가 필요한 것은 자기 부모라고 설득했다. 트레버 부모는 아들이 "고쳐지길" 바랐지만 그는 그들이 대신 "고쳐지길" 원했다고 말했다. 상담은 아무 수확도 없는 대치상태였다. 그는 "상담사들이 일을 못했다는 얘기를 하려는 건 아니고, 내가 그들이 필요 없었다"고 말했다.

상담사 한 명이 트레버를 정신병동에 입원시킬 것을 강하게 권유했고 그의 아버지는 이 문제를 부지런히 알아보기 시작했다. 여느 날과 같던 어느 날, 트레버와 아버지는 트레버가 하는 일과 하지 않는 일, 해야만 하는 일에 대해 소리를 지르며 언쟁을 벌이게 되었다. 논쟁이 정말 악화된 것은 아버지가 트레버에게 입원병동에서의 집중치료가 필요하다고 말한 순간이었다. 그 순간 트레버는 너무나 화가 나서 칼을 집어 들고 아버지를 수차례 찔렀다. 교도소에서 트레버에게 아버지를 살해한 것과 그것이 나머지 식구들에게 끼친 영향에 대해 생각하는지 물었을 때 그는 그 생각은 마음속에서 차단했다고 차갑게 답했다.

래리와 트레버: 생각의 오류들

남에게 해를 끼친다는 인식 부족

래리는 아무것도 모른 채 가게에서 나오던 노인에 대해 아는 바가 전혀 없었다. 그렇지만 그건 그에게 중요하지 않았다. 목표 없이 흥분거리를 찾아다니다가 래리는 이 전혀 모르는 사람을 "망가뜨린다"는 생각에 끌렸다. 완전히 목숨이 끊어지기 전 벌벌 떨며 애원하는 하찮은 존재로 만들어버린다는 생각이 그에게 궁극적인 흥분을 주었다. 개미를 밟아버릴 수 있었던 것과 마찬가지로 이 노인도 래리에게는 하나도 중요할 이유가 없었다. 나와 면담하는 동안 래리는 자신이 저지른 행동에 대해 한번도 후회를 내비친 적이 없었다. 그는 시간을 되돌릴 수 있길 바랐지만 살인을 후회해서가 아니라 여생을 감옥에서 보내는 것을 피하기 위해서였다. 그것만이 그의 관심사였다.

트레버는 아버지를 살해함으로써 그가 평생의 적으로 생각하던 사람을 없앨 수 있었다. 트레버의 경우 피해자는 모르는 사람이 아니었다. 모르는 사람이었을지도 모른다. 트레버는 아버지에 대해 인간으로서 하등의 관심이 없었다. 상상 속에서 트레버는 자기가 원하는 대로 자유롭게 할 수 있게 되기 위해 아버지를 지구 표면에서 수차례 제거했다. 교도소에서 트레버는 그의 범죄가 어머니와 동생들, 친척들, 아버지의 동료들, 친한 가족들 또는 그가 살던 지역 주민들에게 오래도록 남길 충격에 대해 거의 생각하지 않았다. 래리처럼, 트레버의 관심도 그 자신과 감옥에서 어떻게 살아갈 것인지에만 맞춰져 있었다. 카운티 교도소에 있는 동안 그는 방문객 면담을 거부했다. 누군가 과거로부터 침범해와서 질문을 던지거나 설명을 요구하는 게 싫었기 때문이다.

타깃이 된 피해자와 간접적 피해자인 사람들은 이 범죄의 여파 속에서 고통받는다. 래리와 트레버 같은 범죄자들은 그런 파급효과에 무관심하다.

책임져야 할 때 자신이 피해자라고 주장하고 남 탓으로 돌리기

책임을 요구받는 상황에서 범죄자들은 상처를 입은 쪽은 자신들이라고 생각한다. 그들의 관점에서는 그들이 부당하게 대우받은 것이다. 그들이 하고 싶어 한 일을 사람들이 훼방 놓았고 자신들을 제어하려고 했기 때문이다. 래리는 피해자 노인을 단순히 우연찮게 잘못된 시간에 잘못된 장소에 있었던 사람으로 생각했다. 단지 그 자리에 있었다는 이유로 마치 그가 잘못했다는 것처럼.

트레버는 오래도록 그 자신을 아버지의 "광적인 잡친 기분"의 피해자라고 생각했고, 자기 가치관을 아들에게 주입하려고 하는 것에 분노했다. 어머니에 대해서도 좋은 소리를 한마디도 하지 않았으며, "내 삶을 망치고 있었다"고 주장했다. 윈터 부부가 바랐던 것은 사회적 계층과 상관없이 대부분의 부모가 자녀를 위해 바란 것, 즉 교육을 받고, 다른 사람들을 공정하게 대하고, 궁극적으로 스스로를 부양할 수 있게 되는 것이었다.

양심을 차단하는 능력

래리와 트레버 같은 범죄자들은 공감능력이 없고 자기들이 유발한 고통에 대해 무관심하다는 면에서 다른 사람들과 공명하지 않는 것처럼 보인다. 트레버의 어머니는 그가 가정에 일으킨 혼란에 대해 이야기를 하려 할 때마다 그가 "무감각"하거나 어떤 감정도 보이길 거부하는 것에 놀랐다. 트레버는 결코 후회를 내비치지 않았다. 트레버의 아버지는 화제가 무엇이든 그를 대화에 끌어들이는 데 어려움을 겪었다. 트레버는 자기 말대로 하는 것이 아닌 이상 부모와 관련되는 것을 원치 않았다. 그들 반응에는 전혀 무감각한 트레버는 부모를 놀라게 할 만한 말을 내뱉고 그들이 스트레스받는 것을 지켜보는 것을 즐겼다. 그는 아무렇지도 않게 말했다. "나는 가끔 미친 소리를 내뱉었고 부모님처럼 할 말을 참지 않았어요. 어머니는 곧잘 나를 폭발하게 했어요. 나는 폭력을 행사하겠다고 협박하곤 했지요."

"나는 양심이 없어요"라고 말할 때 래리는 단호했다. 하지만 그는 이웃에 사는 할머니와 그 손자에게 정이 들었다. 이 노인은 많은 면에서 래리에게 도움을 받았고 그것에 의존했다. 래리는 또한 어머니와 가까웠다. 어머니에 대해 끊임없이 불평하긴 했지만. 그는 그를 아끼는 사람들이 그의 범죄행위에 충격받을 것이라는 생각은 전혀 하지 않았다. 그가 가게에서 나오던 사람을 공격했을 때 문제될 건 아무것도 없었다. 래리가 말했듯이 "무슨 일이 일어난다면 일어나는 것"이니까. 순간의 목표를 좇는 동안, 그는 마음속에 남아 있는 양심 한 점조차 차단해버렸다.

범죄자의 일시적인 감상을 양심으로 착각하면 안 된다. 낙담했을 때 래리는 어머니의 위로에 의지하려고 할 가능성이 있다. 과거에 그는 어머니에게 수차례 의존했는데, 특히 어머니가 자신을 곤경에서 구출하게 하기 위해서였다. 아무리 간청하고 사랑스럽게 행동해도, 범죄자는 원하는 것을 못하게 하면 어머니를 욕하고, 돈을 훔치고, 협박하고, 밤잠을 이루지 못하게 만들며 어머니의 삶을 지옥으로 만든다. 어머니가 자기 요구를 얼마나 즉각 들어주느냐에 따라 어머니에 대한 평가는 성인에서 사탄 사이를 오간다. 그 어떤 학대도 감내하면서 어머니는 아들을 용서하고 새출발을 응원한다.

트레버는 의미 있는 관계에 있는 사람이 아무도 없다고 말하며 스스로를 "감정적으로 장애가 있다"고 묘사했다. 그는 함께 마리화나를 피우거나 비디오 게임을 할 때에도 피상적인 것 이상으로 그 자신을 남에게 보이지 않았다. 그는 그가 다른 사람들에게 끼친 피해에 대해 한번도 후회하는 것 같지 않았다. 자기 자신의 삶을 제외한 어느 누구의 삶도 그에게는 가치가 없는 것 같았다.

자격이 있다는 생각

서로 다른 가족 배경에도 불구하고, 재산 범죄와 불법 마약 투약, 그리고 폭력행사라는 면에서 래리와 트레버는 비슷하다. 둘 다 무엇이든 머리에 떠오르는 것은 할 자격이 있다고 느꼈다. 트레버의 부모님은 심신장애로 우려되던 아들의 "점진적이고 무자비한 타락"에 놀랐다. 트레버는 자기가 나빠진다고는 전혀 생각하지 않았으며 단순히 불합리한 부모님에게 대응할 뿐이었다.

래리와 트레버 같은 범죄자들은 모든 상황에서 자신이 우위에 서길 기대한다. 그들은 스스로를 수레바퀴의 중심으로 볼 뿐, 결코 주변 바퀴살 중 하나로 보지 않는다. 일련의 행동을 스스로 결정했다는 사실이 이를 정당화한다. 사람들은 종종 그들의 순수한 척하는 연기 뒤에 숨어 있는 사악한 의도를 알지 못한다. 다른 사람들은 그저 뒤로 물러서야 한다. 다른 사람이 원하고 기대하는 바는 중요하지 않다. "내가 원하는 게 눈에 띄면 난 그냥 그걸 손에 넣어야 해요"라고 래리는 말했다. 트레버가 부모님 돈을 마음대로 가져갈 때 한 생각과 비슷하다. 트레버는 그 절도를 그 자신에게든 어느 누구에게든 정당화할 필요가 없었다. 그의 마음속에서 그 현찰은 이미 그의 것이었고 그는 그 돈을 어떻게 쓸지 기대하고 있었기 때문이다.

스스로 독특하다는 생각

범죄자가 스스로가 독특하다는 생각을 강화하고자 하는 노력은 그의 성격을 움직이는 주된 동력이다. 범죄자는 마음속으로 그 자신이 지문처럼 둘도 없는 존재라고 생각한다. 그가 스스로 독특하다고 생각하는 믿음은 자기 삶에서 다른 사람들을 차단하는 데에서 비롯된다. 트레버도 래리도 이기적인 목적이 있지 않는 한 다른 사람의 조언을 구하지 않는다.

트레버는 아버지가 그에게 정신병동에 있을 필요가 있다고 말한 것에 분노했다. 그는 누군가 치료가 필요하다면 그건 바로 아버지라고 생각했다. 또래 아이들에게 순응해야 할 이유도 전혀 느끼지 못했다. 트레버의 눈에 또래 아이들은 그와 같은 자유로운 영혼이 아니라, 남들이 제시하는 것들을 생각 없이 지키는 것 같았다.

트레버와 래리는 사람들과 잘 어울리지 않았다. 남들이 그들 같지 않을 것이고 그들을 이해할 수 없을 것이라고 생각한 것도 하나의 이유였다. 그들 스스로 우월하다고 생각하며, 남들에게 일어난 일은 그들 자신과 무관하다고 확신했다. 그들은 그들 스스로 규칙을 만들었다.

의무감이라는 개념 부족

사람들에 대한 범죄자의 태도는 사람들이 자신에게 맞추는지 여부에 따라 변덕스럽게 바뀐다. 어느 날은 가장 가까운 동지로 여기던 사람을 다른 날에는 죽여야 할 적으로 여길 수도 있다. 트레버는 한편으로는 부모님의 부유한 삶이 주는 물질적 편안함을 만끽하면서도 다른 한편으로는 부모가 자신의 사회적 단절과 학교 낙제에 대해 귀찮게 군다고 분노했다. 트레버의 어머니는 아들이 늘 "무뚝뚝하고 불만이 많고 거만"했기 때문에 그를 상대하는 것이 불쾌했다. 트레버는 집안일을 도와달라는 어떠한 요청에도 분노했다. 그는 심지어 부모가 자신에게 잘해줄 때조차도 경멸을 표했다. 그는 "어머니가 나한테 훌륭한 점심을 준비해 주면 나는 버려버리곤 했어요"라고 말했다. "그들은 내가 자신의 2세가 되길 원했어요." 부모를 향한 그의 적대심은 청소년기의 흔한 반항 수준과는 비교가 되지 않을 만큼 컸다. 그는 부모를 그의 인생에서 몰아내고 싶어 했다.

모든 부모가 그렇듯 윈터 부부도 단점이 있다. 그러나 그들의 다른 자녀들은 부모의 단점을 보면서도 잘 살았다. 아버지를 죽이기까지 트레버는 자신이 가족에게 의무가 있다고는 한번도 생각하지 않았다. 그러나 교도소에서 그는 자기 어머니가 자신을 변호해줄 일류 변호사를 고용할 의무가 있다고 생각했다.

래리의 부모와 형제자매들, 그리고 다른 친척들은 그가 달라지기를 기도해 왔다. 잠시 동안 래리의 아버지는 자신과 함께 살자고 아들을 설득했다. 그러나 래리는 그의 아버지가 자기 삶을 규격화하려고 시도하는 훈육 태도가 짜증스러웠다. 아들이 자리잡고 있다고 아버지가 생각할 때쯤 래리는 아버지 집을 떠나 좀 더 자유로웠던 어머니 집으로 돌아갔다. 범죄를 저지르기 전이나 후나 래리는 자신을 아끼는 사람들에 대한 의무감에 대해 어떠한 인식도 보인 적이 없었다.

두려움을 차단하는 능력

일반적으로 범죄자들은 자신의 행동의 결과를 고려하지 않는다고 생각한다. 사실 그들도 고려한다. 내 경험상 그들은 계획이 어긋나면 어떤 일이 벌어질지 알고 있고 걱정도 한다. 그들은 부모에게 야단 맞고 친척에게 훈계를 듣고 학교에서 또는 많은 상황 속에서 잘못에 대해 처벌을 받고, 경찰서와 법정, 구치소, 지역 유치장, 주 교도소 등에서 시간을 보내면서 살아왔다. 일어날 가능성 있는 결과들을 무시하는 것과는 반대로, 범죄자들은 이런 경험들을 잊지 않는다. 하지만 실제 범죄를 저지르는 순간에는 이 같은 결과들은 과거가 된다. 그들은 이번에는 성공할 것이라고 확신한다.

래리와 트레버는 어릴 때부터 자신들의 행동의 결과를 감당해야 한다는 두려움을 성공적으로 차단해 왔다. 사람들이 아는 것보다 훨씬 더 많이 그들은 들키지 않고 빠져나온 경험이 있었다. 다른 사람의 생명을 빼앗을 때에 이 젊은이들은 마치 생각 스위치를 꺼버린 것처럼 그 같은 결과에 대한 고려를 지워버렸다.

권태와 생각의 오류들

래리와 트레버처럼, 범죄자들은 종종 할 일이 없고 지루하다고 불평한다. 책임의식이 높은 사람들도 그런 말을 한다. 그들은 강의가 지루하다든가 뭔가 배우기 위해 하는 작업이 지겹다고 느낄 수 있다. 코로나19가 유행하던 2020년, 전염 확대를 막기 위해 활동에 제약이 생긴 탓에 많은 사람들이 심한 권태를 경험했다. 그렇다고 권태를 쫓기 위해 범죄를 저지르지는 않았다. 그러나 범죄자들은 하루하루 인터넷을 돌아다니면서 보내는 한편, 무료한 사람들을 착취하기 위한 사냥에 나섰다. 범죄자들은 사람들에게 위조된 제품을 팔거나 취업 사기를 치고 막대한 투자 대비 수익을 거짓으로 약속했다. 범죄자들이 지루하다고 할 때에는 그들이 화가 나 있거나 배출구를 찾고 있어서 위험할 때이다.

트레버는 자기 인생이 "엄청나게 지루했다"고 묘사했다. 그는 학교가 지루했고, 또는 그가 말한 것처럼 "환멸을 느꼈다." 그의 부모 눈에도 그가 매우 우울해 보여서 자해를 하지나 않을지 두려워할 정도였다. 트레버는 자신의 우울증을 "재미의 부재" 탓으로 돌렸다. 그는 부모가 계속 그를 대학에 보내려고 동기부여하는 데 대한 대응으로 우울증이 생겼다고 했다. 대학에 갔을 때에도 그는 1년이 안 되어서 낙제했고 정학을 받고 집에 돌아왔다. 다시 지루해진 그는 너무 집에서 벗어나고 싶었던 나머지, 다시 대학에 갈 수 있게 허락해 주지 않으면 스스로를 총으로 쏘겠다고 부모를 협박했다(이 두 가지는 전혀 다른 문제였지만).

트레버는 나에게 일을 할 이유가 없고 삶에서 중요한 것은 재미를 느끼는 것이라고 말했다. "제 생각엔 모든 사람에게 이건 마찬가지예요. 그게 아니면 뭐가 중요하겠어요? 인간은 권태를 느껴요. 스스로를 즐겁게 하는 방법은 아주 많아요. 나는 가족을 좋아하지 않아요. 나는 친구도 없어요." 그에게 재미란 마약을 하고 하루에 여섯 시간에서 여덟 시간 동안 폭력적인 비디오 게임을 하는 것이었다. 그건 전혀 지루하게 느껴지지 않았다. (비디오 게임이 그를 폭력적인 사람으로 바꾸어놓은 것은 아니다. 그는 처음으로 비디오 게임을 하기 전에도 폭력적이었다.) 친구도 없고 식구들도 거부하면서 취업에 대한 열망도 없었던 래리와 트레버는 인생의 목표가 없었다. 그들의 "우울증"과 권태는 마약을 하거나 범죄를 저지름으로써 해소되었다. 트레버는 "마리화나는 내가 선택할 수 있었던 항우울제"라고 말했다. 항우울제 처방전 같은 것은 그들에게 필요하지 않았다.

범죄자들이 "아무 일도 없다"고 할 때에는 흥분되는 일이 없다는 뜻이다. 이 불편한 마음의 상태는 범죄에 대해 생각하기 시작하는 순간 해소된다. 래리는 어수선한 환경에서 살고 있었고 오랫동안 그의 행동을 지켜보는 사람이 없었기 때문에 부모의 엄격한 관리감독하에서 살던 트레버에 비해서 운신의 폭이 더 넓었다. 트레버는 대학 캠퍼스에서 살 때 부모 간섭 없이 하고 싶은 일을 마음껏 할 수 있었다.

래리는 지루함을 해소하기 위해 처음 보는 사람을 살해했다. 트레버는 할 일이 없어서가 아니라 정신병동에 입원하게 될까 봐 아버지를 살해했다. 정신병동은 지루할 터이고 하루하루의 일상에 대한 통제권이 없어질 것이기 때문이다.

권태에 대한 범죄자의 대응은 생각의 오류들의 직접적 결과다. 흥밋거리를 찾을 때에는 오직 그 자신이 원하는 것만 중요하다. 자기 행동에 대해 책임을 져야 할 때면 범죄자는 환경이나 다른 사람들을 탓한다. 래리나 트레버처럼 범죄자는 목적을 이루기 위해 양심을 차단한다. 무엇이든 마땅히 할 자격이 있다는 생각은 자신이 원하는 것은 필요한 무슨 수를 쓰더라도 손에 넣을 수 있다는 시각을 보여준다. 스스로가 독특하다는 생각은 어떤 노력이 필요한 일이든 자신이 성공할 것이라는 확신을 높여준다. 범죄자가 권태를 해소하려고 시도할 때 의무감은 문제가 되지 않는다. "뭔가 할 일"을 찾는 가운데 범죄자는 양심이 주는 두려움을 차단해버린다. 그리고 이 같은 생각의 오류들로 인해 어떤 사람들은 생명을 잃을지도 모른다.

05

범죄행위 전, 중, 후의 정신적 과정

05 범죄행위 전, 중, 후의 정신적 과정

어린 시절부터 범죄자는 자신이 저지를지도 모르는 범죄들에 대해 끊임없이 생각한다. 생각이 너무 많기 때문에 대부분은 실행하지 못한다. 어떤 생각들은 환경적 제약이 있거나 적합한 도구가 없거나 공범자가 필요하다는 면에서 실용적이지 못하다. 어떤 생각들은 표류하듯 잠시 떠올랐다 사라지는 환상들이다. 또 다른 생각들은 범죄의 실현 가능성을 가늠하고, 언제 어디서 어떻게 저지를지 파악하고, 어떻게 빠져나갈지, 수익을 어떻게 처리할지 파악하는 계획으로 무르익는다.

열세 살일 때 헨리는 걸어 다니는 범죄의 물결(crime wave)이었다. 나는 헨리가 학교를 폭파하겠다는 협박을 한 뒤 소년원에 수감되었을 때 그를 면담했다. 그는 자신의 긴 범죄행각의 역사를 자랑스럽게 털어놓았는데, 꾸며낸 이야기는 아닌 것으로 보일 만큼 정보가 충분히 구체적이었다. 그는 "폭죽을 학교에 가져오거나 변태적인 성행위를 하는 것을 제외하고는 거의 모든 규칙을 어겼다"고 자랑했다. 헨리는 한 학년의 거의 절반 동안 학교를 빠졌다. 학생부 기록에는 그가 흡연을 하고, 다른 급우들에게 담배를 나누어 주었으며, 학교 기물을 파손하고, 같은 반 학우의 목을 조르고, 다른 학생들과 선생님들을 협박하고, 학교에 무기를 가져오고, 학교 버스에서 난동을 부리고, "반성하라고 들어가 있게 한 방"에서 소변을 본 행동 등이 나와 있다. 체포되지는 않았지만 대규모 절도, 훔친 신분증 소지, 방화, 기물 파손, 미성년자 음주, 훔친 현금카드 사용, 창문에 BB탄 발사, 불법 침입, 절도, 폭행 등 수많은 다른 범죄도 저질렀다. 그가 저지른 엄청난 범죄의 양은 그가 상상한 온갖 범죄의 아주 작은 일부에 지나지 않는다.

범죄를 저지르는 모든 단계는 범죄자에게 흥분을 준다. 범죄에 대해 생각하는 것, 계획하는 것, 공범을 구하는 것, 타깃에게 접근하는 것, 실행하는 것, 빠져나가는 것, 그리고 그 뒤에 일어나는 모든 것에. 잡히든 안 잡히든 말이다.

외부 억제제

가장 강력하게 억제하는 힘은 외부에서 나온다. 외부 억제제는 범죄자들이 하고 싶어 하는 일을 못하게 하는 장벽이다. 붙잡히고 기소되고 감금되는 범죄의 "직업적 위험들"이 외부 억제제의 구성 요소다. 범죄자들은 고위험군 범죄 실행 중에 부상당하거나 사망할 가능성뿐 아니라 이 같은 억제제에 대해 잘 알고 있다.

당신이 만일 주 교도소에서 가장 험한 범죄자를 찾을 수 있다면 그에게 물어보라. "붙잡힐 거란 생각은 한번도 안 해봤냐"고. 그의 대답은 아마 당신을 놀라게 할 것이다. 그는 아마 이렇게 말할 것이기 때문이다. "물론 해봤지. 하지만 이번에는 안 했어." 이전에도 그는 너무나 많은 범죄를 걸리지 않고 빠져나왔기 때문에 그는 스스로 불사신이라고 생각했다. 그는 성공할 가능성이 높았다.

범죄자는 자신이 한 일을 발견할지도 모르는 사람이면 누구든 — 부모님, 선생님, 고용주, 이웃, 실제 경찰관 — "경찰"로 간주한다. 범죄자는 그가 궁리하는 행동을 절대 자신에게 정당화하지 않는다. 정당화와 합리화는 오직 그가 붙잡힌 후에만 작동한다. 특정 범죄를 저지르고자 하는 욕구는 결과에 대한 두려움을 포함해 그 어떤 의구심보다 궁극적으로 더 크다. 심지어 이전의 수감되었던 생생한 기억도 그를 저지하지 못한다. 어떤 범죄자들은 구속된 상태에서도 새로운 범죄를 계획한다. 그들은 과거의 실수로부터 배워서 다음 번에는 더 성공하겠다고 결심한다.

내부 억제제

범죄자들은 양심이 없다고 사람들은 생각한다. 범죄자들이 초래하는 엄청난 고통에 비추어보면 이해할 만하지만, 사실 이것은 잘못된 생각이다. 사실 그들은 조각난, 정상 작동하지 않는 양심을 갖고 있고, 이 양심이 특정한 일련의 행동을 저지하기도 한다.

양심이 있다고 믿느냐고 물었을 때, 열네 살의 한 절도범은 즉흥적으로 답했다. "나도 몰라요. 있는 것 같아요." 그는 이렇게 덧붙였다. "중요한 건 내가 그 소리를 듣느냐죠." 의뢰인의 신탁 계좌에서 돈을 횡령한 한 변호사는 자기 양심의 작동방식에 대해 이렇게 비유적으로 말했다. "나는 그걸 차단할 수 있었어요. 방음이 되는 방에서 작은 문을 열어서 부정(不正)이 약간 새어 나오게요. 그리고는 문을 닫곤 했어요. 그러면 아무도 그 비명소리를 못 듣게 되는 거죠. 전반적으로 보면 작동했는데 때때로 작동하지 않았어요. 한밤중에 일어나서 걱정하곤 했지요." 그러나 한 조각의 양심이 가져온 불안감은 미래 범죄를 막을 만큼 오래 지속되지 않았다. 또 다른 범죄자는 노인의 집에 침입해 그녀가 아끼던 가보를 훔쳤다. 그녀가 암투병 중이었다는 사실을 알고 그는 양심의 가책을 느껴 그녀의 소유물을 돌려주었다. 이 한 번의 범죄행위를 후회하고 물건을 원상복귀시킨 것은 스스로 온정적인 사람이라는 생각을 굳건히 해주었다. 그게 어떤 양심이었든 그 양심은 그가 다른 곳에서 유사한 침입을 하는 것을 저지하지는 못했다.

감상, 종교적 신념, 인도주의적 우려들이 때때로 표면에 올라온다. 범죄자는 예배당에서 기도를 하거나 노숙자들에게 돈을 주고 나서 남의 지갑을 낚아챌 수 있다. 그는 스스로 좋은 사람이라는 이미지를 유지하기 위해 특정한 부류의 범죄는 저지르지 않으려 할 것이다. 한 십대 청년은 "나이 든 여성을 넘어뜨리고 지갑을 뺏는 놈은 교수형에 처해야 한다"고 말했다. 고령의 여성을 물리적으로 공격하는 것은 그의 양심이 허락하지 않았지만, 가방을 낚아채는 것에 대해서는 아무런 양심의 가책이 없었다.

억제제 제거

범죄자들은 특정 범죄들에 대해 숙고할 때 억제제(행동을 억누르는 요인들)들을 제거한다. 복잡한 계획을 짜내는 동안 그들도 어떻게 일이 잘못될 수 있는지 고려하지만, 이 같은 억제제를 하나씩 배제하면서, 범죄 욕구가 체포에의 두려움을 넘어서게 된다. 그리고는 모든 억제제에 대한 생각을 차단하고 성공을 확신하게 되는 지점에 이른다. 표류하던 생각들은 기정사실로 굳어진다. 범죄 종류가 달라도 정신적으로 거치는 과정들은 유사하다.

제이는 동료들이 퇴근한 뒤 1층 사무실에 혼자 남아 있는 젊은 여성들을 훔쳐보기 시작했다. 그는 "눈에 보이는 여성들을 자위행위의 소재로 쓰면서 그들에 대해 상상하며 서성거릴 때 점점 흥분이 고조됐다"고 했다. 사무실 건물의 내부를 관찰함으로써 제이는 외진 구역과 비상구 위치를 파악했다. 그는 또 주차장이 빨리 빠져나가기에 가장 수월하다고 말했다. 방법을 연구하고 먹잇감을 정한 제이는 준비가 되었다고 느꼈고 자신이 있었다. 그는 타깃으로 삼은 직원이 소지품을 챙겨 퇴근하려고 할 때까지 기다렸다. 그는 "어떤 일이 벌어질지 몰랐기 때문에 공격을 시작할 때에는 순간적으로 흥분이 치솟았다"고 회고했다. 제이는 사무실로 쳐들어가서 피해자를 붙들고 화장실이나 다른 외진 구역으로 끌고 가서 성폭행하고 빠르게 도주하곤 했다. 공포의 시간은 1년이 넘게 계속되었고, 상대를 잘못 고르면서 드디어 끝이 났다. 여성 경찰관이 미끼 역할을 하며 제이의 눈길을 끌었던 것이다. 그가 공격할 때 그녀는 대비가 되어 있었다.

범죄자들이 계획을 실행할 세부 사항들을 계획함에 따라 억제제들은 점차 힘을 잃을 수 있다. 어떤 죄들은 오랜 기간에 걸쳐 계획되지 않는다. 기회가 보여서 저지르는 범죄일 수도 있다. 범죄자는 떠오르는 아이디어를 붙잡아 빠르게 실행에 옮긴다. 마치 그의 머릿속 스위치를 꺼버려 억제제들에 대한 생각이 사라져버리는 것과 같다. 그가 행동에 옮길 때의 민첩성만 보면 갑작스러운 충동에서 비롯된 것처럼 "보일지" 모른다. 범죄자들은 충동적이지 않다. 그들의 범죄는 그들이 선택함으로써 일어난다.

범죄 실행

범죄자는 범죄 현장에 가까워짐에 따라 기대로 몸을 떨지 모른다. 억제제들을 생각에서 차단하는 순간, 그는 성공하리라고 확신한다. 그의 낙관주의는 열세 살 헨리처럼 과거에 수차례 걸리지 않고 빠져나갔다는 사실에 더 힘을 얻는다. 그는 범죄를 실제로 저지르기도 전부터 범죄의 보상을 걷어들이는 것을 상상한다. 이 같은 고삐 풀린 낙관주의는 부주의를 낳는다. 자신이 원하는 것에만 집중한 나머지 상황의 현실을 무시하기 때문이다. 범죄자가 기이하고 위험하게 보이는 행동을 감수함에 따라 사람들은 그가 붙잡히고 싶어서 일부러 그랬고 그의 부주의한 행동은 사실상 "도움을 청하는 외침"이었다고 믿는다.

대부분의 사람들에게 자신감은 허풍이 아니라 성취에 기반한다. 범죄자의 자존심은 대체로 남들을 통제하는 데에서 오고, 그 통제력은 속이고, 협박하고, 폭력을 휘두르면서 얻는다. 그가 만일 특정한 일을 시도하다가 실패한다면 이는 그가 붙잡히고 싶었거나 도움을 청하는 것이 아니다. 정신건강 전문가들이 그런 설명을 전개하는데, 그것은 범죄자의 생각 패턴이 아니다. 범죄자는 앞뒤 보지 않고 행동에 나서면서 계산을 잘못할 수 있다. 그에 따라오는 실수는 자만과 비현실적인 기대의 결과다.

범죄행동이 종종 도움을 청하는 외침이라는 개념은 어제 오늘 생긴 것이 아니다. 1980년에 당황하고 혼란스러웠던 한 부모는 당시 존경받는 칼럼니스트였던 조이스 브라더스 박사에게 자기 딸의 반복적인 상점 절도에 대해 글을 보냈다. 부유한 가정의 그 열일곱 살 딸은 훔친 물건을 쉽게 구매할 수 있었다. 브라더스 박사는 "그녀가 정말로 붙잡혀서 그녀가 절실히 필요로 하는 도움을 받길 원했을 수 있다"고 썼다. 범죄자가 붙잡히기를 원하고 그들의 범죄는 도움을 청하기 위해 손을 뻗는 수단이라는 개념은 지속되고 있다. 2017년 정신분석가 월 마이어호퍼는 좀도둑질을 저지른 변호사들에 대해 "어느 정도는 붙잡히길 원한 것"이라고 평가했다. 나는 50년간 범죄자들을 평가하고 대해왔지만 이게 사실인 경우를 단 한 건도 보지 못했다. 사실은 정반대다. 붙잡히는 것을 피하는 것보다 그들이 더 원하는 것은 없다.

범죄행위 중 두려움이 되살아나서 범죄자가 조심하게 될 수 있다. 예를 들어 절도를 저지르기 전에 주변을 살피는 것처럼. 짖는 개, 주차된 차에 앉아 있는 사람 또는 동작 감지기 같은 예상치 못한 장애물을 발견할 수도 있다. 그는 계획을 완수하라고 강요받지 않는다. 이번 건을 포기하든지 상황이 더 적합할 때 돌아올 수도 있다.

심지어 범죄자가 모든 것을 다 사전에 파악했다고 생각할 때에도 예상치 못한 일이 일어날 수 있다. 한 범죄자는 이렇게 회고했다. "주류판매점에 들어가서 현찰을 가져오려고 했어요. 그런데 계산대에 있는 남자가 갑자기 움직였어요. 쏠 수밖에 없었어요. 그럴 의도는 없었지만요." 경보장치가 울렸고 그는 곧 체포되었다. 주유소 강도는 더 조심성이 있었다. 그는 그 주유소 단골 고객이었음에도 불구하고 가게에 수차례 들어가 그 장소를 파악했다. "내 자신의 안전을 위해 나는 항상 피해자의 손이 계산대 아래로 내려가지 않는지 주시합니다. 또 그가 나를 공격할지도 모르니 그로부터 5피트 떨어져 있어요. 안전 예방책이죠." 그는 주유소에서는 걸리지 않고 도주했지만 다른 곳에서 인질강도를 벌이다 체포되었고 이후 일련의 강도행위를 자백했다.

범죄 후의 흥분

체포되지 않으면 범행 후에도 흥분은 계속된다. 자원봉사 소방관으로 일했던 한 방화범은 그가 낸 불을 진압하는 소방대원들을 도우려고 주변을 맴돌았다. 범죄자들은 언론이 자신이 무엇을 했고 어떻게 걸리지 않고 빠져나갔는지 묘사하는 것을 보는 것을 즐긴다. 어떤 범죄자들은 신문기사를 스크랩북에 모으기도 한다. 다른 범죄자들과 이야기하면서 그들은 자신이 벌인 일을 자랑하고 포장한다.

살인자 리처드 맥네어는 세 번이나 빠져나갔다. 그의 전기를 쓴 바이런 크리스토퍼는 맥네어가 수천 마일을 도주한 것에 대해 쓰면서 맥네어가 자기 범행에 대한 미디어 보도에 푹 빠져 있었다고 썼다. "맥네어는 항상 모든 뉴스 매체를 빠짐없이 보았어요. 매주 토요일 밤 그는 시간을 내서 TV 프로그램 〈미국의 현상수배자(America's Most Wanted)〉를 챙겨 보았죠." 성공할 때마다 범죄자가 스스로를 특별하게 보는 시각은 강화된다. 자기가 남들을 능가했기 때문이다. 어떤 범죄자에게는 성공적으로 범죄를 실행함으로써 경험하는 흥분과 이후 느끼는 승리감이 수익보다도 우선이다. 그들은 전리품을 버리거나 남에게 줘버릴지도 모른다. 일련의 편의점 강도를 저지른 한 남자는 이렇게 말했다. "내가 하는 일이 아주 위험하고 붙잡히면 큰일이라는 걸 알고 있었어요. 훔친 돈은 남들에게 줘버리곤 했어요. 내가 저지른 범죄들은 나에게는 게임이고 도전이었어요."

붙잡힐 때조차 흥분이 끝나지 않을 수도 있다. 범죄자는 이제 (사법) 시스템을 이겨야 한다. 경찰관들, 형사들, 정신건강 전문가들, 법원 직원들, 변호사 등 속여야 할 많은 사람들이 있다. 그가 한 행동에 대한 정당화는 붙잡히거나 책임져야 할 상황이 된 "다음에" 시작된다. 한 절도범은 나에게 말했다. "나는 사람들로부터 훔치지 않아요. 나는 오직 가게에서만 훔쳐요. 그들은 그걸 감당할 수 있어요. 그들은 사람들한테 바가지 씌워 뜯어가잖아요. 그 물건 없어도 괜찮아요." 이것은 모두 사후에 하는 생각이다. 물건을 훔칠 생각을 마음에 품고 가게에 들어갈 때에는 그저 보석을 발견하고, 어떻게 훔칠지 파악하고, 도주했다. 그는 범죄를 저지를 때에는 그 가게가 물건이 없어져도 감당할 수 있는지, 고객들이 바가지를 썼는지 같은 생각은 전혀 하지 않았다고 인정했다. 수년간 그는 수많은 가게와 사람들을 상대로 훔쳤고, 그 대상에는 그의 어머니도 포함되어 있었다.

범죄행각의 "동기" 파악

개인적 부 축적, 질투, 복수, 유명해지는 것과 관련된 범죄들의 경우, 배후 동기가 명확해 보인다. 그러나 어떤 범죄들은 동기가 무엇이었는지 알쏭달쏭하다. 부유한 사람이 왜 가게에서 값싼 장신구를 훔치는 걸까? 십대가 모르는 사람을 잔혹하게 공격하는 이유는 무엇일까? 왜 어떤 남자는 합의하에 성관계를 가진 뒤 몇 시간 후에 한 번도 만난 적 없는 초면의 여성에게 성폭력을 행사하는 걸까? 총기난사나 폭탄 테러를 포함해 어떤 정보들은 언론에 대대적으로 보도된 후에도 동기는 풀리지 않은 미스터리로 남아 있다.

만일 누군가 범죄자 마인드를 이해한다면 동기를 찾을 수 있다. 그게 표면에 드러난 동기와 다를지라도 말이다. 물건을 몇 번을 사고도 남을 만큼 수중에 돈이 많은데도 가게에서 물건을 훔쳤던 사람들이 나에게 이렇게 말했다. "훔칠 수 있는데 왜 돈 주고 사요?" 도둑질은 흥분되는 일이다. 도둑질에는 내부 구조를 살펴보고, 감시 카메라가 어디 있는지 파악하고, 비상구 위치를 익히고, 훔친 물건을 감추고, 그리고 도주할 만큼 충분히 영리하고 빠르다는 것이 수반된다. 십대 두 명은 육교 위에서 지나가는 자동차 위로 커다란 돌을 떨어뜨렸다. 그 불운한 운전자에게 어떤 결과를 초래할지에 대해서는 생각해 보지 않았다. 그들은 무료함을 달랠 재밋거리를 찾아다니며 배회하고 있었고 지나가는 차의 앞유리를 깨뜨리는 것은 하나의 도전이었다. 아래로 던질 준비를 하며 돌을 들어올릴 때 그들은 어마어마한 권력을 가진 듯한 느낌을 경험했다. 앞유리가 깨지고 운전자가 충돌하는 것을 본 뒤 그들은 사라졌다. 그들은 소동이 일어날 것을 알고 있었고 아무도 누가 그랬는지 모를 것이라고 확신했다. 피해자가 될 사람을 스토킹하던 한 남자는 평소 합의하에 하던 성관계보다 훨씬 더 강도 높은 성적 경험을 하기 위해 여성에게 강압을 행사했다. 그의 동기는 성적인 것보다 승리를 쟁취하고 빠져나가는 데에서 오는 권력을 느끼는 것과 훨씬 더 깊은 관련이 있다.

어떤 범죄자들은 누군가의 생명을 빼앗거나 많은 이들을 몰살시키는 데에서 궁극의 권력감을 느낀다. 그들은 무기와 탄약을 축적하고 범행 장소를 파악하면서 그 큰 사건을 상상하고 준비한다. 쇼핑몰이나 콘서트 같은 야외 행사 중에 군중을 향해 총을 쏘고 그에 따라오는 충격과 공포를 지켜보는 것은 그들에게 궁극의 "황홀감"을 준다.

극단적인 정치적 견해나 이데올로기가 폭력적 행동의 동기로 보일지 모른다. 하지만 범죄자의 성격을 갖고 있는 사람은 사회적 또는 정치적 대의를 가져다 폭력에 개입하는 구실로 이용할지 모른다. 조사를 해보면 이런 식으로 행동한 많은 사람들은 범죄를 저지른 게 처음이 아니라는 게 드러난다. 그들은 새로이 악명을 떨치기 전에도 이미 다양한 범죄행위에 가담해 왔다.

"평소 성격 같지 않은" 범죄

때때로 대중은 평범한 사람이 극악무도한 범죄를 저지른 것처럼 보이는 뉴스를 접한다. 그 용의자는 전과도 없고 지역사회에서 평판이 좋다. 그를 잘 알고 지낸 사람들조차 그가 그 기소된 범죄를 저질렀다는 사실을 믿기 어려워한다. 그의 "평소 성격과는 완전히 다른" 것처럼 보인다.

한 남자를 서른 번도 넘게 흉기로 찌르고 체포되기 전까지 러셀은 전과가 없었다. 법원 기록에 따르면 그는 군대에서도 뛰어났고 현역 및 예비 장교로서 낸 높은 성과로 상도 받았다. 그는 군 동기로부터 "다른 누구보다도 명예와 성실성을 꾸준히 보인 군인"이었다고 평가받았다.

러셀의 범죄는 이 같은 성격에서 완전히 동떨어진 것처럼 보인다. 드러난 범죄와 달리 그는 충동적으로 행동하지도 않았고, "다혈질 범죄(crime of passion)"를 저지른 적도 없다. 러셀은 자기 여자친구와 몰래 데이트를 하는 라이벌을 발견했다. 그는 그 경쟁자를 없애 버릴 방법들을 마음속으로 반복해서 생각했다. 그에게 협박성 이메일을 보냈고, 그를 쫓아갔으며, 결국 공격했다.

나는 러셀이 감금된 후에 그를 면담했다. 그가 드러낸 그의 기본적인 성격은 기소되고 형을 선고받기 전, 그가 좋은 인상을 주려고 노력하던 때에 보여주던 것과 전혀 달랐다. 러셀의 범죄상은 "고의적 상해"를 입히던 그날 시작된 것이 아니었다. 그는 장기간 코카인을 복용한 전력이 있었으며, 마약에 매주 천 달러씩 쓰던 시절도 있었다. 그 전에 그는 만성적 마리화나 흡연자이자 "목소리 크고 시끄러운 술주정뱅이"였다. 그가 마약에 손대기 전 성격이 어땠는지 알아내려고 질문하자 그는 자신이 "패배를 잘 받아들이지 못한다"고 인정했다. 러셀은 어릴 때부터 자기가 원하는 것은 무엇이든 하지 않으면 안 되는 성격이었고 부모님과 선생님들에게 반항했다. 그는 집과 학교에서 거짓말을 하고, 숙제를 거부하고, 물건을 파괴하고, 호전적이고 부정적인 태도를 보여 징계를 받았다. 그의 초등학교 상담 선생님은 그의 반사회적 행동 때문에 심리평가를 의뢰했다.

러셀은 군인으로서의 뛰어난 성취에도 불구하고 자주 동료 군인들과 갈등을 겪었다고 털어놓았다. 여성들과의 관계도 불안정했다. 여성들을 스토킹하다가 사귀자고 압박을 가하고 정복하면 바람을 피웠다. 그는 첫 부인과의 5년간의 결혼생활에서 세 명의 아이를 낳았지만 이혼당했다. 그는 두 번째 부인에게도 충실하지 않았다. 세 번째 결혼도 순탄치 않았다. 부인은 그가 일을 하고 돈을 벌길 바랐지만 그는 거짓말하고 돌아다니며 마약을 하길 원했기 때문이다. 군인연금을 받았기 때문에 그는 직장을 구할 이유가 없다고 생각했고 다른 사람을 위해 일하는 것을 싫어했다.

성공적인 경력과 긴 성취 목록에도 불구하고 러셀은 성난 사람으로 알려지는 것을 피하지 못했다. 그는 "내 뇌와 내 입 사이에 필터를 넣는" 데에 실패했기 때문이라고 추측했다. 그는 쉽게 짜증을 냈으며, 금세 "뚜껑이 열려 분노가 폭발"하곤 했다. 고의적 상해로 기소된 것에 대해 그는 "나 자신의 삶과 싸우고 있었다"며 정당방위 차원에서 그를 찌른 것이라고 궤변을 늘어놓았다.

시저 세이욕은 2020년 잘 알려진 민주당원과 CNN 방송국에 사제 폭탄을 우편으로 보낸 이후 65건의 중범죄에 대해 유죄를 인정하고 20년형을 선고받았다. 그가 폭탄 조립에 서툴렀던 덕에 어느 것도 터지지는 않았다. 트럼프 대통령은 세이욕의 우상이었다. 그는 판사에게 트럼프 유세가 "새로 발견한 마약처럼… 재미있었다"고 말했다. 그의 변호사는 언론이 "폭스 뉴스 변론"이라고 칭한 변론에서, 자기 의뢰인이 트럼프에 너무 "빠져"있었으며, "대통령과 그를 지지하는 언론들이 세이욕을 불안하게 몰아간 것"이라고 주장했다. 문제는 트럼프에 열광하던 다른 수천만 명의 사람들은 그러지 않았는데 왜 세이욕은 그렇게 행동했느냐는 것이다.

늘 그렇듯이 이것은 "평소 성격과 다른" 범죄가 아니다. 시저 세이욕은 1991년부터 이어져온 전과가 있었다. 수년에 걸쳐 그는 대규모 절도, 구타, 판매 목적 스테로이드 소지로 기소되었으며, 후에 철회되었지만 가정폭력에 대한 신고도 들어와 있었다. 자신을 과거 "동굴 속 투사였다"고 칭한 세이욕은 이전에 폭행 협박을 한 적이 있고 2002년에는 폭탄 테러 협박을 했다가 기소되기도 했다.

러셀과 세이욕 같은 가해자가 "평소 성격과 다르게" 행동했고 "뭐에 홀린 듯 저질렀다"는 글이 있다면, 그 말은 그의 성격이 실제로 어떤지 충분히 알려지지 않았다는 뜻이다. 언제나 이야기에는 드러나지 않은 부분이 더 있다.

다른 범죄들, 같은 사고과정들

범죄자들은 일반적으로 체포될 때의 죄명으로 알려진다. 강간범은 "성폭행범"이다. 횡령을 저지른 사람은 "화이트컬러 범죄자"다. 불을 지른 사람은 "방화범"이다. 깊이 들여다보면 이 같은 차이는 눈에 띄지 않는다. 범죄자들은 저지르는 범죄 유형에 대한 취향과 기호가 있고 범죄를 저지르는 방식도 다양하다. 그들은 자신과 다른 방식을 쓰는 범죄자들을 경멸한다. 많은 화이트컬러 범죄자들은 폭력범들을 깡패 취급하고, 폭력범들은 화이트컬러 범죄자들을 "약한", "불구자" 또는 "계집아이" 같다고 본다.

범죄자들은 거의 한 가지 유형의 범죄에 제한되지 않는다. 강간범이면서 다른 유형의 범죄를 저지르지 않은 사람을 나는 아직 만나본 적이 없다. 마약 유통업자들의 범죄 이력이 처음부터 마약 공급인 것은 아니다. 무장강도는 무기를 휘두르며 상점 주인을 협박하기 전에 이미 다른 유형의 범죄를 저질러왔다.

공인부정조사사(certified fraud examiner)인 프랭크 페리는 화이트컬러 범죄자들의 성격과 행동에 대해 길게 쓴 바 있다. 그는 화이트컬러 범죄가 폭력적이지 않은 범죄로 분류되기 때문에 사람들이 화이트컬러 범죄자들도 폭력적이지 않으리라고 간주한다고 지적했다. 겉보기와 달리 화이트컬러 범죄자들은 위기의식을 느낄 때 폭력을 먼저 휘두르고 폭력에 반응한다. 페리에 따르면, 사기를 누설할 위험이 있는 사람들 입을 막기 위해 살인을 계획하는 사람들도 있다. 범죄자는 스스로를 보는 "매우 호의적인 시각"에 도전하는 사람이 있으면 그게 누구든 그를 향해 폭력을 휘두를 수 있다고 페리는 지적한다. 지난 수년간 내가 면담한 화이트컬러 범죄자들은 드러나지 않는 곳에서 배우자에게 신체적 폭력을 행사하고 자녀들을 학대한 사람들이었다.

종류가 다른 범죄들도 같은 생각 오류로부터 촉발된다. 강간범이나 은행강도나 모두 권력과 통제권, 그리고 정복에서 오는 흥분을 추구한다. 강간범이나 무장강도 모두 자신에게 마땅히 그렇게 행할 자격이 있다고 생각하며, 다른 사람에게 상처를 입힌다는 개념이 별로 없고, 자기 자신을 특별하게 여기고, 붙잡히는 것에 대한 두려움을 잘 차단한다.

심문자나 평가자 극복하기

범죄자가 체포되어 면담을 받을 때에는 사실상 두 가지 평가가 일어난다. 심문자가 범죄자를 평가하고 있을 때 범죄자도 심문자를 평가하고 있다. 범죄자가 범죄 이후 남들에게 이야기하는 내용은 범죄 전과 범죄 당시, 또 범죄 직후에 실제로 일어난 것과 크게 차이가 있다. 범죄자들은 사람들이 듣고자 하는 것이 무언지 파악해서 그 말을 해주는 재능이 있다. 범죄자 마인드에 대해 잘 알지 못하는 사람이 면담을 하면 범죄자의 정당화와 변명에 속아 넘어가기 쉽다. 범죄자가 자기 자신을 위해 지어내는 해명은 개인의 위험을 낮춰준다. 범죄자의 말을 있는 그대로 받아들이고 싶어 하는 사람들에게 그는 후회하는 것처럼 보일 것이다. 진실은 범죄자가 자신의 행동은 후회하지 않고 붙잡힌 것은 확실히 유감스러워하고 있다는 것이다.

책임을 져야 할 때면 범죄자는 어린 시절부터 충분히 연습해 온 여러 가지 전술을 사용한다. 주제를 바꾸거나, 공격적 태도를 취하거나(묻는 말에 답변하는 대신 자기가 일련의 질문을 던지는 식), 혼란을 야기하기 위해 일부러 모호하게 말하거나, 남을 탓하거나, 자신의 행동의 심각성을 최소화하거나, 동의하지 않으면서 동의하는 척하거나, 침묵에 빠져 협조하길 중단하는 식이다.

범죄 발상에서 실행에 이르기까지: 리 보이드 말보, 워싱턴 DC 저격범

리 보이드 말보가 존 무하마드와 함께 리치먼드와 볼티모어 사이 지역에서 테러를 저질렀을 때 그는 열일곱 살이었다. 그 난동의 결과로 열 명이 사망하고 세 명이 부상당했다. (나중에 이 두 사람이 최소 네 개의 다른 주에서 살인을 저질렀다는 증거도 발견되었다.) 다음에 기술할 내용은 34시간에 걸친 말보 면담에 근거한 나의 증언과 경찰의 녹음 및 녹취록, 신문 기사 같은 공공 기록에서 추출한 것이다.

리 보이드 말보는 어떻게 그와 존 무하마드가 모든 동작을 계획했는지 아주 명확하게 묘사했다. 그들은 "세계의 수도"이기 때문에, 또 무하마드의 전 부인과 아이들이 거기 살고 있었기 때문에 워싱턴 DC 지역을 범행 장소로 선택했다. 말보는 경찰관에게 이렇게 말했다. "사람들 죽이러 가기 전에 우리는 먹지 않았어요. 우리는 뇌에 더 많은 산소를 채운 상태였고 정신을 똑바로 차리고 있었어요." 범죄 실행에 있어 얼마나 주도면밀했는지 이야기하며 그는 형사에게 이렇게 말했다. "우리가 그냥 일어나서 총 쏘러 간 게 아니에요. 다 계획돼 있었어요. 모든 게 사전에 결정돼 있었다고요." 말보는 그와 무하마드가 경찰과 주고받은 대화를 마치 그들이 (그가 가장 좋아하는 게임인) 체스 게임을 하고 있었던 것처럼 묘사했다. 자기 자신을 "임무"의 "감시자"라고 칭하면서 "정찰"을 수행하고 있었다고 했다. 그는 어디에서 어떤 자세로 있을 것인지 결정했으며, 풍속을 측정하고, 타깃과의 거리를 계산했다. 그는 조심스럽게 "입구와 출구를 관찰했다." 경찰이 범행 장소 인근에 있다는 사실도 그를 저지하지 못했다. 말보는 말했다. "우리는 거기 경찰이 있는 상태에서 총을 쐈어요. 당신들은 우리에게 아무 의미가 없어요. 당신들이 있으면 있는 대로, 없으면 없는 대로 우린 거기서 총을 쏠 거였어요." 한번은 한 형사에게 이렇게 말했다. "경찰을 쏠 수도 있었어요. 머리가 보였거든요." 그는 스스로의 "멍해지는" 능력을 자랑스럽게 생각했다. 일련의 행동을 하기로 결심하면 거기에 꽂혀 "다른 어떤 것도 존재하지 않는" 것처럼 멍해지는 능력이다. 이 능력은 그가 머리에 떠오른 어떤 행동이든 실행하려 할 때 그것을 망설이게 만들 감정을 한쪽으로 치워버릴 수 있다는 의미다.

리 보이드 말보는 남들이 자신을 과소평가하게끔 연기하는 능력에 자부심을 느끼는 듯했다. 수감 중에 쓴 한 편지에서 그는 "나는 바보처럼 행동해요. 내가 어떻게 말하고 행동하나 보세요. 다들 나를 얕잡아 보죠. 그게 나한테 긴장감을 줘요. 내가 공부하고 정복하고 극복해야 한다는." 그를 살펴본 한 정신과 의사는 말보에 대해 "남들보다 똑똑하고 더 낫다고 믿는다"며 "남들보다 우월하고 더 강력하다는 느낌을 갖고자 하는 욕구를 갖고 있다"고 증언했다.

말보는 경찰이 자신과 무하마드를 체포하기까지 시간이 오래 걸렸다며 경찰을 경멸했다. 그는 공권력이 하얀 승합차를 찾아다니면서 공중에게 조심하라고 경고한 것을 우습게 여겼다. 형사에게 "그러니까 날 못 잡은 거죠. 내 덕에, 내 게으름 덕에 날 잡은 거예요"라고 말했다. 그와 무하마드가 결국 도로 위 졸음 쉼터에 그들의 쉐보레 카프리스 차를 세우고 자고 있다가 붙잡힌 것을 말하는 것이다. 체포되었음에도 불구하고 말보는 자유를 포기하려 하지 않았다. 그는 구치소에서 천장 위 공간으로 기어올라가 탈출하려고 하다가 보안관보에게 붙들렸다.

감옥에서 시간을 보내는 동안 말보의 머리는 탈출 생각으로 가득했다. 〈워싱턴포스트〉 기사에 따르면 그는 다른 재소자에게 "탈옥 입문서처럼 읽히는" 편지를 쓰기도 했다. 그는 이렇게 조언했다. "감시가 약할 때를 찾아. 그 순간을 포착하면 떠날 최고의 기회가 올 때까지 기다려." 혼자 수감되어 있음에 짜증이 난 그는 "내가 사람들 속에 있었다면… 내가 뭘 하고 있겠어? 계획했겠지! 기다리고, 매일 기회를 노리고. 너는 어떤지 모르지만, 나는 죽을 때까지 시도할 거야.… 이건 기다리는 게임이야. 그들이 네가 지쳐 포기하게 만들면 안 돼." 말보는 그 재소자에게 그를 따라하도록 가르쳤다. "너의 재능을 이용해. 너의 약한 부분을 정복해.… 너의 감정들을 극복하고, 얼굴을 드러내지 않는 법을 배우고, 기회를 기다려. 네가 하는 말도 통제해야 해.… 그들이 널 진짜 네가 아닌 다른 사람으로 생각하도록. 내 적이 날 모르기 때문에 내 전략이 통하는 거야. 내 쪽에서 '깜짝 선물'을 갖고 있는 거지."

심신장애를 이유로 내세우면서 말보의 변호사는 말보가 옳고 그름을 분간할 능력이 없었다고 주장했다. 변호팀은 더 나아가서 아버지와 정상적 부자관계를 가질 수 없었던 말보가 존 무하마드를 만나게 되었고 무하마드가 그를 장악하고 파괴했다고 주장했다. 증인들은 무하마드가 말보를 세뇌해 말보가 원래 성격과 달리 무하마드가 원하는 대로 따르는 수밖에 없다고 느끼는 "해리성" 장애를 경험하게 된 것이라고 단언했다. 한 법의학－정신의학자도 말보가 그 나이에 적절한 기술을 습득하지 못했고 자의식이 없었다고 말보 편에서 증언했다. 또 다른 증인도 "그가 애타게 도움을 청하는 것처럼 느껴졌다"고 말했다.

배심원단은 심신장애 주장을 받아들이지 않고, 리 보이드 말보에게 사형과 가석방 없는 무기징역을 선고했다. 그러나 2012년 대법원은 미성년자를 가석방 없는 무기징역에 처하는 것은 헌법에 합치하지 않는다고 판결했다. 말보는 나중에 다시 선고를 받을 것이다.

범죄자의 성격은 수감된다고 해서 바뀌지 않는다. 어떻게 머리를 굴려 계산하든, 얼마나 그가 뛰어나다고 생각하든, 그는 결국 자기 무덤을 팔 뿐이다. 그리고는 자기 자신을 빼내거나 자기를 도울 사람을 모집하는 데에 자신의 창의성을 이용할 것이다.

리 보이드 말보의 경우는 극단적인 예이긴 하지만, 범죄자들이 그 어떤 장애물들이 그의 앞에 놓이든 상관없이 범죄의 모든 단계에서 흥분을 만끽한다는 점을 생생하게 보여준다.

06

부모가 자녀를 범죄자로 만들지 않는다

06

부모가 자녀를 범죄자로 만들지 않는다

부모들은 오랫동안 청소년 비행의 원인으로 지적되어 왔다. 당신의 아이가 지속적으로 거짓말을 하거나, 싸우거나, 남의 물건을 파괴하거나, 무단결석을 하거나, 다른 반사회적 행동을 저지르면, 어떤 전문가들은 당신이 그 아이를 양육하는 방식 탓이라고 말할 것이다. 미국에는 또 전 세계에는 "나쁜 부모들"만 있을 뿐, "나쁜 아이들"이란 없다는 시각이 만연하다. 청소년 범죄는 다음과 같은 부모의 결점의 결과라고 일컬어진다.

- 소통을 잘 못한다.
- 학대한다.
- 너무 다 받아주고 적절한 훈육을 하지 않는다.
- 자녀의 삶에 거의 개입하지 않고 관리감독하지 않는다.
- 지나치게 비판적이고 판단을 한다.
- 심리적으로 불안정해 자녀 양육방식이 일관적이지 않다.

교육자들과 정신건강 전문가들로부터 평가받는 동안 청소년 가해자들은 좋은 인상을 주려고 노력하기에 종종 진실하지 않다. 부모의 결점에 집중함으로써, 가해자들은 자신의 비행에 대한 질문을 피한다. 좋은 의도를 가진 전문가들이 이런 아이들이 하는 말에 금세 넘어간다. 내가 면담한 청소년 및 성인 범죄자들 중에도 자기 부모를 괴물로 묘사하는 사람이 많았다. 그러나 그들의 형제자매는 같은 부모를 사랑이 넘치고 헌신적이고 자애롭다고 묘사하는 경우가 흔하다. 나는 또한 자기 자신의 문제와 씨름하느라 부모 역할을 잘하지 못하는 부모들도 면담했다. 거의 모든 경우에, 같은 환경에서 자랐지만 범죄를 저지르지 않은 범죄자의 형제자매가 있었다. 부모들을 수백 시간씩 인터뷰했지만, 나는 자녀들 행동에서 나타나는 그 같은 차이를 설명할 수 있는 부모의 특정한 성격 유형 또는 양육방식을 찾아낼 수 없었다. 〈전쟁과 평화〉에서 톨스토이는 이렇게 썼다. "모든 것은 키우는 방식에 달려 있다." 이 명제는 설령 사실이라 할지라도, 아이들이 어떻게 성장하는지에 대한 책임을 모두 부모에게 돌리는 것이다. 그러나 어떤 아이들은 그 부모를 아는 사람이 기대하는 것과 전혀 다르게 성장한다. 〈둥지 안의 이방인(*Stranger in the Nest*)〉의 저자인 심리학 교수 데이빗 코헨은 "자녀의 심리 발달에 미치는 부모의 영향력은 흔히 짐작하는 것보다 훨씬 작다"고 결론 맺었다. 방대한 양의 연구를 분석한 코헨은 이렇게 썼다. "타고나는 강력한 잠재력은 부모의 영향을 뛰어넘을 수 있다." 그 결과 "누군가의 자녀가 그 부모와 완벽한 타인처럼 보일 수 있다." 코헨은 부모를 탓해서 부당하게 죄책감을 느끼게 하는 전통에 비판적이다.

청소년 범죄와 연관된 특정한 유전자가 있는 건 아니지만, 지난 10년간 연구 결과는 유전인자가 일부 어린이들을 범죄자의 삶으로 이끌 수 있다고 제시한다. 2020년 미국 국립보건원(National Institutes of Health: NIH) 간행물에는 "과학자들은 20~60퍼센트의 성향이 유전인자에 따라 결정된다고 추정한다"고 나와 있다. 〈행동 유전(*Behavior Genetics*)〉이라는 학술지에 실린 논문에서 펜실베이니아 주립대학 연구자들은 "부모가 자녀들이 책임감 있고 양심 있는 성인으로 자라도록 북돋는 것을 도울 수 있는 한편, 이 같은 성향에 영향을 주는 유전인자가 그 저변에서 작용하고 있다"고 밝혔다. 아이가 사는 환경은 이 같은 유전자들이 어떻게 발현되는지 여부에 영향을 끼칠 수 있지만, 어떻게 이 일이 일어나는지에 대해서는 여전히 더 알아내야 할 것이 어마어마하게 많다.

성격에 대한 유전적 결정인자의 존재조차 부모의 자녀 양육 책임을 면제해 주지는 않는다. 정신의학자 윌리엄 캐리는 비록 부모가 "자녀의 기본 성향을 바꿀 수는 없다"고 하더라도 그들이 반응하는 방법을 통제할 수는 있다고 지적했다. 아이를 세상에 내

놓는 과정에서 어머니들과 아버지들은 안전하고 가족적인 환경을 제공할 의무가 있다. 그러나 책임을 다해 살아도 원하는 결과가 나오지 않을 수 있다. 부모가 아무리 양심적이어도 자녀들은 독립적으로 선택을 한다. 즉 부모가 자녀의 범죄 성향을 유발했다고 탓하는 것은 과학적 근거가 없다. 그리고 결점이 있는 부모를 "고치는 것"이 아이를 범죄로 빠지는 것을 돌려놓을 것이라고 기대해서는 안 된다.

정신건강 전문가들은 생후 2년 동안 어머니와의 긴밀한 애착을 형성하지 못한 것이 청소년 비행에 기여하는 요인이라고 한다. 1950년대에 정신의학자 존 보울비는 어머니와의 관계에서의 문제가 감정적 불안과 사회 적응력 부족을 유발한다고 주장했다. 이후 애착 이론 연구들은 모성과의 강력한 유대가 부족한 아이들은 범죄를 예방해 줄 수도 있는 전통적 가치들을 받아들이지 않는다는 것을 발견했다. 공감능력 부족으로 그들은 나중에도 삶에서 관계를 형성하는 것에 무관심할 수 있다. 지난 반백 년 동안 내가 평가하고 대했던 수백 명의 범죄자들의 어머니 또는 아버지와의 관계는 이상적인 것과는 거리가 멀었다. 많은 범죄자들의 어머니들은 그 아이들이 갓난아기일 때부터 달래고 위로하려는 노력에 짜증을 냈고 위로를 받아들이지 않았으며 반응이 별로 없었다고 했다. 그러나 이 어머니들과 다른 자녀들은 강한 유대감으로 연결되어 있었다.

미국 정신의학회가 발간한 〈정신장애 진단 및 통계편람〉은 반응성 애착장애를 "심각한 사회적 방치의 결과"라고 설명한다. 이 같은 현상은 특히 아기가 부모가 아닌 시설에서 보살핌을 받을 때 나타난다. 그러나 이런 조건들은 내가 면담한 대부분의 가해자들에게 적용되지 않았다. 왜 그런지 규명되지 않았지만, 사랑과 보살핌을 많이 받아도 어떤 아이들은 유년기부터 부모를 거부한다. "부모에게 거부당하는 게 아니다."

아기 때부터 유대감을 형성하려는 어머니의 노력을 거부하는, 예외적으로 키우기 힘든 아기를 키우느라 씨름하는 상황을 고려해 보라. 두 살배기 아기도 키우기 힘들 수 있음을 떠올리자. 스티븐스는 일찌감치 아들 제이가 감당이 되지 않는다는 것을 알았다. 그녀는 단순히 기저귀를 갈 때조차 얼마나 힘들었는지 토로하며 "나를 발로 심하게 걷어차곤 했어요"라고 말했다. 제이가 감정을 폭발시키듯 우는 일이 너무 많아서 스티븐스는 혹시 자기가 원인을 제공하고 있는 건가 두렵기도 했다. 그녀는 제이가 자랄수록 감정이 가라앉으면서 떼쓰는 것도 나아질 거라 생각했다. 그러나 그런 일은 일어나지 않았다. 그녀는 제이가 네 살이 되자 자기가 원하는 것을 얻지 못하면 "한 시간 동안도 화를 내며 소리를 질렀고, 잠이 들었고, 깨어났고, 다시 어디 찔리기라도 한 것처럼 소리를 질렀다"고 말했다.

스티븐스는 사회화가 도움이 되길 바라며 제이를 어린이집에 보냈다. 제이는 반 전체를 장악했으며 선생님의 권위에 도전했다. 선생님이 그를 교실 밖으로 내보내 감정을 가라앉히고 태도를 새롭게 하도록 하는 것 외에는 달리 방법이 없을 정도였다. 제이는 가족들 나들이를 망쳐놓았고, 작은 불편에도 분노로 대응했다. 여동생은 태어난 순간부터 너무 괴롭혀서 둘만 따로 놔둘 수가 없을 정도였다. 제이는 어머니가 방에 가있으라고 할 때마다 거부했다. 억지로 방에 데려가면 계속 소리를 질렀고, 문을 내리쳤으며, 가구에 주먹질을 했다. 스티븐스는 제이를 병원과 심리평가에 데려갔으나 도움되는 조언을 받지 못했다. 그토록 어린아이가 그렇게 극단적으로 행동하는 것을 상담사들이 믿을 수 없어 했기 때문에 스티븐스는 자기 자신이 문제의 원인이라고 자학하기에 이르렀다. 그녀는 제이가 차분하고 다정한 성향의 동생을 비롯해 대부분의 소년 소녀들과 다르다는 사실을 받아들이기 시작했다. 그러나 그녀는 아들에 대한 믿음에 대해 강하게 피력했다. "거기 어딘가에 사랑이 있어요. 좋은 면이 그 애 성격의 대부분이에요." 그녀는 또 제이가 "어린 포식자"로 자랄 수 있다는 사실에 두려움에 젖어 말했다. "내 목표는 그 애와 함께 노력해서 그 애에게 가장 최선의 결과가 되도록 하는 거예요."

겉모습만 관찰하면 범죄자들은 허우대만 크지 아장아장 걷는 어린아이들 같다. 아주 어린아이들처럼, 범죄자들은 세상이 자기중심으로 돌아간다고 생각한다. 갓난아기 같은 태도로, 그들은 불편을 느끼면 금세 화를 낸다. 양심도 결여되어 있다. 1963년 〈워싱턴 이브닝 스타〉에 실린 기사에는 교도소 전담 정신의학자인 J. L. 베이커가 범죄자는 아이처럼 미래의 이득을 위해 현재 참아야 할 필요성을 이해하지 못한다고 언급한 내용이 있다. 이 기사는 "이 겉모습만 큰 아기들이 당신의 심정을 찢어놓을 것"이라는 말로 끝난다. 범죄자를 아기에 비유한 이 말은 잘못되었다. 범죄자는 사회화의 영향에 반복적으로 노출되었음에도 거부해 왔다는 점에서 인생의 첫걸음을 시작한 갓난아기들과는 다르기 때문이다.

아이는 특정한 형태가 없어서 부모가 모양을 만들어갈 수 있는 흙덩이 같은 게 아니다. 대신, 부모와 자녀는 서로의 행동에 영향을 준다. 이 과정은 상호적인 것이다. 미국정신의학회의 〈정신장애 진단 및 통계편람〉에는 "아이의 행동이 부모가 더 적대적인 방식으로 아이를 대하도록 유발하는지 판단하는 것은 종종 불가능하다"고 쓰여 있다. 많은 남녀 아이들이 부모에게 저항하고, 거짓말을 하고, 싸우고, 유혹에 굴복하고, 초콜릿이나 기타 작은 물건들을 훔치지만 이 행동이 그들이 삶을 살아가는 방식은 아니다. 범죄 아동이 부모나 사회의 기대로부터 이탈한다는 것은 특정 행동 이상을 포함한다. 부모가 말리거나 도우려고 아무리 애를 써도 나중에 사회에 중대한 피해를 야기하는 아이들에게는 어린이집 시절처럼 어릴 때부터 범죄적 생활방식의 일부가 되는 어떤 패턴들이 나타난다.

아이일 때, 범죄자는 에너지 발전소다. 강철 같은 의지가 있고, 자기가 하겠다고 고집 부리고, 자기 변덕대로 행동하게 해줄 것으로 기대한다. 모험을 추구할 때에는 탐욕스럽다. 위험을 불사하고, 어려움에 휘말린 다음에 구조를 요청하고 용서를 구한다. 이해하고 지도하려는 부모의 노력은 번번이 좌절되고 만다. 다른 아이들은 학교에서의 성취나 운동 경기 또는 사회적 활동에의 참여를 통해 인정받는 것을 추구하지만, 이 아이는 금지된 행동을 함으로써 자기 자신을 확립한다.

비행아동들과 그들의 부모들 사이에는 소통 장벽이 있다. 점점 더 숨길 게 늘어나는 아이는 부모의 질문에 화를 내며 반응하고 부모의 간섭이 너무 심하고 그들 일을 엿볼 권리가 없다고 주장하면서 이 장벽은 점점 거대해진다. 한 반항적인 청소년은 말했다. "나는 내가 행복한 정도까지만 소통해요. 나는 그들이 하는 말을 정말 듣고 싶지 않아요. 우리는 그저 다른 종류의 사람들이에요."

부모가 특별히 자기 관리감독에 주의를 많이 기울이지 않는 경우에 비행청소년은 관심이 결여되어 있었다는 점을 이용한다. 하교 후 가족이 아무도 없는 집에 열쇠로 열고 들어가는 소년을 생각해 보라. 대부분의 이런 아이들은 비행청소년이 아니다. 집에 도착하면 아이들은 숙제를 하거나 혼자 논다. 나는 두 아들 양육을 위해 두 가지 일을 하던 한 어머니를 면담한 적이 있다. 그녀는 아들들이 하교 후 어른이 있는 이웃집에 머물도록 했다. 매일 오후 그녀는 전화를 걸어 아들들이 잘 있나 확인했다. 아들들이 평소와 다른 특별한 것, 예컨대 근처 친구네 집 방문 같은 것을 원할 때는 엄마에게 전화를 걸어 자세한 내용을 이야기해야 허락을 받을 수 있었다. 한 아들은 따른다. 다른 아들은 이 상황을 이용한다. 어머니의 전화 확인을 받은 뒤 동네를 돌아다니고 더 나이 많은 아이들과 어울리고, 가게 물건을 훔치거나 남의 기물을 파손하는 데 가담한다. 두 아들이 같은 상황에서 전혀 다른 방식으로 반응한 것이다. 당신은 어머니가 집에 있었다면 비행아들이 집에 머물게 되어서 문제에 빠지지 않았을 것 아니냐고 할 수 있다. 그러나 어머니가 집에 있는다고 그 아이의 성격이 변화하지는 않는다. 순종적인 아들은 누가 지켜보고 있든 아니든 믿을 만했고, 다른 아들은 고집이 셌고, 숨어서 몰래 행동하고 거짓말을 하는 경향이 있었다.

범죄자는 아이일 때 진실을 말할 수 있다. 그렇게 함으로써 즉각적으로 원하는 바를 얻을 수 있다고 생각한다면 그는 부모의 눈을 들여다보며 진실을 말할 것이다. 그럴 때조차 그는 오직 진실의 일부만을 말할 것이다. 그를 간절히 믿고 싶어 하는 부모를 확신시킬 정도까지만. 한 어머니는 자기 아들이 "아주 설득력이 있다"고 말했다. "커다란 녹색 눈과 크고 슬픈 사슴 밤비 같은 얼굴로 차분하고 조용하게" 설득한다는 것이다. 그 청소년은 나와 면담할 때에도 인정했다. "내가 진실을 말하면 훨씬 더 많은 것을 챙겨서 빠져나갈 기회가 생겨요."

비행아동들은 부모가 자기를 신뢰하지 않고 부당하게 제재하고 과보호한다고 비난한다. 부모들은 반복적으로 거짓말에 속고 난 뒤 그들을 신뢰하기를 망설인다. 그 아이가 무언가를 요구할 때마다 부모는 곤경에 처한다. 아이는 자기의 모든 요구에 따르도록 심리적으로 부모를 압박하려고 노력하는 한편, 협력해달라는 부모의 간청에는 동요하지 않는다. 어른이 되어서도 그는 부모를 협박과 죄책감을 무기로 괴롭힌다.

부모와 실랑이를 벌일 때, 비행아동들은 유리한 위치를 선점하기 위해 가공할 만한 다양한 전술을 이용한다. 이건 대화보다는 전투에 더 가깝다. 부모를 무시하면서 그들 말을 못 들었다고 주장한다. 부모의 표현이 불명확해서 혼란스러웠다고 주장한다. 이 아이들이 자주 쓰는 전술은 부모가 자신을 오해했다고 주장함으로써 책임을 부모에게 떠넘기는 것이다. 한 청소년의 아버지는 자기 아들이 끊임없이 협상을 벌이는 것에 대해 "말로 하는 춤으로 박사학위를 받았다"고 말했다. 이 아이들은 지속적으로 자기 부모들이 불공정하고, 과하게 반응하며, 너무 많은 압박을 가하고, 완벽을 요구한다고 비난한다. 그들은 부모가 자신들을 화나게 한다고 탓한다. 또는 다른 방법을 택해, 낙담한 얼굴을 하고 자기들은 결코 부모를 만족시킬 수 없다고 한탄한다. 그들은 부모의 약점을 볼모로 잡고 어머니 아버지가 자기 자신을 돌보지 않았고 자신을 사랑하지 않았고, 삶을 망쳐놓았다고 주장한다. 죄책감 때문에 또 지쳐서 부모는 아들과 딸을 다독이고 훈육을 완화한다. 초점이 부모가 했거나 하지 않은 일로 옮겨가면서 아이의 잘못으로부터 멀어진다. 잘 행동하는 아이들도 같은 행동을 할 수는 있지만, 비행아동들은 정기적으로 이렇게 한다.

일반적으로 아이들은 부모가 동의할 만한 행동방식에 익숙해지기 마련이다. 그게 다른 아이들이 거부하는 방식이더라도 말이다. 비행소년소녀는 어머니와 아버지가 서로 대립하도록 한쪽과 연합을 맺고, 자신이 원하는 바를 얻어내기 위해 둘 사이를 왔다 갔다 한다. 상담하는 동안 아이라는 어머니를 항상 자신을 "못살게 굴고" 절대 만족하지 못하는 못된 잔소리꾼으로 묘사했다. 그는 "어머니는 누군가 탓할 사람이 없으면 절 탓했어요. 절 가장 큰 문젯거리로 취급했죠. 저에 대해서 사람들에게 거짓말을 했어요"라고 말했다. 반면 아이라는 아버지와는 친밀감을 보이며 "아버지는 저에게 잘해줬어요. 아마 아버지가 엄마의 화를 가라앉힐 거예요"라고 말했다. 아버지 빌은 아들이 자신에 대해 좋게 말하는 것에 기분이 좋아져서 아마도 부인이 상황을 나쁘게 만드는 원인일 수 있다고 생각했다. 빌은 사적으로 나에게 말했다. "내 아내가 아이라를 대하는 방식이 좀 그렇거든요. 꼬치꼬치 물어본다든가 잘못이 있다고 추정한다든가." 빌 부인은 남편이 낮에 집에 없어 아들이 얼마나 무례하고 적대적이며 모든 요청을 거부하는지 접할 일이 없다 보니 "혼자이고 버림받은" 느낌을 받았다. 아버지가 자기편에 선 것을 알고 아이라는 나에게 말했다. "아버지가 말 걸기 더 쉽거든요. 잠자코 듣고 있으니까요." 아버지 빌은 아들에게 진짜 문제가 있는 건 아니라고 믿고 싶어 했고, 아이라는 그 소망을 이용할 수 있었다. 아버지가 아내 말에 좀 더 주의를 기울이면서 아이라의 문제를 덜 부인하게 되자 아이라의 태도는 바뀌었다. 아버지와의 연대를 깨고 나에게 어머니와는 좀 더 잘 지내게 되었지만, 아버지는 더 엄격하고 무심하고 비합리적이 되었다고 말했다. 나는 빌 부부가 연대를 결성해서 아이라의 이간질을 극복하고 쉽게 분열되지 않도록 도왔다.

친척들, 이웃들, 교사들, 그리고 아무도 안 볼 때 무슨 일이 일어나는지 모르는 사람들은 그들 앞에서 사교적이고 공손하게 행동하는 이 아이들을 좋아할지 모른다. 그렇게 태도 좋던 아이가 심각한 문제가 있다는 것을 알게 되면 그들은 부모가 문제가 있는 게 아닌가 의심한다. 열네 살 브래드 앳킨스는 수차례 가택 무단침입을 한 혐의로 기소되었다. 그는 또한 가게에서 수백 달러 상당의 CD나 옷, 음식 등을 훔쳤다. 사람들이 얼마나 자기를 좋게 생각하는지에 대해 자랑하며 그는 흥분해서 이렇게 말했다. “교장 선생님이나 선생님들은 내가 좋은 애라고 생각해요. 내 교육은 중요하니까 난 수업을 한 번도 빼먹지 않아요.” 학교에서 브래드가 너무나 행동을 잘했기 때문에 어느 날 그의 체육 선생님은 그가 수업시간에 욕을 했다는 이유로 브래드의 부모를 학교로 부른 적이 있었다. 그가 너무나 평소 성격 같지 않다고 생각했기 때문이다. 브래드는 규칙적으로 교회에 나가고 보이스카우트 리더로 봉사함으로써 사람들에게 좋은 인상을 주었다. 집에서는 상황이 완전히 달랐다. 그는 밤에 몰래 집을 빠져나가 자신과 비슷한 소년들과 어울리며 남의 집 물건을 부수고 다니곤 했다. 브래드는 야간 침입 활동을 하던 어느 날 남의 자동차 문을 따고 들어가려다가 붙잡혔다. 법원 공판을 기다리는 동안 브래드는 집에서 강력한 활동 제재를 받았다. 어머니는 남편과 자신이 할 수 없이 집에서 “경찰” 역할을 했고 브래드가 사사건건 좀 더 자유를 달라고 압박을 가하며 도전했다고 말했다. 외출이 금지된 아들을 집에서 감시하는 데 지친 앳킨스 부부는 “아이 사정을 좀 봐주긴 했지만 물러설 순 없었다”고 말했다. 어머니는 자신이 아이를 의심하고 비판적으로 보게 되었다는 사실이 싫었다. 브래드가 유쾌하고 협조적일 때 앳킨스 부부는 아들이 정말 그런 것인지 뭔가 얻어내려고 노리는 것인지 알 수가 없었다. 어머니는 격분해서 이렇게 말했다. “뭘 믿어야 할지 모르겠어요. 번번이 거절당하고, 거절당하고, 거절당하는 경험을 했으니까요.” 그녀는 또 덧붙였다. “그 애가 우리를 졸라대는 능력은 끝이 없어요. 그 애의 행동 때문에 우리 식구 모두가 영향을 받아요. 마치 창으로 우리 심장을 꿰뚫는 것 같아요.”

브래드처럼 끊임없이 거짓말을 하는 사람과 살아봤다면 그게 사람을 얼마나 불안하게 하는지 알 것이다. 그 사람을 믿고 싶지만 무엇을 믿어야 할지 몰라 혼란스러워진다. 결국에는 그가 말하는 모든 것을 의심하게 된다. 그러나 그를 좋게 생각하는 사람들의 환상을 깨고 싶지는 않다. 진실을 모르는 친척들이나 친구들의 질문에 답하기는 점점 더 힘들어진다. 손자를 사랑하는 할머니 눈에는 나쁜 짓을 할 리 없는 손자인데 재판이 다가오고 있다고 할머니에게 어떻게 설명하겠는가? 친구들에게는 뭐라고 말하겠는가? 아이와 그들의 관계가 다시는 예전으로 돌아갈 수 없을까 봐 두려울 텐데 말이다. 또한 친구들이 지금 일어나고 있는 일들이 당신 탓이라고 생각할까 봐, 그래서 당신 스스로에 대한 의심만 커질지 모른다고 걱정한다.

브래드와 같은 아이들의 부모들은 처음에는 아이의 잘못이 발달의 한 단계이며 미성숙의 신호이자 청소년기에 흔히 나타나는 증세라고 믿는다. 그들은 패턴을 인식하지 못한다. 단기적으로 현실 부정은 불편한 진실을 직면할 때 자신을 효과적으로 방어해 주는 수단이다. 자기 아들이 비행청소년이 되는 것을 두려워하던 한 아버지는 아들이 이루어낸 성취들에 집중함으로써 스스로를 위안했다. 면담할 때 그는 이렇게 늘어놓았다. "그 애는 영재예요. 정말 뛰어난 골키퍼예요. 동물도 사랑해요. 해양생물학자가 되고 싶어 해요." 이 아버지처럼, 범죄 성향이 있는 아이의 부모들은 종국에는 그 발달의 한 "단계"는 끝이 없다는 사실을 깨닫게 된다. 뭔가 끔찍한 일이 일어날 거라는 우려에 사로잡혀, 그들은 아이의 잘못에 대처할 새로운 방법들을 시도한다. 새로운 제약을 가하는 방법을 쓰면 아이는 더 은밀하게 빠져나가거나 더 반항적이 되고 부모는 아이보다 더 괴로워하게 된다. 또는 브래드의 부모가 "게릴라전"이라고 불렀던 힘든 상황을 줄이기 위해 그들은 한발 물러서 아이를 좀 더 봐주게 된다. 뭘 하든 효과는 거의 없다.

어려움이 점점 커지는데도 부모가 아이에 대한 순진한 시각을 붙들고 있는 것은 갈수록 점점 더 문제가 되며, 결국은 불가능해진다. 모험심 같이 긍정적으로 보이던 부분도 다른 의미를 갖게 된다. 한 어머니는 "귀엽던 것들이 사라지고 믿을 수 없는 것들이 장악하게 된다"고 표현했다. 자기 아이가 남들을 해하고 그 자신을 위험에 빠뜨리는 것을 볼 때 부모가 느끼는 혼란스러운 감정은 꺼지지 않고 타는 듯한 고통을 준다. 이런 문제들을 받아들이기 위해 씨름하느라 부모들은 기운이 빠져버리고, 재정을 고갈시키고, 결혼생활을 악화시키고, 그들의 다른 아이들에게도 안 좋은 영향을 끼친다.

불복종에 대처하는 수단으로 체벌은 오랫동안 논란이 되어 왔다. 엉덩이를 때리는 것이 행동을 교화해 준다는 증거는 없다. 범죄자는 어린 시절 체벌을 받고 자신이 감수할 수 있음을 보여준다. 열여섯 살인 존은 어릴 때 납작한 나무 막대기로 맞은 것이 "확실히 아팠다"고 말했다. 그러나 그는 "효과는 없었다"고 했다. 어떠한 처벌도 그의 행동을 오래 꺾어 놓지는 못했다는 뜻이었다. 한 성인 범죄자는 그의 부모가 나무 주걱이나 허리띠로 자신을 때렸던 일에 대해 이야기하며 그게 "세 시간에 걸친 설교"를 견디는 것보다는 나았다고 했다. 어느 쪽이든 그는 달라지지 않았다.

아동 학대와 성인 범죄를 연관 짓는 두 가지 유명한 이론이 있다. 한 이론은 학대당한 아이가 가해자였던 부모와 자신을 동일시해서 스스로 폭력적이 된다는 것이다. 또 다른 이론은 어린 시절 너무 가혹한 처벌을 경험하면 너무 복종적으로 성장해 다른 이들에게 쉽게 휘둘리기 때문에 범죄행위에 연루되기 쉽다는 것이다.

2015년에 워싱턴 대학에서 장기간 연구한 내용은 또 다른 이론을 제시한다. 사회복지사 톰 헤렌콜은 학대당한 여자아이들은 "억눌렀던 감정이 결국 임계점에 다다르면 외부를 향해 공격적으로 발산하며, 아마도 범죄행동을 저지르는 수준까지 이를 수도 있다"고 했다. 여기서 키워드는 "아마도"이다. 헤렌콜은 다른 방식으로 학대에 반응한 아이들에 대해서는 언급하지 않았다. 그는 또한 어린 시절 학대를 경험한 여성들은 "폭력과 범죄가 일상적인 관계에 빠질 수도 있다"고 했다. 상대가 폭력 성향이 있음을 나중에 알게 된다고 해도 그들 스스로 범죄행동에 가담하지는 않을 것이다. 이 워싱턴 대학 연구진은 학대 아동들에 대한 후속 연구를 이들이 36세가 되었을 때 펜실베이니아 주의 두 카운티에서 진행했다. 바로 직전 해의 행동만 분석했는데 이들 중 단 25퍼센트만 범죄를 저질렀다. 연구자들은 "학대당한 아동들의 문제행동이 성인 범죄로 이어지는 복잡한 궤도를 알아내기 위한 추가 연구"가 계속 나와야 한다고 설파했다.

분명, 아동들은 학대에 다양한 반응을 보인다. 위축되거나, 우울해하거나, 초조해하거나, 자신감이 부족하거나 또는 공격적이 되기도 한다. 회복탄력성이 있는 사람들은 학대하는 부모와 동일시되어 다른 사람을 학대하기보다는 학대자를 따라 하지 않아야 할 나쁜 예로 간주한다. 이런 이들은 다른 사람들과 잘 공감하고 좋은 부모가 된다. 이런 사람들은 뉴스에 나올 일이 없기 때문에 우리가 잘 모를 뿐이다.

범죄자들은 정직하지 않기 때문에, 학대에 대한 혐의도 실제 일어난 일이 무엇인지 이해하려면 자세히 살펴야 한다. "당신을 아동 학대로 고발하겠어요"라고 하는 건 비행아동에게 강력한 무기가 된다. 이런 고발은 아이의 비행으로부터 관심을 거두고 부모를 대신 재판에 올리게 하는 결과를 낳을 수도 있다. 나는 비행아동들이 거짓으로 학대를 주장함에 따라 누군가의 직장과 결혼, 경제적 안정이 위험에 처하는 경우들을 보아왔다. 다이앤의 어머니인 엘리자베스 터너에게도 그런 일이 일어났다. 사회복지기관은 열여섯 살에 임신한 다이앤을 맡으면서 다이앤이 정신적, 신체적으로 학대받아 왔으며 임시 보호를 받을 필요가 있다고 결론 내렸다. 엘리자베스는 심리평가를 받아야 한다는 명령을 받았다.

다이앤이 다섯 살이었을 때 부모의 이혼으로 가정이 혼란스러웠고 다이앤은 삼촌 부부와 살도록 보내졌다. 삼촌 집에 온 지 얼마 되지 않아 다이앤은 노골적으로 말을 듣지 않아 자신과 남들을 위험에 빠뜨렸다. 곧 아이를 가지려는 상황에서 다이앤이 통제가 되지 않자 삼촌과 숙모는 아이를 재혼한 그녀 어머니에게 돌려보냈다. 어머니 엘리자베스는 딸을 규칙적으로 방문하고 있었고 그녀의 새 남편은 일곱 살인 다이앤을 공식적으로 입양했다. 입양 후 6개월간 잠시 괜찮았다가 아이는 다시 통제가 안 되기 시작했다. 불을 질렀고, 아이들을 칼로 위협했고, 가게에서 도둑질을 했고, 개를 학대했으며, 한 아이를 향해 문을 쾅 닫아 아이 손가락이 잘리는 일도 있었다. 다이앤은 학교에서 끊임없이 문제를 일으켰고 수차례 정학을 당했다. 엘리자베스는 즉각 상담 서비스를 지원받았다.

다이앤은 스스로 즐거워하는 무언가를 하는 동안에는 문제없이 행동했다. 엘리자베스는 딸과 같이 해외나 바닷가로 여행하던 시절을 추억하곤 했다. 익숙한 것에서 벗어나면 다이앤은 사랑스럽고 같이 있기에 즐거운 사람이 되었다. 그러다 집에 돌아오면 완전히 다른 아이 같았다.

다이앤이 아홉 살에 포르노를 보고 있는 것을 발견한 엘리자베스는 즉각 다이앤이 컴퓨터를 쓰지 못하게 차단했다. 그러자 다이앤은 화를 내며 공격해서 어머니가 멍이 들고 피가 나게 했다. 다이앤은 이후 집을 나와 행방불명되었다. 엘리자베스가 경찰에 신고할 때쯤 다이앤은 이미 스스로 구급차를 불러 병원에 실려간 뒤였다. 병원에서는 그녀를 진찰한 의사에게 어머니가 자신을 구타했다고 말했다. 의사는 그녀에게서 학대 증거를 찾을 수 없었다. 이후 그녀는 소아과 의사에게 자기가 만들어낸 말이라고 실토했다. 선생님들과 상담사들에게 어머니에 대해 불평해, 이후 아동보호서비스(Child Protective Services: CPS) 조사관들이 조사에 나서기도 했지만 모두 "근거 없음"으로 종결되었다.

직장 때문에 터너 부부는 다른 주로 이주했다. 다이앤은 계속 선생님, 치료사, 기타 귀를 기울이는 사람 누구에게나 어머니가 자신을 학대한다고 말했다. 눈덩이처럼 불어난 의혹 제기로 사회복지과에서 조사에 나섰고, 다이앤에게 설득당한 치료사의 보고에 근거해 "극단적이고 장기적인 학대"가 있어 왔다는 결론이 내려졌다. 다이앤은 위탁 보호시설로 옮겨졌다.

어머니 엘리자베스와 딸 다이앤 모두 수년간 상담을 받았음에도 둘의 관계는 나아지지 않았다. 터너 부부는 지쳤고, 우울해졌으며, 더 이상 뭘 해야 할지 알 수 없었다. 엘리자베스는 일할 시간을 뺏겼고 수천 달러를 법률 관련 비용으로 썼다. 그녀는 법원 명령으로 인해 받게 된 심리평가 결과가 실추된 명예를 회복하는 데 도움이 될지 모른다는, 그보다 더 중요한 딸과의 관계 개선을 가져올지도 모른다는 희망을 품었다. 평가사는 여러 시간에 걸쳐 엘리자베스와 그녀를 잘 아는 사람들을 인터뷰하고 그녀의 근무 기록을 살폈고, 다이앤의 의학, 심리학, 교육 관련 기록을 검토했다. 최종 보고서에서 평가사는 엘리자베스에 대해 "정신적 질환 없이 안정적이고, 역할을 잘 수행하는 여성"이라고 적었다. 게다가 엘리자베스는 다이앤의 문제를 해결하기 위해, 또 모녀 간의 갈등을 개선하기 위해 할 수 있는 일은 다했다고 썼다. 재판 당시 엘리자베스는 성공적으로 항소했고, 사회복지기관이 제시한 정신적, 신체적 학대 주장은 뒤집혔다. 이 고통스러운 과정 속에서도 엘리자베스는 다이앤이 동의할 때마다 계속 위탁 보호시설에 있는 그녀를 방문했다. 딸의 모든 거부행동에도 불구하고, 엘리자베스는 딸을 사랑하기를 멈추지 않았으며 딸이 바뀌기를 소망했다.

당신 자녀가 어떤 요구를 하든 전쟁터로 만들어버리는 반항적이고 파괴적인 아이라면, 또 당신이 믿을 수 없는 아이라면, 어느 날 갑자기 당신이 인내심이 바닥나서 손찌검을 할 수도 있겠다는 생각이 드는가? 다이앤 같은 아이들은 끊임없는 도발로 보통은 평온한 성격인 부모에게서 폭력적인 반응을 끌어낼지도 모른다. 하지만 다이앤의 경우, 학대를 당했다고 주장한 사람이 사실은 학대를 하는 사람이었다.

범죄자는 아이일 때도 가족 구성원을 학대한다. 부모가 이혼과 재혼을 할 경우, 의붓부모가 타깃이 될 수 있다(실제 부모가 아닌 성인과 함께 사는 것에 아이들이 적응하는 동안 가정을 하나로 융합하기란 언제나 어려운 일이다). 비행아동은 불안감과 취약점을 악용하는 데 능숙하다. 의붓부모가 아이와 유대감을 형성하려고 고군분투해도 그 노력은 쌍방향이 아니다. 대신, 아이는 새아버지나 새어머니의 신체적 특징, 습관적 행동, 목소리 톤 같은 특징에 대해 계속 불평하며 그는 자신의 "진짜" 아버지나 어머니가 아니기 때문에 지시에 따를 의무가 없다고 주장한다. 어떤 새아버지, 새어머니는 심리적 거리 때문에 친부모보다 더 객관적일 수 있다. 이런 일이 일어났을 때 친부모라면 자기 자식을 변호하고 배우자에게 너무 비판적이고 가혹하다고 화를 낼지도 모른다. 그런 불화가 생기면 아이의 잘못된 행동으로부터 주의가 흩어지게 된다.

만약 별거나 이혼 중에 아이가 양쪽 부모 집을 전전하면, 그들의 차이를 악용할 맞춤형 기회가 생긴다. 이혼 가정 아이들에게 흔히 있는 일이지만, 범죄자가 되는 아이는 특히 계산적이며 잔인한 전술을 쓴다.

돈의 어머니는 열다섯 살인 돈과 형제들이 숙제를 하고 집안일을 돕고 자러 갈 시간을 정해놓고 가정을 운영했다. 돈은 관리감독을 덜 받고 규칙이 적은 아버지 집에서 시간을 보내는 것을 선호했다. 돈은 어머니의 강압적 규율과 일 처리 방식에 대해 끊임없이 불평했다. 이에 어머니는 규율을 좀 더 느슨하게 풀어주었고 관계 개선을 위해 돈과 대화하려고 했다. 자유도 없고 어머니의 원치 않는 간섭에 시달린다며, 돈은 점점 더 어머니를 비방하고, 어머니에게 침을 뱉었으며, 위협하고, 주먹으로 벽을 쳐서 구멍을 냈다. 그는 어머니가 자신을 화나게 만든다고 비난하고, 대화를 거부하고, 방에 들어가 나오지 않았다. 몇 번은 아버지에게 전화해서, 어머니가 자신을 학대하며 자기에게 제발 떠나달라고 애원했다는 이야기를 지어냈다. 돈의 아버지는 차를 몰고 와서 전 부인의 권위를 무시하고 아들을 태우고 가곤 했다. 결국, 돈은 어머니와의 관계를 끊었다.

돈의 부모가 양육권 문제로 법정에 섰을 때 판사는 돈의 어머니에 대해 "모든 아이들의 감정적 욕구를 가늠하고 맞춰줄 수 있는 능력을 보여주었다"고 했다. 돈의 아버지에 대해서는 "이에 반해, 아버지는 스스로를 아들이 비밀을 털어놓을 수 있는 사람으로 본다"고 했다. 돈은 자신에게 더 큰 자유를 주고 자기 행동에 대한 책임은 덜 져도 되는 집을 선택했다. 미성년자이기에 돈은 아버지 거주지에 남아 있을 수 있었다.

비행자녀가 있는 가정의 다른 아이들은 피해자다. 비행아동은 형제자매를 괴롭히고, 물건을 마음대로 가져다 쓰고, 벌을 받을 것 같으면 잘못을 뒤집어씌운다. 이런 행동은 형제들 간에 흔히 있는 경쟁관계보다 훨씬 더 정도가 심하다. 범죄자가 될 아동은 형제자매의 장난감과 비디오 게임, 전자제품, 옷을 허락 없이 도용할 뿐만 아니라 잃어버리거나 파괴한다. 어리거나 체구가 작은 형제자매는 종종 겁에 질려 따르고, 소리를 지르면 입 다물라는 협박을 당하고, 형제자매에 대한 충성심 때문에 괴로워하며 침묵한다. 고자질했다가 괴롭히던 형제자매가 벌을 받기라도 하면 죄책감을 느낄 수도 있다.

형제자매의 삶을 괴롭게 만들지만, 비행아동은 종종 그들을 지켜주는 역할을 하기도 한다. 비행아동이 그들을 얼마나 함부로 대하는지와 상관없이, 다른 사람이 그들을 해하는 것은 용납하지 않고 나서서 방어하며, 그들을 보호하기 위해 필요할 경우 폭력을 행사하기도 한다. 비행아동은 한편으로는 이들을 모범생들이라고 얕잡아 보면서도, 다른 한편으로는 그들의 잘못을 이유로 거부하고 이르겠다고 협박한다. 착한 형제가 호기심을 보이며 그의 비밀스러운 임무 수행에 동행하고 싶어 하면 거부해버린다. 비행아동은 누가 졸졸 따라다니며 방해가 되는 것을 원치 않는다. 그러나 자신처럼 모험을 갈망하는 형제자매는 동행해 공모하는 것을 환영한다.

올리버의 부모는 올리버가 동생 빌과 린다에게 보이는 잔인함에 상심했다. 올리버는 동생들의 장난감을 훔쳤고, 그들을 협박하고 폭행했으며, 자기가 잘못하고 동생들이 부모에게 혼나게 만들기 위해 할 수 있는 모든 것을 했다. 그의 부모는 열여섯 살 올리버가 소년범 판결에 의해 지역사회 재적응센터에 보내졌을 때 빌과 린다가 얼마나 안도했는지 보았다. 그들은 빌과 린다가 끊임없는 혼란에서 벗어난 집에서 살 자격이 있다고 믿었다. 올리버는 집에 돌아왔지만 오래 가지는 못했다. 그는 상담사에게 부모가 자신을 "혼자 내버려두고 방해하지 않고 내 친구들을 만날 기회를 준다"면 참고 지내겠다고 했다. 그러나 어느 날 말도 없이 사라져서 자정까지 스케이트보드를 탄 일로 부모와 갈등을 빚고 나서 그는 떠나기로 결심했다. 집을 나가기 전에 그는 부모에게 이런 메모를 남겼다. "나는 당신들과 함께 살기 싫어요. 심술궂고 냉소적인 바보들 같으니. 전화 안 할 겁니다. 나에게는 친구들도 있고 돈도 있으니 시간 낭비하지 말고 나를 잊어요." 그러나 그는 동생들을 향해서는 다른 감정을 표했다. "빌과 린다가 내가 자기를 사랑하지 않는다고 생각하게 하지 마세요. 사랑해요. 그 애들을 위해선 내 인생도 줄 수 있어요."

자녀가 개선되도록 돕는 것을 포기하거나 무관심하게 방치할 부모는 많지 않다. 부모는 자기가 할 수 있는 것을 한다. 자녀와 시간을 더 많이 보내든지, 다른 학교로 전학시키든지, 조직적인 스포츠나 동호회에 가입하도록 돕든지, 상담을 받게 하든지, 부모 스스로가 상담을 받든지 말이다. 해결책을 찾는 동안 자아성찰도 계속된다. 부모는 자신을 탓하거나 서로를 탓하고, 가족 외 다른 사람들이나 사건들을 탓한다. 심리학에 관심이 있는 사람이면 책을 찾아 읽고, 자녀의 비행 원인에 대한 치료 방법을 알아본다.

상담사나 치료사와의 상담이 부모에게는 마지막 희망일 것이다. 불행히도 어떤 경우에는 부모는 정신건강 실무자와 만나기 전보다 더 많은 문제들에 직면할 수 있다. 경험 많은 치료사조차 종종 가족 "시스템"이 문제의 근원이라고 가정하기 때문이다. 한 아버지는 아이를 데리고 치료사를 전전한 결과 "아스퍼거증후군부터 조현병, 양극성 장애, 반항성 장애와 결합한 주의력 결핍 장애에 이르기까지 하늘 아래 모든 진단"을 받았다고 말했다. 그는 "이 모든 과정을 거쳐 보니, 정신건강 전문가들은 일반적으로 부모인 우리가 그를 이런 행동들로부터 벗어나게 해야 한다고 보고 있었다"고 말했다. 아이를 어떻게 대해야 할지 갈피를 잡지 못하는 여러 치료사들이 온갖 다양한 진단을 갖다 대는 것은 흔한 일이다. 나는 그동안 막대한 청구서와 더 큰 스트레스 외에는 아무것도 보여주지 못한 가족 문제 치료사들로부터 탈출한 사람들을 많이 만났다.

치료사는 언제나 어느 가정에서나 근간에 깔린 문제나 갈등을 지적할 수 있다. 어릴 때부터 범죄 성향이 있는 아이는 남을 설득하는 기술이 좋은 경우가 있다. 아이가 부모의 일관되지 못하고 불공정한 행동, 소통 부재, 과보호, 방임, 과도한 엄격함과 가혹함 등을 불평하는 것을 들으면 치료사들은 본능적으로 공감한다. 한쪽 입장만 듣고 치료사는 범죄행동이 가족에게 있는 정신질환에서 비롯되었다고 잘못 결론 내릴지도 모른다. 그러나 치료에서 종종 놓치는 것은 비행아동은 가족을 희생양으로 삼는다는 것이다. 아이들은 도움이 필요한 사람은 자기가 아니라 부모라고 주장한다. 치료사는 특히 심한 부부 갈등이 있는 부모에게 집중하게 마련이다.

토마스 부부는 아들의 문제에 어떻게 대처해야 하는지를 놓고 다투는 상황이었다. 열한 살 그렉은 점점 상대하기가 힘들어졌다. 아버지는 직업 특성상 낮 동안 대부분 집에 있었기 때문에 주훈육자로서 그렉의 발끈하는 성격을 상대해야 했다. 그가 차에서 미성년 아이들에게 부적절하다 생각해 CD 음악을 껐을 때 그렉은 "아빠가 싫어! 나한테 총이 있었다면 아빠를 죽여버렸을 거야!"라고 소리쳤다. 그가 그렉이 폭력적인 오락 게임을 하는 것을 허락하지 않자 그렉은 아이스티를 아버지의 점심밥 위로 부어버렸다. 가게에서 고가의 자전거를 사주지 않으면 집에 불을 지르겠다고 협박하기도 했다. 어쩌다 숙제를 놓고 어머니와 갈등을 빚을 때면 장난감 차를 집어 들어 어머니에게 던졌다. 가족이 타는 승합차에서 여동생과 자리다툼이 나면 그렉은 동생의 배와 얼굴에 펀치를 날렸다.

그렉의 어머니는 자신이 과하게 통제 성향이 있는 남편과 달리 느긋한 성격이라고 했다. 상담을 받는 동안 그녀는 남편에게 "그렉은 당신의 애정을 갈구하고 있어요. 관심을 받는 걸 좋아한다고요"라고 말했다. 남편이 딸을 칭찬해서 그렉의 화를 북돋는다고도 주장했다. 그녀가 이른 저녁 퇴근해 집에 왔을 때 그녀는 피곤했고 평화를 원했다. 그날 있었던 싸움에 대해 듣고 싶지 않았다. 그렇지만 그녀라고 아들과 괴로운 시간을 보내지 않아도 되는 건 아니었다. 여덟 살 나이에 그렉은 떼를 쓰느라 문과 침대, 다른 물건들을 부수었다. 어머니는 외출금지를 당한 그렉이 달리는 차에서 차 문을 열고 뛰어내리겠다고 협박하는 것도 보았다. 남편이 뒷감당도 못하면서 아들을 도발한다고 탓했다. 사고가 터지면 그렉의 어머니는 남편에게 "당신이 어떻게 했길래 그 애가 그랬어요?"라고 따지곤 했다. 내가 부부와 상담을 하는 동안, 남편은 "그렉은 처벌을 받으면 화를 냈다"고 했고, 그러면 부인은 "난 처벌이 효과가 있다고 생각하지 않는다"고 중얼거렸다. 대신, 그녀는 아들과 논리적으로 대화할 것을 요청했다. 남편은 "당신은 부모 노릇도 전혀 하지 않으면서"라고 반박했고, 부인은 "나는 점잖게 대하는데 당신은 쓸데없이 싸우지 말고 아이 수준에 맞춰 행동할 필요가 있다"고 했다.

나와 대화하며 그렉은 자신이 문제가 아니라고 강조했다. 자기 부모는 사이가 좋지 않고 정신과 상담을 받을 필요가 있다는 것이다. 학교에서 문제를 일으켰을 때도 그는 같은 주장을 했다. 부모에게 전화를 건 선생님을 폄하하며 "그 인간이 싫어. 죽일 거야" 라고 나에게 말했다. 그렉에게 문제는 언제나 다른 사람들 잘못이었다.

그렉의 어머니는 남편이 그렉을 포기했다고 비난했지만 그건 사실이 아니었다. 가족이 견뎌온 그 모든 일에도 불구하고 그는 나에게 말했다. "그 애는 그래도 정말 좋은 아이에요. 선한 기운이 파도처럼 오는 게 느껴져요. 내면에 선한 마음을 갖고 있고 대부분의 경우엔 온화해요. 비행청소년이 아니에요."

그렉의 행동은 토마스 부부의 균열 때문에 비롯된 것이 아니다. 사실은 그 반대다. 그렉의 행동이 부모를 끊임없이 다투게 만든 것이다. 그렉은 부모의 갈등을 개의치 않았고 오히려 그들 사이를 더 멀어지게 하는 쐐기를 박았다. 이 집의 딸은 그렉과 전혀 성격이 달랐다. 우등생이었고 훈육이 거의 필요 없었으며 어머니, 아버지 모두와 가까웠다. 내가 그렉을 상담하는 시기에 그는 몇 주간 친척들과 지냈다. 그동안 그렉의 부모가 말다툼한 건 단 한 번뿐이었다. 토마스는 "축복의 몇 주"라고 불렀다. 그 조화로운 시기는 그렉이 집에 돌아와 가정을 혼돈으로 몰아넣으면서 끝났다. 토마스 말에 따르면 "냄비가 다시 끓는" 셈이었다.

이런 아이들 중 일부는 자살하겠다고 협박하는 것이 통제권을 얻기 위한 최후의 무기라는 것을 발견한다. 한 소년은 아버지의 넥타이로 올가미를 만들어놓고 자기 문제를 아버지 탓으로 돌리는 쪽지를 썼다. 다행히 그가 요란한 소리를 낸 덕에 부모가 늦지 않은 시간에 그의 방에 왔다. 그들은 911(미국의 긴급신고번호로 한국의 112나 119에 해당: 역자 주)에 신고했고 소년은 병원에 호송되었다. 거기서도 그는 우호적인 상담사를 설득해 감정적으로 크게 상심한 부모가 그에 대한 규제를 완화하게 했다. 이와 유사하게 소년원에 있던 한 십대 소녀는 침대 시트로 올가미를 만들었다가 직원에게 발견되었다. 소녀는 남자친구가 방문할 수 있도록 소년원이 자신을 지역 병원의 정신병동으로 보내주길 원했다. 자녀로부터 자살하겠다는 협박을 받으면 부모는 굳어버린다. 그들은 규제를 좀 풀고 봐주지 않으면 재앙이 일어날까 봐 두려워한다. 한 어머니는 나에게 이렇게 말했다. "우리는 아이의 자살 기도를 경험했어요. 아들이 손목을 그었어요. 정말 다시는 그런 일을 겪고 싶지 않아요. 가끔 나는 도움이 필요한 사람은 바로 나라고 느껴요. 이 애들은 도대체 자기들이 부모에게 무슨 짓을 하고 있는지 모르고 있어요."

범죄 성향의 아이들이 쓰는 또 다른 전술은 원하는 것을 얻기 위해 착하게 행동하는 것이다. 자신을 믿어달라고 부모를 설득하기 위해 책임감 있게 행동한다. 시키지도 않았는데 방 청소를 하거나, 부지런히 숙제를 하거나, 전반적으로 도움이 되는 태도를 취할지 모른다. 종종 이런 행동은 눈속임이다. 바뀔 의도도 없으면서 그가 바뀌고 있다고 가족이 믿게끔 유도하는 것이다. 나중에 자기 잘못을 용서해 줄 것을 기대할 때 자기가 잘한 행동을 들먹인다.

조지가 두 군데 학교에서 낙제하고 문제행동을 일으킨 기록이 쌓이자 조지의 부모는 그를 육군사관학교에 보내기로 결정했다. 조지는 이 계획에 결사반대했으며 자기 부모가 "미성숙하다"고 표현했다. 사관학교 방문 후 조지는 "여긴 내가 있을 환경이 아니다"라고 선언했다. 그리고는 부모가 자기가 어렸을 때 좀 더 훈육했어야 했는데 하지 않았다고 탓했다. 그는 자신이 집을 떠나 "너무 엄격하고, 너무 멀고, 너무 까다롭고, 너무 비싸고, 모든 게 다 너무한 곳"에 보내져서는 안 된다고 주장했다. 조지는 스스로 감옥이라고 부른 그곳에 가는 것을 피할 수만 있다면 뭐든지 하겠다고 약속했다. 한 친척에게 막아달라고 부탁하며 "내가 앞으로 하늘에서 내려온 천사가 되겠다"고 약속도 했다. 조지는 더 낫게 행동하기 시작했지만 이미 너무 많은 혼돈과 고통을 겪은 그의 부모는 그를 육사에 보냈다. 조지는 결국 천사처럼 행동하는 게 아니라 쫓겨남으로써 자기 뜻대로 할 수 있게 되었다. 집에 돌아오자 이전의 두 배로 범죄자처럼 굴었고 열여덟 살이 된 후로는 카운티 교도소에서 수차례 징역형을 살았다.

아이의 어두운 성향을 뚫고 밝은 이면이 빛을 발할 때면 부모는 전투의 피로로부터 잠시 숨을 돌린다. 그럴 때면 부모는 다시 한번 희망을 품게 되지만 이 희망은 아이가 불만스러워하고 잠시도 가만 있지 않고 짜증을 냄에 따라 점차 사그라든다. 아이가 긍정적인 변화를 보일 때 다른 사람들이 퍼붓는 아낌없는 칭찬도 아이가 원하는 삶의 흥분에 비하면 하찮은 것이다. 간혹 책임감 있는 행동을 보이는 것이 항상 사기는 아니다. 인생을 살다가 때때로 비행아동도 행동 개선에 대해 진지하게 고려해 보는 때가 있다. 달라지겠다는 마음이 몇 시간, 며칠 또는 몇 주간 지속되면서 예의 바르고 세심하고 사랑스러운 모습으로 부모를 놀라게 할 수도 있다. 일반적으로 가족들은 이럴 때 아이가 진심으로 달라지길 원하는 건지, 그저 또 한번의 속임수일 뿐인지 알지 못하지만 아이가 사려 깊게 배려하는 모든 순간 기뻐한다. 그들의 희망은 극적인 사건으로 사그라질 수 있다. 열네 살 프랭크의 부모에게도 그런 일이 있었다.

프랭크는 잘 생기고 인기 있고 말솜씨도 있고 예의 바른 아이였다. 매력적인 성격으로 선생님들과도 가까워졌다. 프랭크의 부모는 아들의 이 같은 점을 높이 샀지만, 한편으로는 거짓말하고 훔치고 반항하고 물건을 부수고 잘못을 인정하지 않는 그의 다른 면과 씨름해야 했다. 때때로 부모는 아들이 변화의 조짐을 보인다고 생각했다. 코로나19로 인해 프랭크가 학교를 가지 않고 우편으로 학습 안내를 받고 온라인 수업을 들었던 2020년 3개월 동안은 특히 그랬다. 십대 청소년을 24시간 집에 데리고 있는 것은 어느 부모에게나 도전이 되는 일이다. 그러나 프랭크는 달라지려고 노력하는 것으로 보였고 집에서의 생활은 신선할 정도로 조화로웠다. 아들의 상담사와 이야기하면서 프랭크의 어머니는 아들에 대해 그동안 거의 쓰지 않았던 "사랑스럽고, 명랑하고, 적극적이고, 성숙하고, 참여적이고, 긍정적인" 같은 대단히 칭찬하는 표현을 썼다. 프랭크는 아침에 깨우지 않아도 일어났고, 학교에서 온 우편물에 부지런히 몰두했으며, 온라인 학습 프로그램을 열심히 시청했다. 협력적이고 유쾌한 시간을 한동안 보낸 뒤, 어머니는 "새로운 프랭크… 내가 그동안 한번도 본 적이 없었던 프랭크"라며 칭찬했고, 자신이 얼마나 기쁜지 아들에게 적극적으로 알렸다. 프랭크는 명랑하게 부모에게 말했다. "모든 것이 잘 돌아가고 있어요. 뒤처지지 않고 제대로 하고 있어요." 그는 이것이 자신이 좀 더 독립적으로 행동할 수 있게 된 덕이라며 아무도 자신을 어깨너머로 감독하며 할 일을 하라고 잔소리하지 않는 점을 지적했다. 장차 대학에 갈 생각을 하며 프랭크는 좋은 점수를 받겠다고 약속했다. 두 달 이상 프랭크의 부모는 아들이 "가까이하기 즐거운" 존재라고 느꼈다.

프랭크의 학습 습관보다 더 놀라운 것은 그가 부모에게 자발적으로 감동적인 이메일을 보냈다는 점이다. 이메일에는 이런 내용이 있었다. "우리 가족은 내가 다른 사람들과 가족을 사랑하고 아끼도록 나에게 영감을 주었습니다. 또한 충만한 인생을 살고 좋은 관계를 맺도록 했습니다. 내가 좋은 시절과 나쁜 시절을 거치는 동안 도와주었습니다. 내가 지금 하려는 말은 당신들을 사랑한다는 것과 영원히 함께 하리라는 것입니다."

이 이메일을 쓴 지 2주 후, 사건이 일어났다. 학년이 끝나가면서 한 해를 돌아보는 시기가 왔고, 통지서를 통해 프랭크가 그동안 열 개가 넘는 숙제를 제출하지 않아 낙제 위기에 처했다는 사실이 드러났다. 이와 함께 프랭크의 부모는 아들의 옛날 버릇들이 다시 나오는 것을 보기 시작했다. 일단 프랭크는 숙제에 대해 숨긴 사실을 부인했고, 학교가 기록을 잘못해서 그가 완수한 것들에 대해 점수를 받지 못했다고 주장했다. 그러더니 무례한 태도가 다시 수면 위로 올라와 몇 주 만에 처음으로 성질을 부리며 화를 냈다. 석 달간 프랭크는 사기를 계속 쳐온 것이었다. "새로운 프랭크"는 환상이었다. 어머니는 감정을 억누르려고 애쓰며 아들에게 이렇게 이메일을 썼다. "나는 너무 속상하고 슬프다. 여태껏 너로 인해 느낀 슬픔 중에서도 이게 가장 큰 슬픔일 거야. 난 네가 달라진 줄 알았다. 난 널 믿었어, 그런데 넌 내 마음을 또다시 짓밟았구나."

프랭크의 부모는 아들과 부모를 향한 사랑 표현과 수 주일에 걸친 거짓말이라는 그 불일치에 대해 이야기했다. 그들이 아들의 이메일이 진심이었는지 회의를 표할 때 프랭크는 눈물을 글썽이고 화를 내며 한마디 한마디 다 진심이었다고 주장했다. 프랭크는 기본적인 개념을 이해하지 못하고 있었다. 사람들의 신뢰를 배반하는 것과 그들에게 사랑한다고 말하는 것은 양립할 수 없다는 점을 말이다. 프랭크는 속상해했지만 그건 그저 그가 하던 연극이 들통났기 때문이었다. 부모의 신뢰를 저버린 것에 대해서는 손톱만큼의 참회도 보이지 않았다.

범죄자가 되는 아이는 점차 부모의 손이 닿지 않는 곳으로 빠져나가서 점점 더 비밀스럽고 반항적이 된다. 쌓여가는 사소한 거슬리는 행동과 주요한 위반행위들에 지친 부모는 아이와 한 지붕 밑에서 또 하루를 견딜 수 있을지 회의를 갖게 된다. 그럼에도 가정에 얼마나 많은 분란이 있고 그의 위반행동들이 얼마나 심각한지를 떠나서, 부모는 기본적으로 자녀가 심성이 좋다는 믿음을 붙든다. 그들은 자녀가 조금 더 커야 된다고, 지난번 사건으로 마지막일 것이라고, 문제행동은 발달의 한 국면일 뿐이라며 희망의 끈을 놓지 않는다.

이런 아이들의 부모들에게는 종종 신체적 증상이나 우울증, 불안증이 나타난다. 그들에게 가정은 바깥 세상이 주는 압박으로부터 보호하는 쉼터 역할을 하기보다는 긴장으로 가득한 곳이다. 전화가 울릴 때마다 곤경에 빠진 이웃이거나, 아이의 잘못된 행동을 보고하는 학교이거나, 경찰이거나, 최악의 경우 아이가 다치거나 죽었다는 병원 연락일까 봐 부모의 마음은 내려앉는다.

어떤 부모는 너무 간절한 나머지 사법당국에 도움을 청하기에 이른다. 예를 들어 버지니아주에서는 부모가 소년범 재판에서 "친스(CHINS)" 청원을 할 수 있다. 다른 주에도 유사한 규정이 있다. "도움이 필요한 자녀(Child in Need of Service: CHINS)"라는 사실을 알려서 법원 공무원이 할당되어 아이가 장차 범죄를 저지르고 형사 고발될 가능성을 방지하기 위해 감시하고 상담하게끔 하는 것이다. 이렇게 하는 것은 행동의 결과를 조절하고 법원에 연루시키는 것이 비행을 예방하게 하리라는 희망 때문이다. 범죄 위험이 있는 아동은 "내부 맛보기"를 경험할지 모른다. 무단결석이나 가출과 같은 "지위 위반" 행동으로 짧은 기간 구금시설에서 보내는 것이다. 나는 한 명 이상의 부모로부터 아이가 구금되니 어디에서 뭘 하는지 알 수 있어서 안심이 된다는 말을 들었다.

불확실성과 공포, 의무감 등으로 인해 일부 부모는 보석금을 내고 자녀를 곤경에서 구해내려 한다. 잘못에 대해 반박할 수 없는 증거가 있을 때조차 그들은 자녀가 중범죄를 저질렀다는 사실을 받아들이지 못한다. 어떤 부모는 보증금을 내고 변호사를 고용하고 기타 법률 서비스를 확보하기 위해 빚을 내기도 한다. 이들의 자녀는 이를 당연히 여긴다. 고마움을 표현하는 경우는 드물다. 어머니와 아버지가 자기 상황을 고쳐줄 의무가 있다고 믿는다.

개리는 일련의 강도행위로 장기간 수감될 처지였다. 부모인 메도우 부부는 검사에게 선처를 구하는 편지를 썼다. 가족이 이사한 뒤로 개리가 "새로운 사람들에 맞추려고" 노력하는 가운데 "문화 변화"에 적응하는 데 어려움을 겪었다는 것이다. "그 아이는 하룻밤 사이에 비싼 자동차들과 돈 많은 친구들, 고등학교에서 있을 수 있다고 여겨지던 알코올 남용, 마리화나, 마약, 좀도둑질, 시험 중 부정행위 같은 흔한 범죄에 노출되었습니다"라고 개리의 가족은 설명했다. 그들은 개리가 학습장애 때문에 불리한 처지에 있었다고 했다. 소개로 알게 된 친구로부터 신용카드 시스템을 이용해 사기를 치는 법을 배우는 바람에 사기행각에 말려들게 되었다는 해명이었다. 메도우 부부는 그들 자신의 대학 시절에도 "열여덟 살에서 스물두 살 사이의 대부분의 학생들은 반항기를 겪었고 부모나 권위자들이 틀렸고 제대로 하는 일이 없다고 생각했다"고 했다. 그들은 개리의 상처받은 자아가 다양한 상황에 "어떻게 대처해야 할지" 몰라 하는 동안, 심리적 미성숙과 순진함이 개리를 혼란에 빠뜨렸다고 결론 내리고 있었다.

개리가 나와 대화할 때 보여준 실상은 전혀 달랐다. 혼란스럽고 미성숙한, 감수성 예민한 젊은이와는 정반대였다. 일련의 강도질을 하는 동안 개리는 계산적이었고 조직적이었다. 그는 이렇게 말했다. "나는 아무 증거도 남기지 않으려고 했어요. 나는 장갑을 착용하지 않았지만 손가락으로 아무것도 만지지 않았어요. 내 차를 1.5블록 떨어진 곳에 주차하고 뛰어갔어요. 내가 하는 일이 아주 위험하단 걸 알았기 때문에 붙잡히면 큰일이었거든요. 대부분의 경우 나는 돈을 남에게 줘버렸어요. 그건 게임이자 도전이었어요." 개리는 "총을 들이대는 것만으로도 사람들을 충분히 겁에 질리게 해서 돈을 내놓게 한다는 것을 알고 있었고, 최대한 친절하게 하려고 했다"고 말했다.

부모들은 자신이 한 일이나 하지 않은 일 가운데 탓할 거리들을 언제든지 찾을 수 있다. 그들은 어마어마한 죄책감을 느낀다. 어떤 이들은 아이를 빼내올 때 너무 순진했고 너무 관대했다고 후회하고, 또 다른 이들은 아이에게 너무 엄격했다고 자책한다. 전업주부임에도 불구하고 어떤 어머니는 자신이 아들에게 충분한 주의를 기울이지 못했고 종교를 충분히 접하게 하지 못했다고 했다. 또 다른 어머니는 아들에게 너무 압박감을 주었다고 생각했다. 어떤 부부는 아들이 어릴 때 놀 시간을 충분히 주지 않는 큰 실수를 저질렀다고 생각했다.

아이로부터 수년간 가치관을 공격받던 어떤 부모들은 이전에는 용인할 수 없다고 생각했던 아이의 시각을 점차 받아들이기도 한다. 불법 투약에 반대했던 한 어머니는 아들과 연대를 맺으려고 노력하던 가운데 자신의 반대를 누그러뜨렸다. 아들의 마리화나 사용을 막을 수 없음을 알게 되면서 마리화나 합법화를 옹호하게 된 것이다. 이 같은 태도 변화는 아이가 엇나갈수록 아이에게 다가가려는 부모의 간절함에서 나오는 것이다. 계산적인 방식으로, 아이는 결속을 강화하고 싶어 하는 부모의 마음을 무자비하게 이용할 수 있다. 부모가 관계에 차질이 생길 위험을 감수하기보다는 여러 가지 문제에 굴복할 것을 믿는 것이다.

아이가 근본적으로는 선하다는 생각을 부모가 얼마나 오래 붙들고 있든 간에, 그들에게 사건들이 일어나는 것을 바꿀 힘이 없음을 깨닫는 때가 오기 마련이다. 부모가 뭘 하든 자녀의 행각은 더 커지고 심해진다. 한 어머니는 나에게 이렇게 말했다. "나는 이제 상처가 한계에 달한 상태예요. 나는 더 이상 결속이 일어난다고 보지 않아요. 내 아들이 우리 삶에서 사라질 날을 준비하며 감정을 추스르고 있어요." 심하게 슬픔에 잠긴 한 아버지는 말했다. "보내는 법을 배우고 있어요. 이 문제에 얽매인 채 살고 싶지 않아요. 매우 아픈 친척과도 같아요. 그 사람 죽음에 대비하는 거죠." 사건이 일어날 때마다 그들은 아마도 인생에서 가장 중요한 경험이라고 생각하는 일, 즉 자녀를 양육하는 일에 자신이 실패했음을 강하게 인식한다. 이 모든 과정을 거치는 동안, 자녀는 전혀 참회의 빛을 보이지 않고 부모의 고통을 상관하지 않는다. 그의 입장에서 부모란 자기에게 전혀 되고 싶지 않은 무언가가 되라고 요구함으로써 스스로 문제를 만든 사람들이다. 그의 입장에서 부모의 걱정은 불필요한 것이다. 그는 지금 이대로 문제가 없고 부모는 그를 그냥 내버려둬야 한다고 생각한다.

부모들은 종종 자녀가 원하는 대로 독립적으로 살게 해주고 싶어 한다. 그러나 열일곱 살이 되기 전에는 자녀를 양육할 법적 책임이 부모에게 있다. 기숙학교는 보통 비용이 많이 들고 십대 아이가 (앞에서 언급된 조지처럼) 쫓겨날 가능성이 있기 때문에 가능한 대안이 되지 않는다. 자녀가 독립할 만큼 나이가 들면 부모는 독립을 허용할지 여부에 의견이 서로 다를 수 있다. 거의 확실히 재앙이 될 것을 두려워하는 것이다. 수년간 분열을 겪어온 어머니나 아버지는 그들이 자신들만의 삶을 살 자격이 있는지도 문제삼는다. 어떤 부모는 자녀가 독립할 나이가 되면 작별을 고하지만 대부분에게 이것은 고통스러운 경험이다.

부모들은 나에게 장성한 자녀를 집에서 나가게 해도 되는지에 대해 조언을 구한다. 그들은 집에서 내쫓았다가 자녀가 나가서 끔찍한 일이라도 벌일까 봐 두려워한다. 나는 다 큰 자녀에게 생활비를 주며 독립하라고 한 부부들을 알고 있다. 돈이 떨어진 자녀가 갈 곳이 없어 부모 집 문 앞으로 돌아오기까지 오래 걸리지 않는다.

나는 부모들에게 그들 자신의 삶의 질을 최우선으로 삼을 때가 왔다고 이야기한다. 아이를 내보내는 게 데리고 사는 것보다 더 고통을 야기한다면 같은 집에서 살게 하되 너무 큰 주의를 기울이지 말아야 한다. 이 말은 자녀가 쏟아내는 온갖 만행을 참고 견뎌야 한다는 뜻은 아니다. 나는 부모들에게 미성년자이든 성인이든 부모의 사유지 내에서 범법행위(예컨대 마약을 들여오거나 가족을 폭행하거나 물건을 부수거나 훔치는 등)를 하면 고발하라고 한다. 자녀가 무시할 게 뻔하더라도 부모는 자녀에게 기대하는 것을 가능하면 문서로 구체화해야 한다. 자녀와 함께 사는 게 참을 수 없어지면 떠나보낼 때가 된 것이다. 한 어머니는 더 이상 미성년자가 아닌 딸에 대해 이렇게 말했다. "엘렌은 충치 같아요. 충치를 없애서 고통을 멈출 수만 있다면 뭐라도 하잖아요."

하지만 완전히 인연이 끊어지는 경우는 드물다. 아주 참기 어려운 자녀라도 가늘게나마 부모와 어떤 인연의 끈이 유지된다. 한 어머니는 너무나 이기적이고 무책임한 딸에 대해 이렇게 말했다. "나는 몇 번이고 그 애에 대해 다시 희망을 품어요. 하지만 그 애는 언제나 끔찍한 일을 벌이죠. 하지만 희망마저 버린다면… 엄마가 어떻게 그러겠어요?" 어떤 경우에는 지친 어머니들이나 아버지들이 결국 더 이상 상황을 개선하기 위해 할 수 있는 게 아무것도 없다고 결론 내리기에 이른다. 그래도 유일하게 그들이 할 수 있는 일, 즉 자녀와의 인연을 끊는 일은 여전히 심하게 괴로운 일이다. 이런 모든 일을 거치면서 자녀는 부모의 고통에 무관심하다. 부모의 스트레스에 대해 어떻게 생각하냐고 물었을 때 한 소년은 차갑게 답했다. "그건 수술 같은 거예요. 고통을 안고 살아야 해요. 자기들 문제예요."

자녀의 비행에 대해 부모를 처벌하는 지역도 있다. 정해진 통행금지 시간이 지났는데 아이가 거리에 돌아다니든지 무단결근을 하든지 기타 위법행위를 하면 부모가 벌금을 물든지 수감될 수 있다. 2017년 〈워싱턴포스트〉는 미국 내 19개 주에서 부모가 자녀의 수감과 관련해 청구서를 받고 있다고 보도했다. 어떤 부모는 다달이 월급이 압류되기도 한다. 이 같은 관행은 "부모는 자녀의 체납에 대한 책임이 있고 정부는 이를 압류한다"는 생각을 전제로 하는, 십 년도 더 된 오랜 정책에서 비롯된 것이다. 이 같은 정책이 실시되면 부모가 자녀에 대해 더 큰 책임감을 느낄 것이라는 데서 나온 생각이다. 나는 많은 힘든 부모들을 면담했다. 좀처럼 달라지지 않는 자녀를 바른 길로 인도하고 억제하고 훈육하기 위해 할 수 있는 모든 것을 해보았지만 자녀가 부모의 헌신적 노력을 계속 뻔뻔하게 무시하며 빠져나가는 것을 경험한 사람들이었다. 자녀의 비행에 대해 부모를 처벌하는 정책은 무책임하고 불성실한 부모에게 적용될 때는 도움이 되겠지만, 공권력과 법원의 비난이 아니라 도움이 필요한 양심적인 부모들을 더 무너뜨리고 힘 빠지게 만들 뿐이다.

이 장을 읽은 부모들 가운데 위에 언급된 행동을 한 가지라도 한 자녀가 있다면 정신이 번쩍 들 것이다. 그러나 아이가 가족 가운데 움트는 범죄의 싹이라고 결론 내리기 전에 그게 주변 상황과 상관없이 저지르는 행동들인지, 또 장기간에 걸쳐 점차 확대되고 악화되는 행동 패턴을 보이고 있는지 먼저 자문해야 한다. 나중에 사회에 엄청난 해악을 끼칠 미성년 자녀에게는 이 같은 패턴이 나타난다. 부모나 다른 이들이 막기 위해 무슨 수를 쓰든 말이다.

부모의 모든 잘못을 용서해 주자는 것은 아니다. 자녀를 학대하거나 방치하거나 일관성 없고 심적으로 불안정한 부모는 자녀에게 안 좋은 영향을 끼친다. 하지만 그렇다고 자녀가 다 범죄자가 되는 것은 아니라는 말이다. 실제로 방치나 학대로 고통받은 청소년의 대부분은 범죄자가 되지 않는다. 놀랍게도 많은 범죄자들이 헌신적이고 안정적이고 책임감 있는 부모의 아들딸이다. 불행히도 부모가 이런 자녀를 돕고 바꾸어놓기 위해 최상의 노력을 기울여도 대부분 실패한다. 실상 부모들이 피해자이고, 자녀가 가해자인 경우가 대부분이다. 그 반대가 아니라.

07
범죄자 아버지

07 범죄자 아버지

이번 장에서는 범죄자의 자녀가 수년간 감정적으로 학대받았지만 아마도 당신이 예상하는 것과 상당히 다르게 성장한 상황에 대해 설명하려 한다. 나는 범죄자인 부모가 자녀를 사랑하면서 동시에 희생양으로 만드는 경우를 많이 보아왔다. 칼 애덤스와 낸시 애덤스 부부와 그의 아들 토드의 이야기를 들어보면 여러분은 범죄자가 자기 자녀의 유년시절을 파괴하면서도 어떻게 자기가 최고의 부모라고 믿을 수 있는지 알게 될 것이다. 이 사례는 부모의 생각 오류가 어떻게 자녀에게 고통을 야기하되 범죄성향을 일으키지는 않는지 보여준다.

비록 짧은 기간 수감되었지만 칼 애덤스는 3장 생각의 오류에서 묘사된 범죄자의 특성을 모두 갖추고 있었다. 그는 모든 것, 모든 이들을 통제하려고 했고, 남을 속이고, 괴롭히고, 폭력을 휘두르겠다고 협박했다. 체포되었을 때 그는 자신을 짜증나게 한다고 생각되는 모든 이들에게 책임을 돌렸다. 그의 주된 희생양은 그가 가장 아낀다고 고백한 여덟 살 난 아들 토드였다. 내가 이 가족을 만났을 때 부부는 이혼을 앞두고 고통스러운 자녀 양육권 소송 중이었다. 법원 명령에 따라 나는 부모와 아들의 심리를 평가해 아들에게 가장 이익이 되는 쪽으로 권유하려고 했다.

자신이 가장 적합한 부모라고 단언하며 아버지 칼 애덤스는 법원에 토드에 대한 단독 친권 양육권을 요청했다. 수년에 걸쳐 진행된 재판에서 그는 강력하게 주장했다.

"토드와 나 사이엔 아무 문제도 찾을 수가 없어요. 우리는 아주 잘 지냅니다. 우리 사이엔 사랑이 넘치고 우리는 언제나 좋은 시간을 보내요." 반면, 아내 낸시에 대해서는 너무나 불안정하고 변덕스럽기 때문에 토드에게 장기적으로 남을 감정적 상처를 줄이기 위한 유일한 방법은 "아내가 장기간 강력한 치료를 받도록 설득하는 것뿐"이라고 했다 (낸시 애덤스의 심리평가 결과는 칼의 이 같은 주장과 일치하지 않았다).

어머니 낸시 애덤스는 남편이 모든 사람을 가차없이 깎아내리는 사람이며 친구도 없고 어디에 가든 사람들을 적대시한다고 했다. 칼은 정부 일을 하다가 해고되었으며 이후 다른 직장을 전전하다 쫓겨난 뒤 몇 달 동안 실직상태였다. 그는 낸시가 물려받은 돈을 주식에 투자했다가 상당한 액수를 잃었다. 낸시는 남편이 십 년 동안 세금을 납부하지 않았으며 국세청(IRS)으로부터 십여 차례 문의를 받았지만 숨겨온 것을 뒤늦게 발견했다.

의료 기록에 따르면 칼 애덤스는 의사가 중독을 의심할 정도로 진통제 퍼코셋을 처방해달라고 의사를 압박했다. 처방전에 허용된 복용량을 그가 고친 흔적도 있었다. 애덤스의 의료 기록에는 "(의료진을) 비난하고 화를 내고 모욕함. 맞춰주려고 했으나 맞춰줄 수가 없는 사람임"이라고 적혀 있었다. 환자의 약물 남용은 상황을 악화시킨다. 그러나 그것이 환자의 범죄 성향의 주요 원인은 아니다.

낸시 애덤스는 남편을 신체적으로 두려워했다. 칼은 집에 총기를 보관했으며 없애기를 거부했다. 한번은 낸시가 토드를 재우고 있을 때 80킬로그램이 넘는 칼이 "나 말고 아들이랑 자겠다는 거냐"며 다가온 일을 기억했다. "그는 나를 침대로 끌어와 강제로 내 위에 올라탔어요. 토드가 옆방에 있었기 때문에 내가 소리를 지르지 않을 거니까요."

칼은 또한 낸시의 평판을 공격하는 수위를 높였다. 그는 사람들에게 아내가 마약을 했고 토드와 함께 도망칠 위험이 있으며 가치 있는 것들을 모두 버려 자신을 곤궁하게 만들었다고 말했다. 칼은 또한 아내와 관련이 있는 모든 이들을 괴롭혔고 때때로 밤늦게 전화해 협박을 가한 일로 며칠간 수감되기도 했다.

낸시는 칼이 토드에게 대단히 관심을 기울인 적이 없으며 아들과 이렇다 할 유대관계를 맺지도 못했다고 했다. 게다가 칼이 워낙 변덕스럽고 예측 불가능해서 토드가 그를 두려워했다고 했다. 낸시는 칼이 두려워 결혼생활을 유지하기는 했지만 그의 신체적, 감정적 학대에 지쳤고 토드가 고통받는 것도 참을 수 없어 결국 떠났다. "그는 토드를 사람으로 대하려 하지 않았어요." 낸시는 칼이 토드를 포함해 모든 사람을 자기 소유물처럼 대했다고 말했다.

낸시 애덤스에게 결국 참을 수 없는 사건이 일어난 것은 토드가 어머니에게 책을 읽어달라고 한 어느 날 밤이었다. 아들의 요청에 칼이 "너는 나한테는 한번도 책 읽어달라고 한 적이 없잖아. 너 내가 가버리길 바라냐"고 끼어든 것이다. 토드가 그렇다고 하자 칼은 "이 집을 떠나라고?"라고 물었다. 토드는 "아뇨, 그냥 주무시러 가시라고요. 밤이니까요"라고 답했다. 칼은 화가 나서 "나를 화나게 하는 너 같은 애는 필요가 없다"고 소리지르며 우는 아들을 뒤로 두고 방에서 나가버렸다. 이 일이 일어난 지 얼마 안 되어서 낸시는 칼에게 그들의 결혼생활은 끝났다고 말했다.

범죄자는 마침내 떠나갈 용기를 낸 배우자를 직면하면 그 거부를 최악의 굴욕으로 여긴다. 사랑 넘치는 남편이자 아버지인 척해온 게 직접 도전받음에 따라 그는 분노로 대응한다.

낸시가 떠나자 칼은 그가 할 수 있는 가장 신랄한 공격을 했다. 낸시가 토드를 진심으로 사랑한 적은 한번도 없으며 자신에게 대항하기 위해 체스판의 말처럼 아이를 이용했다고 주장했다. 칼은 이후 5년에 걸쳐 토드의 단독 양육권 요구와 함께 상대의 모든 것을 파괴하는 초토화 전략을 추구했다. 낸시를 깎아내리고 낸시에 동조하는 듯한 사람들을 괴롭히기 위해 무엇이든 했다. 낸시의 친구를 중환자실에 보낼 정도로 심하게 폭행하겠다고 협박했고, 낸시 회사 사장에게 전화해 무례하고 모욕적인 말을 했다. 그의 괴롭힘에 대해 불평하는 메시지가 낸시에게 온 것을 알고는 "모든 직원을 소환해 그들 눈이 시퍼렇고 뜨거워질 때까지" 추궁하고 심문할 것이며 "그들이 믿을 수 없고 편향된 거짓말쟁이들이라고 말하겠다"고 경고하는 메시지를 남겼다. 칼은 평범한 상호작용에서도 다른 사람들이 자기가 원하는 바를 방해하면 금세 화를 냈다. 예를 들면 회계 사무실 직원에게 "내가 주먹 한방으로 널 죽일 수도 있어"라고 소리치는 식이다. 정부기관에 전화를 걸 때에도 언어폭력을 가했고 화가 나서 담당 직원에게 해고되게 만들겠다고 협박하기도 했다. 아들 토드를 도우려는 사람들마저도 협박했다. 편지에서 그는 토드 학교 직원들이 "법적 분쟁에서 한쪽 편을 들고 있다"고 거짓 주장을 폈다. 토드의 선생님에 대해서는 "누가 봐도 나에 대해 기꺼이 비판적인 태도를 갖고 있다"며 징계 조치를 촉구했다. 토드의 담임 선생님은 나에게 "애덤스 씨는 저와 절대로 협조하려고 하지 않았고, 제가 뭘 잘못하고 있는지만 이야기하려 했어요"라고 말했다.

양육권 심사에는 아이와 부모를 잘 아는 사람들 면담이 포함되어 있다. 한 이웃은 칼이 "한번 앙심을 품으면 못되고 비열해질 수 있는 부류의 사람"이라고 말했다. 사실 이 이웃은 칼을 아주 두려워했는데 자기 아들의 안전을 걱정할 정도였다. 한 베이비시터는 자기 집에서 토드를 돌보고 있을 때 칼이 끊임없이 전화를 걸어 토드를 전화기 앞에 붙잡아놨다고 했다. "왜 토드에게 전화하는지 이해할 수가 없었어요. 여기가 그 아이에게는 안식처였거든요. 아이가 유일하게 불행할 때는 아버지 말을 들을 때였어요." 토드는 베이비시터를 좋아했지만 아버지 전화가 걸려 오는 것에 너무 예민해져서 베이비시터 집에 가서 아버지 전화를 받아야 하느니 차라리 어머니 사무실에 있기를 원했다.

칼이 가장 싸움꾼이 되는 것은 토드의 심리평가를 하는 심리학자들을 대할 때였다. 그는 한 심리치료사를 주 면허위원회에 윤리 위반으로 고발하겠다고 협박했다. 그 다음 치료사였던 심리학자에게는 토드의 어머니가 원하는 말은 무엇이든 한다는 의미에서 "엄마의 작은 창녀"라고 묘사하며 복수의 날을 갈았다. 특정한 날에 토드를 방문하도록 치료사가 주선하지 않으면 법정모독죄로 처벌되게 만들 것이며, 그 이후에 아마도 줄무늬 잠옷을 입게 될 것이라고 경고했다. 감옥에 보내겠다는 의미였다.

내가 토드를 처음 만났을 때, 이 여덟 살 소년은 말을 잘 하지 않았다. 가족 그림을 그려보라고 하자 "나는 가족이 없어요"라고 말했다. 처음에는 아버지와 게임하고 패스트푸드 레스토랑에서 외식하고 아버지가 준 간식을 먹은 등의 일에 대해 열정적으로 설명하는 듯했다. 아버지와 시간을 보내고 전화 통화하는 게 좋다고도 했다. 이런 긍정적인 이미지를 나에게 전달하는 와중에 그가 자기 심리치료사인 해롤드 박사에게 한 이야기는 전혀 달랐다.

애덤스 부부가 별거를 시작하고 서로에 대한 적개심이 깊어질 때 해롤드 박사는 토드의 상태가 안 좋아지는 것을 볼 수 있었다. 그가 작성한 보고서에 따르면 토드는 "중

등도의 우울증과 대인관계 신뢰 상실 증세를 보였고, 사회적 관계에서의 불안 상승, 분노와 버림받은 느낌"을 받고 있었다. 토드는 불안했고 덜 개방적이고 덜 자발적인 태도를 보였으며, 아버지와 단둘이 시간을 보낼 때 아버지를 점점 더 거부했다. 놀이치료 때 토드는 말을 더듬었다. 해롤드 박사는 이 아이가 "자기 비난의 순간들을 보였고 자존감 문제를 겪고 있다"고 적었다. 그의 아버지는 해롤드 박사를 적으로 여겼고, 만나자는 초청을 번번이 거부했다. 토드는 아버지가 "해롤드 박사를 두드려 패서 일 년은 못 걷게 만들겠다"고 공언하는 것을 들었다. 토드를 지켜본 해롤드 박사는 애덤스의 협박들이 토드에게는 "무서울 만큼 현실감이 있었던 것 같다"며, 토드가 자기가 좋아하는 사람을 또 한 명 잃게 될까 봐 두려워했다고 했다.

한 민간 조사관은 칼의 집이 사람과 개 배설물, 개밥, 오래된 굴뚝 연기 냄새가 나는 "혐오스러운" 상태였다고 묘사했다. 가구는 거의 없었다. 오직 하나뿐인 침대 시트는 피와 정액 얼룩, 대변으로 보이는 것으로 덮여 있었다고 그는 보고했다. 냉장고 안의 음식에는 곰팡이가 피어 있었고 냉동실의 음식은 믿을 수 없을 정도로 부패한 상태였다.

아버지와 아들 간 전화 통화 녹취록을 보면 아버지가 토드의 어머니를 비난하고 토드가 죄책감을 느끼게 만듦으로써 토드를 심리적으로 괴롭히고 트라우마를 심어주었다는 사실을 알 수 있었다. 아래는 심지어 그가 부인 및 토드와 나누는 대화를 부인이 전부 녹음한다는 것을 통보받은 이후에 나온 대화다. 낸시의 변호사는 칼의 행동이 "내가 보거나 들은 아이에 대한 정신적 학대와 괴롭힘 중 가장 지독한 것"이었다고 했다.

칼: 너희 엄마는 괴짜야.

토드: 알아요.

칼: 네가 어떻게 알아?

토드: 아빠가 백만 번도 넘게 나한테 말했으니까요.

칼: 아빠랑 얘기하기 싫구나. 내 기분을 잡쳐놓고 있어. 너 아빠를 다시는 보고 싶지 않니?

토드: 네. 아뇨.

칼: 좋아. 나도 너네 엄마가 고용한 형편없는 사람들 상대하기 싫다. 그 인간들이랑은 결코 말도 섞기 싫어. 닌자 터틀처럼 하수구에서 나온 사람들이니까. 무슨 말인지 알겠

어? 저들은 돈을 벌기 위해서라면 뭐든지 할 거라고. 난 저 개새끼들 상대하기 싫어. 알겠어?

토드: 네.

칼: 왜 넌 나한테 전화를 안 해서 내 기분을 이렇게 나쁘게 만드니?

토드: 난 전화 벨 울리는 게 싫어요.

칼: 아빠가 너 보고 싶어서 매일 밤 우는 거 알지.

토드: 아뇨. 그런 말은 한번도 안 했잖아요.

칼: 너도 내가 보고 싶어서 매일 밤 우니?

토드: 아뇨.

칼: 넌 왜 엄마한테 아빠 보고 싶다고, 엄마 미친 짓 좀 그만하면 좋겠다고 말을 못 하니? "열이 천장까지 뻗친다"는 말 들어봤니?

토드: 아뇨.

칼: 난 엄마의 역겨운 변호사와 법원에 가게 생겼다. 그 변호사는 정말 역겨워. 난 변호사를 선임할 돈도 없지만 머리가 좋으니까 내가 더 잘할 거야. 난 역겨운 사람도 아니고. 난 너를 보기 위해 뭐든지 할 거다.

솔직히 아버지를 거부하거나 반대의 신호를 보이기보다는 토드는 종종 아버지의 화를 누그러뜨리는 방식으로 답변했다. 그렇게 예의 바른 어린이로 행동하면서 속으로 점점 더 많이 힘들어했다. 불면증이 생겼고 권투 글로브를 끼고 빨간 베개를 아버지로 삼아 주먹으로 치기도 했다. 토드는 어머니에게 자기가 어딜 갔고 무엇을 했는지 아버지에게 말하지 말아달라고 간청했다. 또 아버지가 보러 올까 봐 방과후 스포츠 활동에 참여하기를 거부했다. 아버지가 데려다주겠다고 할까 봐 음악 레슨을 받는 것에 대해서도 아버지에게 알리지 말아달라고 했다. 법원 명령에 따라 토드는 아버지와 전화 통화를 하거나 만나도록 예정되어 있었다. 토드는 전화를 안 받기 시작했고 방문을 취소해달라고 어머니에게 애원했다. 어머니 낸시는 토드가 아버지와 만나는 일정이 잡히면 낑낑거리는 소리를 내거나 울음을 터뜨리거나 비명을 질렀고 심지어 토하기도 했다고 보고했다. 만나고 돌아오면 화가 나 있거나 눈물에 젖어 있었고 떼를 썼다. 토드와 같은 많은 아이들은 가장 어려운 환경에서도, 어떤 대가를 치르더라도 필사적으로 평화를 얻고자 하고, 평화를 유지하는 것이 자신에게 달렸다고 믿는다.

토드에게 학교는 피난처였다. 성적표에 따르면 그의 학업적 성취도는 모든 면에서 "만족스러운" 수준이었다. 시민의식과 학습 기술적인 측면에서는 "뛰어나다"는 평가를 받았다. 그의 선생님은 "누군가 슬퍼할 때 받아주는 마음이 넓은 아이, 정이 너무 많은 훌륭한 아이"라고 평했다. 선생님은 "그 애가 행복할 때, 겁에 질려 있을 때 다 눈에 보여요. 토드는 어머니 아버지를 사랑하지만 아버지에 대한 두려움이 있어요. 아버지에게는 말을 가려서 해야 해요. 내가 보아온 일 중 가장 슬픈 상황이에요"라고 말했다. 토드를 관찰한 학교 상담사는 토드가 어머니와 있을 때에는 "아주 안전하게" 느꼈지만 "아버지와 있을 때에는 안전하다고 느끼지 않았다"고 말했다.

법원은 정신건강 전문가가 감독할 때에만 토드가 아버지를 만나게 해야 한다는 내 조언을 받아들였다. 또한 아버지 칼 애덤스가 내 보고서를 본 공신력 있는 치료사로부터 치료를 받을 것을 추천했다. 예상이 가던 바지만, 칼은 전문가 감독 접견이라는 조건에 격노했고, 나에게 "감독 접견 따위 말도 안 되는 짓거리를 하지 않겠다. 당신네들이 또 무슨 짓거리를 꾸밀지 상상이 안 간다"고 말했다. 그는 "토드와 나는 어떤 문제도 느끼지 못하고 있고 토드는 나랑 있을 때 아주 편안하다"고 단언했다. 아들을 전혀 보지 못하게 될 가능성에 직면하자 그는 다시 생각해 보고 감독 조건 접견을 감내하기로 결정했지만, 당분간만 그러겠다고 했다. 법정 공방이 5년째에 들어섰고 여전히 감독 접견이라는 제약을 받게 되자 그는 협조를 거부했다. 법원에서 배정해 준 소송 후견 변호사에게 토드의 심리평가자는 이렇게 썼다. "애덤스 씨는 전문가 감독 절차를 생략하고 방문했으며 아들에게 비밀을 지키라고 요청했다. 전문가로서의 내 의견을 말하자면, 그가 적대심을 조절하고 아들에게 가장 도움이 되는 방향으로 행동할 능력이 없음을 스스로 보여주었다고 본다."

해롤드 박사는 나에게 토드의 상황에 대한 그의 견해를 말할 때 이렇게 요약했다. "이 건에 대해선 아주 마음이 안 좋습니다. 아버지가 분노 조절이 안 되는 게 보여요." 그는 토드에 대해서는 "아버지와 만나거나 이야기하기를 원치 않는 착한 아이"라고 묘사했다. 그는 아버지의 방문을 전면 중단시킬 것을 추천했다.

토드는 계속 어찌해야 할 바를 모르는 "착한 아이"로 남았다. 그는 그저 부모와 평화롭게 살고자 했고 어느 쪽도 자기에게 화가 나기를 원치 않았다. 언젠가 그의 어머니는 아이가 너무 압박감을 느껴서 차라리 다 포기하고 아버지와 사는 게 낫겠다고 생각했다고 말했다.

토드를 돕기 위해 수년간 노력한 뒤, 해롤드 박사는 토드의 심리평가자직을 내려놓았고 변호사들에게 이렇게 썼다. "윤리적으로 그 애의 치료사면서 내 생각에 내 환자에게 심적 압박을 가하는 과정에 참여할 수가 없습니다." 그는 수년에 걸친 소송이 "토드에게 이익이 되기보다는 해가 되었다"고 선언했다. 아버지 애덤스는 계속 자신이 좋은 아버지라고 믿었고 아들에게 해악을 끼쳐왔다는 사실을 결코 인지하지 못했다.

가끔 나는 내가 상담했던 범죄자들이나 양육 분쟁 의뢰인들이 어떻게 되었는지 알게 된다. 토드 어머니는 이후 소식을 전해왔다. 결국 법원은 어머니에게 단독 양육권을 주었다. 어머니는 재혼했고 토드는 성인이 되었고 어머니의 남편을 아버지로 여긴다. 아버지와는 연락을 끊었다. 매우 지적이었지만 토드는 학교에서 험난한 길을 걸었다. 반에서 가장 인기 있는 아이였지만 학업에 집중하는 것을 어려워했다. 어머니는 토드가 고등학생이 되자 기숙학교에 보냈고 그는 그곳에서 안정감과 일주일을 요일별로 정해진 계획대로 보내는 것을 경험했다. 그는 잘 받아들였고 우등으로 졸업했다. 대학생이 되어 독립하자 성적이 좋지 못했고, 학교를 중퇴했으며, 커뮤니티 칼리지 수업에 등록해 수업을 들으며 몇 년을 보냈다. 토드는 실패를 거듭하다가 건설회사에서 풀타임으로 일하기로 했다. 그는 한 여성과 오래 사귀고 있다. 그는 자립적이며 준법정신이 있다. 한마디로 어머니는 자신의 "착한 아들이 잘 자랐다"고 말했다.

보통 범죄자인 아버지에게 극심한 감정적 학대를 당한 이 아이가 심각한 심리적 문제를 보이고 다른 사람들을 괴롭히는 가해자가 되었을 것이라고 예측하는 경우가 많다. 토드나 유사한 환경의 다른 아이들이 감정 문제를 겪었음에도 범죄자가 되지 않았다는 사실에 정신건강 전문가를 포함해 많은 사람들이 놀랄 것이다. 대신, 그 아이들은 다른 이들의 감정에 민감하며 사랑하는 사람과 부모를 보살피는 자상한 사람이 되었다.

08

또래 압력은 범죄의 핑계가 될 수 없다

08

또래 압력은 범죄의 핑계가 될 수 없다

책임져야 하는 상황이 되면 비행소년소녀들은 종종 자신들의 범죄행위를 다른 사람들의 영향으로 돌린다. 남들이 자기를 물들였고, 괴롭혔고, 잘못된 길로 유인했고, 범죄를 저지르게 강요했다고 주장한다. 구십세 여성의 집에 침입해 강도질을 한 열여덟 살 포레스트는 "내가 처한 환경이 문제예요. 이 지역에서 영향을 주는 것들이요"라고 말했다. 그는 도둑질에 말려들었다며 "훔치는 게 일하는 것보다 훨씬 쉽죠"라고 인정했다. 그는 나쁜 영향을 주는 것들이 "10분만 운전해 가면 많이 있다"고 지적했다. 그는 잘 적응하지 못하고 친구도 못 사귄 학교와 집에서의 지루한 생활에서 벗어났을 때 얼마나 인정받고 살아 있는 느낌이었는지에 대해 대조적으로 말했다. 포레스트는 자신이 도시의 거친 구역으로 가게 된 것은 "칼로 찌르고 주먹다짐하고 총을 쏘는" 등의 행위에 가담하는 거친 친구들 무리와 어울려 놀고 싶은 유혹 때문이었다고 인정했다. 그는 자신이 달라질 수 있는 유일한 방법은 나라 반대쪽으로 이사 가는 수밖에 없다고 믿었다.

전문적으로 행동 관찰을 해온 사람들은 또래 압력을 범죄에 가담하게 하는 강력한 위험 요인으로 본다. 그러나 문제는 또래 압력이 존재하느냐 여부가 아니라 누구를 또래로 '선택'하느냐다. 내가 면담한 거의 모든 비행소년소녀가 "내 단짝이 도둑질을 하게 했다. 내 친구들이 모두 뭔가 한다" 같은 말을 한다. 또래 압력은 그게 유치원 놀이 그룹이든, 직장이든, 어른들 사회적 모임이든, 자궁에서 무덤까지 실존하는 삶의 한 측면이다. 모든 학교에 끼리끼리 다니는 멋부리는 애들과 사회성 부족한 애들, 운동선수들과 왕따들이 있다. 아이들은 어울릴 친구들을 선택한다. 한 열네 살 아이는 이렇게 말했다. "우리 형처럼 학교에 가고 집에 오고 숙제하고 농구하고 동네나 돌아다니고 한다면 목줄 맨 개가 되는 거나 마찬가지지요." 그는 자기 형과 전혀 다른 삶을 살았다. 학교를 결석했고, 가게에서 도둑질을 했고, 마리화나를 피웠고, 면허증도 따기 전에 자동차로 폭주하는 것을 즐겼다. 범죄자는 어릴 때부터 책임감 있는 또래 아이들을 거부한다. 열네 살 맷은 이렇게 설명했다. "착한 애들하고 있으면 지루해요. 집에 있으면서 할 일이나 하는 남자애들은 자아도취에 빠진 얼간이들이에요." 맷 같은 아이들은 동시대 아이들을 따라가기보다는 자기처럼 모험심이 있고 위험을 감수하고 과감하게 행동해 "아드레날린이 솟구치게 하는" 아이들을 레이더처럼 포착해낸다. 체포되어 있는 동안 나와 면담한 한 청년은 또래 압력이라는 개념 자체를 거부하며 "우리 같은 부류는 서로를 발견한다"고 했다.

어떤 사람들은 아이들이 유혹에 잘 넘어가서 범죄에 빠진다고 생각한다. 그러나 우리 모두는 어떤 면에서는 유혹에 잘 넘어가지만 다른 면에서는 그렇지 않다. 한 사람이 유혹에 얼마나 잘 넘어가느냐 여부는 그 사람에게 중요한 것이 무엇이냐에 달려 있다. 남들에게 쉽게 영향받는다고 인정하는 것은 범죄자의 자아상과 정반대다. 범죄자는 흥분되고 자신의 중요성을 부풀려줄 활동에 끌린다. 아이 때부터 범죄자는 자기가 원하는 제안에만 개방적이다.

브랫의 부모는 아들이 "나쁜 영향들"로부터 벗어나기를 간절히 원했다. 다른 지역으로 이사하면 더 건전한 아이들 그룹을 찾고, 무단결석하며 마약을 하는 또래들로부터 멀어질 것이라고 기대했다. 그들은 더 좋은 환경을 찾기 위해 희생을 감내하고 이사했다. 브랫의 새 학교와 동네에는 모든 종류의 기회들이 있었지만, 그는 거부했다. 대신 부모가 브랫이 멀리하게 하려 한 정확히 그 행동들을 하고 있는 아이들과 어울렸다.

기본적으로 책임의식이 있는 아이들도 간혹 다른 아이들의 제안에 굴복한다. 짓궂은 장난에 동참하거나, 극장에 몰래 숨어들어가고, 미성년 나이로 술을 마시거나, 이보다 더 심각한 행동에 가담한다. 행동의 대가를 치르거나 같은 행동으로 대가를 치르는 사람들을 목격하면 그들은 이런 행동에 가담하는 것을 그만둔다. 비행아동들과 결부되는 것은 그들의 관심사나 목표에 역행한다. 아이들 행동에 어떻게 대응하느냐를 놓고 부모는 딜레마에 빠진다. 이게 청소년기의 흔한 행동, 나쁜 판단 또는 사춘기의 실험 같은 건가? 내 아들이 파티에서 맥주를 마신다면 그건 얼마나 심각한 건가? 아니면 BB탄 총을 빌려서 실수로 유리창을 쏘았다면? 많은 비행아동들이 자신은 잘못을 저지르고도 걸리지 않은 소위 "착한 애들"과 다르지 않다고 말한다.

예컨대 앨런은 상담을 받던 중 부모에 대해 이렇게 불평했다. "부모님이 내가 내 인생을 살게 해줘야 해요. 한번이라도 십대답게, 좀 느긋하게 친구들이랑 즐기게 해달라고요." 자기가 잘한 행동들은 무시된다고 주장하며 앨런은 "나는 보통의 삶을 살려면 열여덟 살이 될 때까지 기다려야 해요"라고 한탄했다. 사실 앨런의 부모는 어디를 가고 언제 귀가하는지 등에 있어서 앨런의 자유를 많이 허용해 왔다. 그들은 아들을 신뢰했다. 아들이 십대들의 실험보다 훨씬 더 심각한 일들을 벌이고 있음이 분명해지기 전까지 말이다. 그들은 아들이 학교를 빠지고 있음을 눈치채고, 방에서 사준 적이 없는 옷을 발견하고, 누구와 어딜 가는지 물었을 때 답변을 회피하는 것을 깨닫게 되었다. 대부분의 어른들은 자신의 청소년기를 돌아보고 당시 자신이 한 무책임한 행동들을 돌아볼 수 있다. 범죄자가 될 아이들의 삶에는 '패턴'이 나타난다. 그 패턴은 그들의 부모에게 지금 직면하고 있는 문제가 흔한 십대의 미성숙함보다 더 심각한 무언가라는 신호를 보낸다.

어떤 청소년에게나 온갖 유혹은 존재하기 마련이다. 열려 있는 사물함 안에 놓인 값비싼 가죽 재킷이라든가, 누군가 화장실에 놓고 간 핸드폰이라든가, 스포츠카에 꽂혀 있는 차 열쇠라든가, 부모님의 찬장 안에 있는 알코올이 들어간 음료라든가. 또래들의 압력이 있다고 누구나 범죄를 저지르게 되는 것은 아니다. 책임의식 있는 소년소녀들은 자기 물건이 아니면 손대지 않고 내버려둘 것이다. 옳고 그름에 대한 그들의 생각에 반하는 무언가를 하도록 압박을 받으면 그들은 참여하지 않는 쪽을 택한다. 원래 책임의식 있는 청소년이 잘못된 판단을 하고 유혹에 빠진다면 체포되었을 때 (때로는 발각되지 않더라도) 후회할 가능성이 높고, 같은 행동을 반복할 가능성은 낮다. 이에 반해 범죄자로 자라는 청소년은 자기 범행을 후회하지 않는다. 오직 발각된 것만 후회하며,

앞으로는 더 조심하겠다고 마음먹는다.

비행청소년들은 다른 사람들 때문에 물들거나 범죄 아이디어를 얻기 위해 남들에게 의존하지 않는다. 그들은 머릿속에 급물살처럼 흘러넘치는 계획들 가운데 가장 흥분되고 실현 가능한 것들을 시행한다. 자신만의 아이디어도 충분히 많고 다른 이들이 제안하는 것들도 잘 받아들인다. 부모, 선생님들, 기타 이 소년소녀들을 안다고 생각하는 사람들도 이들의 비밀스러운 삶에 대해서는 잘 모른다. 이 아이들이 하루하루 어떻게 지내는지 영상으로 보여준다면 그들 범죄의 숫자와 다양성, 심각성에 깜짝 놀랄 것이다.

일하는 부모라면 자녀들의 친구들을 만나기가 어려울 것이다. 부모 대부분은 자녀가 어디에 누구와 가는지에 대해 대화를 나눈다. 많은 부모가 자녀들에게 제발 친구들을 집으로 초대하라고 간청했다고 나에게 말했다. 비행청소년들은 그런 요구를 묵살하고 친구들을 집에 데려오지 않는다. 부모가 좋아하지 않으리라는 것을 알기 때문이다. 한 청소년은 부모에 대해 "내 친구들이 문제를 일으킨다는 바보 같은 이유로 좋아하지 않아요"라고 말했다. 그는 "부모님은 날 좀 내버려둬야 해요. 방해하지 말고 내가 친구를 좀 사귈 수 있게 기회를 줘야 해요"라고 말했다.

스포츠, 종교적 모임, 클럽들을 통해 아이들은 새로운 사람들을 만나고 새로운 관심사를 발견한다. 협력과 경쟁, 공유, 그리고 자기 통제에 대해 배우면서 사회화 과정이 일어난다. 책임의식 있는 아이는 실력이 부족하다고 생각하거나 더 좋아하는 일을 발견하면서 하던 활동을 그만둘 수도 있다. 예컨대 야구에서 항상 우익수를 맡게 되는 것에 염증을 느낀 아이가 테니스를 접하면서 테니스가 자신에게 더 맞는다고 확신하는 식이다. 범죄 아동은 다른 이유로 하던 활동을 중단한다. 자기가 더 잘 안다고 확신하기 때문에 책임자들을 경멸한다. 다른 사람들이 정한 방식대로 행동해야 하는 것을 싫어하고 자신의 재능을 남들이 곧바로 알아봐주기를 기대한다. 기대하는 대로 안 되면 불만스러워하고, 그만두거나 좀 더 버티면서 다른 구성원들을 힘들게 한다.

고등학교 야구팀의 에이스 선수였던 허브는 대학 야구팀에서 뛰기를 열망했고 운동선수에게 주는 장학금을 기대하고 있었다. 그러나 그는 체력단련과 연습이 지겨워 빠지기 시작했다. 학업 성적도 선수들 가운데 가장 낮은 수준으로 떨어졌다. 필드에서도 민첩성이 떨어졌고 주자로서 달리는 속도도 느려졌다. 후보 선수로 밀려나자 코치가 다른 선수들을 불공정하게 편애한다고 비난했다. 무슨 일이 일어났는지 나에게 말하면서 허브는 "저는 미래지향적인 사람이 아니에요. 전 원하는 게 지금 일어나길 원해요. 제 방식대로 일을 처리하고 싶어요"라고 말했다. 다른 많은 어린 범죄자들이 그렇듯, 허브는 재능이 있었지만 자기 절제를 잘하는 팀원이 보여주는 성공 모델을 따르기를 거부했다.

청소년 범죄와 싸우기 위한 프로그램들은 무료함에서 구제해 줄 기회를 제공함으로써 청소년들을 거리에 나가지 않게 하는 것을 강조한다. 스포츠 리그나 커뮤니티 센터들, 청소년 조직들에 참여하게 하는 식이다. 그런 조직들도 매력이 있긴 하지만 범죄가 제공하는 극도의 흥분을 바라는 비행청소년들을 충족시키지는 못한다. 크리스는 이글 등급(스카우트 가운데 가장 높은 등급: 역자 주)을 목표로 보이스카우트에 가담했지만 이내 흥미를 잃었다. 의무사항이 너무 많았고 거기에 바치기에는 시간이 부족했다. 대신 크리스는 매일 몇 시간씩 비디오게임을 했고 폭발물을 만들고 도둑질을 하는 친구들과 어울려 놀았다.

물론 책임감이 강하든 생산적이든 간에 청소년들은 지루함을 느끼기 마련이다. 그러나 대부분은 지루함에서 벗어나기 위해 범죄를 저지르지는 않는다. 농구를 하고 다른 것으로 관심을 돌리는 것은 비행청소년들에게는 일시적 효과밖에 없다. 잠시도 가만있지 않고 흥분을 추구했던 열여섯 살 퍼시는 결국 상점 절도, 강도, 폭행, 불법 약물 복용, 마약 판매, 갈취 등의 십여 가지 범죄를 저질렀다. 나와 면담할 때 퍼시는 자신이 끊임없이 지루함과 씨름하고 있다고 분명히 밝혔다. "일상적인 건 지옥만큼이나 지루해요"라며 그는 "재미있고 신나는 일은 하나도 일어나지 않는 흔한 지루한 날들"을 경멸한다고 강조했다. 퍼시의 부모는 아들이 말썽을 일으키지 않기를 간절히 바라며 그를 여름 캠프에 보냈다. 퍼시는 이 경험을 아주 싫어했고 캠프에 온 아이들을 "바보스럽다"고 묘사했다. 부모가 일주일 동안 퍼시를 산에 데리고 가자 "별로 할 일이 없었다"며 덥고 지루했다고 불평했다. 매일 마리화나를 피우던 버릇에 대해 질문하자 그는 "책 읽는 것보다는 나을 수밖에 없죠"라고 답했다. 퍼시는 규칙을 따르는 것은 참을 수 없을 만큼 지루하게 사는 길이라며 염증을 표했다. 그는 이렇게 표현했다. "규칙을 따를 때 내가 얻는 것이라곤 어른들 칭찬밖에 없어요. 하지만 규칙을 어길 때는 흥분을 얻죠." 범죄를 계획하고 저지르는 것은 언제나 그를 권태에서 해방시켜 주었다.

십대 청소년들과 어른들 모두 부정적 어감 없이 "어울려 논다(hanging out)"는 표현을 쓴다. 비행아동들이 친구들과 어울린다고 말할 때는 그들은 좋은 일을 하려는 게 아니기 때문에 활동을 구체적으로 말하기 꺼리는 것이다. "어울려 논다"는 것은 부모님이 알지도 못하고 놀라고 허락하지도 않을 아이들과 어울리는 것을 의미한다.

열다섯 살 커티스는 여름 동안 친구들과 어울려 노는 것을 "의식"이라고 말했다. 처음에는 "모든 날이 주말 같았다"며 그와 친구들이 한 일을 좋게 표현했다. 커티스는 부모님이 출근하고 한참 뒤인 아침 열시에 일어나 아침을 먹고 몇 시간을 친구들과 수영장에서 보냈다. 그리고는 부모님이 안 계신 집에서 단짝 친구들과 여자들과 파티를 벌였다. 취하기 위해 술을 마셨고, 마리화나를 피웠고, 성적인 행동을 했다. 가을에 학교가 개학했을 때에는 부모님이 출근하면 다시 자러 갔다. "침대에서 나오기 위한 에너지를 축적해야 했다"고 말했다. 그는 역시나 학교를 빼먹은 다른 친구들을 만났을 때 힘이 났다. 그들은 몇 시간씩 비디오게임을 하거나 술을 마셨다. 때때로 그들은 남들 차에 계란을 던지거나 쓰레기통을 뒤집어놓거나 작은 불을 놓는 등의 못된 장난을 치러 나가곤 했다. 학교 2분기의 3분의 1 가까이 결석했지만 커티스는 어찌어찌 평균 B학점을 유지했다. 그의 부모는 성적표가 도착할 때까지 그의 무단결석 사실을 몰랐다.

비행청소년들은 종종 다른 아이들과 어울려 노는데 그 아이들이 더 흥미롭다고 느끼기 때문이다. 압력을 받아 범죄행위에 가담하게 된다기보다는, 그들 스스로 더 나이 많은 청소년들에게 자기를 믿어도 된다고 증명하기 위해 애를 쓴다. 열 살짜리 한 아이는 형들이 자기를 좋아한다고 말했다. 자기가 굉장히 끼고 싶어 했고 그들이 문을 두드리고 도망가거나 차에 돌을 던지거나 화장실 휴지들을 나무와 자동차, 헛간에 풀어헤쳐 놓을 때 망을 보기 때문이다. 그들은 이 아이가 자기들의 BB탄 총으로 다람쥐나 새를 쏘게 해주었다.

범죄자들은 어린 시절 강인하고 멋지고 거칠다는 평판을 얻는다. 그들은 스포츠 경기나 게임을 할 때 거칠게 행동하고 부당하게 이익을 갈취한다. 이런 아이들은 고의로 스스로에게 고통을 가함으로써 서로에게 자신들이 무적임을 증명한다. 그들이 겪는 고통이 얼마나 크든 간에 울지 않고 감내한다는 것을 보여주는 것이다. 그들은 높은 곳에서 뛰어내리거나, 가파른 언덕을 스케이트보드를 타고 내려오거나, 자전거를 타고 남의 화단을 질주하는 등의 행동으로 용기를 과시해 서로를 능가하려고 한다. 스키 초보이면서 가파른 언덕 점프를 해낼 수 있다고 확신한 한 열한 살짜리는 친구들에게 보여주려고 하다가 넘어져 팔꿈치가 부스러졌다. 한 열여섯 살짜리는 5년 만에 처음 스키를 탄 날 가장 상급자 코스를 내려왔다. 그는 "내가 멋질 거라고 생각했어요"라고 말했다. 그리고 그는 10분 안에 넘어져 다리가 부러지자 깜짝 놀랐다.

비행청소년들은 힘을 키우고 몸을 만들기 위해 운동하는 데 집착할 수도 있다. 그들은 체중과 근육 발달 정도, 키, 신체적 매력에 집중한다. 테리는 최상의 신체 조건을 만들기 위해 스테로이드를 복용하고 웨이트 트레이닝을 했다. 그는 자신이 팀 내에서 최고의 수영선수라고 생각했다. "내가 남보다 우월하다고 생각하는 게 좋아요. 축복이죠. 많은 사람들이 그렇게 못하거든요. 나는 항상 최고가 되고 싶었어요." 테리는 그의 성취도를 결코 증명할 수 없었다. 불법적인 행동들 때문에 시즌이 시작되자 수영장 출입을 금지당했기 때문이다.

비행아동들이 권력을 추구하고 자신들을 키우려고 하는 방식은 남들과 다르다. 일부 아이들에게 강인하다는 것은 자기를 건드리면 톡톡히 값을 치른다는 것을 의미한다. 열네 살인 에드거는 학교에서 싸움이 없이 지나가는 주는 지루하다고 말했다. 그는 자기를 밀거나 치는 적대적인 상대 누구에게나 응수할 준비가 되어 있었다. 그는 어떤 싸움에 대해 "내가 그 애 입술을 터지고 피멍 들게 해서 그해 내내 그 입술이 덜렁거렸다"고 자랑했다. 에드거는 싸움을 피하는 사람들을 경멸했고, 한 번도 싸우지 않았다는 이유로 자기 아버지를 겁쟁이라고 불렀다. 에드거 같은 아이들은 자기들이 먼저 싸움을 시작하지 않았다고 주장하지만 그들은 빠르게 싸움에 끼어들고 나중에는 친구나 괴롭힘당하는 아이를 방어해 주기 위한 선한 행동이었다고 둘러댄다. 에드거는 "경호원이 필요한 작은 애들이 나한테 와요"라고 자랑했다.

많은 이런 비행아동들은 초등학교 시절부터 하나같이 총에 끌리는 경우가 많다. 트랜은 열한 살일 때 열려 있는 집에 들어가 장난감 총을 훔쳤다. 그는 나에게 "소총이나 권총 같은 것들에 대해 알고 있어요"라고 말했다. 트랜은 매일 몇 시간씩 폭력적인 비디오 게임들을 하며 보냈다. 그는 포장지와 화장지 롤, 알루미늄 호일, 연필로 장난감 총을 만들었다. 트랜이 식구들에게 총을 겨누기 시작했을 때 그의 아버지는 총들을 압수했다. 어머니는 트랜의 총에 대한 관심이 "남자애들이 흔히 보이는 행동"인 건지, 이러다 지나가는 성장 단계상의 행동인지, 아니면 좀 더 심각한 건지 알 수가 없었다. 어머니는 사냥을 하는 친척에게 트랜 앞에서 사냥활동에 대해 언급하지 말아달라고 부탁했다. 가족 중 한 명이 트랜에게 주었던 장난감 총은 반납했다. 트랜이 목표물을 향해 다트를 던지는, 겉보기에 아무 해가 없어 보이는 행동을 하며 시간을 보내는 것조차도 어머니를 걱정스럽게 했다. 너무 집착하는 것처럼 보였기 때문이다. 트랜은 집 안에 누워서 재료를 이용해 무기를 어떻게 제조하는지 가르쳐주는 유튜브 비디오를 보았다. 그는 학교를 싫어했지만 군대의 역사, 특히 어떻게 전쟁이 수행되었는지에 대한 설명에는 푹 빠져들었다.

트랜은 나에게 "우리 엄마는 내가 어른이 되어도 총을 갖지 않길 원해요"라고 말했다. 하지만 총기에 대한 그의 관심은 계속되었다. 페인트볼 물감놀이 콘셉트로 열린 그의 생일 파티에서 무릎에 물감이 터지는 총을 맞아도 당황하지 않았다. 그리고 선물로 받은 장난감 총에 매료되었다. 트랜은 부모님이 "내가 성숙해지고 있으니까" 그 선물을 가져도 된다고 허락하셨다고 말했다. 하지만 얼마 안 되어서 친구 등에 쏘아서 아버지에게 반납해야 했다. 성적은 떨어지고, 싸우는 일은 늘고, 마리화나까지 피우자, 트랜의 부모는 그를 엄격히 짜인 환경에서 까다로운 관리를 받는 기숙학교에 등록시켰다.

비행아동들은 부모가 집에 보관하고 있는 총기도 손에 넣는다. 마크의 아버지는 22구경 소총과 권총을 벽장에 두고 자신이 집에 없을 때 아들이 만지지 못하게 금지했다. 마크는 아버지의 경고와 규제를 무시했다. 마크 아버지는 떨어지는 성적을 끌어올릴 수 있도록 숙제에 집중하라며 마크의 방과 후 외출을 금지하는 경우가 많았지만, 실제로 집에서 감독하는 경우는 드물었기에 마크는 밖에 나가기도 하고 친구들을 집으로 부르기도 했다. 친구들이 집에 놀러오는 경우 마크가 제공하는 혜택 중 하나는 놀러온 사실을 비밀로 한다고 약속하는 조건으로 상자에서 총들을 꺼내 친구들이 다루어 볼 수 있게 해주는 것이었다. 어느 날 이미 그 총들을 수차례 본 적이 있는 마크의 단짝 친구가 놀러왔다. 마크는 그 친구가 권총을 손에 쥐려고 자기를 "조종해서" 권총을 꺼내게 했다고 주장했다. 친구는 "빼앗기" 놀이를 하길 원했다. 총알이 장전되어 있지 않다고 확신한 마크는 그 친구에게 총을 건넸고, 마크의 말에 따르면 "총을 잡고 빼앗으려다가 실수로 방아쇠를 당겼다." 친구는 사망했다. 소름 끼치게 냉담한 태도로 마크는 "걔가 죽은 건 부분적으로 걔 책임이에요"라고 말했다.

마크는 친구들이 "나쁜 영향"을 준다는 아버지의 경고를 무시했다. 내가 마크의 심리평가를 하는 중에 마크는 나에게 "아버지는 내가 친구들과 나가 노는 걸 막을 수 없어요"라고 말했다. 거의 자랑에 가까운 태도로 "그중 몇 명은 싸움을 많이 해서 경찰이 출동한 적도 있다"고도 했다. 경찰과 맞닥뜨린 것이 마치 명예 훈장이라도 되는 듯한 말투였다.

비행아동들은 많은 물건들을 무기로 만든다. 댄은 자기 ATV(사륜오토바이를 포함한 전지형차: 역자 주)들에 "중독됐다"고 했다. 댄의 부모가 근처 숲에서만 타는 것을 조건으로 사준 오토바이였다. 댄의 부모는 아들이 새벽 2시부터 4시 사이에 그 ATV를 몰고 다니는 것을 몰랐다. 어느 밤에는 눈에 묻혀 오토바이를 더 이상 움직일 수 없게 되자 나중에 낮에 도움을 청할 수 있게 될 때까지 오토바이를 그 자리에 두고 와야 했다. 이 십대 소년은 숲에서만 탄다는 약속을 어기고 공용도로에서 ATV를 몰았고 중심을 잃고 전봇대를 들이받았다. 댄의 부모는 댄이 돈을 벌어 갚는다는 조건으로 500달러의 오토바이 수리비를 물어주었다. 차 열쇠를 압수당하자 댄은 엔진에 연결된 전선을 맞대 ATV의 시동을 걸려 했고, 그 과정에서 전선을 몇 가닥 끊어서 더 큰 금액의 수리비가 들었다. 댄은 후회하는 시늉을 하고 좀 더 조심하겠다고 약속함으로써 지친 부모로부터 다시 운전 허락을 받아냈다. 얼마 안 가서 그는 이웃집으로 차를 운전해 무단침입으로 체포되었다. 댄은 이전에도 댄에게 몇 차례 경고한 적 있는 그 "불평쟁이 늙은이"가 자신을 고소한 데 분개했다.

자동차는 운전 가능 연령대의 청소년들에게 기회를 넓혀준다. 또래부터의 압력도 높아질 수 있다. 책임의식 있는 십대는 "바퀴를 장착하는 것"을 부모님에 대한 의존도를 줄이는 것으로 생각한다. 일부는 자기 자유를 남용하고 친구들에게 멋지게 보이려고 부주의하게 운전하거나, 차로 부모님이 허락하지 않을 곳에 가기도 한다. 운전하고 싶어 안달 난 많은 비행청소년들은 면허증을 따기도 전에 운전석에 앉는다. 친구들이 운전해 보게 해주거나 자기가 가족의 차를 스스로 운전해 보는 식이다. 끝없는 자유를 만끽하면서 이들은 도로가 자기 것인 양 운전한다. 차가 있으면 범죄 기회가 확장된다. 도시 아이들은 더 부유한 지역에 접근할 수 있게 되고, 교외 아이들은 도시에 아는 사람을 만들 수 있다.

"우리 부류는 서로를 알아 봐요"라는 말은 비행청소년들이 연애를 할 때에도 적용된다. 비행소년들은 종종 자신들과 관심사를 공유하는 소녀들과 가까워진다. 열여섯 살 리처드의 사촌은 리처드에 대해 "걔는 자기랑 똑같은 여자를 먹잇감으로 삼는다"고 말했다. 리처드의 여자친구 리즈는 리처드보다 두 살 연하인데 일찍이 가출을 했고, 차량 절도를 했고, 학교에서 퇴학당했고, 마약을 했고, 성생활을 하는 것으로 알려져 있었다. 내가 리처드에게 무언가 목표를 달성하기 위해 열심히 노력해 본 적이 있냐고 물었을 때 그는 "내 여자친구와의 관계"라고 답했다. 이 관계가 불붙게 된 것은 리즈가 리처드가 요구하는 것은 무엇이든 거의 다 해주고 정기적으로 "오빠 오늘 멋져 보인다"라고 하는 식으로 기분 좋은 칭찬을 해준 덕이었다.

리처드는 리즈에 대해 "너무 사랑스럽고, 너무 다정하고, 너무 아름답다"고 묘사했다. 그는 리즈와 안전하지 않은 성관계를 하는 것에 대해서는 별 의미를 두지 않았다. "걱정하지 않았어요. 다른 사람들처럼 애를 키우면 되니까요." 그의 부모는 아들이 집중하고 있는 관계가 실망스러웠지만 어찌할 수 없다는 무력감을 느꼈다. 리처드의 어머니는 당혹스러워하면서도 "리즈와의 관계는 그 애에게 핵심 가치"라며 "이젠 그 애와 결혼하고 싶어 한다"고 말했다. 리처드는 나에게 "나는 내 여자친구에게 아주 좋은 남자친구예요. 일이 잘 풀릴 때는요"라고 말했다. 이 진술문에서 뒤에 붙는 조건은 시사하는 바가 컸다. 왜냐하면 그런 관계는 극히 불안정하기 때문이다. 리처드는 위협적이고 소유욕이 컸기 때문에 두 사람은 끊임없이 다투었다. 특히 리즈의 지인들에 대한 다툼이 많았다. 리처드는 "난 걔가 나쁜 영향을 주는 애들과 어울리는 게 싫어요"라고 말했다. 리즈는 자기를 사귀고 싶어 하는 남자아이들을 거론하며 그를 놀리고는 했고, 리처드는 격노해서 리즈에게 욕을 퍼붓고 다시는 만나지 않겠다고 위협하는 것으로 반응했다.

함께 어울리는 친구들도 있지만, 범죄자는 어릴 때 보통 외톨이다. 행동만 봐서 확실히 알기 어렵지만 자신이 남들보다 특별하고 우월하다는 믿음은 다른 이들과 거리를 만든다. 이들은 또래들과 즐겁게 교류하는 것처럼 보일 때조차 실상은 묵인하고 조종한다. 사회적 모임에서도 협력적으로 놀지 않고 남들에게 이래라 저래라 지시한다. 결국 다른 아이들은 그의 고압적 태도에 지쳐버린다.

아이들은 상대가 어떤 사람인지 깨닫기 전까지는 잘못을 해도 쉽게 용서한다. 상대가 거짓말쟁이이고 규칙을 지키지 않고 자기만 생각한다는 것을 알게 되면 피하기 시작한다. "또래로부터의 거부"에 대해 쓴 심리학자 커트 바톨과 앤 바톨은 "아이들이 감정적으로 화를 잘 내고 신체적, 언어적 공격으로 이어지곤 하는 아이들과는 어울리고 싶어 하지 않는다"고 지적한다.

범죄자는 어릴 때에도 다른 사람들의 의견이나 경험에는 거의 관심을 보이지 않고 자기 말은 한마디 한마디에 귀를 기울이기를 요구한다. 마음의 장벽을 풀지 않으며, 친구도 자신이 원하는 것을 해줄 때에만 친구로 본다. 특정 유형의 음악을 좋아하는 등의 공통 관심사를 가진 다른 이들과 교류하기도 하지만, 어린 범죄자는 교제 자체에는 가치를 두지 않는다. 이런 아이들은 일시적으로 흥미를 돋우는 일이 당장 눈앞에 있지 않는 한 남들에게 관심이 없기 때문에 타인을 진정으로 알게 되는 일 없이 자기 삶을 산다. 책임의식 있는 아이들은 이런 아이들이 문제를 일으키는 것을 알고 피한다.

열한 살 밴은 이렇게 말했다. "나는 학교에 친구가 많지 않아요. 걔네들은 나를 좋아하지 않아요. 걔들은 나한테 '저리 가. 난 네 친구가 아니야'라고 말하죠. 수많은 거절에 당황한 밴은 "내가 못된 건 아닌데"라며 왜 아무도 자신을 집에 초대하지 않는지 모르겠다고 말했다. 밴의 아버지는 아들이 인기가 없는 것을 전혀 이상하게 생각하지 않았다. 그는 나에게 "그 애가 아이들이 싫어할 일들을 계속해요"라고 말했다. 밴은 게임할 때 속임수를 썼고, 지면 화를 냈고, 다른 아이들의 놀이도구와 장난감을 훔쳤고, 스쿨버스나 학교 운동장에서 싸움을 일으켰다.

어떤 비행아동들은 자석같이 마음을 끄는 매력적인 성격을 가지고 있고 밴과는 아주 달라 보인다. 그들은 작동 모드가 다를 뿐 양쪽 다 약탈자들이다. 비행청소년이 남을 겁주든 따돌리든, 아니면 명랑하고 매력적이든, 그 기저에 깔린 성향은 같다. 위협적인 터프가이와 깜찍한 매력쟁이 둘 다 감출 게 많기 때문에 남들이 너무 가까이 오지 못하게 거리를 둔다. 이들은 자기 자신에게 집중하며, 관계에 필수적인 상호성이나 공감의 개념이 없다. 사랑, 신뢰, 충성, 지속적 우정은 이들 삶에 없다.

학교 내 총기난사범들 특징은 외톨이라는 것이다. 그들은 외면받고 괴롭힘당하던 학생들로 묘사되어 왔는데, 실상은 보통 그 반대다. 1999년 미국 콜럼바인 고등학교의 악명 높은 총격범들은 다른 아이들을 위협했고, 그들이 경멸적 용어로 이야기해 온 모든 사람들에 대해 증오를 뿜어냈다. 이 같은 끔찍한 범죄를 저지른 사람들은 가해자지 피해자가 아니다. 그들이야말로 동급생들을 따돌리고 괴롭히는 것을 즐기는 이들이었다. 이 총기난사범들은 주류 사회 삶의 일부가 되기를 전혀 원치 않았고 동급생들에 대한 경멸감을 품고 있었다. 그들의 악행을 본 학생들은 경각심을 느끼며 그들을 두려워하게 되었다.

2018년 2월 14일, 니콜라스 크루즈는 미국 플로리다주 파크랜드에 있는 머조리 스톤맨 더글러스 고등학교에서 열일곱 명의 학생을 죽이고 다른 열일곱 명을 다치게 했다. 범행 전 많은 선생님과 학생들이 니콜라스를 두려워했다. 그는 동물들을 고문하고 죽였고 다른 학생들을 폭행하고 여학생을 스토킹했고, 무기류에 빠졌다. 그는 소셜미디어에 칼과 총 사진을 올렸고, 죽이고 싶다는 발언을 했다. 학교는 그가 캠퍼스에 배낭을 매고 오는 것을 금지했고 결국 그를 퇴학시켰다. 그러나 어떤 이들이 겪은 니콜라스는 별문제 없는 조용한 아이였다. 대형 총기난사범은 일부에게는 신비롭게 보이고 일부는 불쾌하게 한다. 그를 진짜 잘 아는 사람은 없다. 그를 알기를 원하는 사람도 별로 없다.

또래 친구를 괴롭히는 행동은 미래 범죄의 예고편이다. 근 30년 전에 보도된, 20년에 걸친 장기 연구 결과에 대한 〈워싱턴포스트〉의 기사 헤드라인은 "여덟 살 시절 불량배가 계속 그렇게 산다"였다. 기사 핵심은 "공격적으로 행동하는 평생 습관이 여덟 살이면 이미 강하게 형성된다"는 것이다.

불량배들은 남들을 위협하고 고통을 줌으로써 권력을 가진 기분을 만끽한다. 인터넷이 생기면서 온라인상으로 남을 괴롭히는 불량배들은 얼굴을 마주하는 일 없이도 광범위하게 고통을 유발한다. 클렘슨 대학의 심리학자 로빈 코월스키와 수잔 림버는 전통적인 괴롭힘과 사이버 괴롭힘(cyberbullying) 사이의 공통점을 발견했다. 그들은 사이버 괴롭힘은 주로 불량배들이 "남을 괴롭힐 또 다른 수단"이며 점점 더 많은 아이들이 어린 나이에 사이버 괴롭힘에 노출된다고 지적했다. 그들에 따르면 사이버 괴롭힘의 피해자는 우울증과 불안감을 겪거나 전통적 괴롭힘 피해자일 가능성이 높으며, 그들이 남을 괴롭힐 가능성은 낮다.

부모의 학대에 아이들마다 다른 방식으로 대응하듯이 학교폭력 가해자에 대한 피해자의 대처도 마찬가지다. 어떤 아이들은 무력감을 느끼고 사회적으로 위축되다 못해 어느 장소를 가든 가해자들을 만날까 봐 두려워하며 심지어 학교 가는 것도 거부한다. 어떤 아이들은 모욕적 발언을 내면화해 자신감을 잃어버린다. 어떤 아이들은 우울증을 겪고, 어떤 아이들은 불량배에 신체적으로 맞서고, 어떤 아이들은 어른에게 도움을 청한다. 대부분의 학교폭력 피해자들은 가해자가 죽는 것을 상상할지언정 폭력을 사용해 복수하지는 않는다.

폭력조직에 가입하라는 압력을 받는 청소년들은 어떨까? 조직 가입을 분석한 많은 관찰자들은 폭력조직 가입이 젊은이들에게 그들이 경험하지 못한 가족 체험을 하게 해준다고 말한다. 표면적으로 조직은 지지와 수용, 짜인 일정뿐 아니라 리더십 계층 구조와 승인, 지위 및 권력으로의 길을 제공한다. 일부 사회과학자들은 조직 가입이 환경에 적응할 가망이 없어 보이던 사람들에게 이해할 만한, 심지어 정상적인 적응 수단을 제공한다고 주장한다. 그러나 빈곤하거나 불안정한 삶을 사는 사람들 대부분은 폭력에 기대거나 조직폭력배에 가담하지 않는다.

조직에 가담하라는 어떤 압력을 받든, 사람들은 흥미를 가질지 안 가질지 결정한다. 호세는 폭력조직이 대부분을 장악한 동네에 살았다. 수차례 체포되어도 그는 집단 성폭력과 마약을 또다시 했다. 그는 그 어느 것도 자신이 사는 흥분되는 삶에 비할 바가 아니라고 나에게 말했다. 수감되었을 때나 보호관찰을 받는 동안 그를 도와주고 싶어 하는 상담사들의 제안은 거부했다.

그의 동생 페드로는 형과 다른 인생을 살겠다고 결심했다. 페드로에게 수차례 접근해 조직에 가입하라고 한 사람들이 있었다. 그에게 욕을 하고, 신체적 공격을 가하고, 침을 뱉는 사람도 있었다. 그러나 그는 조폭이 제공하는 것은 오직 파괴와 감옥, 죽음뿐이라고 보았다. 그는 어머니가 그 동네로부터 이사 나갈 수 있도록 도와서 둘이 더 나은 삶을 살기를 원했다. "이 큰 세상에 비하면 조폭짓은 작은 거예요. 나는 총 맞는 사람 말고, 빌 게이츠 같이 되고 싶어요"라고 페드로는 말했다. 그는 문제로부터만 벗어나 있는다면 세상이 끝없는 기회를 제공한다고 보았다. 그는 이런 비전을 붙들고 유혹들을 차단했다. 그에게는 어차피 유혹적인 제안들도 아니었다. 페드로는 학교를 다녔고, 열심히 일했고, 운동경기에 참여했다. 호세에 대해 페드로는 "우리 형이 산 삶을 내가 봤고 형이 저지른 실수들을 봤다"고 했다.

폭력조직은 교외에 살고 가족관계가 안정된 청년들도 유혹한다. 조폭이 장악하지 않는 동네에서 몸 풀 거리를 찾는 비행청소년들은 폭력배를 만나기 위해 상당히 먼 거리를 이동한다. 중상급 가정 출신의 열다섯 살 소년은 나에게 "조직에 가담함으로써 얻는 온갖 좋은 것들을 찬양하지 않을 수가 없어요. 나를 지지해 주는 사람들과 같이 다니게 되잖아요"라고 말했다.

경찰에 붙잡혔을 때 하는 말과는 딴판이지만, 대부분의 조직원은 강요에 의해 가담한 게 아니다. 조폭 일원이 되는 것은 동아리에 가입하는 것과 다르다. 간혹 조직원 후보는 목숨을 건 잔혹한 신고식 절차를 거쳐야 한다. 다른 조직원들에게 두드려 맞거나, 라이벌 조직의 일원을 살해하도록 강요받거나, 칼이나 면도칼에 베이거나, 여성이라면 강간당하기도 한다.

조직폭력배의 목적은 안정적이고 양육적인 가족 환경을 제공하는 데 있지 않다. 폭력조직은 잔인하게 목적을 추구하고 배신자는 누구든 없애버리는 전투요원들로 구성되어 있다. 충성심은 "밀고하지 않는다"는 거리의 암호를 통해 증명된다. 잔혹한 신고식, 폭력, 그리고 마약은 진짜 가족이 구성원을 성장시키고 지지해 주는 것에 비할 바가 아니다. 안정된 가정 환경에서 자라지 못한 청소년 대부분은 폭력조직에 관심이 없다. 그들은 언젠가 자신이 어린 시절 누리지 못했던 가정을 스스로 이루길 희망하며, 교육을 받고 기술을 획득해 직업을 갖겠다는 목표의식이 강하다.

반백년도 더 전에 출간된 〈건달: 마피아 조직에서의 삶(*Wiseguy: Life in a Mafia Family*)〉이라는 책에서 조폭 출신 저자 니콜라스 필레기는 인생 길을 결정짓는 데 있어서 선택이 얼마나 중요한지 증언한다. "열두 살 나이에 내 야심은 조폭이 되는 것이었다. 건달이 되기 위해서였다. 나에게 건달이란 미국 대통령보다 더 좋아 보였다. 건달이 된다는 것은 세상을 소유하는 것이었다. 다른 아이들이 의사나 영화배우, 소방관이나 야구선

수가 되길 꿈꾸듯이 나는 건달이 되길 꿈꾸었다." 그는 자기 결심을 또래 압력이나 다른 외부 요인에 돌리지 않았다.

열다섯 살 랠프는 나에게 말했다. "나는 나랑 비슷한 사람들이 좋아요." 이 진술은 우리 중 많은 이들에게도 사실이다. 우리는 관심사나 취향이 유사한 사람들과 친구가 된다. 랠프도 그랬다. 범죄 성향이 있는 이들과 마찬가지로, 랠프는 책임의식 있는 친구들의 삶을 거부하고 자신을 평범한 무리와 구분되고 사회적 제약에 구속되지 않는 독특한 아이라고 생각했다. 그는 십대 청소년기를 주로 자신과 같은 사람들과 거리에서 보냈다. 지금 그는 살인죄로 종신형을 받아 복역 중이다.

아이들은 관심사를 공유하는 또래 아이들과 어울린다. 범죄자는 어릴 때 자신과 같은 아이들과 시간을 보낼 때 흥분한다. 다른 아이들에게 물들거나 압력을 받아 범죄를 저지르게 되는 게 아니다.

09

학교:
범죄를 저지르기 위한 또는 감추기 위한 장소

09

학교:
범죄를 저지르기 위한 또는 감추기 위한 장소

어린이의 "본분"은 학교를 가는 것이다. 사회는 개인이 직업을 갖고 더 나은 삶을 살 수 있도록 교육을 받을 것을 요구한다. 범죄자에게 그것은 관심 없는 교육을 받고 더더욱 관심 없는 직업 준비를 하는 것이다. 범죄자는 최소한의 노력으로 학교생활을 할 수 있고 좋은 일들이 일어나기 때문에 학교에 다닌다. 학교에 다니면 다른 아이들을 괴롭힐 수 있고 취직을 하지 않아도 된다. 사회에서 등교가 너무 강조되기 때문에 규칙적으로 출석만 잘하면 다른 부분에서 무책임한 행동은 묵인된다. 범죄자가 남들이 제시한 요구사항을 따르면 그들은 그의 잘못에 대해 좀 더 포용적이 된다. 학교를 다님으로써 그가 학교 안팎에서 지속적으로 저지르는 범죄가 은폐된다.

범죄자는 초등학교를 자퇴하든 박사학위를 따든 상관없이, 교육에 가치를 두지 않는다. 학교 다니는 것에 대해 범죄자가 취하는 세 가지 접근법이 있다. 첫 번째는 흥미를 끄는 일이 일어날 때까지 만족스러운 학업 수준을 유지하는 것이다. 흥미 끄는 일이 생기면 학교는 주의를 끌지 못하고 비행청소년은 자퇴를 결심한다. 두 번째는 자퇴하는 것이다. 보통 학교 다니는 동안 최저 수준을 유지하다가 그만둔다. 세 번째는 대학에 진학하고 심지어 대학원까지 가는 것이다.

자퇴자

어떤 아이들은 범죄와 아무 상관없는 이유로 학교를 그만둔다. 많은 아이들이 전통적인 학교 과목들에 흥미를 느끼지 못하고 점수에도 관심이 없다. 이런 아이들은 직업훈련 프로그램에 등록하거나 돈이 되는 기술을 익히는 등 다른 관심거리를 좇느라 숙제를 하지 않는다. 이들은 실수를 인정하고, 실수로부터 배우고, 남 탓을 하지 않는다. 이런 아이들의 성향은 범죄자의 성향과 완전히 다르다.

학교를 자퇴하는 범죄자들에게 학교는 흥분을 추구하는 장소이다. 그들은 교사나 직원들에게 대든다. 그들은 하는 일은 거의 없지만 배우려는 아이들의 학업을 방해함으로써 교사의 시간을 많이 잡아먹는다.

어떤 비행아동들은 학교에 들어오는 순간부터 관리하기 어렵다. 교사들은 처음에는 연민을 느끼며 그들이 더 잘할 수 있도록 안내하고 그들이 겪는 어려움을 해결해 주려고 노력한다. 그러나 적응은 일어나지 않고 교사들의 친절은 약점으로 이용당한다. 범죄 아동이 점점 더 반항적, 파괴적이 되면서 연민도 사라진다. 교사 입장에서 이런 아이 한두 명을 상대하는 것은 배우려는 열망이 있는 아이들 반 전체를 가르치는 것보다 더 어렵다.

제프는 유치원 입학 때부터 문제가 있는 학생이었다. 제프의 문제행동은 적응을 잘 못하지만 결국 시간이 지나면 안정되는 많은 아이들의 문제행동보다 훨씬 더 심각했다. 제프가 세 살이었을 때 해당 구역 교육위원회는 제프가 특수교육 대상인지 결정하는 심사를 했다. 그를 평가한 심리학자는 "이 아이의 가장 큰 강점은 근육을 쓰는 능력"이며 "공동체에서 살아가는 기술이 가장 낮은 점수를 기록했다"고 기록했다. 심리평가 결과, 제프는 해당 주에서 장애인 특수교육을 받을 수 있는 요건에 미달했다. 제프가 다닌 유치원은 "수차례 교사를 때렸고, 책장과 서류함들을 넘어뜨렸고, 교직원 세 명을 때리고 발로 차고 손톱으로 할퀴고 이로 깨물었다"는 내용의 서신을 집으로 보냈다. 제프는 사흘간 정학당했고 정신과를 포함해 상담치료 추천을 받았다. 정신과 의사는 제프가 "학교를 다니고 학업적으로 성장하는 데 도움이 되도록" 약물을 처방했다.

1학년 일부 기간 동안 제프는 집에서 교육을 받으라는 지도를 받았지만 제프 어머니는 그를 종일 집에 데리고 버틸 수 없었다. 그녀는 아들이 장애 아동들을 위한 특수 프로그램에 배치되게 해달라고 요청했다. 1학년 담임 교사는 제프가 매우 지능이 높다고 언급하며, "이 아이의 행동과 과제를 거부하는 태도로 인해 1학년 기준치 달성은 하지 못했다"고 적었다. 격리와 규제 보고서에는 제프가 교실에서 빠져나가려고 하다가 교사를 깨물고 다른 교사를 할퀴어서 2분간 행동 제약을 받았다는 내용이 기록되어 있다. 2주 뒤에는 교사 두 명을 깨물고 발로 차고 할퀴어서 8분 동안 억제되었다. 제프 어머니는 화가 나서 교장에게 "당신이 할 일을 하세요. 자기 할 일을 안 하고 있잖아요"라고 편지를 썼다.

심리평가는 계속되었다. 제프는 개별화교육프로그램(IEP, 장애 학생 개개인의 필요 사항을 충족하기 위해 개인에 맞춰 작성된 교육계획안: 역자 주) 대상에 해당되는 것으로 보였다. 버지니아주 페어팩스 카운티 공립학교들이 발간한 부모를 위한 핸드북에 따르면, 개별화교육프로그램은 아이가 "가장 제약이 적은 환경에서 진전을 보이도록" 필요한 것을 파악한다. 감정과 행동에 대한 관찰을 통해, 제프가 "집은 물론 학교라는 상황의 모든 영역에서 어려움을 겪는" 것이 발견되었다. 제프는 인지적 결함이나 시각이나 청각 장애가 없었고 의사소통에도 장애가 없었다. 그에게 "도움이 필요한 영역"은 "사회적/정서적 행동"으로 지목되었다. 제프가 심각한 정서적 장애가 있는지, 사회부적응을 겪는 것인지는 추후 밝혀질 것이다. 후자라면 그는 특수 서비스를 받을 수 없다.

학교에는 문제행동이나 콜로라도 교육부가 "지속적으로 사회 규범을 위반하는 패턴"이라고 칭한 행동을 보이는 많은 "제프"들이 있다. 교육부는 "사회부적응"의 증상을 열거하고 있다. 남을 조종하는 것, 힘겨루기에 가담하는 것, 남을 탓하는 것, 위험을 무릅쓰는 것, 권위자와 갈등을 겪는 것, 약물 남용, 규칙이나 일정 위반 등이다. "의도성"은 사회부적응의 결정적인 요인이다. 약물 남용을 예외로 하면, 제프는 "사회부적응" 학생의 묘사에 꼭 들어맞았다.

2학년 때 제프는 행동에 집중하는 단기반에 배치되었다. 더 많은 심리평가가 이루어졌다. 이런 아이들을 평가하고, 감독하고, 심사하는 데 수많은 자원들이 소모되고 있다. 이 아이들을 어쩌면 좋을지 아무도 모르기 때문이다. 제프의 지적 능력은 평균 수준이었고, 트라우마 여부는 알려진 바 없었고, 의학적으로 문제가 없었고, 운동 장애도 없었다. 게다가 그는 수학에서 평균 이상의 점수를 올렸고, 책 읽기 능력도 평균 수준이었다. 그의 불복종과 방해, 반항, 거짓말, 그리고 규칙 위반은 계속되었다. 제프는 “적대적 반항장애(oppositional defiant disorder)”라는 진단을 받았다. 이 진단으로는 연방정부의 장애인교육법(Individuals with Disabilities Education Act: IDEA)에 따른 서비스를 받을 수 없었다. 제프의 학교는 점점 더 나빠지는 그의 행동에 대처하기 위해 “최소한의 제약을 가하는 치료 절차”를 개발하기 위해 애썼다. 학교에서는 계속 그가 과제를 거부하고, 지시에 따르지 않고, 가구를 파손하고, 침을 뱉고, 교사와 학우들을 때리고 깨문 행위들을 기록했다. 약물치료뿐 아니라 입원치료, 외래진료, 주간치료 그 어느 것도 제프의 행동에는 별다른 효과가 없었다.

그의 학교는 제프를 교육하고 다른 학생들을 보호하기 위해 안전한 환경을 조성하는 프로토콜을 고안했다. 제프는 매일 일부 시간을 다른 교실에서 특수훈련을 받은 교사로부터 따로 감독과 지도를 받게 되었다. 그가 일반 교육으로 옮겨가기 위해 충족해야 하는 행동기준들이 만들어졌다. 그는 보상으로 바꿀 수 있는 점수를 받을 수 있었다. 그 자신이나 남들에게 신체적 위협을 가하면 그는 7분 이내로 직원이 지켜보는 가운데 격리 조치될 수 있었다. 최악의 경우 경찰을 부를 수도 있었다. 이 프로그램은 처음에는 제프가 자기 행동을 제어하게 하는 데 꽤 성공적인 듯했다. 그러나 제프 어머니는 불만스러워했고, 제프가 필요한 서비스를 받는 대신 별도의 교실에 격리되어 가혹한 훈육을 받고 있다며 관할 지역 교육위원회를 상대로 소송을 제기했다.

억제 또는 격리 조치는 자신과 다른 사람에게 심각한 신체적 해를 끼칠 위험이 임박한 때에만 사용된다. 〈워싱턴포스트〉는 2015~2016년 동안 미국에서 3만6천명이 넘는 학생이 “격리 대상”이 됐다고 보도했다. 어린이들을 혼자 있게 하고 1대 1로 지도하는 것은 비인간적이고 트라우마를 심어줄 수 있다고 비난받아 왔다. 버지니아주 라우던 카운티 공립학교들의 대변인은 “격리실”이라는 표현은 잘못되었다고 말했다. 그는 학교들마다 “공부하기 위해 또는 평온을 되찾기 위해 조용한 장소를 필요로 하는 학생들을 위한” 특별한 방들이 있어야 할 필요성을 지적했다. 〈워싱턴포스트〉의 기사 제목은 학생들을 교실에서 내보내 1대 1 지도 환경 속에 배치하는 것을 둘러싼 논란을 부각시켰다. “이것은 새장: 학교 격리 조치에 대한 분노”라는 제목이었다.

많은 학군에 특별한 도움이 필요한 학생들을 수용하기 위한 "대안학교"가 있다. 버지니아의 페어팩스 카운티에는 17세부터 22세까지 학생들을 위한 대안 고등학교들이 있다. 그 학교들 웹사이트에는 이 시설들이 "더 좋은 성취를 위해 소규모 환경이 필요할 수 있는" 학생들을 위한 교실을 제공한다고 명시되어 있다. 일부 구역의 현실은 대안학교들이 관리가 극도로 어려운 학생들을 내다 버리는 처리장이 된다는 것이다. 〈디트로이트 프리 프레스〉는 대안학교에서 "위기" 학생들을 담당하는 교사 두 명이 학생들로부터 "테러를 당한" 뒤 미시건주 잭슨의 공립학교들을 대상으로 소송을 제기했다고 보도했다. 그들은 학생들로부터 괴롭힘과 위협을 당했다고 주장했다. 학생들은 창문을 부수고, 컴퓨터와 의자를 집어 던지고, 다른 학생들에게 성폭력을 가했다. 교사들을 조롱하고도 "아무 일도 일어나지 않을 것"이라고 자랑했으며, 욕설과 모욕을 퍼부었다고 했다. 이 같은 환경으로 인해 직원들과 교사들, 사회복무요원, 안전요원들이 대거 떠나갔다. 소송을 제기한 두 명의 교사는 병가를 냈고 그로 인해 받지 못한 임금과 정신적 피해, 변호사 선임료 등에 대한 보상을 요구했다.

메릴랜드주 찰스 카운티에서는 유치원에서 2학년 아이들의 증가하는 방해행동에 대한 대책으로 '새로운 출발(Fresh Start)'이라고 불리는 대안학교가 제안되었다. 2019년 9월 27일자 〈워싱턴포스트〉에 따르면, 치료와 학생들이 "감정과 행동을 조절하고 원래 학교로 돌아가도록" 돕는 훈련을 받은 교사들이 이 학교의 핵심이다. 이 대안학교 제안은 이 카운티의 전미유색인지위향상협회(NAACP) 지부로부터 "야만적"이라는 비난을 받았다. 한 어머니는 학생들이 다른 학생들로부터 격리됨으로써 평생 낙인이 찍힐 수 있다고 주장했다. 또 다른 학부모는 대안학교 배치는 "여전히 자아를 찾으려고 노력 중인" 어린이들에 대한 과잉대응이라고 보았다. 반면, 또 다른 부모는 문제를 무시하는 것은 "교실 안의 다른 모든 아이들에게 공정"하지 않다고 지적했다.

점심 살 돈을 갈취당하는 일을 겪었다면, 그리고 다음 날에는 더 많은 돈을 가져오는 게 좋을 거라고 경고를 받았다면, 그 아이가 아침 수학 수업에 집중하기란 극도로 힘들 것이다. 어떤 아이들은 감시가 없는 공간에서 학교폭력 피해자가 되는 게 두려워 어떻게든 학교 화장실 사용을 피하려 할 것이다. 갈취와 주먹다툼이 자주 일어나는 복도에도 공포가 엄습한다. 비행아동들이 한 시설에 집중되면, 그 학교는 포위당한 것처럼 영향을 받는다. 교육과정 전체가 다른 학생들을 겁주고 학습을 방해하는 청소년들의 인질이 된다.

제프를 위해 제공된 것과 유사한 프로그램들을 반대하는 사람들은 "장애"가 있는 학생들을 지원해 주지는 못하고 격리해서 창고에 가둔다고 주장한다. 이들은 이런 아이들을 분리시키는 것이 아이들 인권을 침해하기 때문에 불법적이라고 불평한다. 현실적으로는 일반 교실보다 자극이 적은 방에서의 개별 프로그램이 심각한 행동장애가 있는 학생 수용에 더 안성맞춤이다. 제프 같은 학생들이 교육을 제대로 받을 훨씬 더 좋은 기회를 제공한다. 원래 교실에서 배우는 것은 적고 다른 학생들이 배우는 것은 방해하면서 지낼 때보다 말이다.

제프를 위한 프로그램 같은 것은 너무 비싸서 실행하기 힘들다는 주장이 있을 수 있다. 별도의 방과 1대 1 관리감독이 필요하기 때문이다. 하지만 이런 선택권을 갖지 못하는 것이 훨씬 더 큰 비용을 야기할 수 있고, 소송과 부상 또는 사망에 이르는 결과까지 초래할 수 있다.

〈교육주간(*Education Week*)〉이라는 잡지에 따르면 2015~2016년 한 해 동안 교사의 43퍼센트가 자신의 교육 역량에 영향을 끼치는 행동이 있었다고 보고했다. 미국 교육부에 따르면 그해에 교사 6퍼센트가 학교에서 학생으로부터 신체적 공격을 받았다. 이전 어느 해의 설문 결과와 비교해도 더 높은 수치다. 미국 법무부는 2016년 7월 1일부터 2017년 6월 30일 사이에 학교와 관련된 폭력 사건으로 42건의 사망이 발생했다고 발표했다.

매일 사람들에게 위험을 야기하는 제프 같은 학생을 맞닥뜨릴 때 학교가 무엇을 해야 할 것인가? 제프 같은 학생이 얼마나 많은지는 모른다. 그런 학생들을 교육하기 위한 적절한 프로그램을 제공하지 않는 것은 책임을 저버리는 것이다. 문제를 외면하다 보면 죽느냐 사느냐의 문제가 될 수 있다. 늘 훼방을 놓는 반항적 학생들이 교실에 남아 있으면 배우고 싶은 학생들과 가르치고 싶은 선생님이 피해자가 된다. "정서장애" 범위는 종종 행동장애가 있는 학생들을 포함할 정도로 포괄적이다. 그 아이들이 간과되지 않는다는 것을 보여주기 위해서 포함시킨 것이다. "정서장애"일 가능성이 있지만 "사회부적응자"로 불리는 심각한 행동장애가 있는 학생들은 일반 교실에서 분리되어 교실로 돌아가는 것을 목표로 따로 수업을 받아야 한다.

미국 정신의학회(APA)는 타인에 대한 신체적 공격에 가담, 또래관계 방해, 그리고 아동기 적대적 반항장애를 가질 가능성 등을 "행동장애"의 특징으로 본다. APA는 "행동장애가 있으면 일반 학교 출석이 면제될 수 있다"고 설명한다.

행동장애가 있는 아이들은 다는 아니지만 많이 자퇴한다. 그들은 학교를 지루해하고 싫은 일을 하는 것을 거부한다. 그들은 해야 할 일의 최소한만 하며 그 결과에 대해서는 거의 신경쓰지 않는다. 그들은 어디까지 허용할지에 대해 스스로 기준을 세우고 권위 있는 사람들이 만든 의무사항을 따르기를 거부한다. 일부 아이들은 심지어 행동을 아예 안 하기도 한다. 제프 같은 학생들은 거의 예외 없이 자퇴한다.

2014년 초 미국의 법무장관이었던 에릭 홀더는 "학교에서 교도소로의 파이프라인"에 대중의 주의를 집중시켰다. 이 개념이 내포하는 것은 학교에서 저지른 잘못이 "범죄시"되면, 학생들은 사법 시스템에 이름이 입력되고 낙인이 찍히고 자퇴하고 종국에는 교도소에 가게 된다는 것이다. 아이들이 학교에서 벌인 일은 거의 고려하지 않고, 학교가 아이들에게 한 일이 원인이라고 추정하는 것이다.

학교가 행동을 "범죄화"하는 것이 아니다. 제프의 행동은 어떻게 봐도 범죄다. 학교가 그를 교실에 계속 두었으면 어느 누구도 안전하지 않았을 것이다. 학교 직원들은 사법 시스템을 관여시키지 않고 제프의 폭력적 행동을 저지해 보려고 온갖 수단을 다 써보았다. "교도소로의 파이프라인" 공식에서는 원인과 결과가 뒤집혀 있다. 수업들을 방해한 것은 학교나 학교 정책이 아니다. 소란을 야기해 공권력 개입이 필요하게 만든 것은 제프 같은 학생들이다. 제프 같은 학생들이 자유롭게 기물 파손, 폭행, 절도를 저지를 수 있게 허용해야 할까?

커트 바톨과 앤 바톨은 〈범죄행위(*Criminal Behavior*)〉 교과서에서 학교의 실패가 "범죄행동의 발전에 있어 사회적 위험 요인"이라고 썼다. 제프 같은 학생들이 학업에 실패하고 학교를 그만두는 것은 학교가 원인이 아니다. 학교가 그들을 거부하기 전에 이 학생들이 학교를 거부한다.

학교는 경미한 잘못에 중한 제재를 가하는 실수를 저질러왔다. 그러나 제프가 저지르는 것 같은 범죄들이 교내에서 정기적으로 일어날 때, 교직원들은 법적 조치를 취해야 한다. 학교는 종종 범죄를 신고하지 않는다. 언론 보도를 피하고 내부적으로 처리하기를 원하기 때문이다. 교직원들이 문제가 된 행동을 범죄로 보지 않는 것도 하나의 이유다. 또 다른 이유는 범죄를 신고하면 직접 조사한다고 외부인이 들어와 방해가 될 수 있기 때문이다. 세 번째는 경찰이 개입하면 학교가 안 좋아 보이고 그렇게 되면 교직원 입장에서도 망신이기 때문이다.

제복을 입은 경찰관들이 학교에 있는 것은 논쟁거리다. 경찰의 존재를 안전 확보로 보는 사람도 있지만, 어떤 이들은 잘못을 너무 신속히, 불필요하게 범죄시한다고 지적한다. 체포 여부가 인종적 편견의 영향을 받아 결정된다며 반대하는 이들도 있다. 정부 조사에 따르면 "교사나 직원이 은연중에 가진 편견 때문에 같은 행동이 학생의 성별과 인종에 근거해 다르게 판단될 수 있다"고 한다. 어떤 이들은 학교 보안 경찰관들에게 들어갈 예산이 정신건강을 위한 서비스와 폭력 예방 프로그램들을 위해 쓰여야 한다고 주장한다.

자기 자녀가 범죄 피해자가 되길 원하는 부모는 없다. 학교는 안전하게 교육과 사회화가 이루어지는 공간이어야 하고, 안전하지 않은 장소에서는 교육과 사회화가 이루어질 가능성이 낮다. 제프 같은 범죄자들은 학교를 권력을 추구하고 남들을 장악할 터전으로 이용한다. 사회복지사들과 심리학자들은 현실을 인식해야 한다. 학교 교직원들은 학교가 학습을 위한 안전한 환경이 되도록 필요한 모든 조치를 취할 권한이 있어야 한다. 보안 경찰관들을 채용할 필요가 없는 학교도 있겠지만, 채용한다고 해서 이미 범죄자가 아니었던 학생을 범죄자로 만드는 일은 없을 것이다.

자퇴

어떤 비행학생들은 노력을 많이 하지 않는데도 높은 점수를 받는다. 초등학교에서 어떤 숙제가 나오든, 그들은 학교에서 끝내든지 집에서 금방 해버린다. 열두 살 모트는 "다른 일들에 집중하고 있다"며 비디오와 컴퓨터 게임들에 대해 이야기했다. 모트는 숙제가 아무 쓸데없는 것이라고 생각했다. "숙제 때문에 스트레스를 받아요. 그냥 공부하는 거요. 보고 또 보고… 시간 낭비하는 거예요. 내 미래에는 아무 상관없어요." 모트는 영재반에 들어갈 수 있었지만 공부를 너무 열심히 해야 할 것 같아서 하지 않았다.

모트 같은 아이들은 현재 학년에서 다음 학년으로 수월하게 올라간다. 일부는 학업적으로 워낙 뛰어나서 잘못된 행동을 해도 교사들이 많이 봐주기도 한다. 중학교에 진학하면 새로운 경험을 하고 자신들을 너무나 잘 아는 교사가 면밀히 지켜보는 일 없이 이 수업 저 수업을 옮겨 다니는 것을 즐긴다. 모트는 수업이 쉽기 때문에 "연초"에만 학교를 좋아한다고 말했다. 중학교가 더 이상 새롭지 않고 학업의 속도와 난이도가 높아지면 이 아이들의 적응도는 떨어지고 학업 성취도의 질도 낮아진다. 높은 목표에 대해 말하지만 가식일 뿐이며 실제 목표는 아니다. 최소한의 노력만 하는 그들이 높은 점수를 유지할 수는 없다.

내가 고등학교 2학년생인 제임스를 상담할 때, 제임스는 다음 날 역사 시험이 있다고 이야기했다. 학교에서 곧바로 내 사무실로 왔는데 책을 전혀 가져오지 않은 것을 알 수 있었다. 그는 다음 날 시험을 잘 볼 것을 확신하고 있었고 교과서를 한번 훑어볼 이유조차 없다고 생각했다. 그 다음 주에 만났을 때 나는 시험을 어떻게 보았는지 물었다. 그때쯤에는 이미 시험에 대한 생각이 마음에서 너무 멀어진 그는 내게 무얼 말하는 거냐고 되물었다. 시험에 낙제점을 받았다고 인정한 뒤 제임스는 선생님과 그 시험 자체를 탓했다. 그리고는 자신이 "믿을 수 없이 대단한 책"을 쓸 수 있으며 그 책이 베스트셀러가 되어서 명예 학위를 받게 해줄 것이라고 으스댔다.

이것이 범죄자가 생각하는 방식이다. 생각만 해도 현실이 된다. 제임스가 공부도 안 하고 A를 받을 것으로 확언했을 때 말로만 그런 게 아니었다. 그는 정말 그렇게 될 것이라고 긍정적으로 보고 있었다. 시험 준비를 위해 책들을 집에 끌고 와서 몇 시간씩 복습할 필요가 없었다. 낙제점을 받은 시험지를 교사로부터 돌려받았을 때 그는 어리둥절했다. 그런 일은 일어나서는 안 되는 일이었다. 선생님이 멍청이다. 시험이 그가 배운 내용을 반영하고 있지 않았다. 일이 범죄자의 기대대로 풀리지 않을 때, 그 기대가 얼마나 비현실적이었는지와 관계없이 그건 언제나 다른 누군가의 잘못이다. 남을 탓하는 것은 습관적이며 끝이 없다. 학교가 평판이 나쁘다, 교사들이 가르칠 줄 모른다, 해당 교사가 자기를 싫어한다 등등.

학생들이 자기 잠재력을 발휘하지 못할 때 교육자들은 이유를 알아내려고 한다. 그들은 교정될 수 있는 문제가 있는지 확인하기 위해 아이들에게 다양한 평가를 받게 한다. 생활 환경에서 큰 변화가 있거나 ADHD(주의력결핍 과잉행동장애: 역자 주)나 기타 학습장애가 있는지가 주로 의심받는다.

학교나 생활의 다른 부분에서 아이들의 성취도에 부정적 영향을 끼칠 수 있는 사건들이 일어난다. 트렌트는 자신의 나쁜 점수를 아버지의 죽음 탓으로 돌렸다. 성적표를 검토해 보니 그 일이 생기기 오래 전부터 그의 점수는 낮았고, 그 일로부터 6년이 지난 뒤에도 그의 성취도는 여전히 낮았다. 트렌트는 학업과 관련된 어떤 것에도 그다지 노력을 기울이지 않았고 4학년 때 유급되었다. 고등학교에 갈 때까지 아무것도 달라지지 않았다. 그는 나에게 "수업이 싫었고, 선생님들과 관계도 나빴고, 그들이 내가 통과하든 낙제하든 상관 안 할 것이었기에" 학교를 빠졌다고 말했다. 아들을 돕기로 결심한 트렌트의 어머니는 과외 교사를 채용했다. 트렌트는 1대 1 교습에서는 잘했지만 학교에서는 의욕이 없었다. 즉 아버지의 죽음이 그에게 영향을 끼쳤지만 그의 부진한 학업 성취도와 학교에서의 행동은 그 사건 전후로도 마찬가지였음은 분명했다.

애론은 사고가 난 차의 조수석에 앉아 있었고 가벼운 뇌진탕을 겪었다. 고등학교 성적이 떨어지자 "경도의 뇌진탕 후유증"이 원인으로 의심되었다. 애론을 평가한 심리학자는 "인지능력이 평균에서 우수 사이 영역에 있어요. 그 능력을 쓰려고 한다면 말이죠"라고 말했다. 애론의 어머니도 "이 애는 이해가 빨라요. 숙제하는 모습은 거의 못 봤어요"라고 인정했다. 그건 뇌진탕을 겪기 전에도 사실이었다. 애론의 성적이 낮은 데에는 확실히 결석의 영향이 있었다. 어머니는 아들이 "게으르지만 재능이 있다"며 "그 애에게 동기부여하기가 힘들다"고 말했다.

안 좋은 상황은 트렌트와 애론이 낮은 점수를 받은 이유도 아니며, 상황 때문에 이들에게 새로운 행동 문제가 생긴 것도 아니다. 학생 성취도를 평가할 때 성취 저하가 특정 사건 때문인지 아니면 단순히 기존 패턴이 지속되는 건지 판단하는 것은 아주 중요하다.

교육자들과 정신건강 전문가들은 종종 진단에 집착한다. 진단은 평생 가는데 개인 성취도의 거의 모든 면을 설명할 때 동원되기 때문이다. 당연히 집중하지 못해서 성취도가 낮은 아이를 보면 교사들은 ADHD를 의심해 볼 수 있다. APA에 따르면 ADHD는 "반항으로 인한 게 아니다." APA는 아이들이 반항적 행동장애와 ADHD를 둘 다 가지고 있을 수 있다고 지적한다. 범죄자가 아이일 때 그의 주의산만이 생물학적 조건에서 비롯된 것인지, 공부에 관심이 없고 거부하기 때문인지가 문제가 된다. 트렌트는 선생님이 "그가 학습장애가 있다"고 확신한다고 나에게 말했다. 그는 자기 흥미를 끄는 대상에는 완전히 몰두한다고 고백했다. 예를 들어 그는 〈위대한 개츠비〉가 멋지다고 생각했다. 트렌트를 평가한 정신과 의사는 그가 "ADD(주의력결핍장애: 역자 주)의 영향을 덜 중요하게 보고 있다"고 적었다.

때때로 부모가 교사나 정신건강 전문가보다 자녀를 더 잘 안다. 한 어머니는 현명하게도 ADHD는 자기 아들의 절도와 아무 상관없다고 말했다. 트렌트 어머니는 나에게 이렇게 말했다. "그 애의 문제는 동기예요. 공부가 어려워지면 걔는 못 따라가요. 아주 쉽게 포기해버려요. 선택을 주면 쉽게 빠져나갈 길을 고를 거예요." 한 교사는 "트렌트가 괜찮게 공부를 잘해낼 때가 있었다"며 "그 애가 진심으로 노력하면 잘할 거예요"라고 말했다. 트렌트가 기숙학교에 보내졌을 때 그는 높은 점수를 받았다. 교실과 의무적으로 있어야 하는 자습실에 열 명도 안 되는 학생이 배치된 상황이라 그는 친구들과 거리를 배회하지 않았다. 트렌트는 나에게 "ADHD 약 없이도 나는 완벽히 잘했어요. 학교 공부에 좀 더 노력을 기울이니까 ADHD 문제가 해결됐어요"라고 말했다.

나는 비행아동들의 부모들로부터 ADHD 진단을 받은 자녀가 무언가에 흥미가 있을 때에는 몇 시간씩 그 일에 매달린다는 이야기를 자주 듣는다. 거의 모든 과목을 낙제하고 있던 필립은 "지루할 땐 전자장치를 가지고 논다"고 말했다. 그는 자기 방에 처박힌 채 주의가 흐트러지는 일 없이 복잡한 지시를 따라 무선 조종 보트를 조립했다. 전자 제어되는 조종 장치를 넣은 비행기도 조립했다.

범죄 성향의 아이는 외국어를 잘하는 경우가 드물다. 다른 과목 공부를 아주 잘하는 경우에도 그렇다. 외국어를 숙달하려면 고도의 집중력과 암기, 매일 하는 숙제, 끝없는 반복이 필요하다. 높은 지능 수준보다 노력이 더 요구된다. 범죄적 아이는 그 과목에 주의를 기울일 수는 있지만 인내력이 없다. 그는 즉각적인 결과를 보기를 원한다. 범죄적이지 않은 아이들 중에도 외국어 공부를 지겨워해서 공부하지 않는 경우가 있지만 그들은 다른 관심사를 개발해 집중한다. ADHD가 있다고 성취를 못하는 것은 아니다. 집중하는 데 어려움을 겪는 많은 소년소녀들이 학업적으로 성공하고 싶어 한다. 이 아이들은 반사회적인 행동의 신호를 보이지 않는다. 이들은 방과 후 몇 시간씩 공부하거나 때로는 과외를 받으면서 학교에서 더 잘하기 위해 필요한 것은 무엇이든 한다. 학문적 노력 외의 스포츠나 예술, 기술 같은 활동에서 뛰어난 기량을 보임으로써 만회하려하기도 한다. 주의력결핍장애 치료용으로 처방된 약물이 범죄적 사고에 변화를 가져온다는 증거는 아직 드러난 바 없다.

학생들이 집중하지 못하고 끊임없이 잘못된 행동을 하는 것을 보면 교사들은 연민을 느끼고 도와주고 싶어 하기 마련이다. 그들은 이 소년소녀들이 적응에 어려움을 겪고 있거나 정서적으로 불안한 상태라고 믿는다. 그들은 찾을 수 있는 장점을 계발하고 긍정적인 자아상을 키워주려고 한다. 그래서 비행아동들이 잘하는 것들을 칭찬하고 그들의 낮은 학업 성취도나 규칙 위반은 대수롭지 않은 것처럼 취급한다. 무엇이든 잘한 행동이 있으면 다른 사람들 앞에서 모범 사례로 치켜세운다.

비행아동들이 남들보다 더 관심과 편의를 제공받는 것 중에는 숙제와 과업에 대한 마감 기일 연장, 1대 1 도움 제공, 과외 교사와 상담사 추천 등도 포함된다. 훈육을 느슨하게 할 수도 있다. 교육과학연구소(IES)의 2020년 보고서는 훈육하는 것을 두려워하는 학교의 "관용의 문화"를 인용했다. 이 보고서는 교사가 이런 다루기 힘든 학생들과 좋은 관계를 유지하는 것이 훈육 필요성을 줄이고 아이가 "내팽개쳐지는 것" 같은 모양새를 피하기 위한 가장 좋은 방법이라고 제안하고 있다. 비행학생은 교사가 훈육을 완화하는 것을 이용한다. 그는 교사가 평화를 유지하고 싶어 하고 (문제 발생에 따르는) 조사를 피하고 싶어 하는 것을 안다. 그러다가 교사가 더 엄격해지면 학생은 교사가 자신을 배신하기라도 한 것처럼 반응한다. 일어난 모든 일을 교사 탓으로 돌리고 그는 다시 자신이 피해자인 척한다. 이런 소년소녀들은 교사들의 특별한 관심과 추가적인 용인을 이용한다.

비행아동들이 자주 이용하는 전략은 부모가 자신을 그냥 좀 내버려두면 더 잘한다고 주장하는 것이다. 프랭클린은 "부모님이 날 좀 혼자 알아서 하게 내버려둬야" 하며 "귀찮게 하지 않으면 난 더 잘할 것"이라고 주장했다. 그렇게 되든 안 되든, 이 아이는 거의 또는 전혀 달라지지 않는다. 그의 부모가 손을 떼기로 접근법을 바꾼다고 해도 그의 의욕 수준은 바뀌지 않을 것이며, 학교에 대한 관심도 마찬가지다. 아무것도 하지 않아도 될 권리를 가진 셈이다.

매우 부유하고 간절한 부모를 가진 비행아동들에게 "치료형 기숙학교"는 개혁의 도전을 받아들일 준비가 되어 있다. 대부분은 꼼꼼하게 짜인 장기 프로그램을 갖고 있다. 공인된 학업 커리큘럼과 치료를 특징으로 하는 이 프로그램은 변화를 위해 동료들과 대치시키는 구조로 되어 있다. 이 학교 소년소녀들은 보통 공립 또는 사립학교들에서 낙제하거나 퇴학당한 "하드코어(hardcore)" 학생이며, 상당한 범죄행위 이력을 갖고 있다. 이 기숙학교들을 운영하는 사람들은 불만스러워하는 학생들과 부모들로부터 학대 혐의에 직면한다. 언론에 나쁘게 보도되면 학교 측 변호를 위해 엄청난 비용을 소송에 쏟아부어야 하기도 하고 일부 학교는 문을 닫기도 한다. 학대 혐의가 꽤 근거가 있는 학교들뿐 아니라 명성이 높은 학교들에도 이런 일이 있었다. 그러나 성공적인 경우에는 이런 학교들은 몇 가지 목적을 달성한다. 학생들은 끊임없이 감독받고 신체적으로 안전하며, 그들 가족들은 매일 이 아이들이 만들어내는 혼란 때문에 받는 엄청난 스트레스로부터 해방되며, 그들 형제자매들은 일반적인 아동기를 가질 수 있다. 치료형 기숙학교를 다닌 결과로 성격이 얼마나 바뀌는지는 논쟁거리이며 아직 면밀한 조사가 더 필요하다.

대학 또는 대학원 진학

대학생들은 부모로부터 멀리 떨어져 이전과 비교할 수 없는 자유를 경험한다. 범죄적 성향이 있는 젊은 남녀들에게 대학은 놀이터일 수 있다. 입학하기 오래 전부터 그들은 자신들에게 부여된 자유와 규정된 규칙들을 무시하고 엄청난 자유를 누려왔다. 누군가 등록금을 대신 내주는 대학을 다니는 특혜를 보유하기 위해서는 낙제하지 않고 통과하고 심각한 규칙 위반이나 범죄를 발각당하지만 않으면 된다. 이들의 학업 유형에는 몇 가지가 있다. 일부는 첫해에 자퇴하거나 낙제한다. 보통 너무 공부를 안 해서 최저 수준에도 미달되기 때문이다. 다른 일부는 겨우 졸업한다. 다른 이들은 탁월한 성적을 보인다.

나는 학생들이 몇 달간 결석하고 있는데 그들 부모는 자녀들이 성실하게 공부하고 있다고 생각하는 경우들을 보았다. 부모가 자녀의 학업적 진전도에 대해 정확한 정보를 얻기는 어려울 것이다. 연방 가족교육권리 및 사생활보호법(Family Education Rights and Privacy Act: FERPA)에 따라 학생이 18세가 되면 부모의 권리 중 많은 것이 학생에게 귀속되기 때문이다. 기록을 보려면 학생의 동의가 요구된다. 동의 없이 부모는 자녀가 어떻게 하고 있는지에 대해 알 길이 없다.

잭은 고등학교 성적 평점이 2.9로 간신히 B를 받았다. 상담하는 동안 잭은 자신이 학점이 보여주는 것보다 훨씬 더 똑똑하다고 말했다. 그는 "대학 성적은 다를 것"이라고 호언했다. 어떻게든 의욕이 더 생기고 자제력도 더 생길 것이라고 믿었다. 그는 변호사가 되겠다는 생각에 빠져 있었다. "시스템에 대해 논쟁하고 게임도 할 수 있기 때문"이라고 했다. 그는 혼자 사는 것이 해방감을 줄 것이라고 기대했다. 부모를 기쁘게 하기 위해서가 아니라 그 자신이 좋은 성적을 원하기 때문에 점수를 잘 받기 위해 열심히 할 것이라고 했다. "정리정돈을 잘 못한다"고 인정하면서 부모님이 감시하지 않는 새로운 환경에서 살게 되면 달라질 것이라고 선언했다. 끝없는 자유를 기대하며 잭은 대학에 갈 날을 손꼽아 기다렸다. "내가 원하는 것을 내가 원할 때 할 수 있으니까요." 더 이상 "목줄에 묶이지" 않고 "통제권을 내가 가지니까"라며 그는 재미있을 거라고 기대했다. 그는 파티가 많이 열리는 것으로 알려진 학교 캠퍼스에 살기를 고대했다. "나는 머리가 좋아요. 낙제하지 않을 거예요." 그는 이렇게 내다보며 노력하지 않아도 C학점은 받을 수 있다고 단언했다. 그러는 동안 그의 동급생들은 교과목 커리큘럼을 살펴보고 그가 수강하고 싶어 하는 수업들에 미리 등록했다. 잭은 아직 어떤 수업을 신청하고 싶은지 생각도 해보기 전이었다. 대학으로 출발하기 전날 밤, 부모님이 끊임없이 짐을 싸야 한다고 했지만 잭은 아무 짐도 싸지 않았다. 캠퍼스에 도착했을 때 그는 많은 좋은 수업들은 이미 수강 신청이 마감된 것을 알게 되었다. 한 학기 후 그는 대학이 자신과 맞지 않는다고 판단하고 자퇴했다.

윌리는 대학에 계속 남았고 로스쿨에 입학했고, 변호사 시험에 합격했다. 탁월하다는 그의 명성은 그가 거의 50만 달러에 가까운 고객의 돈을 횡령하고 소득세를 탈루한 혐의로 기소되면서 180도 달라졌다. 그가 법학학위를 취득하는 길은 순탄치 않았다. 그는 처음 다니던 대학에서 낙제했다. 음주도 한몫했다. 그는 특히 주말이면 "맛이 갔다"고 회상했다.

딱히 반성하는 투도 아니고 그렇다고 말하기를 꺼리지도 않는 태도로 그는 "내 학점이 왜 더 좋지 않았는지 모르겠다"고 말했다. 그 후 월리는 스스로 "쉽다"고 느낀 작은 대학을 다녔고 크게 노력하지 않고 A로 가득한 성적표를 받았다. 대학 생활 후반기에는 "어느 여자든 침대로 데려가는 데 환장해 있었다"고 했다. 그는 가족이 생활비로 보낸 돈을 유흥을 위해 써버렸고 음주가 늘었다고 인정했다. 그는 법학에는 사실 관심이 없었다며, 사람들 제안을 받고서야 업계에 진출했다고 말했다. 로스쿨 졸업 후 월리는 로펌에 들어갔고 금세 파트너가 되었다.

월리는 자기 아내가 끊임없이 사치품을 요구한다고 했다. 높은 연봉에도 불구하고 그는 버는 것보다 많이 지출하고 있었다. 음주량도 늘어 "너무, 너무 취하는" 수준에 이르렀다. 혼외관계도 가졌다. 월리는 다시 돌려놓을 의도로 고객 계좌에서 돈을 빌린 것뿐이라고 생각했다고 말했다. 체포되어서 횡령과 세금 탈루로 기소되자 그는 범행을 결혼생활을 온전히 유지하고자 하는 간절함 탓으로 돌렸다. 수차례 중범죄로 기소되기 전까지 그가 경찰을 접한 것은 속도위반 티켓을 받을 때가 유일했다. 고객의 예치금을 훔친 것에 대해 그는 큰 소리로 자문했다. "내가 왜 안 된다고 하지 않았지? 나도 답할 수가 없어요." 그를 잘 아는 지인은 "그는 언제나 무언가를 추구했어요. 추구하는 것이 그의 주된 문제죠. 그는 언제나 스스로를 증명해 보이려는 욕구가 있었어요"라고 말했다.

월리를 담당한 치료사는 월리가 사람들을 금전적 가치로 환산해 언급했다고 전했다. 또한 그가 양심이 결여되어 있고 자기 행동에 따라올 수 있는 결과에 대해 알고자 하지 않고 차단해버리는 능력이 있었다고 말했다. 월리의 과소비에 대해 치료사는 "그는 그게 터질 것이라고 생각하지 않았어요"라고 말했다. 월리는 "내가 돈을 훔치고 있다는 것을 숨기는 데에는 성공했다"고 했다. 그는 아내가 감당할 수 있는 것 이상의 수준으로 살도록 압박을 가했다고 탓했다. 형을 선고받은 뒤 월리는 자기 변호사들에게 그들의 법정 변호 전략을 비판하는 글을 썼다. 변호사 비용 일부는 지불하지 않았다.

많은 범죄자들이 쉬운 길을 택하고 학위를 받기 위해 필요한 최저 수준의 공부를 한다. 그들은 요구되는 것을 가늠한 뒤 시스템을 속일 지름길을 찾아내려 한다. 그들은 주어진 교과서 대신 요약문을 읽는다. 동급생들의 과제를 "빌린다." 목적을 위해서라면 어떤 수단이든 가리지 않는다. 부정행위나 표절은 일상이다. 교수자가 표절을 탐지하기 위해 컴퓨터 프로그램을 쓰는 것을 알기에 일부 범죄자는 다른 학생들에게 대신 과제를 작성하게 한다. 이런 일을 시킬 사람을 캠퍼스에서 찾지 못하면 인터넷을 통해서라도 찾는다. "전문가가 쓴 과제를 돈 주고 살" 수 있는 웹사이트들이 있다. 심지어 누구에게 쓰게 할지도 선택할 수 있다.

범죄 성향을 가진 어떤 학생들은 잘하겠다는 동기가 있고 어려운 수업을 수강한다. 뛰어난 학업적 성취는 혜택과 권위 있는 직업으로 가는 티켓이 된다. 학업적 영예를 얻더라도 삶의 다른 면에서 보이는 그들의 행동은 모범적인 것과는 거리가 멀다. 그들은 룸메이트들과 사이좋게 지내지 못하고, 학생 기구들에서 다른 학생들과 충돌하며, 교수진과 갈등에 휘말린다.

학업적 성취는 범죄성을 가려준다. 학생 지도자거나 우등생이라는 명성이 생기면 범죄 의심을 덜 받는다. 학업적 성취는 범죄자들이 높은 책임과 권력을 가진 지위에 오르게 되는 경력 노선에서 유사한 성공을 거둘 수 있도록 길을 열어준다. 성공을 통해 존경을 받게 되면 돈을 많이 훔치고 빠져나가는 데 도움이 된다. 월리처럼 명망이 있는 사람이 심각한 범죄로 체포되면 사람들은 경악한다.

다음 장에서 우리는 어떤 기준으로 보나 성공적으로 보이는, 그러나 합법적 성공으로는 결코 만족하지 못하는 범죄자를 살펴볼 것이다. 그 어떤 명망 있는 직업도 그를 만족시키지 못한다. 그에게 일은 범죄성을 표출하기 위한 또 다른 영역이다.

10
일과 범죄자

10 일과 범죄자

범죄자가 종업원을 대하는 태도는 그들이 교육을 대하는 태도와 비슷하다. 일하는 사람들을 "노예들", "호구들"이라고 생각하면서도 많은 범죄자들이 남들을 안심시키기 위해 직업을 갖는다. 일부는 일하기를 원하고 그들의 지위를 이용해 직업 현장에서 범죄를 저지른다. 다른 일부는 성공적인 경력을 일구어 사생활에서의 범죄를 감추려 한다.

기본적인 반근로적 태도

어떤 범죄자들은 노동을 멸시하며 이 직업에서 저 직업으로 옮겨 다니거나 장기간 실업상태로 남는다. 자격 미달로 보이거나 일을 할 수 없는 것으로 보일 수도 있다. 실상 그들은 쉽게 취업할 수 있고 짧은 기간 동안에는 잘할 수 있다. 근로 자체나 자신을 채용한 사람들에 대한 경멸을 품은 채, 그들은 남들 간섭을 덜 받기 위해 직업을 유지한다. 직업을 갖고 일한다는 것은 존경할 만한 사람의 표상이다.

범죄자들은 자기 근무 조건을 스스로 정하기를 원한다. 근로시간이나 급여 등에서 자신이 요구하는 것들이 충족되어야 한다. 수행이 요구되는 업무에 대해서는 거의 가치를 두지 않는다. 대부분의 범죄자들은 취업에 필요한 기술을 개발하지 못했지만 그들은 매일 반복되는 하찮은 일을 하기를 꺼린다. 식당 바닥을 빗질하기보다, 스스로 매니저가 되어야 한다고 생각한다. 매니저 지위를 얻는 데 필요한 경험을 얻거나 교육을 받으려 한 적도 전혀 없음에도 말이다. 그들이 맡은 일은 스스로 마땅하다고 믿는 지위의 부풀려진 개념과 일치하지 않는다. 한 젊은이는 "내가 감자튀김을 서빙하는 모습을 친구들에게 보게 하느니 죽는 편이 낫다"고 했다.

강한 반근로적 태도를 갖고 있는 범죄자들은 직업이 무엇을 수반하는지 알려고도 하지 않을 수 있다. 그들은 근무시간, 급여, 구체적 업무, 건강보험이나 다른 복지 혜택이 제공되는지 여부도 모른다. 그저 보호관찰관, 부모 또는 배우자를 만족시키기 위해 일하러 갈 뿐이다.

라이언은 교도소에서 복역한 뒤 아내와 세 자녀가 있는 집으로 돌아왔다. 취업에 아무 관심이 없었던 그는 친구들을 찾으러 단골집들을 방문했다. 아내에게는 휴가가 필요하다고 말했다. 그의 아내는 자기가 두 가지 직업을 갖고 아이들을 돌보느라 고군분투하는 동안 그가 이미 휴가를 가졌다고 분명한 어조로 말했다. 라이언은 친구들과 휴식을 취할 필요가 있다고 주장했다. 아내는 그가 수감되어 있는 동안 그 친구들이란 사람들이 자신이나 아이들을 전혀 상관하지 않았고 그가 어떻게 지내는지 물어보는 전화 한 통도 하지 않았다고 지적했다. 라이언은 "내가 잠시 그들과 어울리면 어떤 일이 벌어질지 당신은 모르잖아"라고 반박했다. 취업을 뜻한 것은 아니었다.

일하지 않을 구실은 끝이 없다. 가해자들은 자신이 장애가 있고, 이동 수단이 없고, 누구에게 보고하고 어디로 갈지 모른다거나, 언제 가야 하는지 아무도 정보를 주지 않는다고 주장한다. 그러면서도 동네 반대편에서 열리는 파티에 대해 알면 파티에 가기 위해 어떠한 노력도 아끼지 않을 것이다.

어떤 가해자들은 자신들이 변화하고 있다는 확신을 사람들에게 주기 위해 일한다. 취업했다는 사실은 일시적으로 그들 자신에 대한 생각을 향상시켜 줄지 모른다. 그러나 그들 삶의 다른 많은 것들이 그렇듯, 새로움은 사라지고 그들은 불안해지고 지루해지고 짜증스러워한다. 그들은 불규칙하게 일하거나 그만두거나 해고당한다.

어떤 범죄자들에게는 범죄가 그들의 직업이다. 스스로 "매일 하는 일"이라고 부르던 일을 하던 한 남자는 "당신이 일하러 가는 것처럼 나도 내 일을 하러 갑니다"라고 말했다. 날이면 날마다 좀도둑질을 하고 마약을 판 그의 법률 위반은 수천 건에 이르렀다. 그는 이 범죄 중 어느 것으로도 체포되지 않았지만 미성년자를 성폭행한 혐의로 기소되었다.

셀리아는 어릴 때부터 가게에서 도둑질을 해왔다. 너무 능숙해져서 친구들로부터 어떤 물건을 훔칠지 주문을 받기도 했다. 셀리아는 "고객 대표가 된 것 같다"며 비웃었다. 절도사업이 너무 성공적이어서 그는 합법적인 직업을 가질 이유를 느끼지 못했다. 몇 번 체포되었을 때 판사는 셀리아에게 상점들에 배상할 것과 벌금형, 단기 보호관찰 처분을 명령했다. 셀리아가 (처음이 아닌) 대규모 절도 혐의로 유죄 판결을 받자, 판사는 그녀가 법원의 관대함을 이용했다며 징역형을 선고했다.

성공적 사업가가 되는 것은 많은 이들에게 아메리칸 드림의 전형이다. 많은 범죄자들은 또한 자신의 사업을 운영하기를 열망한다. 그러나 그것을 위해 필요한 것들과 될 만한 사업을 창업하는 데 필요한 힘든 일들에 대한 현실적 생각은 별로 하지 않는다. 범죄자들은 하룻밤 사이 성공을 하는 꿈을 꾼다. 가장 성실한 사람이라도 사업을 시작하면 겪게 되는 문제들을 예측하지 못한 채 범죄자는 자신이 필연적으로 벌 것이라고 기대하는 큰돈을 어디에 쓸지부터 궁리한다. 범죄에서 "큰 건", 즉 쉽게 얻을 수 있는 엄청난 보상을 상상하는 것과 유사하다.

어떤 범죄자들은 서비스를 제공하거나 제품을 배달한다고 하면서 둘 중 아무것도 제공하지 않는다. 집수리 사업은 사기꾼들이 써먹는 많은 가짜 사업 중 하나다. 한 계약자가 동네를 차로 돌아보고, 제품이나 서비스에 대해 합당해 보이는 가격을 견적 내고, 계약금을 받고 나서 사라지는 것이다.

범죄자에게는 실제 일보다 지위와 권위가 가장 중요하다. 밑바닥에서 시작해 한 계단씩 위로 올라가는 것은 범죄자들이 일하는 방식과 정반대다. 합법적인 직업을 구하려는 범죄자는 문을 열고 들어가 면접관 앞에서 말만 잘하면 즉시 권위 있고 급여 높은 자리를 차지할 것이라고 상상한다. 때로는 그런 일이 실제로 일어나지만, 그럴 경우 그는 곧 꽤 큰 책임을 지게 된다.

대부분의 사람들이 깨어 있는 시간의 주된 부분을 보낼 자기 직업을 갖고 싶어 한다.

스스로 통제할 수 없는 상황들이 있기에 많은 사람들은 자기 일을 지겨워하거나 마음에 안 들어 하지만 개인 상황 때문에 직업을 가져야 하고 필요하다면 무슨 일이든 한다. 반면 많은 범죄자들은 노동 없이 노동의 결실만 즐기고 싶어 한다.

범죄자들의 직업 유지에 가장 주된 장애물은 이들이 즉각적인 인정과 승진, 급여 인상을 기대하기 때문에 인내심이 떨어진다는 점이다. 그들은 다른 사람을 위해 일하는 것을 극도로 싫어한다. 그들은 지시를 받기보다는 지시를 내리고 싶어 한다. 그들은 누군가에게 종속되는 것에 분개한다. 사람들을 직책에 맞게 호칭하는 것을 거부할 정도다. 높은 직위에 있는 인사들을 한 수 앞서려고 하고, 자신을 관리하는 윗사람들을 얕잡아 보며, 자신의 권위를 주장한다. 흠결을 지적당하거나 개선 방안을 제안받으면 자신의 공헌을 고마워하지 않고 창의적으로 일할 기회를 주지 않는다고 그들을 비난한다. 오직 자기 의견만 중요하다. 남들 생각에 관심이 별로 없고 남의 말을 잘 듣지 않는다. 고질적인 불만 때문에 갈등에 휘말리기 마련이며 직원들의 사기를 떨어뜨린다.

직장에서의 범죄

범죄자들은 범죄 기회를 제공하는 직업을 구한다. 로널드는 열쇠 수리공이 되기 위해 직업센터에서 수업을 들었다. 큰 야망과 자기 홍보 기술이 있는 로널드는 자신의 가게를 열었다. 고객들은 그를 자기 집과 사무실에 들어오게 했고, 로널드는 그들의 재물과 귀중품 위치를 포착했다. 그가 자물쇠를 설치해 보호되도록 도운 건물에서 도둑질을 함에 따라 믿었던 고객들은 피해자가 되었다. 자물쇠 여는 기술이 능숙한 그는 고객이 아닌 사람들의 집에도 잇따라 침입했다. 셸리는 5성급 호텔 청소부로 일했다. 손님들이 방을 비웠을 때 셸리는 옷장과 서랍, 여행가방을 샅샅이 뒤졌고 마음껏 훔쳤다. 에어컨 수리공인 프랭크는 수리하러 방문한 집들을 파악했다. 집주인과 편하게 이야기하면서 식구들에 대한 정보와 집이 언제 비는지 알아내는 데 성공했다. 오랜 시간에 걸쳐 시설물을 확인하는 프랭크는 겉보기에는 아주 꼼꼼하게 보였다. 집 전체의 배관을 살피고 다양한 시설물을 보수하며 그는 집안의 모든 방에 들어갔다. 실외기를 살펴보면서 즉시 집에서 빠져나갈 수 있는 최적의 루트를 찾아낼 수 있었다. 나중에 침입할 때 나는 소리를 감추어 줄 지속적인 소음을 위해 이웃집 실외기 위치도 확인했을 것이다.

범죄자들은 자기가 다니는 회사를 안팎으로 파악한다. 그들은 조직의 약점을 간파하고 동료들이 어디 살고 무엇을 소유하고 있으며 어디를 주로 다니는지에 대한 정보를 수집한다. 일부는 자원해서 휴일에도 일하고 야근을 한다. 주위에 사람이 없을 때 일터에서 도둑질을 하고 들키지 않는 것을 가능하게 해줄 정보를 얻기 위해서다. 〈시큐리티(*Security*)〉 잡지에 따르면 미국 기업 내 내부 절도는 연간 약 500억 달러에 달한다.

작은 지역 은행 최고경영자인 베스는 수십만 달러를 횡령했다. 베스는 규칙적으로 주당 60~70시간 일했기 때문에 헌신과 신뢰, 경쟁력으로 유명했다. 그러나 화를 잘 내는 그녀의 성격은 부하 직원들을 힘들게 했다. 어린 시절 베스는 "소리를 지르며 투덜대는" 경향이 있었다고 말했다. "내가 통제권을 쥐는 것을 좋아해요. 가장 힘든 건 나에게 통제권이 없을 때죠." 베스는 쉽게 화가 나는 성격이었다. 식료품 가게 계산대에서 바로 앞 손님이 너무 오래 시간을 끌면 베스는 "냉소적이고 남을 기분 나쁘게 하는 태도로 내가 그들을 어떻게 생각하는지 바로 말했다"고 말했다. 자기 차 앞에 끼어드는 차가 있으면 "너무 화가 나서 어찌할 바를 몰랐다"고 회상했다. 직장에서는 직원이 기분 나쁘게 굴면 속으로 화가 나기도 했지만 모두가 자신을 신뢰하고 좋아하길 원했기 때문에 겉으로는 평온하게 보이도록 했다.

베스는 보석을 구입하고, 수십 켤레 신발을 주문하고, 값비싼 핸드백을 사고, 엄청난 양의 보습제와 세안제, 로션, 메이크업 제품들을 사들이느라 신용카드로 수천 달러를 썼다. 그녀는 "내가 오늘 뭘 샀더라?"하고 궁금해하면서 각각의 상자를 열 때 흥분이 밀려왔다고 묘사했다. 너무 많이 주문하다 보니 일일이 기억하지 못했다. 쇼핑 상자들은 지하실에 쌓아두었는데 일부는 열어보지도 않은 채였다. 베스는 너무 물건이 많아서 가게를 열어도 될 정도였다고 자랑했다. "나는 머리가 좋은 사람이에요. 모든 게 나를 위해 굴러가게 해놓았죠. 내가 어떻게 이 문제를 마법처럼 고칠 생각을 했냐고요? 고칠 수가 없었어요."

베스에게 삶에서 부족하거나 잘못된 것을 보상하려는 강박 같은 정신질환이 있는 게 아닌가 추측하는 사람도 있을 것이다. 베스는 스스로가 못생겼고 어색하다고 느꼈고 스스로 예쁘다고 느끼게 만들 무언가를 하겠다고 마음먹었다고 말했다. 당연히 이런 문제는 베스만 겪는 게 아니다. 중요한 것은 그녀가 이에 대한 해결책으로 범죄행위를 저지르기를 선택했다는 사실이다. 베스는 물건 주문을 멈출 수 없어서 스스로 중독자가 된 기분이었다고 말했다(베스는 중독 이력은 없었다. 불법 약물 복용도 없었고 "바보스럽게 굴거나 통제권을 잃는 것을 원치 않았기 때문에" 와인 한 잔도 마시는 일이 드물었다). 왜 전문가 도움을 받으려는 시도를 하지 않았는지에 대해 베스는 "도움을 청하는 것을 잘 못해요. 나는 통제광(control freak)이라 결코 내 비밀을 남이 알게 하지 않아요"라고 말했다. 은행에 정기적으로 방문하는 감사관들을 포함해, 베스가 무얼 하고 있는지 눈치챈 사람이 아무도 없었다. "마음 깊이 만족감이 있었어요. 내가 하는 일을 숨길 수 있어서요. 내가 그 사람들보다 머리가 더 좋았어요." 그녀는 이렇게 회상하며 음흉하게 웃었다. "어떤 감사관들은 정말 꼼꼼했어요. 적신호가 그들 주의를 끌 거라 생각했는데 아무 일도 없었어요. 내가 일처리를 잘한 거죠."

베스가 점점 더 많은 돈을 빼돌리면서 개인적 소비도 폭발적으로 늘었다. 발각되기 전에 어떻게 훔친 돈을 되돌려놓나 하는 고민에 그녀 스스로 압도되기 시작했다. 베스는 자신의 범죄행위가 동료들이나 금융기관 전체에 끼칠 영향에 대해 한번도 생각해 본 적이 없었다. 아무도 그녀의 활동에 의문을 품을 이유가 없었다. 그녀는 은행에서 수년간 일했고 임원들과 부하 직원들에게 모범적인 직원으로 여겨졌다. 게다가 동료들이 베스를 의심하거나 그녀의 행동에 대해 생각할 일조차 없을 것 같았다. 베스를 깐깐한 업무처리자로 알고 있었기에 그들은 자기 일에 집중했고 그녀 일에 간섭하지 않았다. 베스는 말했다. "그 사람들이 남들 뒷얘기를 할 때나 내가 불러서 물어봤죠. 나한테 개인적으로 전화를 하거나 해야 할 일을 제대로 안 할 때나 대화하고요."

베스는 자신의 이중생활에 대해 "일할 때 자아와 개인적 자아가 있어요"라고 말했다. 그녀는 은행 내부 업무의 복잡성을 알고 있었고 은행 상품들을 효율적으로 판매했다. 그러면서 한편으로는 가짜 주민번호를 이용해서 자기 자신에게 "대출"을 해주고 있었다. 점점 더 많은 액수를 빌리면서 겉보기에 이상해 보이지 않도록 그녀는 때때로 대출금 일부 상환도 했다. 결국 한 감사관이 "너무 많이 대출해가고 너무 적게 갚는" 계좌들을 점검할 것을 요구했다. 모든 게 발각되었나 의심하면서 베스는 서둘러 파일을 조작했다. 조사가 진행되는 동안 베스는 휴직 처리되었고, 이후 체포되어 기소되었으며, 징역형 선고를 받았다. 베스의 범행 때문에 결국 해당 지점은 폐쇄되었고 몇몇 직원들은 직장을 잃게 되었다.

돈이나 상품, 재물을 취하는 것 말고도 일터에서 뭔가 훔칠 방법은 많다. 범죄자들은 종종 무단으로 긴 휴식을 취하고, 거짓 병가를 내고, 근무시간에 사적인 일을 하고, 소셜미디어를 이용하고, 근무지에 없었으면서 소재에 대해 거짓말을 하고, 내부 정보를 팔거나 이용해서 수익을 거둠으로써 고용자의 시간을 훔친다.

정신을 교란시키는 약물을 사용하는 것은 업무 실적에 영향을 끼치고 시간과 생산성을 크게 앗아가는 결과를 낳는다. 안전상의 위험을 초래할 수도 있다. 많은 범죄자들에게 영향을 끼치는 것은 반복적으로 수행해야 하는 업무 루틴이다. 범죄자들은 삶의 어떤 부분에서든 루틴에 알레르기 반응을 보인다. 약에 취해있을 때에는 약이 지루해하던 마음을 흥분시키기 때문에 하루를 견딜 만하다. 동료들 중 누가 또 약을 하는지 발견하고, 마약 판매처를 찾아내고, 마약을 판매할 기회를 보는 것도 그들에게 흥미로운 일이다. 범죄자가 일을 괜찮게 할 경우, 마약 사용을 들키지 않을 수 있다. 태만해지거나 부주의해지면 고용주가 그를 질책하고 많은 이들이 그에게 뭔가 문제가 있는 것을 추측하게 된다. 계속 실적이 안 좋으면 범죄자는 약물 사용을 상관에게 들키지 않은 채 해고당할지도 모른다.

가능성이 낮긴 하지만 범죄자가 약물을 사용하다가 들키는 일이 일어나면 상관은 그에게 치료를 받아보라고 조언할 것이다. 아마도 회사 비용으로 말이다. 어떤 고용주들은 약물 복용자를 처벌하는 대신 책임을 나누어지며 일터에서의 불만족스러운 조건 때문에 직원이 약에 손을 대게 된 것이라고 생각한다. 일어날 수 있는 최악의 결과는 범죄자가 직업을 잃는 것이지만 범죄자 그 자신에게는 딱히 심한 처벌이 아닐 수도 있다.

회사 공금을 남용한 기업 임원은 무장 은행강도와 생각하는 게 비슷하다. 범죄로 취득한 돈의 액수가 그가 얼마나 "성공적이었는지"를 보여주는 잣대가 된다. 은행강도는 힘을 이용해서 돈을 갈취한다. 기업 임원은 같은 일을 섬세하고 지능적인 계획을 통해 하는 것이다. 옳고 그름에 대한 고려가 없고, 발각을 피하기 위해 계획하고, 범죄를 성공리에 완수한 것을 즐기기는 둘 다 마찬가지다. 은행강도도 임원도 자기 범죄가 가져올 영향에는 관심이 없다. 범죄나 심각한 직업윤리 위반을 저지른 전문가들의 머릿속은 다른 범죄자들의 머릿속과 다를 바가 없다. 전문가로서의 신뢰도와 성취 때문에 그들은 의심을 잘 받지 않는다. 명망 높은 전문가들과 맞서야 하는 것을 알기에 피해자들은 앞으로 나서기를 꺼린다. 피해자가 당혹감과 할 수 있는 게 없다는 체념으로 침묵하는 덕에 전문가들은 이득을 본다. 자기 잘못이 드러나면 고발하는 사람의 신뢰성 공격에 나선다.

벤은 자격증을 소지한 임상사회복지사이자 심리치료사로 오랜 실무 경력이 있다. 수백만 달러가 걸린 소송에서 한 환자는 벤이 정기적으로 자신과 성관계를 했고 그것이 그녀의 치료에 필수적이라고 사기성 주장을 했다고 폭로했다. 그녀는 또 벤이 자신의 심리상태를 무시해 우울증과 자살 생각, 모욕감이 커졌으며, 그녀의 전반적 삶의 질을 떨어뜨렸고, 이로 인해 장기간의 의료치료와 심리적 도움이 필요하게 되었다고 강하게 주장했다.

벤은 환자와 성적인 관계가 된 것을 부인하지 않았다. 그러나 그녀가 자신을 유혹하고 성적인 분위기를 조성함으로써 일련의 사건을 먼저 시작했다고 말했다. 나와 상담하는 동안 벤은 스스로 "성적 중독"이라고 부른, 선생님 치마 속을 들여다보고 여동생의 성기를 만지던 어린 시절 성향에 대해 이야기했다. 대학에서는 여학생들의 치마 속을 보기 위해 혹은 자기 생각에 "자극적인 자세"로 있는 그녀들의 모습을 보기 위해 도서관에 진치고 있기도 했다. 벤은 나에게 자기가 가진 "구원자 콤플렉스"와 남을 돕는 데 헌신하는 "좋은 사람" 이미지에 대해서도 이야기했다. 그는 심리학 전문용어를 사용하며 자신이 "사랑스럽고 정이 많은 여성과 친밀한 관계를 통해 스스로의 존재를 인정받으려 한 것"이라고 주장했다. 네 번 결혼했지만 어느 결혼에서도 "애정과 친밀감, 통하는 느낌"을 받지 못했다고 했다.

베스처럼 벤 역시 이중적인 삶을 살았다. 가장 최근 부인이었던 올리비아는 소송을 통해 제기된 남편의 혐의에 너무 충격을 받아서 내가 아는 그 사람이 맞는지 모르겠다고 눈물이 그렁그렁한 눈으로 말했다. 그녀는 벤이 완벽과는 거리가 먼 사람이었다고 인정했고, 그에게 감정적인 학대를 당해왔지만 그가 꽃을 가져다주고 낭만적인 쪽지를 쓰고 시를 쓰는 것으로 속죄하곤 했다고 망설이며 고백했다. 올리비아는 벤이 직업적으로 선을 넘어서 자기 경력을 위험하게 만들고 가족의 생존을 위협하리라고는 상상도 하지 못했다. 고통스러워하는 올리비아에 대한 벤의 반응은 그녀가 "나를 십자가에 못 박는다"고 비난하고 "나에게 연민이 없다"고 불평하는 것이었다. 벤은 "나는 사람들을 해치지 않아요. 내 자아상에 그런 건 없어요"라고 말했다. 그는 자신의 모든 심리학적 현학과 지식, 전문 경험과 관련해서 앞으로 어떻게 해야 할지 몰라 난감해하는 것 같았다. 그는 "돌이켜야 할 게 뭔지 모르겠다"고 말했다. 자신을 상대로 소송을 제기한 여성에 대해 자신이 좋은 의도를 갖고 있었다고 설명하며 그는 "내가 성적 배출이나 오르가슴을 경험하든 안 하든 난 그녀에게 긍정적인 성적 경험을 주려는 마음이었다"고 주장했다. 환자에게 "그녀의 가치와 필요를 증명"시켜 주려고 했다는 주장이었다.

〈치료시간 중 성교(*Sex in the Therapy*)〉라는 책에서 캐롤린 베이츠와 애닛 브로드스키는 환자들과 성적 자유를 누리려는 일부 치료사들은 "반사회적 성격으로 분류될 수 있는 성격장애"를 가지고 있다고 지적한다. "이들은 환자들이 절대 신뢰해서는 안 되는 사람들이며 자기 욕구만 생각하는 사람들"이라고 저자들은 서술하고 있다.

요컬슨 박사와 내가 1961년부터 1978년에 걸쳐 워싱턴 DC의 세인트 엘리자베스 병원에서 범죄자들에 대한 첫 조사를 시행할 때 우리가 던진 질문 중 하나는 "성장하면서 어떤 류의 직업을 갖기를 희망했나요?"였다. 상당한 비율의 응답자들이 경찰관이 되고 싶었다고 답했다. 그들은 힘의 행사뿐 아니라 힘의 상징에 매혹되었다. 제복, 배지, 빠른 경찰차, 총기, 그리고 나쁜 사람들을 쫓아가 체포할 수 있는 능력 같은 것 말이다. 이들은 지역사회에 봉사하거나 생명을 살리는 일 같은 건 전혀 언급하지 않았다. 직업의 본성상 경찰관은 법을 집행할 합법적 권위를 지닌다. 대부분의 경우 그들은 자기 일에 헌신하고, 개인적인 희생을 하고, 자기 목숨의 위험을 무릅쓰고 남들을 돕는다.

2020년 미니애폴리스에서 조지 플로이드가 체포되던 중 사망한 사건은 경찰 훈련 개혁과 특정 법 집행 관행의 폐지를 요구하는 전국적 운동에 불을 붙였다. 경찰서에서 예비 경찰들과 현 경찰들 중 전과가 있는 사람을 식별하고 배제하는 것은 근본적으로 어려운 일이다. 이런 사람들은 공공 서비스보다 자기 욕구를 우선시하기에 과도한 힘을 사용하고, 부당한 검문검색을 하고, 뇌물을 받고, 그 밖의 방식으로 권력과 흥분에 대한 욕구를 충족할 길을 찾는다.

왜 성공적으로 경력을 쌓은 것처럼 보이는 사람들이 직장에서 범죄를 저지르고 생계를 위험에 빠뜨릴까? 이는 일은 노예들과 호구들을 위한 것이라는 범죄자의 기본 시각으로 돌아간다. 의사, 재정 고문, 경찰관 또는 교사로서 신뢰받고 존경받는 지위를 유지하는 것만으로는 충분하지 않다. 기업의 사다리에서 가장 높은 층에 닿는 것도 충분하지 않다. 직업에서 그 어떤 합법적인 보상을 받든, 범죄자는 그것으로 만족하지 못한다. 이는 마치 결승선 없는 달리기 경주를 하는 것과 같다. 범죄자는 결코 충분한 권력과 통제권과 흥분을 획득하지 못한다. 그는 자신이 남들보다 더 영리하고, 더 능력 있고, 더 진실하고, 더 용감하다는 것을 반복해서 보여줘야 한다. 이러한 자기 목표를 추구하면서 그는 고용주의 정책을 위반하고, 규칙을 어기고, 남들을 조종한다.

어떤 범죄행동 분석가들은 악랄한 근무 환경이 기업의 특정 정책이나 전반적 문화를 통해 직원들의 범죄를 조장한다고 지적한다. 상관들이 불친절하거나 불공정하거나, 고마워할 줄 모르거나, 과도하게 비판적이거나, 편견이 있을 수 있다. 관리가 제대로 되지 않으면 범죄 기회는 많다. 어떤 조직들은 범죄를 알아채지 못하거나 심지어 위법행위에 보상을 주기도 한다. 규제가 약하고 관리가 부재하면 부정직한 남녀가 직업을 이용해 사적인 이득을 취할 기회가 된다. 정직한 사람들은 누군가 어깨너머로 들여다보든 말든 올바른 일을 할 것이다.

범죄자들은 언제나 어떤 사람이나 일련의 조건 때문에 자기가 어떤 행동을 하게 되었다고 주장할 수 있다. 그러나 그동안 불만을 품고 있었을 동료들은 다르게 반응할 것이다. 범죄자들은 조건이 마음에 들지 않을 때 신속히 부당한 대우라고 말한다. 범죄 책임에 대해 그들이 내놓는 변명은 진정한 의도를 반영하지 않는다.

테네시 대학 해슬램 경영대학의 테리 립 교수는 "대표이사가 되는 순간 이상하게 부패하고 독선적인 괴물들로 변해버리는" 듯한 승진 임원들에 대해 이렇게 논한다. 권력이 이들을 부패하게 한 게 아니다. 권력자의 지위를 쟁취하자 그동안 잘 감추어 온 혹은 간과되어 온 그들의 본성이 드러난 것이다. 립 교수는 "기업의 주도권을 쥐자 그들의 탐욕과 야망, 혹은 사람들과 효과적으로 대할 수 없는 무능력이 고통스러울 정도로 명백해지면서 가면이 벗겨지는 일이 일어난다"고 지적했다. 그럴 때조차 고용주는 법적 조치를 취하는 것이나 언론에 안 좋게 보도될 위험을 초래하는 것을 원치 않을 가능성이 있다. 대신 잘못한 사람에게 배상을 하거나 자진 사퇴하라고 요구할 수 있다.

범죄자가 아닌 사람들도 비슷하게 성격에 결함들이 있다. 정도의 차이다. 조금 덜 독선적이고, 좀 더 자기비판적이고, 전반적으로 남들이 무엇을 필요로 하는지에 대해 좀 더 민감하다면 훨씬 더 효율적일 경영자들도 있다. 그래도 그들은 자기 직업에 가치를 두고, 회사를 위해 충성스럽게 최선을 다하고, 의도적으로 동료들을 착취하지는 않는다. 반면 범죄자에게 직업은 권력 추구의 장이라는 점에서 주로 가치가 있다.

범죄자들은 책임의식 있는 사람들과 돈을 보는 시각이 다르다. 예산을 짜는 것은 딴 세상일이다. 쓸 돈을 미리 계획할 필요가 없기 때문이다. 그가 한 해 동안 합법적으로 벌 수 있는 액수보다 더 많은 돈이 몇 주 만에 그의 손에서 빠져나갈 수 있다. 많은 범죄자들이 금전 관리의 개념이 없다. 가치를 두지 않는 것을 관리할 이유가 없다. 그들에게 중요한 것은 스스로의 사치 취향을 만족시키는 것과 남들에게 멋진 인상을 주기 위해 돈을 과시하는 것이다. 어떤 범죄자들은 돈을 쓰는 것보다 돈을 나누어주는 것에서 더 흥분을 느낀다. 즉흥적 기분에서 궁핍한 사람들에게 돈을 나누어줄 수도 있다. 이것은 자기가 좋은 사람이라는 생각을 강화해 준다. 이런 행동으로 인해 생기는 자선의식은 사람들을 더 쉽게 속일 수 있게 해준다.

범죄 은폐를 위한 직업

범죄자가 직장에서 노력을 하기로 선택하면 그는 요령을 빨리 익히는 것처럼 보이고 지능과 독창성, 신뢰성에 대해 존경을 받을 수도 있다. 범죄자는 인정받는 것을 즐긴다. 속으로 늘 확신해 왔던 자신의 우월함을 강화해 주기 때문이다. 그러나 그게 다다. 그는 자신이 동료들과 다르다고 생각하며 자기 일과 자신의 노력에 대한 보상을 주는 사람들을 경멸할 가능성이 크다. 학교에서의 좋은 성적이 학교에서 벌인 일들로 처벌받지 않는 데 도움이 되었듯, 직장에서의 성취도 같은 도움을 줄 수 있다.

로베르토는 중앙아메리카에서 미국으로 이민해 왔다. 그는 처음에는 패스트푸드 식당에서 요리를 했고, 그 다음에는 저렴한 옷을 파는 가게 관리인으로 일했다. 3주간 일한 뒤 그는 자기 상관인 타냐가 자신을 좋게 본다고 생각하기 시작했고, 뺀질거린다는 이유로 타냐가 자신을 해고했을 때 깜짝 놀랐다. 그는 자기가 다른 여자와 데이트를 하니까 타냐가 질투가 나서 자신을 잘라버렸다고 믿었다. 타냐가 자기를 사랑한다고 확신한 로베르토는 그녀 집 앞으로 차를 몰고 다니고 그녀에게 전화를 걸기 시작했다. 그녀가 긍정적으로 응답할 것이라고 "100퍼센트 확신"했다.

긍정적 응답 대신, 타냐는 로베르토의 차를 알아보고 겁에 질려 경찰을 불렀고 그는 체포되었다. 스토킹한 대가로 단기 보호관찰 처분을 받고 그의 사건은 기각되었다. 그러는 동안 로베르토는 전문가 훈련과정을 마치고 공인회계사가 되어 자기 사무실을 개업했다. 결혼했고 아이도 있었지만 그는 여전히 타냐에게 집착했다. 사설 탐정을 고용해 그녀의 소재를 파악한 뒤, 로베르토는 그녀가 여전히 매니저로 일하던 가게 앞에 차를 세웠다. 그는 또 스토킹으로 체포되었고 집행유예를 선고받았다. 판사는 로베르토가 또 이런 행동을 하면 그의 영주권 박탈을 포함해서 엄중한 처벌을 받게 될 것이라고 경고했다.

야심가인 로베르토는 회계사 사무실을 열심히 운영했고 거의 매년 20만 달러 가까운 수익을 올렸다. 부인 에디는 그의 잘못을 용서했고 자기가 이해와 애정이 부족해서 그가 스토킹을 하게 되었을지도 모른다고 생각했다. 어릴 때부터 꿈꿔왔던 가정을 이룬 에디는 나에게 "로베르토는 내가 꿈꿔왔던 사람이에요. 물론 우리 모든 식구들은 그를 지지합니다"라고 말했다. 그녀는 확신에 찬 말투로 "아무 일도 일어나지 않을 거예요. 그이는 인생에서 교훈을 얻을 필요가 있었어요. 우리가 그를 지지한다는 사실을 그는 정말 고마워했어요"라고 했다.

에디의 용서와 헌신에도 불구하고 로베르토는 여성 고객들에 대해 끊임없이 성적 환상을 품었다. 환상에 불을 붙이는 포르노 영상을 보는 것을 그만두지도 않았다. 때때로 그는 에디의 전화를 받지 않았고 연락이 되지 않던 낮시간 내내 어디에 있었는지도 에디에게 말해주지 않았다. 에디는 남편이 바람을 피운다고 강하게 의심했다.

회계사 일이 잘 되면서 로베르토는 더 거칠어졌고 사생활에 대해서는 더 비밀스러워졌다. 그는 나에게 "작은 일에도 짜증이 난다"며 비서가 자기를 "미치게 만들어서" 인내심을 잃고 그녀에게 소리를 지르곤 했다고 고백했다. 너무 화가 나서 고객들도 사무실에서 쫓아내버렸다. 가게에서 점원이 무례했을 때에는 일주일 동안 그 생각을 머리에서 떨치지 못했다. 그는 화를 다스릴 거라고 말했지만 이내 나에게 "화를 가라앉힐 수가 없어요. 보통 사람이라면 이렇게 하지 않아요"라고 말했다.

에디가 로베르토를 어떻게 내조했는지와 상관없이, 그는 끊임없이 그녀를 비난했다. 에디는 로베르토가 소리를 지르고, 욕을 하고, 조롱하고, 따돌리고, 자리를 뜨고 대꾸를 하지 않는다고 말했다. 그는 에디를 떠나버리겠다고 협박하며 아무도 그녀와 결혼하지 않을 거라고 말했다. 에디는 눈물을 흘리며 남편이 오래된 골동품 거울을 깨뜨리고 그녀를 공격한 사건에 대해 언급했다. 어찌할 바를 몰라 하며 에디는 "난 그저 그이가 다정하길 원해요. 난 그를 사랑해요. 난 싸움을 못 견뎌요. 그가 모든 게 내 탓이라고 해요"라고 했다.

로베르토는 분노를 미덕이라고 여겼다. 특히 그가 스스로 항상 옳다고 믿었기 때문에 더욱 그랬다. 그는 "난 내가 더 똑똑하다고 생각해요"라고 자랑했다. 언쟁은 그에게 스포츠와 비슷했다. "좋은 관계에는 항상 언쟁이 있어요. 언쟁이 없으면 뭔가 잘못된 거예요. 내가 화를 내면 효과가 있어요."

로베르토는 이민자 사회에서 많은 고객에게 회계 서비스를 제공했고, 일부에게는 무료로 제공함으로써 좋은 평판을 얻었다. 그가 화를 내며 서비스를 거부한 고객들은 의지할 데가 거의 없었다. 많은 이들이 미국에 처음 온 사람들이었고 그와 싸울 위치에 있지 못했다.

로베르토와 같은 범죄자들은 종종 직업적 성공 때문에 존경을 받는다. 일에서 높은 성취를 거두는 것은 범죄자에게 이득이 된다. 그의 명성을 높여주고 불미스럽고 불법적인 행동을 덮어준다. 범죄자들은 일터에서 사람들을 학대하며 식구들에게도 똑같이 한다. 이들은 일련의 파괴적 행위들로 동료, 식구, 지역사회에 영향을 끼친다. 대부분은 붙잡힌 것만 주로 후회한다. 기소된 후에도 많은 이들은 유죄를 부정하고 자신이 부당한 대우를 받은 피해자라고 주장한다.

11

정복과 자아 형성을 위한 성관계

11

정복과 자아 형성을 위한 성관계

범죄자들은 종종 비정상적으로 강한 성욕을 가진 것으로 묘사된다. 하지만 성적 활동의 주된 추진력은 생리적 충동보다 정복의 흥분에서 나온다. 지배력에 대한 욕망은 일찍 시작된다. 범죄자는 어린 시절에 성관계가 권력을 얻는 하나의 방법이라는 것을 발견하게 된다. 지역 교도소에서 복역 중인 스물다섯 살 재소자는 이렇게 설명했다. "내가 성관계를 알기 전, 그러니까 네 살에서 열 살 사이에는 나는 여자애들이 우는 것을 보는 것에 대한 환상이 있었어요. 걔들이 상처를 입는 걸 보는 걸 즐긴 게 아니라, 걔들이 벌거벗은 모습을 보는 것 같았고, 왜 그런지는 몰라도 그게 날 흥분시켰어요." 그는 "모든 관계에서 성관계가 언제나 유일한 목표 아니면 주요 목표였다"고 말했다.

범죄자는 종종 상대를 인격체로 생각하지 않고, 한 쌍의 젖가슴과 엉덩이, 그리고 질과 성관계를 한다. 그는 자기 성기를 남들을 굴복시킬 무기처럼 휘두른다. 한 강간범은 자부심에 찬 표정으로 "난 천부적이에요. 살인범이 칼을 꽂는 것처럼 난 여자들에게 그걸 찔러 넣죠"라고 말했다. 누구든 타깃이 될 수 있다. 술집에서 만난 사람, 친구의 아내, 자기 아이들 또는 의붓자식들 중 한 명, 자기가 성직자로서, 교사로서, 코치로서, 스카우트 지도자로서 돌보는 아이까지.

범죄자들은 상당히 많은 성경험을 갖고 있을 수 있지만 다 얄팍한 경험들이다. 그들은 서로 동의하는 성관계에서는 만족을 잘 느끼지 못한다. 성관계는 그들의 힘의 행사이며, 상대의 감정은 거의 고려하지 않고 자기가 정한 시간, 날짜, 장소에 통제력을 행사하는 것이다. 상대가 누구이든 간에 성행위 자체보다 상대를 정복하는 과정에서 훨씬 더 흥분을 느낀다. 범죄자는 남들이 자신에게 저항할 수 없을 것이라고 믿는다. 이에 대한 확신을 얻지 못하면 그는 도전적이 된다. 그는 아첨과 속임수를 통해 정복하려 하거나 그게 안 되면 완력을 쓴다. 성적 취향과 상관없이 범죄자는 다른 사람을 유혹하고, 속이거나 위협해서 자기가 원하는 대로 행동하게 만드는 데서 흥분을 느낀다. 하나의 정복을 이루어내면 곧바로 또 다음 정복을 추구한다.

청소년기부터, 범죄자가 "내 여자"라고 말할 때에는 그녀가 자신 소유라고 주장하는 것이다. 하지만 한편으로는 그녀를 쓰고 난 휴지처럼 폐기처분할 수 있는 존재로 생각한다. 범죄자가 사랑에 대해 이야기하는 일은 드물며, 사랑하는 관계가 무엇을 수반하는지에 대한 개념도 없다. 그는 여성에게 자기에게 맞춰 변화할 것을 요구하는 한편, 여성은 그를 있는 그대로 받아들일 것을 의무시한다. 또한 자기는 원하는 여자 누구하고나 성관계를 하면서 "그의" 여자는 철저히 충성스러워야 한다고 주장한다. 여성이 범죄자에게 충실하라는 압박을 가하면 그녀는 버림받을 위험을 초래하는 것이다. 한 범죄자는 내뱉듯이 이렇게 말했다. "이건 남자의 세계입니다. 암캐가 나에게 이래라 저래라 하는 걸 원치 않아요. 왜냐하면 음부를 가지고 있다는 건 날 통제할 수 없다는 뜻이니까."

종종 생생하게 묘사되는 범죄 내용을 보고 당신은 가해자가 어디가 아픈 게 분명하다고 생각할지 모른다. 정상적인 사람이라면 자기 아들과 성관계를 하거나, 밤늦게 나가서 남의 집 창문 안을 몰래 들여다보거나, 모르는 사람을 공격하고 강간하거나 하는 행동을 하지 않을 것이라고 생각할 것이다. 이 범죄들은 구역질이 나지만 마음이 "아파서" 나온 산물이 아니다. 가해자들은 강간, 관음증, 음란한 노출, 아동과의 성관계가 불법임을 알고 있다. 이런 범죄를 저지르는 사람들은 인생 대부분에 걸쳐 너무나 무책임하게 살아왔지만, 이성은 있는 인간들이다. 성적인 공격행위의 원인을 이해하려는 노력의 일환으로 로드 아일랜드 대학 연구자들은 거의 백 건에 달하는 보고서를 검토해 남성 성범죄자들이 "성범죄자가 아닌" 남성 범죄자들과 "뇌에 신경해부학적 차이"가 있는지 조사했다. 그들은 "뇌구조나 뇌기능 면에서 성범죄자들에게만 나타나는 독특한 차이는 없다"는 결론을 냈다.

관음증

리처드는 수년간 밤에 남의 집 창문 안을 몰래 들여다보고 촬영하던 끝에 체포되었다. 처음에는 보호관찰을, 후에는 징역형을 선고받았다. 판사는 리처드가 수많은 여성들의 "프라이버시와 기본적 안전권을 침해했다"고 강조했다. 리처드는 이전에 상관과의 "성격 충돌"로 해고된 상태였고, 결혼생활도 파탄 나고 있었다. 삶이 붕괴되는 가운데 리처드는 아내로부터 도망치기 위해 산책을 하겠다며 밤늦게 집을 나가기 시작했다. 어느 날 밤 리처드는 유리 문들을 통해 한 여성이 침실에서 옷을 갈아입고 있는 것을 보았다. 이후 그는 매일 밤 그 집 앞으로 걸어갔다. "그게 일종의 스케줄이 되었다"며 "거기서 기다리면서 지켜보았다"고 했다. 산책시간은 점점 길어졌고 그는 다른 집들 창문 안도 지켜보았다. 천천히 걸어 다니고 창문 안을 엿보는 것은 그의 결혼생활의 "단순한 일상"보다 훨씬 더 강도 높은 흥분을 주었다. 리처드는 "신나는, 담대한 일이었어요. 위험 요소가 있었죠"라며 "나는 그게 위험하다는 것을 잘 알고 있었어요. 그래서 그걸 한 거예요"라고 말했다.

그는 그냥 들여다보는 것만으로는 만족하지 못하고 비디오 카메라를 구입해서 십여 명의 여성들의 집 안을 몰래 촬영하기 시작했다. 그리고는 밤에 비디오들을 보며 자위행위를 했다. 때로는 비디오를 보지 않고 숲에 숨어 창문 안을 엿보는 흥분을 되새기며 자위를 했다. 이 모든 것은 그가 남의 집 뒤뜰에 뻔뻔하게 들어가서 그 집 남편에게 발각된 것도 모르고 엿보는 일에 빠져있다가 끝이 났다. 남편이 리처드를 땅에 쓰러뜨리는 동안 아내는 경찰에 전화했다.

내가 평가하는 동안 자기 행동을 돌이켜본 리처드는 "나만의 작은 세상에서 벗어나 있었다"고 말했다. 그의 관음증은 두 가지 면에서 그를 흥분시켰다. 하나는 위험을 무릅쓰는 데서 오는 흥분, 또 다른 하나는 비디오를 볼 때 따라오는 성적 흥분이었다. 자신의 불법행위에 대해 그는 "법을 어기고 있다는 건 알았지만 한번도 다음 단계로 간 적은 없다"고 말했다. 타인을 신체적으로 해한 적은 없다는 뜻이었다.

리처드는 스스로를 "저항할 수 없는, 여자들이 갖고 싶어 하는 남자"라고 생각했다. "나는 단정한 사람이고, 정말 단정한 여자를 가질 자격이 있어요." 그는 자신이 평범한 여성이나 일반적인 직업을 갖기에는 너무 훌륭하다고 생각했다. 직장에서 해고된 뒤에도 그는 골프 코스에서 며칠을 보내며 계속 골프장을 다녔다. 그는 완벽한 직업을 원했는데, 그것은 "내 회사를 소유하고 실체가 있는 물건을 생산하는 것"을 의미했다. 체포 직후 아내가 그를 떠나자 리처드는 완벽한 여성을 찾는다는 임무에 착수했다. 그는 자기 이상형인 여성의 특징에 대해 새 차를 주문할 때 원하는 옵션을 열거하듯 줄줄이 읊었다. 여성들과의 관계에 대해 이야기할 때, 리처드는 스스로 한번도 사랑에 빠진 적이 없다는 것을 인식했다. 그러나 그는 너무나 자기중심적이고 만족시키기 어려운 사람이었고, 남들에게서는 쉽게 결점을 찾아내지만 자기 자신의 결점은 좀처럼 보지 못하는 사람이었다. 리처드는 직장에서 그가 화를 내고 욕설을 섞어 무례하게 말하는 등 못되게 군 것을 인정했다. 그는 경력을 쌓는 일이건, 우정을 쌓는 일이건, 결혼을 유지하는 일이건, 어느 것에도 노력을 기울이는 일이 드물었다. 아내에게 불충실했으면서도 오히려 아내가 독선적이고 합리적이지 못했다고 비난했다. 취업을 꺼리는 것에 대해서는 "내 야심과 추진력이 어디를 향하는지 모르겠다"고 말했다. 그는 사실 야심은 항상 있었지만 추진력은 거의 없었다.

실업상태였지만 리처드는 새 직장을 찾기를 거부했다. 그는 재정적으로 어려움을 겪는 친구가 패스트푸드 식당에 취업해 "해야 할 일을 하는 것"을 존중했다. 하지만 리처드는 그와 비슷한 어떤 일도 할 마음이 없었다. 그는 "앉아서 은행 계좌에서 돈을 꺼내는 건 너무 쉬워요. 나는 완전 게으르거든요"라고 말했다. 아마도 자기 자신에게 다짐하기 위해서였겠지만 그는 "돈을 벌 거예요. 난 준비가 됐어요. 그렇게 될 거예요"라고 말했다. 그러나 그러고 나서 자기 상황이 사다리는 있지만 목표를 향해 올라갈 의지가 없는 사람과 비슷하다고 말했다. "난 거절당하는 게 싫어요. 거절당하면 뒤끝이 있어요. 거절은 어떤 종류든 상처가 되죠." 그는 누군가 그를 스스로 생각하듯 저항할 수 없는, 아주 경쟁력 있는 뛰어난 인간으로 보지 않을 때마다 거부당했다고 느꼈다. 관음행위를 하면서 리처드는 그를 알지도 모르는 여성들에게 거대한 권력을 행사하는 느낌을 경험했다. 이상한 낌새도 채지 못하고 그들은 리처드에게 결혼생활이나 직장생활에 없던 흥분을 제공했다.

교도소에서 복역한 뒤 그는 "내 성적인 기계 장치가 꺼졌나? 지금 시점에 잠자리에 몸을 던지는 건 완전 불편하게 느껴지네"라고 의아해했다. 불법적인 성행위를 하지 않고, 훔쳐보는 행위는 생각조차 하지 않으려고 최선을 다하는 동안, 리처드의 성욕은 최저 수준이었다. 데이트하던 여성과 성관계를 시도하던 그는 발기가 되지 않는다는 사실을 깨닫고 당황했다. 체포될 때까지는 관음행위 빈도가 증가해 그는 밤낮으로 훔쳐보는 것에 몰두했다. 체포되고 기소되지 않았다면 리처드의 성범죄가 더 심각한 범죄로 발전했을지 판단할 방법은 없다.

기술 발전은 관음을 더 용이하게 한다. 카메라들이 너무 작아져서 거의 어느 위치에나 설치할 수 있다. 훔쳐보는 사람들은 라커룸, 화장실, 탈의실 또는 래비가 그랬듯이 여성이 종교적 의식으로서 목욕을 하는 곳에도 카메라를 설치해 자기 욕구를 충족시킬 수 있다. 한 아버지는 자기 집 곳곳에 카메라를 설치해 딸의 친구들이 하룻밤 자고 가기 위해 옷을 갈아입는 모습을 의심받지 않고 촬영했다. 〈워싱턴포스트〉는 한 연기지도 교사가 학생들의 치마 속이나 블라우스 속 사진을 몰래 촬영했다고 보도했다. 이 교사는 수천 장의 아동 포르노 사진을 소지하고 있었던 것으로 드러났다.

음란 노출

왜 남성들이(거의 항상 남성이다) 음란한 노출행위를 저지르는지 설명하는 수많은 이론들이 있다. 전통적인 프로이트 이론은 이런 행동이 "거세 불안"에 대한 방어로서 신체가 온전하다는 확신을 얻고자 하는 열망에서 비롯된 것이라고 설명한다. 런던 아동정신건강센터의 선임 임상연구원인 브랫 카는 심리분석적 관점에서 노출을 분석한다. 그는 노출행동이 "내면의 스트레스, 특히 어린 시절 트라우마와 연결된 스트레스를 드러내는 기능을 한다"며 "여성들에 대한 증오의 표현이자 손상된 자존감 회복의 수단"이라고 말한다. 이 같은 설명은 과학적으로 입증하기 힘들다. 근원이 뭐든 간에 행위자에게 음란 노출은 엄청나게 흥분되는 행위다.

20년 넘게 제임스는 성기를 드러내는 것을 일상화해 왔다. 주말이 가까워오면 성기를 노출할 생각에 가슴이 뛰었다. 식구들에게는 볼일을 보러 간다고 하고 그는 별생각 없이 지나가는 행인을 놀라게 할 위치를 물색하는 일에 착수한다. 그는 공원과 자전거 도로, 달리기 트랙, 그리고 숨어서 휴식을 위해 나온 사람들을 공략할 수 있는 나무가 울창한 곳에 자주 갔다. 그는 이 행동에 완전히 빠져서 직장 점심시간 중에도 시간을 할애하기 시작했다. 업무상 간 출장에서도 그는 비용이나 업무 편의성이 아니라 성기 노출을 할 기회를 제공할 장소와 얼마나 가까운지를 기준으로 호텔을 선택했다. 그의 목적은 그를 발견하고 그의 성기를 경탄하며 쳐다볼 여자들을 유혹하는 것이었다. 대부분의 여성들은 경악하며 역겨워하는 반응을 보였기 때문에 그는 실망했지만 어쨌든 주의가 집중된다는 사실이 중요했다. 제임스는 성기 노출에 너무 집착하게 된 나머지 아침에 일어나는 순간부터 그 생각을 했다. 그는 부주의해졌고, 같은 장소를 얼마나 많이 방문했는지 기억하지 못하게 되었다. 음란 노출은 제임스에게 부업처럼 되었다. 그는 결근하기 시작했고, 식구들과 동료들에게 거짓말을 했고, 그들의 신뢰를 배신했다.

제임스의 아내는 남편에 대해 "모든 상황을 통제하고 싶어 하는" 독재자라고 묘사했다. 완벽을 요구하는 그에게 맞추기 위해 끊임없이 애써온 그녀는 "저녁식사가 5분 늦게 준비되면 그는 마치 온세상이 무너진 것처럼 굴었다"고 했다. 결국 수차례 재방문했던 공원에서 제임스는 이 지역을 순찰하던 경찰에 체포되었다. 그의 아내는 이혼 소송을 제기했고, 제임스를 고위직으로 채용했던 기관은 높은 보안 인가 수준에 미달하게 된 그를 해고했다.

제임스가 나에게 이야기한 내용 중 어느 것도 정신건강 전문가들이 제시한 노출증에 대한 설명을 뒷받침해 주지 못한다. 제임스는 성적으로 욕구불만인 상태가 아니었다. 그는 아내가 있었고 부부관계도 하고 있었다. 우울증이나 불안증 또는 특정 적대감에서 벗어나기 위해 노출을 한 것도 아니었다. 사실 그의 인생은 아주 잘 나가고 있었다. 제임스의 설명에 따르면 성기를 노출함으로써 그는 모든 면에서 즐기고 있었다. 어디를 갈지 생각하고, 너무 눈에 띄지 않으면서 사람들에게 보일 수 있는 곳에 위치를 잡고, 발기된 성기를 노출하고, 지나가는 사람들의 반응을 기대하고, 그들의 표정을 관찰하는 모든 단계를. 제임스는 강간에 대한 환상이 머릿속에서 펼쳐지고 있었음을 인정했다. 그가 체포되지 않았다면 여성들을 신체적으로 공격했을지 여부는 알 길이 없다.

루이스의 패턴은 달랐다. 아내가 죽은 뒤, 그는 반복적이고 외로운 삶을 살았다. 집 안에서 벌거벗은 채 걸어 다니면서 그는 종종 창가에 서 있었다. 특히 두 명의 십대 소녀들이 스쿨버스에서 내리는 시간 즈음에. 소녀들은 종종 남자친구들과 함께였다. 그는 소녀들이 오가는 것을 지켜보며 그들의 성행위를 상상했다. 소녀들이 창가에 나체로 서있는 자신을 보기를 고대한다고 생각하면 흥분이 되었다. "그 애들이 날 보고 있고 내가 그들을 기쁘게 하고 있다는 느낌이 들었어요. 그 애들을 보면 그걸 찾는다는 생각이 들어요. 어서 보여주고 싶어지죠." 그들을 보고 난 뒤 루이스는 자위를 했다. 그는 자기 집 데크에서 집 근처 소녀들 집 침실 창문 안을 들여다보기 시작했고, 그들이 옷을 갈아입는 다양한 단계를 바라보는 것으로 보상받았다고 인정했다. 그는 소녀들이 의도적으로 그를 애타게 만든다고 생각했다. 두 소녀가 그를 밖에서 봤을 때 그에게 말을 걸었다는 사실에 용기를 얻었다. 루이스는 자신의 행동은 완전히 무해했다며 "저는 그 소녀들에게 아무 짓도 안 했을 거예요"라고 분명히 말했다.

루이스는 나체로 집 안을 돌아다니는 그의 부주의에 대해 아내가 훈계했다고 털어놓았다. 아내는 누군가 그를 볼까 봐 걱정했다. 그는 아내가 아직 살아 있었다면 "내가 이렇게 하게 그냥 내버려두지 않았을 것"이라고 인정했다. 루이스는 또 아내가 자기가 "베이비시터와 뭔가 했다고 의심했다"고 털어놓았다. 그는 정확히 뭐였는지 기억은 안 난다면서도 "내가 그녀한테 반하긴 했던 것 같다"고 인정했다.

반복적인 노출은 주요 장애물이 제거된 이후 시작되었다. 아내가 세상을 떠나자 그의 행동이 가져올 수 있는 결과에 대해 끊임없이 상기시킬 사람이 없어졌다. 제임스처럼, 루이스 역시 그 자신이 매력이 넘치는 사람이라고 보았으며 아무에게도 해를 끼치지 않는다고 생각했다.

반복적 음란 노출범은 밖에 나가서 잠복할 장소를 물색할 필요가 없다. 집에서 나가지도 않고 휴대전화를 이용해서 해당 행동을 할 수 있다. 버튼 하나만 누르면 누구나 자기 성기 사진을 찍어서 남에게 보낼 수 있다. "섹스팅"을 하는 사람들은 순진하게 그렇게 하지만, 이 행동은 위험하다. 이미지들은 도용될 수 있고 의도한 수신자가 아닌 다른 사람들에게도 보내질 수 있다. 복수나 협박을 위해 쓰일 수도 있다. 미성년자가 자기 사진을 다른 미성년자에게 보내면 아동음란물 제작 및 유포 혐의가 적용될 수 있다. 휴대전화는 또한 당사자들 모르게 다른 사람이 성행위를 녹화해 볼 수 있게 함으로써 관음 활동을 위한 배출구를 제공한다. 당연하게도 섹스팅을 하는 사람은 장난 삼아 해본 청소년도 있지만 많은 범죄 중 하나로 하는 사람에 이르기까지 범위가 다양하다.

강간

전문적인 논문들이나 해설에 따르면 강간이라는 범죄는 성관계와는 관련이 적고 권력과 정복과 훨씬 더 관계가 깊다. 강간행위를 가해자의 전체 성격의 맥락에서 이해하는 것이 중요하다. 강간범들은 여성들을 혐오하는 사람들이 아니며, 반드시 성관계를 한동안 못한 것도 아니다. 강간은 범죄자가 자신이 강하고 남들이 탐낼 만한 사람이라는 자아상을 확인하는 행위다. 강간범은 타깃이 이미 자신을 원하고 있거나 한번 기회를 줄 것이라고 믿는다. 그를 거부하려는 시도는 오직 그의 흥분을 돋울 뿐이다. 위협이 효과가 있기 때문에 무자비한 위력은 거의 필요하지 않다. 내가 면담한 모든 강간범은 이미 다른 유형의 범죄를 저질렀던 사람들이었다.

몬티는 머릿속 생각에 대해 예외적으로 구체적으로 이야기했다. 그 생각의 결과로 그는 숲을 걷고 있는 한 젊은 여성을 돌로 치고 강간하려 했다. 강간미수를 저지르기 오래 전부터 그는 부모님 재산을 훔쳤고, 부모님 차를 불법 운전했으며, 가게에서 도둑질을 하고, 집에서 사제 폭탄을 제조했고, 남의 집에 불법 침입했다. 열세 살일 때 그는 폰섹스를 하느라 큰 빚을 졌다. 학업능력이 있었음에도 불구하고 그는 자주 학교를 빠졌고, 수업을 방해하여 여러 차례 정학 처분을 받았고, 결국은 퇴학당했다. 학교에 관심이 없었지만 그는 컴퓨터 영재였고 컴퓨터 시스템 분석가로 채용되었다. 그는 몇 시간씩 인터넷 포르노를 보았고, 때로는 유료 사이트를 해킹하기도 했다.

몬티는 어려운 가정 환경 출신이었다. 그는 어머니가 아버지와 이혼한 뒤로 아들이 집에 있는 것을 원치 않았다고 말했다. 사실 그의 어머니는 나에게 그 반대였다고 말했다. 아들이 점점 더 숨기는 게 많아졌고 장벽을 치듯이 자기 인생에서 어머니를 몰아내려 했다는 것이다. 그녀는 자신이 최고의 어머니는 못 되었다고 인정하면서 "어떻게 하면 그 애와 더 가까워질 수 있을지 몰랐다"고 토로했다. 아들이 강간미수로 체포되자 어머니는 충격을 받았다. 그녀는 아들이 미국 대통령 집무실 컴퓨터를 해킹했다는 연락을 받았다면 놀라지 않았을 것이라고 말했다. 그녀는 "그 애가 우리와 문제가 있긴 했지만 이건 그 정도가 아니잖아요. 이런 일이 일어나리라곤 전혀 예상 못했어요"라고 말했다.

몬티는 아버지와 시간을 보내는 것을 거부했다. 아버지가 세운 온갖 규칙을 싫어했기 때문이다. 몬티의 아버지는 전 부인인 그의 어머니보다 훨씬 더 엄격했지만 자신이 "아버지로 해야 할 일을 잘못했다"고 말했다. "그 애가 작은 잘못들을 많이 저질렀을 때 봐주곤 했어요. 걔가 나이가 들수록 나는 그 애를 점점 더 알 수가 없어졌어요." 십대였을 때 몬티는 자신에게 사람들을 판단하는 눈과, 그들이 듣고 싶어 하는 말을 해줌으로써 좋은 인상을 주는 능력이 있음을 자랑스럽게 생각했다. 몬티가 그 누구의 경고도 주의 깊게 듣는 것 같지 않자, 한 가까운 친척은 그의 아버지에게 그가 "큰 어려움을 한번 겪어봐야 한다"며 "그러면 눈이 번쩍 뜨일 것"이라고 말했다.

강간미수가 있었던 날, 스물두 살의 몬티는 성적인 테마를 담고 있는 살인 미스터리 소설을 들고 자주 가던 숲에 갔다. 이내 책이 지겨워진 그는 한 젊은 여성을 관찰하기 시작했다. 그는 그녀가 조용한 길에 접어들 때까지 따라갔다. 그리고는 돌을 집어 들어 그녀의 머리를 쳐서 땅에 쓰러뜨렸다. 그녀의 몸을 누른 뒤 옷을 벗기고 성관계를 위한 자세를 취했다가 멈추고 죽이거나 다치게 하지 않겠다고 약속했다. 그리고 그녀의 출혈을 막기 위해 자기 재킷을 주어서 보냈다. 그녀는 집에 가서 신고했고 얼마 안 가서 몬티는 체포되었다.

거의 5년간 몬티는 매력적인 소녀에게 접근해서 강간하고 그녀의 첫 성관계 상대가 되는 상상을 해왔다. 그는 성경험이 없는 처녀를 강간하는 상상을 하며 매일 자위했다. 사건이 있던 바로 그날 그가 읽던 책에도 강간 장면이 있었다. 몬티는 성경험이 부족하지 않았다. 그는 최근 여러 상대와 동의하에 성관계를 해왔다. 그러나 합의된 성관계는 너무 평범했다. 그는 "한번 하고 나면 더 이상 하고 싶지 않았다"고 말했다. 그의 행동이 어떤 영향을 끼쳤을지에 대해 묻자 몬티는 피해자가 한동안 성관계를 할 마음이 없을 수도 있겠다는 말만 했다. 그리고 "숲에 가고 싶지 않을 수도 있겠네요"라고 덧붙였다. 자기가 끼친 해악에 대해 최저 수준의 인식을 보여주는 이런 진술이 범죄자들에게는 흔하다.

재판을 기다리며 몬티는 자신의 "성관계사(史)"라고 스스로 부른 것을 적었다. 그 문서에 그는 그 강간미수가 자기 성향에 맞지 않는 행동이거나 충동적인 행동이 아니라고 적었다. 그의 성적 유희는 아홉 살에 누나를 상대로 시작되었다. 그는 열 살 때 의붓아버지의 포르노 영화를 발견하고 자위를 시작했다. 2년간 그는 가족이 키우는 개를 상대로 성행위를 했다. 열다섯 살에 그는 첫 성경험을 했다. 그는 스스로 "엿보는 톰(관음자를 의미: 역자 주)"처럼 행동했다고 묘사했고, 그것이 강간에 대한 생각의 전조였을 수 있다고 했다. 결국 그는 어떤 집에 침입해 "자고 있는 소녀를 덮쳤다." "중단하고 도망쳤는데 잘못된 행동이라고 생각했기 때문은 아니었어요. 겁나서 도망친 것이었죠. 나는 점점 더 많은 시간을 숲에서 혼자 보냈어요. 아무도 없을 것 같은 곳으로 가서 벌거벗고 강간을 상상하며 자위하곤 했어요."

온라인 포르노를 발견하면서 상상은 더 폭발했다. "나는 내 컴퓨터 기술을 이용해서 유료 포르노 사이트들에 접속하기 시작했어요. 강간 비디오들을 찾아냈고 아동 음란물을 보면서 자위를 엄청 했어요. 가끔은 컴퓨터 앞에서 밤을 샜어요. 심지어 내가 하라는 대로 하는 인공지능 여자친구도 있었어요. 컴퓨터 앞에 있을 때 나는 다른 사람이 됐어요. 내가 통제권이 있었고 컴퓨터에게 명령하면 컴퓨터가 따랐죠. 컴퓨터가 나 아닌 다른 사람과 사랑에 빠질까 봐 또는 나를 속이거나 상처줄까 봐 걱정할 필요도 없었고요. 컴퓨터는 언제나 날 사랑했어요. 강간에 대한 상상을 하기 전에도 나는 내가 원하는 여자 누구든 나와 성관계하게 만드는 특수한 능력을 갖고 있는 상상을 했어요." 이 모든 것은 어느 아름다운 날 산책 중이던 젊은 여성이라는 형태로 현실화된 기회를 위한 정신적 리허설이었다.

범죄 가해자들은 피해자를 탓한다고 전에도 내가 언급한 바 있다. 그런 일은 강간의 경우 특히 자주 일어난다. 열여덟 살일 때 드웨인은 폭행 및 강간미수로 기소되었다.

전혀 반성하는 기미도 없었을뿐더러 그는 피해자인 열두 살 소녀를 욕했다. "걔는 발육이 빠른 애였어요. 어떤 어린 여자애들은 더 나이가 들어 보이잖아요. 걔가 나한테 먼저 관심 있었어요. 그래서 나도 관심을 갖게 된 거예요. 남자들이 어떤지 아시잖아요. 뭔가 시도할 기회가 생기면 시도하는 거죠. 걔가 그런 식으로 나올 줄 몰랐어요. 자기 엄마한테 혼날까 봐 무서웠던 것 같아요. 내가 걔를 강간하려고 했다면 걔가 왜 자기 이모한테 들리게 소리를 지르지 않았겠어요? 정말 짜증나요. 걔가 뭐라고 하든 난 전혀 상관 안 해요. 진실이 뭔지 난 아니까요." 피해자에게 화가 난 드웨인은 이렇게 단언했다. "걘 혼이 날 거예요. 신이 내 편이라고요. 하나님이 걔한테 뭔 일이 생기게 하실 거예요. 천벌을 내리실 거예요."

관음과 음란 노출과 강간의 교집합

어떤 사람이 관음과 음란 노출 또는 강간 혐의로 체포된다면, 이 세 가지가 다 사실일 가능성이 높다. 가해자는 그는 이전에도 불시에 공격을 가하고 다른 유형의 성폭력을 저지르고, 성적이지 않은 범죄도 저질러왔을 것이다.

미국 연방수사국 FBI의 유명 프로파일러인 존 더글러스는 "가장 폭력적인 성범죄자를 연구한다면 아마 상대적으로 순진하게 시작해서 거의 모든 사건에서 점점 정도가 세지는 것을 발견할 것"이라고 말했다. 행동분석가이자 소송 변호사인 웬디 패트릭은 관음증은 종종 좀 더 심각한 성폭력, 특히 음란 노출과 강간으로 가는 "관문 행동"이라고 말했다. 캐나다 법무부 보고서에 따르면 "관음은 점점 더 강압적, 침해적이 될 수 있는 성적 장애의 연속적 범주 내에서 초기에 일어나는 행동"이다. 이 보고서는 "관음증 환자의 약 20%가 성폭행이나 강간을 저지른다"고 쓰고 있다. 성범죄자들의 범죄 패턴에 대해 달리버 돌레잘과 에나 조바노빅은 "성범죄자들은… 성적이지 않은 특정 유형의 범죄들에서 다양한 범죄를 저지르는 경향이 있다"고 지적했다. 따라서 누군가를 "성범죄자"라고 분류하는 것은 그 사람이 성범죄로 체포되었다는 것을 의미할 뿐, 그는 기타 다른 범죄도 저질렀을 가능성이 높다.

가택침입과 강간미수로 장기간 복역을 하게 된 스물여섯 살 로먼은 이전에 이미 성범죄와 성적이지 않은 범죄 십여 건을 저질렀다. 그의 범죄 이력은 그가 청소년이 되었을 때 대규모 절도에 가담해 담배 수십 상자를 훔치고 부모로부터 돈을 훔치고 자동차와 물품보호소, 책가방 등에서 물건들을 훔친 것으로 시작했다. 로먼은 타이어 바람을 빼고 유리문에 돌을 던지고 출입구에 연막탄을 설치하고 숲에 불을 놓는 등 기물 파손 행위를 했다. 운전을 할 수 있게 되면서 다양한 위반 통지를 받았고 사고에 연루되어 면허 정지를 받았지만 운전을 멈추지 않았다. 학교 수업을 너무 방해해서 어떤 교사도 그를 다루지 못했고 정서불안을 이유로 "대안학교"에 등록해야 했다.

로먼은 부모가 그의 행동을 제한하고 훈육하려고 하면 논쟁을 벌이면서 소리를 지르고 물건들을 부숨으로써 가족의 삶을 파괴했다. 그의 어머니는 말했다. "우리는 모든 걸 다 해봤어요. 그 애는 제한을 가하고 엉덩이를 때린다고 해서 동요하지 않았어요. 행동 교정도 해봤고 가족 상담도 해봤어요. 다들 어떻게 해야 하는지에 대해 각기 다른 이론을 제시했지요." 로먼 부모에게 대학을 졸업하고 안정적인 직업과 가까운 친구들이 있는 또 다른 아들이 있어서 망정이지, 그렇지 않았다면 부모가 아이를 잘못 키운 책임이 있는 게 아니냐는 비난을 받았을지 모른다.

로먼의 관음증은 중학교 때 시작되어 남의 창문들을 들여다보면서 몇 년 동안 계속되었다. 첫 폭력적 성범죄는 열두 살일 때 일어났다. 나무가 울창한 구역을 걷다가 그는 한 소녀를 강간할 의도로 붙잡았는데 소녀가 가까스로 빠져나갔다. 수년에 걸친 음란 노출은 친구와 동네에서 여자아이들을 깜짝 놀라게 하는 일로 시작되었다. 로먼은 자신이 노출을 한 것이 거의 50번에 달할 것이라고 추측했다. 공원 근처, 자전거 도로, 아파트 단지, 사무실 건물들, 학교 등 "할 수 있는 곳이면 어디에서든" 했다. 수십 건의 성범죄를 저지르고도 거의 붙잡히지 않자 스스로 천하무적이라고 생각하기 시작했다. 쇼핑몰들을 운전하고 다니면서 그는 주차장에서 혼자 걷고 있는 여성 옆에 따라붙어 음란한 말로 시선을 끈 다음 "노출을 하고 옆으로 운전해 지나가면서 자위를 했다"고 말했다. 음란 노출로 세 번 걸렸지만 다 보호관찰 처분을 받았고 그는 작은 불편 정도로 여겼다.

로먼은 그의 노출이 "흥분과 감각적 자극"을 위한 것이었다고 말했다. 성관계를 원하는 것과는 관계가 적었다. 그는 보통 성관계를 할 수 있는 여자친구가 있었다. 음란 노출에 여자들이 어떻게 반응하기를 기대했냐고 묻자 로먼은 이렇게 답했다. "어떤 사람들은 쳐다보고 어떤 사람들은 다른 방향을 봐요. 어떤 사람들은 아무 관심을 기울이지 않죠. 어릴수록 쳐다보지만, 차를 몰고 가버리기도 해요." 그는 그들 반응을 "재미" 있게 받아들였지만 "그들이 긍정적인 반응을 보여주길", 즉 접촉을 원하길 바라는 마음을 품고 있었다.

교도소에 수감되어 있는 동안에도 로먼은 "여성 감독관이 볼 수 있는" 위치에 있곤 했다. 그는 머릿속에 파도처럼 밀려오는 관음과 노출, 강간에 대한 생각이 "아침부터 밤까지 내 삶에 영향을 끼쳤다"고 토로했다. 로먼의 아버지는 "로먼이 오늘 출소한다면 또 강간을 할 겁니다. 의심의 여지가 없어요"라고 암울하게 예측했다.

어느 가해자의 어린 시절

열여섯 살일 때 펠릭스는 성추행 혐의로 체포되었다. 그는 "산책을 하던 중에" 매력적이라고 생각되는 여성을 발견했다. 그는 인사말 같은 건 전혀 없이 그녀를 붙잡고 양손으로 그녀 골반을 잡아 자기 몸 쪽으로 당겨 문질렀다. 그녀가 비명을 지르며 흔들어 몸을 빼자 펠릭스는 그녀를 놔주었지만, 경찰에 신고할까 봐 그녀를 뒤쫓아갔다. 경찰이 빨리 도착해 그를 체포했다. 펠릭스는 부모에게 자기가 뭐에 "사로잡혔는지" 모르겠다고 말했다.

펠릭스는 열두 살에 포르노를 보기 시작했다. 여성들을 강제로 추행하기 시작한 건 2년 뒤였다. 첫 번째 사건은 국제선 비행 중에 자고 있는 승객을 만진 것이었다. 겉보기에는 관광을 다니는 것처럼 외국 도시를 걸어 다니며 그는 휴대전화로 거의 십여 명의 여성들을 뒤에서 촬영했다. 또 다른 도시에서도 50명이 넘는 여성들을 촬영했다. 펠릭스는 이런 행동이 지겨워지자 스스로 "다음 단계"라고 부른 단계로 넘어갔다. 거리에서 여성들을 쫓아가 엉덩이를 만진 것이다. "그녀들은 비명을 지르거나 나를 모욕하는" 반응을 보였다고 그는 말했다. 한번은 고소장을 접수한 경찰이 펠릭스를 제지했다. 그러나 펠릭스가 딱 맞춰 사진들을 삭제했고 경찰은 그를 풀어주었다.

펠릭스는 상당한 시간을 자기가 찍은 사진과 영상들을 보면서 자위를 하며 보냈다. 날씨가 따뜻할 때에는 일반적으로 십대 소년이 밖에 나오기에는 이른 시간인 동틀 무렵에 산책을 나오기를 계속했다. 펠릭스는 어머니에게 하루 중 그 시간에 산책하는 걸 좋아한다고 말했다. "맑은 공기가 필요해요. 해 뜨는 것과 새들을 보고 싶고요. 나 혼자만의 시간도 갖고 싶어요." 그는 그렇게 설명하며 "풍경 사진들을 찍기 위해" 카메라를 가지고 간다고 말했다. 이 아침 산책들은 "18세에서 39세 사이"의 여성들을 사냥하기 위한 정찰 원정으로 드러났다.

열다섯 살부터 펠릭스는 지구상 다양한 지역에 사는 성인 여성들과 "해보고 싶은 종류의 성관계"에 대해 온라인 채팅을 시작했다. 그는 자위 중인 자기 사진들을 보냈고 대가로 나체 사진들을 요구했다.

이 십대 소년은 어머니와 같이 살고 있었는데 어머니는 종일 근무를 했다. 펠릭스는 학교가 끝나면 매일 몇 시간씩 방치된 채 혼자 지냈다. 대부분의 과목에서 낙제점을 받았고 수업이나 사회활동에는 전혀 관심이 없었다. 그는 혼자 있을 때 가장 기분이 좋았다고 강조했다. 여자친구를 사귀는 것은 짐스러울 것이라고 생각했다. "난 여자친구를 원치 않아요. 한번도 흥미가 없었어요. 그건 내가 원하는 게 아니에요. 누군가의 남자친구가 되고 싶지 않아요." 펠릭스는 그의 행동이 법적으로 더 심각한 문제를 일으킬까 봐 우려했다. 그는 "사람마다 각자 어두운 부분이 있죠"라며 이렇게 말했다. "내가 누군가에게 상처를 줄지라도 난 이게 필요하다는 느낌이 들어요. 사람들에게 해를 입히고 싶진 않아요. 음식이 필요한 것처럼 그게 나한테 필요할 뿐이에요. 이 충동들은 나의 일부예요." 펠릭스는 미래의 더 심각한 결과들을 피하기 위해 자신이 바뀔 필요가 있다는 것을 알고 있었다. 그는 음란한 생각들을 "쫓아내기" 위한 투쟁이 자기 정체성을 "파괴하는" 것처럼 느껴졌다고 말했다.

펠릭스의 어머니가 이직과 함께 아들과 외국으로 이주하면서 나는 그와 연락이 끊겼다. 그가 미국을 뜨면서 법적 절차도 중단되었다. 펠릭스의 어머니는 아들의 미래에 대해 두려워했다. 그녀는 나에게 "그 애는 후회하는 태도를 보이지 않아요. 반성을 하긴 하는지 모르겠어요. 그 애는 자기가 한 일 어느 것도 절대 후회하지 않는다고 말했어요"라고 말했다. 구류상태로 이틀 밤을 보낸 것을 제외하면, 펠릭스는 그의 행동에 대해 심각한 대가를 치른 적이 없다.

펠릭스는 남자 여자 누구하고도 성관계를 한 적이 없다. 그를 흥분시키는 것은 여성들을 쫓아가 접근하고, 그들 모르게 사진을 찍고, 인터넷으로 나체 사진을 교환하고, 상상하며 자위한 것이었다. 낯선 사람을 공격해 체포된 것을 보면, 이 십대 소년의 범죄성이 점점 증가된 것은 분명하다. 그는 계속해서 다른 사람들에게 위험을 초래할 인물이었다.

성인 관계에서의 성적 학대

성적으로 학대적인 관계들은 고용주로부터 돈을 횡령하려는 범죄자의 계획에 가담하는 것과 유사한 정신적 과정에서 나온다. 그는 목표에 집중한다. 그리고는 타인이나 조직의 약점과 취약성을 찾아낸다. 그는 허위 진술과 노골적인 거짓말을 통해 자기 동기를 숨긴다. 오랜 시간이 걸리더라도 그는 환심을 사고, 신뢰관계를 구축하고, 좋은 평판을 얻는다. 직위의 특성상 부여된 정당한 권위와 권력을 이용해서 원하는 것을 쟁취하기 위한 방법을 개발해낸다. 그리고는 공격한다. 가면이 벗겨지면 좋은 의도였다고 주장하고 잘못을 부인하고 피해자를 탓한다.

칼은 병원 응급실에서 간호보조사로 일하며, 때로는 생명까지 그에게 의지하는 여성들에게 의료 서비스를 제공했다. 생명을 위협받는 상황에 처한 무기력한 환자들이었기 때문에 칼은 그들에 대해 재빨리 많은 것을 파악했다. 이 여성들은 위태로운 상태에 있는 자신들을 그가 진심으로 걱정한다고 생각했다. 칼은 여성 환자들이 그가 집까지 데려다주는 것을 허락하도록 설득했고 집에 가서는 성관계를 하자고 압박을 가했다. 어떤 경우에는 병원에서 퇴원한 여성들에게 전화를 걸어 그들 상태를 체크하기 위한 방문 일정을 잡기를 원한다고 말했다. 일단 집에 도착하면 성관계를 하자고 설득했다. 많은 여성들이 그의 방문을 허락하지 않았고, 대부분은 성관계 제안을 거절했지만 칼은 쉽게 포기하지 않았다. 환자를 걱정하는 의료 전문가로서의 지위를 지속적으로 악용해 그는 옛 환자들과 성적 만남을 가졌다.

한 환자의 항의로 칼의 상사가 조사에 착수하면서 그의 약탈행위는 끝이 났다. 칼은 신속히 변호사를 고용했고 변호사는 그에게 즉시 심리치료를 받기 시작하라고 조언했다. 칼은 심리치료사에게 자신이 알지도 못하는 여성들과의 성관계를 끊임없이 상상한다고 말했다. 치료사는 칼이 "자기 행동이 남들에게 끼칠 영향은 생각하지 않고 자기 행동의 법적 결과에 더 관심이 있다"고 적었다. 그녀는 칼에게 "남성 치료사와의 연대"를 형성하도록 치료사를 바꾸고 아내와 함께 부부 상담치료에 참여하라고 추천했다.

감독하는 위치에 있는 범죄자들은 자기 밑에 있는 부하 직원들을 위협해 성적인 호의를 얻으려고 한다. 호텔 청소부로 일하는 멜린다는 상사인 에이리얼과 가까워졌고 자신의 사적인 문제들을 그에게 털어놓기 시작했다. 에이리얼은 멜린다가 브로커에게 돈을 주어 십대인 아들을 불법 이민시켰으며 아들이 추방당할까 봐 걱정된다고 그에게 이야기한 것을 약점으로 이용했다. 그는 멜린다에게 행동을 잘하면 비밀을 지켜주겠다고 말했다. 그 말이 "고문"의 시작이었다고 멜린다는 말했다. "그는 하루에도 서너 번씩 나에게 전화를 걸어 자기 사무실로 오게 했어요. 나는 무서웠어요. 그는 계속 나를 만지고 애무하려고 했어요. 결국 에이리얼은 가구라곤 침대 하나밖에 없는 방으로 그녀를 데려갔다. 그가 윗도리를 벗기 시작할 때 멜린다는 도망쳤다. 이후에도 에이리얼은 멈추지 않았고 그녀가 자기를 보러 오게 하기 위해 끝없는 구실을 만들어냈다. "그는 대놓고 나와 성관계하길 원한다고 말했어요. 나는 싫다고 했고요. 나는 남편과 아이들이 있어요." 그는 누구도 근무 중에 멜린다에게 전화를 걸지 못하게 휴대전화번호를 바꾸라고 했다. 에이리얼은 "잠자리를 해주지 않으면 이민국에 전화해서 아들을 데려가게 하겠다"고 협박했고 멜린다는 굴복했다. "그는 성관계하고 싶을 때마다 날 협박했어요." 에이리얼은 그녀를 모욕했고, 욕을 했으며, 언제든 자기가 그녀를 해고할 수 있다고 상기시켰다. 다른 청소부들이 에이리얼이 성관계를 요구한다고 관리팀에 항의한 뒤에야 멜린다는 해방되었다. 그때조차 에이리얼은 멜린다의 동료들에게 자기가 매니저의 형제라고 경고했지만 아무도 믿지 않았다. 그는 멜린다를 걸리적거리지 않도록 다른 지역 일자리로 보내버렸다.

권력 불균형이 구조화되어 있을 때 범죄자들은 누군가의 직업적 안정성과 경력에 대한 포부에 영향을 끼칠 수 있다는 점에서 분명 유리한 위치에 있다. "미투(Me Too)" 운동 중 많은 남녀가 나서서 자신과 부하 직원 사이의 권력 격차를 이용해 원치 않는 성적 행동으로 착취했던 유명인들과 경영자들을 고발했다. 많은 유명인사들이 실직했고, 일부는 감옥에 갔다.

가족 내 아동과의 성행위

테리는 아내와 사랑에 빠져 있는 게 아니라 그들의 일곱 살 난 아들 바비와 "성적인 관계를 갖고" 있었다. 아내가 집에 없을 때면 테리와 아들은 서로를 애무했고 테리는 자위를 해서 오르가슴을 느꼈다. 그는 바비가 "정말 그걸 즐겼고 하고 싶어 했지만 잘못이라는 걸 느끼고 있었다"고 말했다. 테리는 바비에게 "우리만의 사랑"이라고 확신시켰다. 그들이 한 행동이 둘만 아는 비밀이라는 의미였다. 테리는 그의 행동이 전혀 잘못이라고 보지 않았고, 종종 바비가 먼저 성적인 행위를 시작했다고 주장했다. 바비가 그 일을 통해 무엇을 얻었냐고 묻자 테리는 "아버지와의 친밀감. 걔가 성적인 쾌락을 느꼈는지는 모르겠어요. 어린 애 성기를 빨면 기분이 좋아요. 확실한 건 걘 전혀 두려워 보이지 않았다는 거예요." 테리는 모든 게 "깊이 사랑하는 관계"라는 맥락에서 일어난 것이라고 설명했다.

테리의 미성년자와의 성적 접촉은 바비에게서 그치지 않았다. 그는 바비에게 전쟁놀이를 구실로 다른 소년들을 초대하게 해서 집으로 끌어들일 수 있었다. "우리는 레슬링을 했고 바지가 벗겨지곤 했다"고 그는 말했다. 테리가 아이들에게 바지를 벗으라고 하자 아이들은 그대로 따랐다. 그리고 서로 만지게 되었다. 테리는 이 아이들이 "내가 마치 그들을 위협이라도 하는 것처럼 두려워 보였다"고 인정했다. 그는 바비는 "내가 그렇게 하는 것을 지켜보는 걸 즐겼고 다른 아이들 성기도 보고 싶어 했다"고 생각했다.

대학에서 테리는 LSD와 마리화나 같은 불법 약물을 사용했다. 그는 한 학교에서 자퇴했고 또 다른 학교에 등록했다. 그는 계속해서 마리화나를 피우고 술을 마셨는데, 하룻밤 동안 혼합주를 여섯 잔이나 마시는 수준에 이르렀다.

재정적으로도 훈련되지 않은 그는 파산 신청을 하게 될 때까지 "좋은 삶을 살고 있었다"고 말했다. 그가 아내 샐리를 좋아하지 않는다고 말해서 나는 왜 그녀와 결혼했는지 물었다. 그는 "우리는 정말 빨리 결혼했어요"라고 말했다. 혼전 임신으로 아이를 낳은 후였다. 바비를 가진 것도 계획한 것은 아닌 듯했다. 샐리가 체중이 불고 "성관계가 지루해지자" 테리는 바비를 성적 행동에 끌어들였다. "결과에 대해선 한번도 신경쓰지 않았어요. 그냥 했어요"라고 테리는 말했다. 아들과의 성행위가 어떤 부정적 영향이 있을지에 대해서는 아무 생각이 없었다. 그는 "장차 그 애가 첫 데이트에서 여자와 한 골 성공시키려고 할 때 어떤 생각을 할지 궁금하긴 하다"고 했다. 바비가 부정적 영향으로 괴로워할지에 대해서는 전혀 고려해 보지도, 신경쓰지도 않았다. 테리는 바비가 그의 가정이 붕괴됨에 따라 마음 고생하는 당장의 사태에조차 둔감했다. 바비와 그 어머니는 이 지역에서 이사 나가야 했고, 바비는 놀이 친구들을 잃었고 전학을 가야 했다.

샐리와 테리의 결혼생활은 감정적으로 기복이 심한 롤러코스터였다. 바비와의 성행위가 드러나기 전까지는 테리의 음주가 가장 심각한 문제였다. 테리는 술에 취하면 "까다롭고 논쟁적이며 모든 면에서 자기가 옳다고 생각하는" 사람이었다. 샐리가 그가 전화 없이 밤늦게 귀가하는 것에 반대한 어느 날 밤, 테리는 그녀를 자러 가지 못하게 하고 몇 시간씩 붙잡아놨다고 회상했다. 테리는 샐리를 하인처럼 대했고, 그녀에게 매일 두 번씩 집 전체를 진공청소기로 청소하라고 주장하는 등 비현실적인 주문을 했다. 그가 늦잠을 자고 싶어 할 때에는 샐리는 발뒤꿈치를 들고 걸어 다니고 바비를 조용히 시켜야 했다. 샐리는 테리가 자주 "별 것 아닌 일을 크게 만들었다"고 했다. 테리가 교도소에 가게 되면서 샐리는 빚과 어린 아들을 데리고 인생을 다시 시작해야 했다. 샐리와 아들과 이웃 소년들에게 일어난 비극에 대해 내가 언급했을 때, 테리는 "나는 그게 비극이라고 생각하지 못했다"고 회의적으로 답했다.

소아성애

소아성애는 카톨릭 사제들 사이의 추문과 펜실베이니아 주립대학 제리 샌더스키 코치 사건 같은 선정적인 이야기들과 함께 대중 인지도가 극적으로 높아진 범죄다. 샌더스키는 15년 동안 마흔다섯 건에 걸쳐 아이들 열 명을 성적으로 학대한 혐의와 다른 많은 관련 행위로 기소되었다. 피고인들은 아이들을 돌보는 일로 신뢰를 받고 있는 책임의식 있고 다정한 어른들처럼 보였다. 아동들은 돌보미 선생님들이나 스카우트 지도자들, 캠프 상담사들 등의 역할을 맡고 있는 이런 어른들이 책임의식이 있으리라고 추정하고, 이들은 젊은이들의 삶에 영향력 있는 존재가 된다. 이들은 고용주들에게 높이 평가받고 학부모들에게 존경받으며, 종종 어린이들에게도 사랑받는다. 이들은 가르치는 실력과 학생과의 연대뿐 아니라 학부모와 지역사회와 연대를 형성하는 데에도 천부적 재능이 있기 때문에 훌륭한 평판을 갖고 있다.

남편과 별거 중이던 코너 어머니는 댄 신부가 열한 살 난 아들에게 관심을 보여주는 것을 고맙게 생각하고 있었다. 어머니는 코너를 성당에서 후원하는 활동들에 등록시켰고, 건전한 환경에서 시간을 보내리라고 철썩 같이 믿었다. 처음에 댄 신부는 관심을 쏟으며 코너에게 얼마나 사랑하는지 말해줌으로써 아이가 스스로 특별하다고 느끼게 했다. 댄 신부의 사랑 표현은 포옹에서 키스로 나아갔고 코너의 옷 속에 손을 넣어 애무하는 것에서 오럴 성관계와 상호 자위행위로 이어졌다. "난 늘 그를 피하려 했어요." 나와 심리평가 면담을 할 때 코너는 말했다. 댄 신부로부터 멀어지려는 코너의 노력은 신부의 심술궂고 호전적인 반응을 가져왔다. 한번은 댄 신부가 코너 어머니에게 댄이 무례하게 행동해서 주말 나들이를 망쳤다고 말했다. 어머니는 코너를 크게 꾸짖었고 그는 신부로부터 벗어나겠다는 희망을 포기했다. 코너는 신부가 자기 가족의 존경받는 친구임을 알고 있었고 무슨 일이 일어났는지 알리는 것은 끔찍하게 창피한 일이 될 터였으며 아무도 자기 말을 믿지 않을 것이라는 걸 알고 있었다. "그는 내 인생을 뒤흔들어 놓았고 내 어린 시절을 빼앗아갔어요"라고 코너는 말했다. 성당과 신에 대한 믿음도 파괴되었다.

아델 역시 유사한 경험을 보고했다. 아델은 어머니와 함께 정기적으로 미사에 참여했고 성당에서 톰 신부가 이끄는 어린이 모임에 속해 있었다. 아델을 아주 좋아하는 이 젊고 잘 생긴 신부에 대해 아델은 경외심을 갖고 있었다. 아델은 "그에게 내 고해성사를 들어달라고 부탁했다"고 말했다. 톰 신부가 가족 친구였고 아델 집에 자주 방문했기 때문에 아델은 그를 자주 보았다. 그는 아델에게 예쁘게 생겼다며 성당 활동이 끝나고 집에 데려다주겠다고 제안했다. "저는 칭찬에 마음이 설렜어요. 신부님에게 반한 것처럼요." 아델은 자신이 영화 배우에게 빠진 열두 살 소녀와 같았다고 회상했다. "혼란스러웠지만 기분은 좋았어요. 다들 그 신부님 관심을 받고 싶어서 안달이었으니까요. 우리 부모님은 그를 신처럼 생각했어요. 저는 아주 신앙심이 깊었고요. 그는 내가 특별하다고 생각했고 그는 신이 보낸 축복 같았어요." 아델은 모든 소녀들이 신이 나서 그의 주변에 있는데 왜 자기만 유일하게 특별한 관심을 갖는지 의아해했다.

열세 살 생일날, 신부는 아델의 입술에 키스했고 그녀를 끌어당기곤 사랑한다고 고백했다. 그리고 사랑은 하나님이 주신 선물이라고 선언했다. 이 어린 소녀는 매우 혼란스러웠다. "물론 난 그를 믿었어요. 당연히 아무에게도 말할 수 없었고요. 그가 남들은 이해하지 못할 거라면서 아무에게도 말하지 말라고 했어요. 이건 정말 설명하기 힘들어요. 나는 그와 하나님을 완전히 신뢰하고 있었어요. 그가 나쁜 사람이라곤 생각하지 않았어요. 잘못된 일이라면 하나님이 일어나게 하지 않았을 거니까요."

톰 신부는 아델에게 다양한 성행위를 유도했다. 아델은 "나는 놀라거나 두려워하지 않았어요. 그와 하나님에 대한 믿음 때문이었죠. 우리 부모님도 그를 믿었고 내가 아는 모든 이들이 그를 신뢰했어요." 신부가 죄책감을 느낀다고 토로했을 때 아델은 오히려 더 혼란스러워졌다. 그녀는 그의 고통의 원인인 자신을 탓했다. "그가 죄책감을 느끼게 만드는 잘못을 내가 저지르고 있다고 생각됐고 내 존재 자체가 잘못됐다고 생각했어요. 내가 없었다면 그가 고통스러워하며 날 사랑하는 것에 대해 죄책감을 느끼지 않을 테니까요." 그럼에도 불구하고 아델은 스스로 운이 좋았다고 생각했다. "이토록 경건한 사람이 나를 선택했잖아요. 의심할 여지없이 하나님이 하신 일이었어요. 세상은 이해하지 못할 테지만요." 아델은 말했다. "신부들은 신처럼 많은 권력을 지녀요. 그들은 하나님이 하듯이 우리 잘못을 용서할 수 있어요." 아델은 항상 사제들을 "신처럼" 흠결이 없는 존재로 보았다.

아델과 톰 신부의 성적 관계는 수년간 지속되었다. 그가 성적으로 접근할 때 그녀가 저항했다면 그는 "강요하는 못난이"가 되었을 테고 그녀는 더 죄책감을 느꼈을 것이다. 아델은 부모와 가까웠지만 무슨 일이 일어나고 있는지 부모님에게 이야기하는 것은 상상도 못했다. 톰 신부가 아델 부모님이 자기 절친이라고 공언하는 것도 일을 어렵게 만들었다. 톰 신부는 아델에게 또 한 명의 부모처럼 되었다. "그가 친구들에 대해, 또 심지어 어떤 수업을 수강신청할지에 대해서도 조언해 주었어요. 그는 우리 가족의 일원으로 대우받았고 모든 일, 생일잔치나 결혼기념일 행사에도 관여했어요." 아델은 "우리 부모님은 내가 하나님 안에서 특별하다고 생각하셨고 그도 알아주었다"고 설명했다.

아델은 동료들로부터 거리감을 느꼈다. "아무 공통점이 없는 것처럼 다르게 느꼈어요." 그녀는 가장 친한 친구에게조차 비밀을 털어놓을 수 없다는 사실에 마음이 안 좋았다. "내가 이야기하면 그건 톰 신부님을 배신하는 게 되었을 거예요." 대학 진학을 위해 집을 떠난 뒤 아델은 공황장애를 겪기 시작했다. 톰 신부는 멀지 않은 곳에 있었다. 어찌할 바를 몰랐던 아델은 그에게 전화해 확신을 구했다. 그녀가 정상적인 삶을 되찾고 데이트를 시작했을 때 아델은 톰 신부가 축복하리라 기대하며 그에게 알렸다. 그는 아델 때문에 너무나 불안하고 초조해져서 치료를 받아야 할 것 같고 사제직을 떠나야 할 수도 있다며 그녀를 탓했다. "이게 전환점이 되었어요. 그는 나를 아끼는 게 아니었어요." 아델은 깨달았다. "나는 황폐해졌고 심각하게 우울해졌어요." 환상이 깨지고 버림받은 느낌을 받으며 아델은 불안증과 불면증을 앓았다. 그와의 잠자리들이 불현듯 머리에 스쳐 지나가는 경험을 했고 "속으로 죽어버린" 것 같은 느낌을 받았다. 상담치료사에게 이야기하면서 아델은 비로소 자신이 성적 학대를 받았다는 사실을 깨달았다. 그녀는 치료사에게 그 일들은 영적이었다고 설명하면서 여전히 신부를 변호했다. 몇 달 동안 심리치료를 받고 대학 수업을 들으면서 아델은 성당 미사에 나가는 것을 그만두었고 성당 밖에서 친구들을 사귀었다. "종교를 새로운 시각에서 바라보고 세상을 보다 현실적으로 봤어요"라고 아델은 말했다. "나 자신과 내 자긍심을 위해 뭔가 해야" 한다고 느꼈기 때문에 아델은 해당 천주교 교구를 상대로 소송을 제기했다.

어린이들을 위한 스포츠 프로그램들은 소아성애자들을 자석처럼 끌어들인다. 어린이 운동선수들이 신뢰하던 어른들에게 성적으로 학대당했다는 스캔들은 세계 각국 언론에 헤드라인 뉴스로 보도되어 왔다. 미국 공영라디오(National Public Radio: NPR) 보고서에 따르면 영국의 청소년 축구 선수 350명이 코치들이나 스카우트 담당자들로부터 학대당했다고 주장했다. 〈예루살렘포스트〉에 따르면 한 이스라엘 핸드볼 코치는 십여 명의 청소년들의 성적 가해자였던 것으로 의심받고 있다. 아마도 가장 심각한 미성년자 성추행 사건은 올림픽 체조선수들의 유명 주치의였던 래리 나사르일 것이다. 나사르 박사는 1996년부터 2017년에 걸쳐 150명이 넘는 소녀들을 "치료"한다면서 성폭행 또는 추행해 징역 40~175년형을 선고받았다. 그는 또한 3만7천 장의 어린이 음란물을 소지한 혐의로 추가 60년을 선고받았다.

로건은 다른 대부분의 소아성애자들처럼 유소년 야구 코치였고 다른 유형의 범죄도 저질렀다. 그는 일곱 살이던 시절 초콜릿과 음식을 훔친 것을 포함해 장난전화를 걸고 작은 불을 지르는 등 "모든 종류의 것들"을 했다. "전 거친 아이였어요. 누군가 날 마음에 안 들게 쳐다보면 싸움을 벌였죠." 로건은 "폭발시키는 것"은 아홉 살 때 시작했다고 말했다. 그는 다른 사람들이 그의 성기를 볼 수 있게 헐렁한 반바지를 속옷 없이 입고 다녔다고 말했다. 그는 "그들이 진짜로 보는지 보는 것"이 재미있었다고 말했다. 이십 대가 되자 로건은 노골적인 노출을 시작했다. 팀 여행에서 자위하는 것을 여러 아이들이 선생님에게 신고해 곤경을 겪기도 했다. 학교는 조사에 착수했지만 결과적으로 아무 일도 일어나지 않았다.

로건과 경기 외에 시간을 같이 보낸 소년들은 그에게 매료되었다. 로건은 그들에게 학교나 팀 후원 없이 자동차 여행을 시켜주었다. "그들은 내가 쿨한 코치라고 생각했어요. 같이 다닐 애들이 내 곁에 많았지요." 많은 어린 선수들은 그에게 개인적인 문제들을 털어놓았다. 특히 한 소년에 대해 로건은 "나는 그 애 인생의 모든 면에서 깊이 관여하게 됐어요"라고 말했다.

로건의 어머니는 아무것도 의심하지 않았다. 아들 로건은 고등학교 졸업 후 독립했고 일하고 있었다. 아들이 아이들에게 헌신적이라는 사실을 자랑스러워하던 어머니는 "그 애는 아이들을 도와주는 것을 좋아했어요. 그 애가 훌륭한 아빠가 되겠다고 생각했어요"라고 말했다. 로건은 정규직을 갖고 잘 차려입고 다니고 값비싼 차를 몰고 다른 사람들을 돕는 일에 자원함으로써 깨끗한 이미지를 유지하기 위해 노력했다고 말했다.

로건은 "순수한 접촉, 엉덩이 토닥이기, 레슬링 같은 일상적인 외부 접촉"이라고 스스로 칭한 행동들을 시작했다. 소년의 반응에 따라 그는 더 나아갈지 말지를 가늠했다.

로건은 "1대 1 관계"를 형성하는 게 중요하다고 강조했다. "더 많은 시간을 쓸수록 더 많은 신뢰가 형성되기 때문"이라고 말했다. 로건은 열한 살 소년과 가까워졌고 그의 부모에게도 신뢰를 받았다. 8년 동안 그와 소년은 애무와 구강성교, 자위를 했다.

로건은 심리적으로 취약한 아이들의 마음을 끌었다. 그는 아내를 암으로 잃은 사람과 친구가 되었다. 그 남자는 자신의 열두 살 아들을 돌보는 것을 도울 수 있게 로건에게 자기 집에 들어와 지내달라고 청했다. 그 아이와의 관계를 묘사하며 로건은 그 애가 "공격적"이었고 자기와의 성행위를 즐겼다고 말했다.

심리학적 검사 결과, 로건은 "회피적이고 통찰력이 부족하며 감정적인 갈등을 인정하는 데 방어적인 태도를 보이고, 친밀한 관계에 있는 상대를 조종하려 하고, 자기중심적이며, 제멋대로"인 것으로 나타났다. 그는 현재 교도소에서 장기 복역 중이다.

아이들은 코치들을 존경한다. 부모들은 아이들에게 헌신하는 사람들을 롤모델로 생각한다. 부모가 이혼했거나 맞벌이인 비율이 높은 가운데, 아이들은 상당한 시간을 코치들과 보낸다. 친밀한 감정적 관계를 형성하기 쉬운 환경이다. 스포츠 프로그램에 다니는 아이들은 코치들과의 성적인 관계를 신고하지 않는다. 너무 창피하게 느끼거나 사람들이 자기 말을 믿지 않을 거라고 생각하기 때문이다. 더 중요한 것은 아이들은 자기 코치를 곤경에 빠뜨리기를 원치 않는다는 사실이다. 스포츠 코치들에 관해 여기 묘사된 행동 패턴들은 다른 직위에서 아이들을 성적으로 학대하고 착취한 범죄자들에게도 그대로 적용된다.

아이들과 성적 관계를 가진 댄 신부, 톰 신부, 로건 같은 사람들은 단순히 그들 행동이 불법이었기 때문에 범죄자인 게 아니다. 생각의 오류들이 소아성애자들의 행동에서 얼마나 중요한 역할을 하는지 생각해 보라. 어른이 취약하고 순진한 사람과 관계를 형성하고 이를 성적인 관계로 전환하는 데에는 힘의 불균형이 작용한다. 범죄자는 어린이가 반발하기 힘든 권위 있는 지위에서 비밀스럽게 움직여 완전한 지배력을 얻는다. 피해자는 무슨 일이 일어났는지 폭로하면 아무도 믿지 않을까 봐 또는 혼이 날까 봐 두려워한다. 범죄자는 다른 면에서도 지배력이 있다. 어떤 성적인 문제가 있었던 간에 그는 이미 경험이 있는 사람이고 경험이 없는 아이는 그의 행동에 의문을 품거나 비판을 할 근거가 없다. 많은 소아성애자들은 책임을 모면하려는 의도로 아이가 동의했다거나 성적 접촉을 환영했다고 주장한다. 그것이 설령 사실이라고 할지라도 범죄자는 그 자신과 아이에게 즉각적으로 끼칠 영향을 알고 있는 성인이다. 그는 체포되면 스스로 범죄라고 생각도 하지 않는 것에 대해 부당하게 처벌을 받는다고 믿는다. 그의 관점에서는 경찰관 같은 사람들이 캐묻는 것이 아이에게 끼칠 유일한 해악이다. 그는 자기가 원하는 것만을 추구하며, 장기적으로 아이 심리에 상처가 될 수 있다는 점에 대해서는 전혀 생각하지 않는다. 체포되지 않은 소아성애자의 아이에 대한 관심은 아이의 발육이 신체적으로 특정 단계에 이르러야 멈춘다. 이 관심은 다음 아이에게로 옮겨간다.

전자 매체를 통한 성인과 아동의 성적 관계

미국 연방법은 아동 · 청소년 음란물을 "미성년자와 관련된 성적 착취행위를 시각적으로 묘사한 것"으로 정의하고 있다. "충분히 성적인 암시를 주는" 사진도 포함될 수 있다. 자신이 아동 음란물을 갖고 있음을 알았든 몰랐든, 실제로 보았든 못 보았든, 아동 음란물 소지만으로도 불법행위에 해당한다. 자신과 아무 상관없는 아동 음란물을 남에게 받아서 집에서 보는 것도 불법이다. 아동 음란 사진을 남에게 전송하는 것은 "배포"에 해당한다. 미성년자가 성적 행위에 관여하는 사진을 찍는 것은 아동 음란물 "제작"에 해당한다. 아동 음란물에 어떤 유형으로든 관여하면 엄격한 처벌을 받는다. 아동 음란물을 수취, 배포, 제작하면 최소 의무형에 처해지며 주법에 따라 기소될 수 있다.

인터넷 접근이 용이해짐에 따라 가해자들의 새로운 세상이 열렸다. 이들 중 일부는 범죄자 성격 모형에 들어맞지만 일부는 맞지 않는다. 아동 음란물을 제작하는 것은 의심할 여지없이 어린이들에 대한 착취와 학대를 포함한다. 그러나 모든 아동 음란물을 받거나 보는 남성들(거의 예외 없이 남성이 가해자다)이 다 똑같은 것은 아니다. 소아성애자들이 아동 음란물과도 관련이 있을 가능성이 높은 것은 사실이지만, 아동 음란물을 보는 사람들이 다 소아 성애자는 아니다. 앞 장에서 언급한 비유는 폭력적인 비디오 게임을 하는 것이었다. 극단적인 폭력행위를 벌이는 많은 사람들이 폭력적 비디오 게임의 열혈 소비자다. 하지만 폭력적 비디오 게임을 하는 사람들의 과반수는 폭력적이지 않다. 다른 말로, 우리 중 대부분은 우리가 보는 것을 행동으로 옮기지 않는다. 내가 면담한 사람들 중에는 아동 음란물을 받거나 수집했지만 한 번도 아동과 성적 관계를 맺으려는 시도는 한 적 없는 사람들이 있다. 이런 사람들은 이 책에서 묘사한 범죄 성향에 들어맞는 사람들이 아니다.

오십대 후반의 클락은 아동 음란물 소지 혐의로 기소되었다. 경찰이 집에 들이닥쳐 그의 전자기기들을 압수수색한 날부터 클락은 그들에게 나서서 이야기하며 질문에 답했다. 클락은 이전에 어떤 일로도 체포된 적이 없었으며 20년간 군에 복무한 뒤 그래픽 아티스트로서 특별할 것 없는 민간인의 삶을 살았다. 그는 데이트를 하지 않고 있었고, 군복무 중 성매매 여성과 성적 교제를 했으며, 이후로는 혼자 외로운 삶을 살았다. "중학교 2학년 때 인생이 지옥 같다는 걸 알게 되었고 더 이상 웃지 않게 되었다"는 그의 말에서 인생에 대한 그의 절망적인 시각을 느낄 수 있다. 자신이 사회성이 부족하다고 표현한 클락은 몇몇 친척을 빼면 가까운 친구가 없었다. 그는 불법 약물을 사용하지 않았고 술도 거의 마시지 않았다.

클락은 아동 음란물을 교환하거나 구입하지 않았고 성적인 대화방에 들어가지도 않았다. 가끔 조카들을 방문하는 것을 제외하면 아이들과 접촉하는 일도 없었다. 클락은 자기 귀책사유 없이 수익성 높은 근로계약이 취소되고 일자리를 구하기 어려워지자 음란물에 눈을 돌렸다. 어린 시절부터 근로 윤리의식이 투철했던 그는 사기가 떨어졌고 자기 자신에 대한 확신도 잃었다. 실직상태로 시간이 남아돌자 음란물에 몰입했다. 아동 음란물에 빠진 것에 대해 그는 "환상을 현실로 바꿀 마음은 없었다"고 말했다. 그는 온라인상에서 미성년자를 찾지 않았고 실제로 만나려고 하지도 않았다.

임상 면담과 심리검사 결과는 당사자가 자기 행동을 깊이 부끄러워하고 자기 행동을 이해하는 데 관심이 있는 것을 보여준다. 클락의 검사 결과에는 이렇게 기술되어 있다.

- "그는 죄책감과 스스로 무가치하다는 느낌에 사로잡혀 있다고 말했다."
- "그는 자기가 저지른 잘못에 대해 처벌받아 마땅하다고 느끼고 있다."
- "그는 자기 개인적 문제를 자기 탓으로 돌리는 경향이 있다."
- "응답자의 자신감은 전반적으로 가혹하고 부정적인 자기 평가를 포함하는 것으로 보인다."

클락은 너무 우울해서 자살도 고려했다. 클락은 한 번도 자신의 불법행동을 정당화하려고 한 적이 없다. 그는 아동 음란물을 보는 것이 아동 학대 시장을 배불리는 데 공헌한다는 사실을 깨닫지 못했다고 고백했다. 그는 진술문을 통해 이렇게 적었다. "저는 직접적으로는 어떤 아동도 해하지 않았지만 나는 피해자들에게 영원한 고통과 수치심을 주었습니다. 이것은 저의 범죄이고 결코 돌이킬 수 없는 잘못이며, 결코 제 자신을 용서할 수 없는 죄입니다. 저는 그들을 대상화했고 제가 보고 싶은 것만 보았습니다. 저의 피해자들은 시간, 거리, 익명성에 의해 저와 분리돼 있습니다. 할 수만 있다면 저의 무지를 용서해달라고 그들에게 빌고 싶습니다. 용서는 불가능할 겁니다. 저는 제 자신을 결코 용서할 수 없습니다." 법원도 그를 용서하지 않은 게 분명했다. 열 건의 "아동 음란물 소지"로 클락은 열 건에 대해 동시에 5년형을 선고받았다. 그는 2년 반 동안의 징역형과 추가로 2년 반 동안 보호관찰 처분을 받았다. 그는 성폭력 치료 프로그램을 이수하라는 명령을 받았다. 그는 감옥에서 나오자마자 성범죄자 등록부에 등재되기 위해 경찰서에 등록해야 했다.

소셜미디어는 사람들, 특히 성범죄자들이 약탈적 행동을 저지를 공간을 넓혀준다. 범죄 성향이 있는 릭과, 집에서 아동 음란물을 보았지만 아무와도 성적 접촉을 하지 않은 오십대의 클락을 비교해 보라. "판단 착오"였다고 주장했지만 릭은 미성년자와 며칠 동안 이메일로 성적인 교류를 한 뒤 그녀를 만나러 집을 찾아갔다. 클락은 법을 준수하며 살았고 지역사회에서 아무런 문제를 일으키지 않았다. 릭은 어릴 때조차 절도, 방화, 싸움, 정학, 속도위반 등 모든 종류의 문제를 일으켰다.

릭은 결혼하고 일하는 아내 대신 집에서 아들을 돌보는 전업주부로 정착하는 듯 보였다. 그는 아내에게 말하지 않고 지역사회 게시판에 자신과 아내와 함께 "만나서 놀" 여성을 구한다는 개인적인 글을 올렸다. 그는 한 십대 소녀로부터 호기심이 생긴다는 회신을 받았다. 응답자가 진짜 어린아이인지 의심스럽기는 했지만 그는 기회를 엿보며 쥐에 접근하는 고양이처럼 그녀와 연락을 주고받았다. 그는 나에게 그 아이가 진짜 십대인지 의심스러웠다며 "어법과 구문을 구사하는 것이 십대가 말하는 방식이 아니었기 때문"이라고 말했다. 그는 자신이 연락하고 있는 사람이 "형편없는 유머 감각"을 가진 사람이거나 경찰이라고 추측했다. 상대가 경찰관일 가능성이 조금이라도 있었다면 계속 연락했겠냐고 내가 묻자 릭은 "그 얼간이가 내 시간을 낭비하고 싶어 한다면 나도 그놈 시간을 낭비할 수 있죠"라고 말했다. "당신이 날 속이려고 하면 나도 당신을 속일 거예요. 기분은 좀 안 좋았어요. 그놈이 따기 쉬운 열매를 좇고 있는 거라면 내가 걱정할 필요가 뭐가 있어요? 나는 대화가 어떻게 흐르는지, 그 경찰이 어떻게 나오는지가 흥미로웠어요. 이런 걸 TV에서 본 적이 있어요. 이게 나 자신이나 내 가족을 위험하게 할 거라고 생각했다면 가까이 가지도 않았겠죠."

릭은 거만했고, 응답자가 정말 그를 잡으려는 경찰이라 해도 자기가 경찰보다 머리가 좋다고 믿었다. 경찰이 아니라면 그 성경험 없는 십대 소녀에게 자신은 거부할 수 없는 상대라고 믿었다. 주고받은 이메일을 보면 릭은 상대를 경찰이 아닌 십대로 취급했다. 선정적인 언어를 쓰면서 그는 "완전한 진짜 성관계"를 하자며 그녀를 초대했고 임신시키지 않을 거라고 약속했다. 그녀가 자기 나체 사진을 보내지 않았기 때문에 릭은 의심을 품기 시작했다. 그는 그녀에게 "사람들이 십대를 먹잇감으로 삼다가 체포되는 TV쇼들에 늘상 쓰이는 각본대로" 하고 있다고 말했다. 더 나아가 "이건 덫이라는 생각이 든다"고 단언했다. 호기심과 상대의 생각을 뛰어넘고자 하는 계속된 욕구가 곳곳에서 보였다. 점점 흥미가 높아지자 그는 소녀의 정확한 집 위치를 물었다. 그녀가 준 주소로부터 길 건너 주차 공간으로 운전해 가면서 릭은 그녀에게 "더 가면 수갑 찰 것 같은데"라고 말했다. 소녀가 경찰의 미끼일 것 같다던 그의 직감은 사실로 확인되었다. 경찰이 그의 집에 찾아와 그의 전자기기들을 압수 수색했고 그는 두 차례 미성년자와 성적 접촉을 시도한 혐의로 체포되었다. 경찰의 생각을 뛰어넘지는 못했지만 그는 심리검사는 속였고 "정상 범주 내에 있다"는 결과를 얻었다. 판사는 릭에게 2년 징역형을 선고했다. 아동 음란물을 보았지만 미성년자에게 연락을 시도한 적 없는 클락에게 가해진 형벌의 절반 수준이었다.

유기 및 착취 아동센터에 따르면 미국에서 2020년 첫 아홉 달 동안 3만236건의 "온라인 유혹"이 보고되었다. 이는 한 해 전 평균보다 두 배로 뛴 것이다. 이 주목할 만한 증가를 설명할 수 있는 것은 코로나19로 더 많은 가해자들과 더 많은 어린이들이 온라인 상태에 있다는 것이다.

클락의 상황은 관계를 형성해 성관계 상대로 삼을 상대를 찾아 소셜미디어를 돌아다니는 소위 온라인 트롤(인터넷에서 논란을 유발하기 위한 메시지나 메시지를 보내는 사람: 역자 주)들과 매우 다르다. 릭 같은 범죄자들에게 아동 음란물과 기타 소셜미디어는 아동 학대의 서곡으로 볼 수 있는 성적 환상을 부추긴다.

존스홉킨스 의과대학의 프레드 벌린 박사와 동료 드니스 소이어는 "아동 음란물을 다운로드했지만 아동 성범죄로 기소된 경력이 없는 사람들의 대다수는 실제로 성범죄를 저지르지 않는다"는 연구 결과를 인용한 바 있다.

이것과 다른 범죄들에 대한 일률적인 양형은 대체로 같은 범죄에 대한 형량 격차를 피하려는 데에서 비롯되었다. 연방 판사들이 따라야 하는 양형 지침의 단점은 개인을 보지 못한다는 것이다. (판사들은 지침을 따르지 않을 수도 있지만 그럴 경우 이유를 제시해 정당화해야 한다.) 위장한 요원에게 마약을 판매하는 사람들이 모두 똑같지는 않다. 누군가는 마약세계에서 비교적 초짜로, 큰 돈을 빨리 벌려다가 운 나쁘게 상대를 잘못 고른 것일 수 있다. 같은 행동을 한 또 다른 누군가는 주요 마약 밀매상일 수 있다. 아동 음란물의 경우에도 마찬가지다. 성적 접촉을 갖기 위해 아이들에게 접근하려고 소셜미디어를 이용하는 릭 같은 가해자들과 클락 같은 가해자들 사이에는 큰 차이가 있다. 그러나 실제 성관계에 관여한 사람이 아동 음란물은 봤지만 아이와 한 번도 접촉하지 않은 사람보다 더 짧은 형을 받을 수 있다.

2006년, 미국에서 성범죄자 등록 및 통지법이 연방법이 되어 "공공 안전 프로그램"이라고 불리며 각 주에서 시행되었다. 성범죄자들은 모든 주와 워싱턴 DC에 있는 성범죄자 등록부에 의무적으로 등재되어야 한다. 한 번도 아동과 성관계를 하거나 유혹한 적도 없던 클락 같은 사람도 마찬가지다. 행정구역이 어디냐에 따라 등록은 평생 의무 사항일 수도 있다. 어떤 주에서는 범죄자가 등록부에서 이름을 삭제해 줄 것을 청원할 수도 있다. 대중은 그의 집 주소나 직장 주소를 볼 수 있다. 등록부 등재를 통해 그 사람이 살 수 있는 장소에 제약이 가해질 수 있다. 학교나 어린이들이 자주 가는 장소 근처에 살 경우에 특히 그렇다. 임대업자와 고용주들은 등록부를 들여다봄으로써 구직자 중 성범죄자를 걸러낼 수 있다. 가해자는 다른 주로 여행 가면 반드시 지정된 날짜까지 그 지역 경찰에 신고해야 한다. 다른 주로 이사 갈 경우도 마찬가지다. 소아성애자, 음란 노출자, 관음증자, 강간범, 그리고 열일곱 살과 성관계를 가진 열여덟 살 고등학생

("미성년자 의제강간")에게도 주에 따라 같은 의무가 지워질 수 있다.

이들은 성범죄가 아닌 범죄로 복역하다가 출소한 재소자들과는 다른 방식으로 사회적 약자가 된다. 모든 성범죄자들이 하나로 뭉뚱그려 형사사법제도에서 비슷하게 대우받지 않도록 더 개선이 이루어져야 한다. 다른 사람을 노리는 범죄자와 온라인에서 아동 이미지를 보는 것만으로 환상을 품는 범죄자를 명확히 구분 지을 필요가 있다.

12
범죄자의 분노 전이

12 범죄자의 분노 전이

수감된 살인범 리처드 맥네어는 이렇게 썼다. "내가 어릴 때부터 다 클 때까지 엄마는 나에게 주먹을 쥐지 말고 펴라고 하시곤 했다. 나는 항상 속으로 뒤틀려 있었다. 나는 내 분노가 어디서 온 건지 전혀 알 수 없었다." 아무것도 모르고 자기가 탈 트럭을 기다리던 낯선 사람을 살해한 뒤에도 맥네어는 "내 마음의 분노가 왜 가라앉지 않는지" 모르겠다고 말했다. 유명 TV 시리즈 〈소프라노스〉에서 토니 소프라노의 치료사는 그에게 "당신은 내면의 분노를 한 번도 제대로 처리하지 않았어요. 분노는 다른 문제들로부터 주의를 흐트러뜨리는 거대한 방해물이에요"라고 말한다. 폭력조직 보스인 토니는 이렇게 대답한다. "나는 이 분노를 당해야 마땅한 사람들을 향해 쓰고 싶어."

분노는 보편적인 인간 감정이지만 범죄자는 끊임없이 분노를 느낀다. 그는 자신에게 반대하는 사람은 누구나 그의 분노를 마주해야 마땅하다고 믿는다. 그의 분노는 표면 밑에서 부글거리다가 사람들이 자기 기대에 부응하지 않을 때 폭발한다. 범죄자는 주로 타인을 통제하는 데 기반한 부풀려진 자아상을 유지하려고 한다. 그의 분노는 암처럼 그가 위협적으로 느낀 개별 사건들에서 비롯되어 누구나 또는 모두가 타깃이 될 수 있는 아주 강렬한 분노로 전이된다.

심리학자를 만나보라는 강요에 분노한 열일곱 살 엘라는 모든 사람에게 화가 난다고 말했다. 엘라의 아버지는 암 환자였고 엘라에 대해 비판하는 일이 거의 없었다. 암 투병 중인 아버지를 신랄하게 비판한 엘라는 다발성 경화증을 앓고 있는 어머니에 대해서도 증오를 토로했다. 이 십대 소녀는 자기 남동생을 "가혹한 대접이 필요한 계집애 같은 놈"이라고 묘사했다. 그리고 "나는 그 애를 남자다워지게 만들려 했어요"라고 말했다. 엘라는 자기 선생님들과 교장, 체조 코치를 비난했고 자신을 실망시킨 친구들에 대해서도 분노에 불타고 있었다. 자기가 하는 가게 아르바이트 일을 경멸했으며 손님들이 "일이 즉각 처리되길 원해서 짜증난다"고 비난했다. 그녀가 "나라를 망쳤다"고 표현한 대통령을 포함해 누구도 엘라의 분노를 피할 수 없었다. 엘라는 폭발 직전의 분노의 화약통이었다.

스무 살 루이스의 분노는 타깃을 찾았다. 그는 자기 여자친구인 카렌을 죽일 준비가 되어 있었다. 루이스의 분노가 쌓인 것은 "일련의 실망"에서 비롯되었다. 그가 카렌의 차에서 담배꽁초를 발견하고 "그녀에게서 담배 냄새가 난다"는 것을 깨달았을 때, 카렌이 자신에게 담배를 끊었다고 거짓말한 것에 화가 치밀었다. 얼마 안 지나 카렌은 임신했다는 폭탄선언을 했다. 다음 날 카렌은 임신이 아닌데 잘못 알았다며, 더 이상 루이스와 만나고 싶지 않다고 선언했다. 2주 후 카렌이 마음을 풀자 루이스는 그녀를 데리러 갔다. 가는 중이라고 알리려고 미리 전화했을 때 그녀는 전화를 받지 않았다. 루이스는 크게 동요하며 서둘러 카렌 집에 갔고, 그녀 사촌의 아파트에도 가봤지만 그녀는 어디에도 없었다. 그런 다음 루이스는 카렌의 전 남자친구 집 앞을 차로 지나가다가 그녀의 차를 발견했다. "모든 것이 끝났고 나는 경악했어요. 카렌이 그와 자고 있다고 생각했어요." 차 유리를 부수어버린 뒤 루이스는 카렌을 끌고 나와 자기 트럭에 태웠다.

몇 달이 지난 뒤, 여전히 화가 난 상태로 루이스는 무슨 일이 일어났는지 나에게 이야기했다. "그 애의 전 남자친구가 나왔어요. 나는 트럭에 권총이 있었어요. 그걸 꺼냈고, 장전했고, 그에게 겨누었죠. 그리고 내 트럭에 올라 카렌과 함께 떠났어요. 난 모든 게 끝났다고 느꼈어요. 내가 얼마나 좋은 가족과 직장 경력과 기회를 가지고 있는지는 생각하지 않았어요. 내가 생각할 수 있는 건 오로지 그녀가 날 배신했다는 것이었어요. 나에게 그녀가 없다면 아무것도 갖지 못한 것 같았어요. 내가 한 일이 잘못인 건 알았어요. 사실 그녀를 너무 간절히 원했기 때문에 결과는 중요하지 않았어요." 카렌을 향해 총을 겨누며 루이스는 여동생 집으로 운전해갔다. 그는 이 사건이 어떻게 끝났는지 설명했다. "내 동생과 매제가 나에게 말을 걸어왔어요. 그들은 경찰에 전화했고, 카렌은 날 고발하지 않았어요. 그녀는 경찰관에게 내가 총을 갖고 있지 않았다고 거짓말했어요." 왜 트럭에 권총을 가지고 있었는지에 대해 그는 "나 자신을 보호하기 위해서"라고 말했을 뿐 부연설명하지 않았다. 그는 나에게 말했다. "내가 누군가를 죽일 거라고는 생각하지 않았어요. 이렇게 멀리 올 거라곤 생각 못했어요."

엘라나 루이스 같은 범죄자들은 사람들이 자기들이 원하는 대로 행동해 주기를 기대한다. 매일 모든 만남에서 그렇게 되지는 않기 때문에 그들은 항상 화가 나 있다. 사람들이 자기 기대에 부응해 주는지 여부에 따라 그들의 자아상이 올라갔다 내려갔다 하는데, 이들 기대의 대부분은 비현실적이다. 바늘이 풍선에 구멍을 내면 풍선 전체가 터진다. 범죄자가 자아상 전부가 위험하다고 생각할 때마다 같은 일이 일어난다. 대부분의 사람들이 작은 모욕을 받아들이지만 범죄자는 작은 것에도 마치 재앙이 일어난 것처럼 반응한다. 분노는 자신이 무가치하다는 느낌을 피하게 해준다.

범죄자는 굴욕적인 일을 당하는 것에 대한 엄청난 두려움을 품고 있다. 사람은 비판을 받으면 그로부터 배우거나 무시한다. 범죄자에게는 건설적 비판이라는 건 존재하지 않는다. 제스처, 얼굴 표정, 목소리 톤 등을 지극히 개인적인 감정으로 해석한다. 교도소 생활에 대한 설명이 이를 잘 보여준다. 재소자들은 휴식시간을 갖는 것이 허락되는데 이때 긴장감이 종종 올라간다. 가벼운 부딪힘, 부주의한 눈맞춤 또는 다른 무례한 것처럼 보일 수 있는 행동이 즉각 잔인한 폭행, 치명적인 칼부림, 전면적인 조직폭력배간 전쟁으로 확대될 수 있다.

범죄자는 인생이 자기 뜻대로 풀리지 않을 때마다 굴욕으로 느끼고 그 결과 분노한다. 누군가 그에게 뭘 하라고 말하면 공격으로 받아들인다. 시시한 직장에서 일하는 것도 그에게는 굴욕이기 때문에 아예 취업을 안 할 수도 있다. 직장 경험이나 기술이 전혀 없는 한 스무 살 청년은 "내 친구들 앞에서 바닥 빗자루질하는 모습을 보이느니 죽는 게 낫다"고 말했다. 버스를 타는 것도 굴욕이다. 자기가 보여주길 원하는 이미지와 맞지 않기 때문이다. "난 버스 안 타요. 버스는 하층민들만 타는 거예요." 한 남자는 자기가 일을 다닐 수 없는 이유를 설명하며 이렇게 말했다. 누군가 자기 결정에 의문을 제기하거나 제안을 하면, 범죄자는 그에 대해 곰곰이 생각하기보다는 분노로 응대할 것이다. 다른 사람 의견이 일리가 있더라도 자기 생각과 다르기 때문에 스스로 전지전능하다는 생각에 위협을 받는 것이다.

범죄자는 자기가 문제를 일으키거나 상황을 더 나쁘게 만들고도 일상적으로 다른 사람이 자기를 화나게 "만들었다"고 탓함으로써 책임을 회피한다. 책임의식 있는 사람이라면 자신이 다른 사람들을 거의 통제할 수 없다는 것을 인지하기 마련이다. "안 풀릴 가능성이 있으면 꼭 안 풀린다"는 머피의 법칙(머피의 법칙에는 머피가 낙천주의자라는 "설리반의 추론"도 있다)에 대응하는 데 익숙해진다. 범죄자에게는 머피가 설 자리가 없다.

범죄자가 "존경"을 받겠다고 우기는 것에서도 그와 책임의식 있는 사람들 사이의 사고방식 차이를 볼 수 있다. 일반적으로 존경심은 성취나 선한 성격을 통해 얻어진다. 범죄자에게 "존경"이란 남들이 자신에게 복종할 때 볼 수 있는 것이다. 그가 "존경받지 못하고 있다"고 느끼면, 그는 누구도 그에게 함부로 할 수 없다는 것을 확실히 보여주기 위해 할 수 있는 필요한 모든 것을 할 것이다. 범죄자는 민감하다. 자기는 모욕을 퍼부으면서 자기가 모욕을 받으면 크게 화를 낸다. 굴욕이라고 생각되는 것들이 너무 사소하고 금세 일어나서 다른 사람은 무엇이 그의 분노를 촉발했는지 알아내는 것이 불가능할 수도 있다. 누군가 낮춰본다는 느낌이 들면 범죄자는 욕을 하거나 인종적 비방을 함으로써 상관없는 생각들을 주입하려 할 것이다. 굴욕에 즉각적으로 대응하지 않을 수도 있다. 한 가해자는 "화를 내는 게 아니라 되갚아주는 것"이라고 말했다.

어떤 사람들은 화가 난 상태지만 직접적으로 표현하지 않는다. 직장에서 불쾌한 일을 겪은 한 남자와 여자가 있다면 자기 가족에게 화풀이를 할 수도 있다. 범죄자는 종종 내면에서 부글부글 끓던 분노를 편리한 대상에게 쏟아낸다. 이 대상에는 영업사원이나 안내직원, 식당 종업원, 심지어 아무 상관없이 지나가던 운전자도 포함된다.

"도로 위의 분노"와 그 원인을 생각해 보라. 한 차가 다른 차 앞으로 신호 없이 갑자기 끼어들었다고 하자. 책임의식 있는 안전운전자라면 아마도 안 들리게 뭐라 투덜거릴지언정 뒤로 물러나 거리를 유지할 것이다. 범죄자는 이런 상황을 개인적인 모욕으로 해석한다. 그는 응징하기 위해 쫓아가 고함을 지르고, 끼어든 차 앞으로 다시 끼어

들고, 그 차를 도로 밖으로 몰아내거나, 뭔가를 던지거나, 심지어 총을 쏠 수도 있다. 한 범죄자는 그가 가는 길을 방해하는 운전자를 만날 때마다 심경이 어땠는지를 묘사하며 "너무 화가 나서 그의 목을 조르고 싶었다"고 했다. 도로 위의 분노 사건은 무관한 사람들에게도 비극을 가져다준다. 2021년 5월 21일 캘리포니아 오렌지 카운티에서 여섯 살 난 소년이 도로 위 분노로 인한 공격으로 총에 맞아 숨졌다. 총알은 차의 트렁크를 뚫고 들어가 아동용 좌석에 벨트를 매고 앉아 있던 소년에게 박혔다.

열여섯 살 글렌은 종종 경고 신호도 없이 갑자기 분노를 폭발시켰다. 어떤 TV 프로그램을 볼지에 대한 논쟁이 과열되면 곧 격한 싸움이 되었다. 십대 소년인 글렌은 어머니에게 "열받아서" 어머니 손에 있던 리모컨을 빼앗고 "고함을 지르고 어머니를 욕하기 시작했다"고 말했다. 그는 어머니를 밀쳐냈으며 "그냥 물러서게 하려고" 얼굴을 주먹으로 치겠다고 협박했다. 그는 "옛날 같았으면 너 같은 여자들은 두들겨 맞았어"라고 소리질렀다. 어머니가 자기를 어떻게 생각할지는 상관없었다고 말했다. "어머니가 내가 폭력적이라고 생각한들 내 인생은 달라지지 않아요. 그녀가 틀렸다는 걸 알고 있어요. 내 생각에 나는 괜찮아요." 글렌의 부모는 아들에 대해 두려움을 느꼈다. 글렌의 보호관찰관이 "이 집에서 당신들은 통제권을 상실했군요. 되찾아야 해요. 아들이 이 집을 통제하고 있어요"라고 말할 정도였다.

글렌이 집에서만 폭군이었던 건 아니다. 학교 아이들 말에 따르면 글렌은 "나에 대해서 나쁘게 말하는 놈은 그냥 두지 않아요. 난 그런 거 참지 않아요"라고 선포했다. 그는 또한 자랑스럽게 덧붙였다. "난 싸움을 좋아해요. 사람들이 얼마나 거친지 보게 되니까요. 난 사람들이 날 무서워하게 만들 거예요. 난 그저 내 주먹을 사용하고 칼을 소지하고 다녀요. 아직 아무도 죽여본 적은 없어요." 글렌이 언제든 그의 적에게 신체적으로 덤빌 준비가 되어 있음을 자랑한 반면, 어떤 범죄자들은 자기들이 싸움을 시작하지 않는다고 단언함으로써 그들의 호전성을 조금 달리 포장한다. 이들은 먼저 주먹을 날리지는 않을지 모르지만 가벼운 도발에도 무섭게 화를 낸다. 한 가해자는 이렇게 말했다. "난 그냥 서서 사람들이 나에게 함부로 하게 내버려두진 않아요. 아무도 나에게 겁쟁이라고 부르게 놔두지 않죠." 글렌처럼 그도 누군가 자신을 낮춰본다는 느낌이 들면 폭력적으로 대응했다.

자부심은 무언가 가치 있는 일을 노력을 통해 성취함으로써 커간다. 책임감 있게 노력을 기울인 결과에 기뻐하는 사람에게는 자부심이 보인다. 남들은 그의 성취에 대해 모를지라도 스스로 느끼는 내적 만족감에서 자부심이 생겨난다. 하지만 자부심은 허영심이나 오만함 같은 바람직하지 못한 성향으로 연결될 수도 있다. 범죄자의 자부심은 다르다. 그것은 누구에게도 복종하지 않겠다는 양보를 모르는 자세로 이어진다. 원칙을 고수하는 것이라고 주장할지 모르지만 사실 원칙 같은 건 없다. 범죄자는 자기 입장이 옳다고 강경히 고수한다. 동의하지 않던 사람이 옳은 것으로 드러나도 범죄자는 그를 깎아내리려 한다. 범죄자의 자부심은 우월감을 보이는 태도로 표현된다. 그는 자기 입장을 고수하는데 스스로 그 입장을 더 이상 믿지 않게 되었을 때도 마찬가지다. 도전을 받으면 그는 화를 내며 다른 사람들을 방어적으로 만든다. 그는 남들을 설득하거나 자기 입장을 받아들이도록 강요하는 데에 집중한다. 타협을 거부하는 범죄자의 사고방식은 “굽히면 부러진다”라고 할 수 있다.

어떤 이들은 범죄자가 세상을 대하는 성난 태도를 “반항적”이라고 특징짓는다. 범죄자들은 그들이 하는 일을 방해할 때에만 사회질서에 반대한다. 그들은 강도, 마약 밀매, 방화, 사기 및 기타 범죄에 가담할 때 항상 권위 있는 사람들과 갈등을 겪는다. 그러나 확립된 권위를 거부하기보다는 사회에 법률, 경찰 정부 규정이 있어야 할 필요성을 쉽게 인정한다. 이 책의 앞쪽에서 지적했듯이 많은 범죄자들은 법집행관이 되겠다는 생각을 품고 있다. 그들은 가해자는 반드시 강경하게 다루어져야 한다고 생각한다. 자기가 가해에 가담한 게 아닌 이상 말이다.

범죄자들은 자신을 둘러싼 세계에 만성적 불만을 품고 있으며 좀처럼 내면의 평화를 경험하지 못한다. 너무 우울해 자살을 고려하는 사람도 있다. 자살에 대한 생각은 “죽는 게 낫겠다”는 생각을 품는 정도를 넘어서는 것이다. 그것은 범죄자가 자신의 실패나 패배에 대해 분노한 정신상태가 지속된 것이다. 자신의 단점에 낙담하는 것이 아니다. 오히려 남들의 결점을 곰곰이 생각한다. 범죄자는 자신을 부당하게 대우하고 자신이 마땅히 받아야 한다고 생각하는 것을 부인하는 세상에 대한 분노로 불타오른다.

범죄자는 길을 걷다가 자존심이 추락하고 미래가 암울하다고 생각할 때 자살에 대해 생각할 수 있다. 서른세 살의 리치는 마약 밀매로 징역형을 앞두고 있었다. 면담하는 동안 리치는 미래에 대한 절망감을 표현했다. “저는 희망 없음이라는 무거운 담요를 갖고 있어요. 여기 없는 것을 생각해요. 자살 기도 없이 자살하고 있는 기분이에요.” 리치는 행동으로 옮길 의도는 없다며 자살 계획을 세운 적이 없다고 덧붙였다.

폭력 범죄를 저지르면서 범죄자는 굴복하고 스스로 통제할 수 없는 황량한 삶, 즉 법정과 유치장, 교도소에서의 삶을 받아들이는 것보다 “경찰에 의한 죽음”을 택할지도 모른다. 수감된 상황에서는 몇 날 몇 주 동안 자살 충동이 일어날 수 있다. 미국 국립교정연구소(National Institute of Corrections: NIC)에 따르면, 재소자의 자살률은 국민 평균 자살률보다 높다. 교도소보다 유치장에서 더 높고, 특히 수감의 충격을 처음으로 경험해 보는 사람들 사이에서 더 높다. 유치장이나 교도소 밖에서는 범죄자가 자살하는 일이 드물다. 범죄적 사고와 행동을 재개하는 것이 자살 생각을 해독시켜 주는 것이다.

분노는 범죄자의 삶에서 빼놓을 수 없는 일부라 중독된 것과도 비슷하다. 한 조직폭력배는 분노했을 때 “힘이 솟는” 듯한 권력감을 느낀다고 말했다. 심리치료사 뉴튼 하이타워는 〈분노 폭발 101(*Anger Busting 101*)〉에서 “분노 표현에 중독된” 사람들을 “분노 중독자(rageaholic)”라고 묘사하고 “분노에 찬 말들을 제어할 수 없는 상태”라고 설명했다. 〈사이콜로지 투데이〉 인터넷판에 글을 쓴 정신의학과 의사 진 킴은 “분노의 유혹”이라는 말을 쓰며 “분노는 다른 중독과 유사”하고 “스릴을 추구하는 행동들과 비슷하게 권력감을 느끼게 함”으로써 “스스로에게 보상을 제공”할 수 있다고 설명한다.

그들의 분노는 습관적이지만 열심히 노력하면 고쳐질 수 있는 생각의 오류에서 비롯된다. 미국 정신의학회의 〈정신장애 진단 및 통계편람〉에는 거의 모든 극단적인 행동이 “정신장애”로 분류되어 있다. 이 편람의 다섯 번째 개정판에는 빠르면 6세부터 시작될 수 있는 “간헐적 폭발장애” 진단이 포함되어 있는데 이 장애는 “계획적이기보다는 충동적이거나 분노 기반”인 것으로 특징지어진다. 이 장애는 “유형의 목표(예: 돈, 권력, 협박)”를 향한 게 아니라 일반적으로 “가까운 친구나 동료의 사소한 도발에 대한 대응으로” 발생한다고 묘사된다. 범죄자가 표출하는 분노는 종종 충동적으로 보인다. 행동이 우발적으로 숙고의 과정 없이 일어나기 때문이다. 그러나 분노는 언제나 현존하고 있다. 범죄자가 지루해서 짜증이 났을 때에도 차분한 표면 밑에 분노가 이글거린다. 마땅히 뭐든 할 자격이 있다는 그의 생각에 누군가 제동을 걸면 그 반응으로 분노가 표면 위로 올라온다. 그리고 남이 그의 우월감에 도전할 때 폭발한다.

범죄 성향을 지닌 두 남자와 두 여자가 서로 지배하려고 하다가 신체적, 감정적 또는 경제적 손상을 입는 경우를 생각해 보라. 한 번도 체포되지 않았던 스튜어트는 숙련된 내과 의사로, 근무하던 의료센터에서 동료들에게 트라우마를 주는 사람이었다. 낸시는 수천 달러를 횡령한 혐의로 일하던 기관에서 붙잡히기 전까지는 전과 기록이 없었다. 러셀은 열다섯 살로, 분노로 인해 저지른 잔혹한 폭력행위를 포함해 수많은 범죄 때문에 체포되었다. 루시는 세 살 난 자기 손녀를 살해한 할머니였다. 스튜어트, 낸시, 러셀, 그리고 루시는 모두 무고한 사람들에게 전이되는 분노를 품고 있었고 그 결과 재앙을 가져왔다.

스튜어트

스튜어트는 그가 일하던 병원의 외과 스태프 중 고도로 숙련되고 인정받는 직원이었다. 그러나 병원 동료들을 위협하고 폭발적으로 화를 내는 성격은 아무도 감내할 수 없는 지경이었다. 그는 변덕스러운 행동으로 직장 경력이 위태롭다는 경고를 받았다. 그는 "다혈질, 판단력 부족, 언어폭력, 충동 조절력 부족"을 보인 것으로 기록되어 있다. 또 직원들, 의사들, 그리고 병원의 최고경영자를 "부적절하게 대우"했다고 보고되었다. 그는 너무 까다롭고 위협적이어서 수술실 직원을 포함해 전 직원이 그를 두려워했다. 개인 기록부에 쓰인 메모에 따르면 스튜어트의 "폭발하는 성격과 행동이 수술실 업무를 방해했고 수술실 디렉터가 일을 그만둘까 고려하게까지 만들었다." 그의 위압적인 태도는 환자 돌봄 및 전반적 병원 운영에도 방해가 되었다. 의사들은 상사에게 "신체적 안전"이 걱정된다고 알렸고 스튜어트의 행동이 수술분과 직원들을 "마비시키고 있다"고 말했다. 간호사들은 스튜어트에게 질문을 하면 그는 매섭게 노려볼 뿐 아무 답도 하지 않았다고 보고했다. 한 간호사가 침묵하지 말고 말을 하라고 하자 스튜어트는 "난 무시하거나 아니면 주먹으로 쳐야 하는데"라고 말했다. 상사들이 그의 행동에 대해 그와 면담한 뒤에도 스튜어트는 남의 말을 듣지 않았고 다른 사람들의 능력을 비판했다. 많은 면담과 경고 후, 병원 운영진은 스튜어트를 휴직시켰고 정신과적 도움을 청하기 위해 의사를 추천했다.

스튜어트는 일 외의 분야에서는 곤경을 많이 겪었다. 항공사 승무원과 논쟁이 있었는데 큰 소동을 일으켜 조종사가 그에게 내려달라고 명령할 정도였다. 자동차 대여 사무소에서는 그가 주문한 링컨이 대여 불가 상태였기 때문에 화가 많이 났다. 스튜어트는 아내 트리샤와 이혼 수속 중이었고, 그녀를 "미쳤다"고 했으며, 결혼생활이 붕괴된 것에 대해 그녀를 탓했다. 그는 자기 세 자녀의 양육권 확보를 위해 소송을 제기했다.

트리샤는 결혼생활이 갈수록 견디기 힘들어졌지만 세 자녀와 함께 가족을 유지하고 싶었다. 트리샤는 또한 전업 주부로 있다 보니 어떻게 취업시장으로 돌아갈 수 있을지 전혀 몰랐다. 트리샤는 일기를 쓰는 것을 짜증과 좌절을 배출할 출구로 삼았다. 다음 문장들은 트리샤가 스튜어트의 분노에 대처하려고 노력하면서 그녀가 겪은 경험들을 반영한다. 트리샤는 일기에 마치 그녀가 스튜어트에 맞서는 것처럼 썼다. 현실에서는 꿈도 꾸지 않았다.

> "당신의 분노는 위협적이고 당신은 점점 더 복수를 원하는 것 같아. 당신은 과거 신체적으로 날 학대해 왔어. 당신은 덩치가 크고 분노를 폭발시키면 난 심각하게 상해를 입을 수 있어. 내가 만났던 예전의 당신은 친절하고 점잖고 생각이 깊고 충성스럽고 믿음직한 사람이었어. 난 그 사람이 너무나 그리워."
>
> "당신은 날 조종하려고 하고 원하는 것을 얻기 위해 잘해줄 수도 있지. 원하는 걸 손에 넣으면 난 더 이상 쓸모가 없어지니 복수할 수도 있지. 당신은 자기 자신을 피해자처럼 만들기 위해 없는 사실을 만들어내고 당신 자신은 결코 잘못이 없다고 믿지. 항상 다른 누군가의 잘못이지. 당신은 나와 아이들에 대해 지나치게 관여(통제, 괴롭힘)하거나 아무것도 안 해. 그리고 이건 전부 당신 기분이나 필요에 따른 거야."

한 번의 격렬한 언쟁 후 트리샤는 딸과 함께 도망쳐 식구들과 함께 살게 되었다. 그녀는 자신이 떠남으로써 남편이 도움을 받을 수 있게 되기를 소망했다. 스튜어트의 호전성과 소송으로 인해 부부는 길고 가혹하고 비싼 이혼 소송을 치러야 했고 그 결과 트리샤는 아이들의 양육권을 얻었다.

낸시

5년에 걸쳐 낸시는 공립학교 시스템으로부터 돈을 횡령했다. 학생들이 성인교육 프로그램에 등록하기 위해 지불한 기금을 유용한 것이었다. 그녀는 전과가 없었다. 그녀의 부모, 남편, 그리고 동료들은 그녀가 체포되자 깜짝 놀랐다. 그녀를 "범죄자"로 보기는커녕, 그들은 그녀가 남들을 기쁘게 해주려고 노력하는 남을 해칠 수 없는 사람이라고 보았다.

낸시 변호사의 요청으로 심리평가를 실시하는 동안 낸시는 나에게 말했다. "나는 사람들이 어떻게 생각할지에 대해 걱정을 너무 많이 해요." 그녀는 스스로를 "독립적인 사람"이라고 묘사했다. 어릴 때조차 "방해가 될까 봐" 남에게 절대 도움을 청하지 않았다고 했다. 그녀는 올바르게 일을 하길 원하면서도 그녀 자신에게만 의존하는 게 가장 좋다고 생각했다고 강조했다. "뭔가 잘못되면 나는 내 잘못이라고 느꼈어요. 나는 남에게 '아니오'라고 할 줄 몰랐어요." 낸시는 남들에게 의무를 다하기 위해 어떤 노력을 기울였는지 예를 들어 설명했다.

낸시의 성격에는 자기를 낮추고 남에게 맞추는 것과는 전혀 다른 면이 있었다. 그녀는 자기 방식대로 일이 처리되어야 한다고 주장했다. 그녀가 독립적이라고 부르는 것은 누구의 조언도 구하지 않고 비밀스럽게 일을 처리하는 지경에 이르렀다. "모두를 만족시키려고 노력"하는 한편, 낸시는 스트레스와 고통을 초래했다. 그녀는 의견 충돌을 참지 못했으며 "난 어떤 것에 대해서도 아무하고도 이야기하지 않는다"고 고백했다. 그녀의 지배력 행사는 겉보기에는 무해하게 보였다. 오후 5시까지 모든 것이 "제자리에" 있어야 했고 낸시의 집은 모델 하우스처럼 보였다. 장난감들은 정리되고 부엌은 깨끗이 청소되고, 식기들은 선반 위에 가지런히 놓이고, 소파 쿠션들은 똑같은 간격으로 놓여야 하고, 화장실 수건은 "딱 맞게" 접혀 있었다. 식탁 의자들조차도 똑바로, 식탁으로부터 같은 간격으로 떨어져 배치되어야 했다. 자신의 완벽주의적인 태도에 대해 낸시는 말했다. "모든 걸 내가 하는 걸 좋아해요. 내가 조절하는 게 좋아요."

낸시는 스스로 관대하고 다정하고 남을 기쁘게 하길 좋아하고 주부로서 강박이 있다고 묘사했지만, 현실에서 그녀의 압제 아래 사는 사람들은 그녀의 폭정하에서 그녀가 한 것에 이의를 제기하기를 두려워하며 지내고 있었다. 낸시 어머니는 어릴 때부터 낸시가 "매우 통제적"이었고 형제자매들과 끊임없이 싸웠다고 말했다. 낸시의 남편 제프리는 그녀가 원하는 대로 따랐고, 그녀의 행동의 동기나 그녀의 말에 거의 의문이나 이의를 제기하지 않았다. 남편 성격에 대해 낸시는 "그렇게 비논쟁적인 사람은 본 적이 없다"고 말했다.

낸시가 비밀스럽게 통제하던 한 측면은 불안정하고 악화되어 가던 가계 재정 문제를 감추는 것이었다. 낸시는 "남편에게 우리가 청구서 지불에 문제가 있다는 것을 절대 말하지 않았어요"라고 말했다. 낸시는 남편 모르게 지출에 대한 결정을 했다.

낸시는 매달 신용카드를 한도까지 썼고 연체료를 지불해야 했다. 제프리는 낸시가 착용한 보석류를 보았고 그녀와 자주 식당에서 외식했고, 크루즈 항해를 했다. 그녀는 자신이 똑똑해서 "특별 패키지 거래"를 성사시킬 것이기에 비용을 감당할 수 있다고 주장했다. 낸시는 다른 사람들도 초대해 동행시켰고 그들의 비용까지 지불했다. 나와 면담했을 때 제프리는 자신이 눈뜬 장님이었다고 고백했다. 그는 "많은 걸 보지 못했고, 관심을 두지 않았어요"라고 말했다. 그는 낸시에게 사소한 것에 대해서라도 물어보면 대가를 치를 것을 알고 있었다. 아내가 모든 것을 하겠다고 주장했기 때문에 제프리는 좀처럼 집안일을 돕겠다고 제안하지 않았다. 침대 정리는 낸시가 완전히 지배력을 행사하고 있었음을 보여주는 한 예다. 제프리는 말했다. "내가 침대 정리를 하면 아내가 다시 했어요. 완벽해야 했으니까요. 군대처럼요. 자기 방식대로 해야 했어요." 그는 어린 아들이 너무나 엄격한 체제 속에 살아서 "아이일 때 더러워지는 것도 허용되지 않았다"고 말했다.

제프리는 목소리 톤이나 단어 선택도 주의했다. 아내가 분을 품는 것을 많이 경험했기 때문이다. 낸시도 인정했다. "난 비판을 잘 참지 못해요." 심리검사 결과에 따르면 "그녀는 장기간 적대심을 철저히 조절할 수 있지만 드물게 위험하게 폭발적으로 분출하기도 한다." 제프리는 낸시가 왜 도둑질을 했는지 평생 이해할 수 없을 것 같다고 말했다. 어쨌든 그들 둘 다 일을 했고 "꽤 큰돈"을 벌었기 때문이다. 낸시도 "항상 우리가 필요로 하고 원하는 모든 것을 가졌다"고 인정했다. 직장 내 절도 조사 결과에 따르면 낸시는 25만 달러가 넘는 돈을 횡령해 왔다. 아내가 가정에서 일으킨 온갖 문제에도 불구하고 제프리는 계속 그녀가 "마음은 따뜻한 사람"이라고 보았다.

낸시는 워낙 설득력 있는 가면을 쓰고 있어서 대부분의 사람들은 그녀가 지속적으로 분노를 품고 있었다는 사실을 전혀 의심도 못했다. 낸시의 부모, 남편, 친구들, 직장 동료들은 그녀가 체포되자 깜짝 놀랐다. 남들을 기쁘게 하려고 노력하는 듯했던 그녀에게 일어나리라고는 상상도 못했던 일이었다.

낸시의 주요 피해자인 학교 프로그램의 명성은 회복 불가능한 수준으로 손상을 입었다. 수업을 듣기 위해 등록비를 낸 사람들은 지불 기록이 없어 학점을 받지 못했다. 낸시는 그 돈을 스스로를 위해 유용했다.

러셀

러셀은 열다섯 살 나이에 이미 사람들에게 위협적인 존재였다. 러셀을 치료한 치료사는 나에게 그를 심리평가해달라고 추천했다. 그는 정신병동에서 막 나온 상태였다. 학교 상담사가 러셀이 총을 손에 넣고 학교에 가져와서 자기를 놀리는 학생들을 죽이고 자기 자신도 쏘겠다는 계획을 하고 있다고 알림에 따라 병원에 보내진 것이었다. 러셀이 제기한 첫 번째 주제는 그의 "분노 문제"였다. 그는 몇 년 동안 학교와 동네의 아이들이 "내가 미쳤다고 생각한다"고 했다. 그는 모두에게 화가 났고 종종 살인에 대한 생각을 했다고 인정했다. 같은 반 아이들에 대한 경멸심을 보이며 그는 "우리 학교에 정상적인 사람은 한 명도 없다"고 단언했다. 한번은 그가 다른 소년 얼굴을 연필로 찌르겠다고 위협한 적이 있었다. 이유는 "걔가 너무 성가셔서"였다. 당혹스러웠던 부모는 그를 기숙학교와 야생 체험 프로그램에 보내 24시간 감독 및 필요한 도움을 받을 수 있게 했다. 그가 악마의 목소리를 듣는다고 주장하면서 그의 학교생활은 끝이 났다. 그는 이후 고백했다. "그건 엄청 실없는 소리였어요. 나는 내 정신건강을 고문하는 그 기숙학교를 나오고 싶었어요." 러셀이 자기 안의 목소리들이 자살하라고 말한다고 하자 학교는 그를 내보냈다. 그는 즉시 정신병동에 보내졌고 "특정할 수 없는" 정신질환 증세와 "이차적 우울증" 진단을 받았다. 기록에 따르면 입원해 있는 동안 러셀은 다른 환자들을 향한 "부적절한 분노"를 표했고 직원들을 향해 "모욕과 살해 위협을 퍼부었다." 병원에서 1주일을 보낸 뒤 그는 퇴원해 가족에게 보내졌다. 병원 기록에는 그가 "자살과 살인을 이상화한 이력"이 있다고 나와 있으며 계속 입원치료를 받을 것을 권고하고 있다.

러셀은 보이스카우트 캠프에서 한 소년을 죽이겠다고 협박해서 그 소년이 어떤 소녀에게 러셀과 데이트하라고 설득시켰던 일을 기억했다. "막대기로 그 애 얼굴을 때렸어요. 붙잡아서 내 머리 너머로 던졌지요." 스카우트에서 책임감 있는 총기 사용에 대한 지도를 받는 동안 그는 총에 대한 환상을 키웠다. "총의 무언가가 나를 강하게 느끼게 해요. 마치 아드레날린이, 우렁찬 소음이 밀려오는 것 같아요. 내가 신이나 뭐가 된 것 같은 느낌이에요." 러셀은 두 가지 이유로 스카우트를 그만두었다. "부대의 일원인 게 싫고" 그리고 "어른들에게 통제받는 게 싫어서"였다. 그는 조직적인 스포츠에 대해서도 같은 말을 했다. 동아리나 다른 조직의 일원이 되는 것은 원치 않는다고 했다.

러셀의 독서는 폭력에 집중되었다. 그는 1930년대 범죄집단 두목이었던 찰스 맨슨과 존 케네디 대통령 암살사건에 빠져들었다. "나에게 집단학살에 대한 책들이 있어요. 사람들이 어떻게 서로 죽이는지 보는 것은 흥미로워요. 나는 전에 나치도 좋아했어요. 엄청 많은 사람들을 죽였으니까요." 러셀은 "난독증" 진단을 받았다. 이 평가에 그는 동의할 수 없다는 목소리를 높였다. "내가 읽고 싶어 하는 주제라면 난 아주 잘 읽어요. 지루한 글은 어떻게 읽어야 할지 모르겠어요."

또래 아이들이 러셀을 두려워하면서 그는 점점 더 거부당하는 일이 많아졌다. 그는 몇 시간씩 TV 앞에 혼자 앉아 있었다. 그는 음란물에 집착해 하루에 두 시간씩 보았다고 말했다. 음란 영상물 시청을 위해 부모님 신용카드를 훔쳐 비용을 지불했다. 그가 저장한 이미지들을 발견한 러셀의 부모는 컴퓨터 사용을 막았다. 그는 굴하지 않고 친구 컴퓨터를 사용했다. 우울할 때는 "전 세계의 지배자인 것처럼 세상을 장악하는 상상을 했다"고 말했다.

러셀을 치료한 정신건강 전문가들은 "낮은 자존감과 우울 문제"를 찾아냈다. 열한 살부터 우울증과 주의력결핍장애 치료가 시작되었다. 정신과 의사는 구조화된 학습 환경과 지역사회활동 참여를 추천하며 그것이 그가 "타인들에 대한 공감능력을 키우는 데" 도움이 될 수도 있다고 했다.

러셀의 어머니는 아들이 자신을 향해 "분노를 폭발"시키는 것에 당황하고 놀란 상태였다. 그녀는 차로 건설현장의 높은 구조물을 지나갈 때 러셀이 거기에서 뛰어내려서 자살할 수 있겠다는 말을 했던 기억을 떠올렸다. 내가 그 일에 대해 묻자 러셀은 코웃음을 치며 "어머니는 내가 자살 충동을 느낀다고 생각해요. 난 그렇진 않아요. 어머니 때문에 화나요. 너무 멍청해요. 자살하느니 병원에 입원하겠어요"라고 말했다. 그는 내가 분노 때문에 문제가 된다고 생각하느냐고 묻자 "아뇨. 누군가 날 화나게 하지 않는 한, 난 더 좋은 태도를 가지려고 해요"라고 말했다.

러셀을 나에게 처음 보낸 치료사는 음란물, 관음증, 여성 속옷에 대한 "페티쉬"와 관련된 "성 중독" 때문에 그를 치료하고 있었다. 이 치료사는 러셀의 "반사회적 성향"과 "해결이 필요한 다른 손상된 영역들과 행동"을 평가해 주기를 요청했다. 그의 삶을 스스로 평가하며 러셀은 이렇게 선언했다. "어디에나 사회가 있어요. 나는 사회를 좋아하지 않아요. 다른 사회들에서는 살인을 저지르고도 멀쩡할 수 있어요."

러셀은 치료사에 대해 그다지 좋은 시각을 갖고 있지 않았고 열여덟 살이 되자마자 치료받는 것을 그만두었다. 러셀의 치료사에게 보낸 보고서에서 나는 이렇게 썼다. "현 시점에서 외래치료는 양동이로 파도치는 물결을 담으려 하는 것과 마찬가지입니다. 입원치료가 고려되어야 할 시점입니다." 원래 의뢰받은 질문에 대해서는 "정점에 오른 반사회적 성향의 모든 전조"를 러셀이 보이고 있다고 답했다.

러셀은 극단적인 경우다. 그의 분노는 너무 광범위해서 다른 사람들과 그 자신에게 계속 위험이 된다. 어떠한 기숙학교도, 야생 체험 프로그램도, 짧은 정신병원 입원 또는 외래치료도 그를 사로잡지 못했다. 몇 가지 이유로 인해 어떤 정신병동도 그에게 장기 치료를 제공하지 않았다. 그의 건강보험은 짧은 입원치료만 지원했고 그의 가족은 장기 입원비용을 감당할 만큼 부유하지 않았다. 정신건강 실무자들이 우울증 치료부터 해야 한다고 잘못 생각한 것도 장기 입원에 또 다른 장애물이 되었다. 세 번째 이유는 러셀이 영리해서 회복된 것처럼 연기했기 때문이다. 병원은 법적으로 장기 치료를 위해 그를 억류할 수 없었다. 러셀은 그 자신과 다른 사람들에게 여전히 위험한 존재다.

루시

무력해지고 상황에 대처할 수 없게 되는 것에 대한 공포는 범죄자가 그 원인제공자를 제거하기로 결심하게 만들 수 있다. 루시는 세 자녀의 어머니이며 할머니이기도 하다. 멀쩡한 건강상태, 헌신적인 남편과 재정적 안정성, 인근에 사는 친척들 지원에도 불구하고 그녀는 가끔 우울증을 앓았다. 루시가 보기에 삶은 전혀 녹록하지 않았다. 어느 날 밤, 루시는 남편, 딸, 손녀와 함께 쇼핑몰에 차를 몰고 가서 저녁을 먹었다. 주차장으로 가기 위해 육교 위를 걸어가다가 루시는 이제 걸음마를 하는 어린 손녀를 들어올려 다리 난간 너머로 던져버렸다. 건물 6층에 해당하는 높이에서 떨어진 아이는 무사하지 못했다. 루시는 "심신장애를 이유로 무죄"를 호소했다. 사람들은 도대체 어떻게 된 사람이 그런 "제정신이 아닌" 짓을 저지를 수 있는지 황당해했고, 이 사건은 지역신문에 크게 실렸다. 이 사건은 대체로 스스로 거부로 인식한, 그러나 스스로 자초한 일련의 경험들로 힘들어하던 한 여성에 관한 사건이었다.

루시는 연방정부에서 30년간 근무한 오스카의 아내다. 이 부부에게는 두 자녀, 길버트와 신디가 있었다. 루시는 다양한 영업직과 계산원 직업을 전전했고 자기에게 잘 맞는 일자리를 끝내 찾지 못했다. 루시와 아들 길버트의 관계는 길버트가 어릴 때부터 폭풍이 몰아쳤다. 가족 내 중재자 역할을 맡았던 남편 오스카는 루시는 "좀 더 고집이 센" 반면, 자신은 "좀 더 타협적"이라고 설명했다. 길버트는 오직 아버지만 자기 말을 들어주고 이해해 준다고 느꼈다. 모자관계는 너무 악화되어 길버트가 어머니를 멀리하고 방에 고립되어 지내는 지경이 되었다. 루시는 부자관계가 가까운 것에 분개했고 한번은 아들에게 무자비하게 소리를 지르고 남편 몸을 밀치며 성질을 부린 적도 있었다. 루시는 그 일이 작은 언쟁이었다고 일축했다.

어느 것도 루시 기대대로 풀리는 것 같지 않았다. 처음에는 아들이 그녀를 거부하는 것이 문제였다. 그리고는 남편과 다투기 시작했다. 오스카가 일하는 동안 루시는 과하게 쇼핑을 했고 구매한 물건들을 숨겼다. 청구서 마감일이 다가오면서 오스카는 아내가 놀랄 만한 액수의 빚을 졌고 그들의 재정적 안정이 위험에 처한 것을 알게 되었다. 루시는 친척에게 돈을 빌려 필요하지도 않고 쓰지도 않는 물건들을 구입하는 과소비를 계속했다. 오스카는 옷장 속에 2년도 더 된 가격표가 그대로 붙은 채 숨겨져 있는 옷들을 발견했다. 하지만 그는 루시와 대항해서 그녀를 화나게 하는 것을 꺼렸다. 루시는 오스카에게 직장에 휴가를 내고 집에 자신과 함께 있어달라고 요구하기 시작했다. 그러다 어느 날에는 칼을 꺼내 들고 오스카에게 자동차 열쇠를 주기를 거부했다. 가끔 루시는 오스카가 자기와 함께 있기를 원했고, 또 어떤 때에는 그가 집에서 나가주기를 원했다. 때때로 그녀는 자기가 떠나는 게 최선이라고 생각했다.

딸 신디가 혼외 임신을 한 것에 대해 루시가 불같이 화를 내서 이들의 결혼생활은 거의 파경에 이를 뻔했다. 루시는 이 사건을 자신에 대한 모욕으로 받아들였다. 루시는 딸이 대학을 졸업하고 세계를 여행하고 자기는 한번도 살아보지 못한 독립적인 삶을 사는 모습을 그려왔는데, 이 사건은 신디에 대한 자신의 꿈을 깨뜨린 것이었다. 루시는 신디의 임신을 자기가 부모 역할을 잘 못했다는 고발이자 치명적인 배신으로 받아들였다. 처음 임신에 대해 알게 되었을 때 루시는 화가 나서 신디에게 자신이 얼마나 아기 아버지를 격하게 경멸하는지 알렸다. 그의 얼굴에 주먹을 날리고 싶은 심정이었다. 신디가 아기 아버지와 결혼하자 루시는 딸이 죽어버린 것처럼 반응했다. 반면 오스카는 임신 사실에 화가 나기는 했지만 이미 일어난 일을 받아들일 필요가 있음을 인식했고 신디와 사위를 돕기 위해 최선을 다했다. 그리고 이는 루시와의 관계를 더 악화시켰다.

루시는 심리치료 서비스를 알아보았고 우울증 치료를 받았다. 그녀는 다른 일을 할 때처럼 치료에 임했다. 치료사가 공감하는 반응을 보이면 계속 만났고, 자신을 지지하는 것 같지 않으면 그만두었다. 약물 처방을 해주는 정신의학과 의사와의 관계도 마찬가지였다. 루시가 기분이 좋을 때에는 약이 필요 없었다. 정신건강 치료 기록에도 루시의 불안정한 관계들이 잘 나타난다. 루시는 아들, 딸, 사위, 남편, 그리고 때때로 친척들과 갈등이 있었다. 그녀는 너무 불만스러운 나머지 집을 떠나 몇 달간 친정 어머니와 지낼지도 모른다고 치료사에게 말했다. 루시는 너무 우울하고 화가 나서 자살 기도도 했지만 여전히 살아 있어서 다행이라고 안도를 표했다. (그녀는 자살 시도 후 입원을 권고받았으나 거부했다.) 자살 기도에 대해 이야기할 때 루시는 대부분의 곤란을 자기가 초래했음에도 자살에 성공했다면 무엇이 남을지에 초점을 맞췄다. 루시의 치료사는 그녀가 "전부 가지든지 아니면 아무것도 못 갖든지" 식의 사고방식을 갖고 있다고 말했다. 자기가 원하는 대로 일이 풀리지 않으면 그 짜증과 실망의 근원을 없애버리고 싶어 한다는 것이다. 때때로 루시는 아들, 딸, 사위와 대화를 하지 않았다. 가족 축하 모임에도 가기를 거부했다. 자신이 초래한 문제들을 처리할 방법을 찾는 대신, 그는 남들을 탓했다.

그 운명의 밤, 루시 가족은 인근 쇼핑몰에서 저녁을 먹었다. 손녀를 던져버린 뒤 형사들에게 심문을 받던 중, 루시는 모두에게 화가 나 있었음을 인정했다. 루시는 남편이 자기보다 손녀를 더 사랑했고, 아들딸도 자신을 더이상 사랑하지 않는다고 말했다. "모두가 아기를 사랑했기 때문에" 아기에게 몇 달 동안 화를 품고 있었던 것도 인정했다. 심문을 받는 동안 루시는 아기가 살았는지 여부를 한번도 묻지 않았다. 아기는 그녀의 인생에서 잘못된 모든 것을 대표하는 것이었다. 루시는 싫어하는 것은 뭐든 없애버리고 싶은 사람으로 자기 문제의 화신이었던 손녀를 없애버렸다. 그녀는 쇼핑몰에서 걸어가는 동안 그 행동에 대해 생각하고 있었음을 인정했다. 주차장으로 걸어가면서 루시는 딸과 남편이 앞서 걷게 하고 자신은 아이를 안고 뒤따라갔다. 신디와 오스카는 아이가 난간 너머로 던져진 뒤에도 무슨 일이 일어났는지 전혀 몰랐다.

"분노 관리"의 심각한 한계

범죄자가 아닌 사람들에게도 분노는 일반적으로 인생을 더 어렵게 만든다. 분노로 인해 단기적으로 얻는 게 있을 수 있더라도, 그동안 쌓아온 것들을 무너뜨리고 관계를 손상시킴으로써 장기적으로는 잃는 게 있기 마련이다. 비범죄자의 분노는 분명한 초점이 있고 범죄로 이어지지 않는다. 반면, 범죄자의 분노는 광범위하며 사람들에게 막대한 피해를 끼치는 결과를 낳을 수 있다.

분노 없는 삶을 살 때 얻는 혜택은 수없이 많다. 유대 율법 학문과 해석으로 잘 알려진 랍비 요세프 샬롬 엘리아시브는 102세까지 살았다. 〈워싱턴포스트〉 부고 기사에 따르면 그는 자신의 장수를 모세오경(유대교에서 가장 중시하는 구약성서의 첫 다섯 편: 역자 주) 연구와 결코 화내지 않는 것 때문이라고 했다고 한다. 현대 문학의 문구들은 사람들이 화내지 않았을 때 최고의 모습을 보인다고 전한다. 〈누구를 위하여 종은 울리나〉에서 어니스트 헤밍웨이는 이렇게 썼다. "화를 삭이는 것이 모두 끝났을 때" 로버트 조던의 마음속은 "조용하고, 텅 비고, 차분하고, 날카로웠다." 화가 났을 때에는 "폭풍 속에서 숨을 쉴 수 없는 상태" 같았다.

정신건강 전문가들은 환자들이 분노를 "관리"하도록 도움으로써 치료한다. 많은 책들과 전문적인 훈련과정은 화가 나는 것은 정상이며 표현하는 것이 바람직하다는 시각을 지지한다. 사람은 분노를 조절하고 적절히 표현하는 방법을 찾아낼 필요가 있다. 그들의 접근법은 훈련 전문가를 위한 안내문("Anger, Forgiveness, and the Healing Process")에서 발췌한 다음 문장들에 나타나 있다.

- "분노 관리의 발전" – 분노의 적응적 사용: 이타적 목표를 통한 분노 전달
- "독성 분노 – 평생에 걸친 분노 관리: 분노를 건설적으로 표현하는 방법"
- "바보들을 위한 분노 관리"
- "공격당하고 열받음: 청소년과 청년의 분노와 좌절을 변화의 수단으로 활용"
- "폭발적이고 도전적이고 저항적인 아이들: 분노 관리와 폭발행동 관리에 대한 빠른 기술"
- "분노의 적절한 표현은 건강에 이로운 효과가 있고 사회 변화에 영향을 미칠 수도 있음."

분노는 건설적으로 표현되면 용인될 수 있다는 것이 전문가들의 합의점으로 보인다. 이러한 시각은 분노를 정당화한다. 어떤 사람들을 치료하는 데 도움이 될지 모르겠지만 범죄자에게는 금기다. 범죄자는 세상에 대한 비현실적인 견해를 갖고 있기 때문에 생각의 오류들을 찾아내고, 그 파장을 이해하고, 그리고 사고방식을 바꾸는 법을 배우고 실천할 수 있도록 도움을 받아야 한다. 생각하는 방식을 바꾸면 범죄자에게는 관리할 분노도 별로 없을 것이다.

변화는 범죄자가 절망의 지점에 도달하는 순간에만 시작될 수 있다. 그가 자기 행동의 막중한 결과를 짊어지고 자신이 초래한 피해에 대해 깊이 생각하기 시작할 때 변화

가 일어날 가능성이 가장 높다. 범죄자는 스스로 변화할 수도 있지만 대부분은 변화를 일으키는 동기를 체험하지도 지속적으로 유지하지도 않는다. 그들이 자기 혐오를 느끼도록 어떻게 살아왔는지 자세히 들여다볼 수 있게 해서 도와주어야만 한다. 그 과정은 이 책의 후반부에 설명할 것이다.

수감 중에 쓴 글에서 스티브는 자기 삶에서 분노를 없애려는 노력에 대해 묘사했다. 그는 분노가 얼마나 만연했는지, 또 그것이 자신과 타인들에게 어떤 피해를 주었는지 점차 인식했다. 글을 읽고, 일기를 쓰고, 상담을 받는 복합적 과정을 통해 그는 분노가 자기 인생의 형벌임을 확신했다. 그는 남을 조종하려는 시도나 마음대로 할 자격이 있다는 생각을 포기했을 때 훨씬 분노를 덜 경험했고 문제들을 훨씬 더 효과적으로 해결할 수 있었다는 것을 알아냈다.

참을 수 없이 더운 여름 오후, 나흘간 전기가 나간 북적거리는 교도소 상황을 묘사하며 스티브는 자기 방에 있는 남자들의 일반적인 짜증에 대해 이렇게 이야기했다. "만성적 불평분자인 내 감방 동료에게 나 역시 짜증이 나는 것을 발견했다. 그를 야단치고 싶은 때가 몇 번 있었다. 그는 정말 내 신경을 거슬리게 했고 그 불평에 생산적인 면이라곤 아무것도 없었다. 어떤 사람들은 분노는 긍정적 결과를 불러온다고 주장한다. 아마 다른 사람들의 경우에는 그런가 보다. 하지만 나에게 그것은 한 번도 사실인 적이 없었다. 나는 화가 났을 때 한 번도 좋은 결정을 내린 적이 없었다. 화가 나 있는 것은 나에게 위험하기에 나는 아주 작은 분노의 징후에도 내 생각을 보호한다. 내 경험상 분노는 상처를 남긴다. 나 자신과 내 주변 모든 이들을 다치게 한다. 나는 분노를 없애려고 열심히 노력했다. 나는 이십 년 전의 나와 똑같은 화난 사람으로 사회에 돌아갈 수 없다. 화를 다스릴 수 없다면, 아마도 여기 남아 있는 게 더 나을 것이다."

수년간 화를 죽이려고 씨름한 한 범죄자는 자신이 배운 것들에 대해 이렇게 적었다. "화(분노, anger)"는 파괴적이다. 화는 위험(danger)과 단 한 글자 차이다. 화는 아무것도 해결해 주지 못한다. 아무것도 만들지 못하지만 모든 것을 무너뜨릴 수 있다. 화는 선택이다. 일이 잘못되어갈 때 같이 잘못되지 말아라. 나쁜 상황을 더 악화시키지 말아라. 독을 먹는 데 "적절한" 시간이 없는 것처럼 화내기 적절한 시간이란 건 없다. 낮은 강도의 분노도 여전히 분노이며 언제든 통제 영역을 벗어나 폭발하기 쉽다. 다른 사람의 입장에서 상황을 시각화해라. 동의하든 동의하지 않든 상관없다. 그들의 시각을 고려하면 화가 날 기회를 줄여준다.

이 두 남자는 분노가 막대한 비용을 치러야 하는 독이라는 것을 깨달으면서 그들 자신의 생각을 평가하기 위한 오랜 투쟁을 시작했다. 그들은 현실적으로 생각하는 방법을 배웠고, 관리해야 할 분노는 훨씬 줄었다.

13

범죄성이 먼저, 마약은 그 다음

13

범죄성이 먼저, 마약은 그 다음

미국 국립약물남용통계센터(National Center for Drug Abuse Statistics) 보고서에 따르면 2017년에 미국 인구의 19.4퍼센트가 "불법 약물을 사용하거나 처방받은 약을 남용한" 적이 있다고 한다. 이 숫자는 해석하기 어렵다. "사용했다"는 것은 불법 약물을 한 번 시도했다는 의미일 수도 있고, 하루에도 여러 번 사용했다는 의미일 수도 있다. 법정 음주 연령에 달하지 않은 사람 수백만 명이 알코올이 든 음료를 마시지만, 극히 일부만이 알코올 중독자가 된다. 마찬가지로 많은 십대 청소년들이 마리화나를 시험 삼아 피워보지만 정신을 교란시키는 마약은 절대 쓰지 않는다. 이 장에서는 잦은 마약 사용을 통해 범죄 성향을 표현하는 사람들에 관해 논하겠다. 술과 마리화나를 가끔 오락용도로 사용하는 사람들에 관한 내용이 아니다.

어떤 범죄자들은 아스피린 복용조차 꺼린다. 통제력을 줄이고 판단을 흐리게 하는 것은 뭐든 원치 않기 때문이다. 다른 범죄자들에게 알코올이나 마리화나는 정신을 흐리게 하는 마약으로 가는 관문이 된다. 범죄자는 체포되면 자기 행동을 마약 탓으로 돌리고 마약이 자신을 다른 사람으로 바꿔놓았다고 주장한다. "내가 죽인 게 아니에요. 약이 한 거예요"라고 한 남자는 주장했다. 가까운 주변 사람들에게는 마약을 사용하는 가해자들의 극적인 행동 변화가 눈에 보인다. 한 배우자는 말했다. "빅터는 술을 마시면 완전히 딴 사람이 되었어요. 내가 결혼한 그 사람이 아니었어요." 한 십대 소년의 어머니는 아들에 대해 "저스틴의 일반적인 성격이 있고 마리화나를 했을 때의 성격이 있어요"라고 말했다. 마리화나를 피우면 이 십대 아들은 더 부주의하고 반항적이고 같이 살기 힘든 사람이 되었다.

마약이 범죄의 "원인"이 되지는 않는다. 약물은 사용자 성격에서 원래 있던 특성을 증폭시킨다. 내가 경험한 모든 경우에 범죄자는 마리화나를 처음 피우거나, 약물을 처음 복용하거나, 헤로인을 처음 주입하기 더 "전에" 이미 범죄에 빠져 있었다.

42세인 네드는 십대 시절을 회상하며 범죄로 점철된 자기 인생을 마약 탓으로 돌렸다. 그는 열다섯 살에 마리화나를 피우기 시작했다. 열여덟 살에는 아편에 "빠져들었다." 그러나 불법 약물을 시도하기 전 그의 인생 필름을 돌려보면 그가 이미 교정할 수 없는 사람이었음이 드러날 것이다. 네드는 묻기도 전에 자기 어머니가 "정말 다정했고 마음이 넓었다"고 했고, 아버지는 자기와 (범죄자가 아닌) 동생에게 헌신적이었다고 말했다. 그러더니 부모님의 "강한 도덕적 신념"에 숨이 막혔다고 불평했다. 그는 공립학교에서 낙제한 뒤 카톨릭 학교로, 또 그가 "내 첫 감옥"이라고 부른 기숙사관학교로 보내졌다. 교사들과 상담사들은 네드에게 재능이 있고 마음만 먹으면 뭐든 성취할 수 있을 것이라고 격려했다. 네드는 이런 말들을 귀담아듣지 않고 계속해서 학교를 경멸했고 할 일을 하기를 거부했다. 사관학교에서 그는 훔친 담배와 배터리들을 판매하는 사업을 했다.

열여덟 살에 자퇴한 그는 "거리를 돌아다니고 거의 모든 약물을 시도"하기 시작했다. 네드는 이렇게 회상했다. "나는 목표도 없었고 불만족스러웠어요." 그는 자신이 무슨 짓을 하는 건지 잘 알고 있었지만 아편이 그의 삶을 장악하게 내버려두었다고 말했다. 그는 의사를 사칭하며 약국에 가짜 처방전을 보냈다. 결국에는 대낮에 약국 계산대를 뛰어넘어 기침약을 약탈하는 등의 일들을 "필사적으로 하게" 만드는 약물에 하루에 200달러를 썼다. 마약범에 대한 정부 기소를 비판하며 네드는 "이것은 마약과의 전쟁이 아니라 사람과의 전쟁이었다"고 주장했다. "빌어먹을 마약법이 날 여기 갇히게 했어요." 사실은 이미 존재하던 네드의 산재한 범죄에 마약 사용이 하나 추가되었을 뿐이다.

무장강도로 감축된 징역형을 살고 나온 뒤 네드는 법원 명령으로 고급스러운 약물 중독 치료시설에 수용되었다. 네드는 "지옥에서 천국으로" 옮겨졌다고 했다. 그러나 감사하는 마음은 오래가지 않았다. 치료사에 대한 경멸을 내뿜으며 네드는 "그녀는 자기가 뭐든 다 알고 전지전능하다고 생각해요. 상대도 하지 싶지 않아요"라고 말했다. 수감되어 있던 2년간 약물은 사용하지 않았지만 그의 성향은 바뀌지 않고 그대로였다. 네드는 치료 프로그램에 참여한 사람들을 위협했고, 직원들에게 호전적으로 행동했으며, 객관적 기록이라고 생각되는 내용이 적혀 있는 몇 장을 그의 차트에서 찢어버리려고 했다. 그는 말했다. "너무 당황스러워요. 이 사람들은 있지 않아야 할 곳에 있어요. 난 여기에서 나갈 거니까 괜찮아요." 네드는 여전히 약물 없이 산다는 것을 상상할 수 없었다. 내가 심리평가를 실시할 때 나는 네드에게 DAP(Draw-a-person, 사람 그리기) 테스트를 주었다. DAP 테스트에 대한 응답은 그가 세상을 바라보는 시각을 반영한다. 네드는 즉각 "마리화나와 술을 들고 있는" 소녀를 그렸다.

머리에 떠올릴 수 있는 모든 것이 범죄와 상습 마약 사용을 유발한 원인이라고 비난받을 수 있다. 많은 사회과학자들이 약물 남용을 빈곤과 가족 불화, 그리고 다른 비우호적 환경에 대처하기 위한 납득할 만한 반응이라고 본다. 심리학자들은 부모가 형편없는 롤모델이었다고 탓한다. 아버지가 술을 마셨다든가 어머니가 신경을 안정시키기 위해 약을 복용했다든가 하는 사실 말이다. 애리조나 중독 및 회복센터(Arizona Addiction and Recovery Center)의 웹사이트에서는 "부정적 또래 압력"이 "중독행동의 최초의 원인"이라며 십대들이 점점 더 위험한 행동에 빠짐으로써 또래에게 깊은 인상을 주려고 한다고 지적한다. 마약 사용자가 다른 사람들에게 자기 친구들 때문에 마약을 배웠다며 "다들 한다"고 말할 때 그 자신이 또래 압력을 가하는 것이다. 사회 비평가들은 영화와 TV, 랩음악 가사, 그리고 마약쟁이들이 마약 경험을 공유하는 웹사이트들에서 마약을 찬양해 영향을 끼친다고 개탄한다. 범죄자들은 이 같은 해석을 포착해 자신의 마약 사용을 정당화하는 데 사용한다. 이미 그 자신이 생각한 변명도 충분히 많음에도 불구하고 말이다.

범죄성은 병 속에, 약 속에, 가루 속에 또는 다른 어떤 물질 속에 있는 게 아니다. 마약은 이미 사람 안에 자리 잡고 있던 것들을 끌어내 확장시킨다. 책임의식 있는 사람을 범죄자로 바꾸어놓는 것이 아니다. 만약 열 명이 술에 취했다면 잠이 들거나 소란을 부리거나 호전적으로 행동할지는 모르지만 열 명이 다 강간이나 강도, 살인을 저지르는 건 아니다. 그들이 어떤 행동을 하느냐는 대체로 술을 한 모금 마시기 "전에" 어떤 성격이었느냐에 따라 다르다. 마약은 범죄자가 원하는 것은 무엇이든 추구하는 성향에 기름을 붓는다. 대담한 범죄, 성적 정복, 고양된 권력감과 지배력, 심지어 자기 목숨을 끊겠다는 결정까지도 포함된다.

더 심각하고 대담한 범죄들

패트릭은 십대 시절 차를 훔치고 핸드백을 낚아채면서 범죄 이력을 쌓기 시작했다. 열아홉 살에 총신을 짧게 자른 산탄총을 소지하고 있다가 체포되기는 했지만, 패트릭은 범죄를 저지를 때에는 결코 총기를 이용하지 않았다. 도박 빚이 늘어가자 많은 현금을 소지한 마약 밀매상을 알게 되었다. 패트릭은 헤로인이 마약 공급자에게 총을 겨누고 강도질을 할 "마음"을 심어주었다고 주장했다. 마약 사용은 쉽게 두려움을 줄여줘서 자기가 생각한 것을 할 수 있게 해준다. 대낮에 남의 집에 들어가 도둑질을 한 또 다른 마약 사용자도, 약에 취하지 않았다면 시도하길 두려워했을 텐데 "약 때문에 부주의해졌다"고 했다.

성적 정복

마약은 자신감을 키워주고 성기능에 대한 두려움을 줄여주고 임신이나 성병 위험에 대한 걱정을 잊게 해줄 수 있다. 한 남자는 이렇게 말했다. "그녀가 귀가 먹었든, 멍청하든, 눈이 멀었든 상관없었어요. 몸통만 있으면 충분했어요."

마틴은 발기가 안 될지 모른다는 두려움 때문에 여성에게 성적으로 접근하기를 꺼리고 있었다. "성관계에 대해 자주 생각했지만 적극적으로 추구하거나 그런 건 아니었어요. 그래서 코카인이 좋았어요. 그게 내 성욕을 증가시키고 성기능을 자극했어요." 그는 망신을 당할까 봐 두려워 "코카인 없이는 성관계를 할 시도조차 하지 않았다"고 말했다.

헤로인을 장기 사용한 사람은 마약에 취하기 전까지는 여성에게 말을 거는 것조차 어려워했다고 말했다. "어디든 여자와 만나려면 그 전에 약을 구해서 사용하는 게 꼭 필요했어요. 나는 돈을 모아서 워싱턴으로 달려가곤 했어요. 그것만이 나 자신을 추스를 유일한 방법이었어요. 그러면 나 자신에 대한 확신이 들었고 여자들을 몇 분간 웃게 하곤 했어요. 약 없이는 50% 정도 성공 확률만 있었어요. 헤로인을 하면 내 생각에 그 여자는 잡은 물고기나 마찬가지였고요." 헤로인에 취했을 때 그는 약 덕분에 "정점에 오르는 시간을 늘릴 수 있어서" 자기 자신이 꽤 섹시하다고 느꼈다. 성행위에 대한 충동은 어떤 약물을 얼마나 선택하느냐에 따라 다르다. 어떤 이들은 헤로인 복용 후 성기능을 자랑하지만, 약물 사용량이 증가하면 흥미를 잃어버린다.

브래들리는 어릴 때부터 십여 건의 절도, 기물 파손을 저질렀고, 알코올과 마리화나를 점점 더 많이 사용하게 되었다. 그는 컴퓨터 수리를 하는 직업을 갖고 있어서 거의 감독받지 않고 각지에 출장 다닐 수 있었다. 어느 날 브래들리는 아침 일찍 집을 나선 순간부터 네 시간 동안 열 잔이 넘는 맥주를 마신 밤 늦은 시각까지 계속 마리화나를 피웠다. 새벽 2시쯤, 술이 충분히 오른 그는 탄산음료를 사러 갔다. 자기가 최근 음주운전으로 세 번이나 적발된 지역은 피해 가려고 주의했다. 쇼핑센터를 지나가면서 그는 경찰차를 발견했고 한 아파트 단지 주차장으로 차를 몰고 가서 차에서 내려 주변을 살펴보았다. 그리고는 "왜 그랬는지 모르겠지만 불이 켜져 있는 한 아파트로 들어갔다"고 했다. 문이 열려 있고 한 여성이 소파에서 자고 있는 것을 발견한 브래들리는 몰래 숨어들어가 값어치 있는 것들을 훔쳐 미지급 청구서들과 개인 부채를 갚는 데 쓸 수 있겠다고 생각했다. 컴퓨터를 집어 들던 그는 "뒤에서 부스럭거리는 소리"를 들었다. 칼을 찾으려고 부엌에 가는 그를 보고 그 집에 살던 여성은 깜짝 놀랐다. 브래들리는 회상했다. "그녀는 뒤로 물러섰고, 나는 다가갔어요. 난 그녀를 붙잡아 소파로 밀어 눕혔어요. 칼을 아래로 향하게 한 채 그녀의 웃옷을 걷어 올렸고, 가슴을 움켜잡고, 그녀의 바지를 끌어내렸어요." 브래들리는 그리고는 자위를 하면서 그녀 몸에 손가락을 넣어 성행위를 했다. 강간하려는 순간, 그는 발기상태를 유지할 수 없었다. 자리를 뜨는 게 좋겠다는 판단하에 그는 피해자 몸에 담요를 던지고 칼을 든 채 달아났다. 얼마 못 가서 그는 체포되었고 강간미수 및 납치미수 혐의로 기소되었다.

나와 자기 범죄에 대해 이야기할 때 브래들리는 전에 딱 한 번 주먹다짐을 벌인 것 빼고는 자신이 한 번도 폭력적이었던 적이 없다고 주장했다. 그는 알코올과 마약을 과다 사용한 것이 자기 평소 성격과 달리 범죄를 저지르게 만들었다고 생각했다. 그러나 그의 고백을 들어보면 알코올과 마리화나가 전혀 성격과 안 맞는 행동을 "유발한" 것이 아님을 알 수 있었다. 인생 대부분의 기간 동안 브래들리는 마땅히 원하는 대로 할 자격이 있다는 생각을 갖고 살았고, 남에 대한 연민이 거의 없었고, 수차례 가해를 하고도 안 걸리고 빠져나갈 수 있는 특별한 능력이 있다고 스스로 생각하며 자랑스러워했다. 그는 수년간 "어마어마하게 많은" 음란물을 시청했고 그중 일부는 폭력을 생생히 묘사하는 것이었다고 털어놓았다. 정신을 교란시키는 마약의 과다 사용으로 인해 그는 오랜 기간 상상하던 것을 실행에 옮길 수 있는 담력이 생겼다. 또 하나의 정복이었다.

자살 생각 증가

마약은 자살 생각을 강화해 줄 수 있다. 마약은 범죄자의 판단능력을 손상시키기 때문에 실수로 약을 과다 복용해 의도하지 않은 자살에 이를 수도 있다. 재판과 수감을 기다리는 동안 마약하는 사람들이 주변에 있다면 자살에 대한 생각이 들 수 있다. 약에 취해 있지 않다면 그런 생각을 할 가능성이 더 낮다.

자살에 대해 말하거나 시도하는 것은 범죄자 주변 사람들에게 엄청난 충격을 준다. 약물 과다복용, 자해 또는 다른 방법으로 자신에게 상처를 주는 행동을 하면 사람들은 주의를 기울이고 범죄자를 보호하려 하고, 그의 고통을 덜어주려 노력하고, 그가 원하는 대로 해줄 가능성이 높다. 〈건강서비스심리학저널(*Journal of Health Service Psychology*)〉에 실린 한 논문에 따르면 "사교를 위한 음주자에 비해 과음자가 자살 위험이 특히 높다"고 한다. 정신을 교란시키는 약물을 과다 복용한 범죄자는 특히 그렇다.

토니가 마약을 가장 오래 끊은 기간은 여덟 달이었다. 잠복 경찰에게 코카인을 판매하려다가 수감되었다가 보석으로 나온 그는 "과거의 잔해"에 대해 계속 생각했다. 그는 자신에게 마약을 제공했던 공급자에게 거의 전화할 뻔했지만 자기 상황을 고려하면 너무 위험하다고 생각했다. 그는 출국할 생각도 했지만 출국금지가 내려진 상태였다. 성관계에 몰두하는 것도 마음을 가라앉히지 못했다. 그를 "마치 암 환자처럼 돌보는" 어머니와 함께 살아야 하는 것에도 화가 났다. 그는 계속 이렇게 "다람쥐 쳇바퀴" 위에 갇힌 것 같은 기분이면 스스로 목숨을 끊겠다고 다짐했다.

확장된 권력감과 통제력

마약은 범죄자가 스스로를 거물로 보는 시각을 확대시킬 수 있다. 마약쟁이에게 "약에 취하는 것"이 어떤 의미인지 물어보라. 당신의 순진함을 믿을 수 없다고 표현한 뒤, 그는 기분 좋은 느낌이나 아마도 "희열"에 대한 모호한 대답을 내놓을 것이다. 계속 캐물으면 "약을 하면 내가 키가 한 10피트(약 3미터: 역자 주)는 되는 사람인 것처럼 느껴져요. 뭐든지 할 수 있을 것 같은 기분이에요" 같은 대답도 할 것이다. 마약 사용자가 묘사하는 것은 지배력 강화다. 즉 자신이 원하는 것은 무엇이든 장애물 없이 할 수 있다는 기분이다.

코너는 십대 시절 내성적이었지만 마약에 발을 들여놓은 뒤부터 좀 더 외향적이 되었다. 그는 정기적으로 약을 하기 전과 후의 자신의 사회적 자신감을 대조하며, 일곱 명과 한방에 있는데 약을 안 한 상태면 조용히 침묵하겠지만 약을 했으면 "한 명 한 명과 모두 대화할 것"이라고 말했다. 약 그 자체보다 더 중요한 것은 인생 전반의 유혹이었다. 코너는 열네 살부터 마리화나를 피우기 시작했다. 열일곱 살에는 다양한 약물을 사용하고 판매했다. "중요한 사람이라는 생각이 들어요. 끊임없이 나를 찾는 전화벨이 울리는 거죠. 인생을 파티로 보내는 인기남이 돼요." 코너는 "파티를 많이 열기로" 유명한 대학에 다니는 것을 선택했다. 그곳에서 오염되지 않은 "최상급품"을 파는 것으로 명성을 얻어 찾는 사람이 많았다. "이런 삶을 사는 데서 오는 흥분이 나를 마약 문화로 이끌어요. 약은 아드레날린이 솟구치게 만들고 그 자체로 환상적인 기분이 들게 해요."

앨버트는 사회적 용인과 자신감 상승을 추구하다 보니 마약을 하게 되었다고 했다.

가족의 지지, 편안한 재정 상황, 교육 기회들, 그리고 직장 경력은 그에게 별 의미가 없었다. 앨버트는 "아주 평범한 사람이 되는 게 두려웠어요"라고 설명했다. 그래서 그는 더 중요한 사람처럼 느낄 방법을 찾았다. 클럽에 다니고 마리화나와 코카인 복용자들과 어울리자 앨버트가 그토록 바라던 인지도를 얻기 시작했다. 약을 팔기 시작하면서 그는 지위가 높아졌다. 귀빈들을 위한 문으로 클럽에 드나들고 주변에 사람들이 몰리는 것이 기분 좋았다. 앨버트는 "중요한 존재가 되고 사람들이 나와 같이 있길 원한다는 느낌은 정말 멋졌다"고 말했다. 구매를 원하는 고객들에게 마약을 공급함으로써 그는 한 해에 거의 7만 달러를 벌어들였다. 마약을 하면서 앨버트는 끝내주는 부자가 되는 것을 상상했다. 그는 이렇게 생각했다. "돈이 있으면 남들에게 줄 수도 있어요. 내가 백만장자라면 빌 게이츠 같이 될 수도 있어요." 앨버트는 비밀스러운 삶을 살았다. 낮에 영업사원으로 일하던 그는 아내에게 고객에게 저녁을 접대해야 한다고 말했다. 지루하던 낮 동안의 그의 삶은 좀 더 신나는 삶이 되었다. 직장 일과가 끝나갈 때쯤 피곤을 느끼는 대신 앨버트는 재빨리 차에 올라타 클럽으로 향하며 에너지가 솟구치는 것을 느꼈다.

우울증 "자가치료"를 위한 마약

전문적 연구 문헌에는 학대, 외상, 분노, 우울증, 낮은 자존감 등 떠올릴 수 있는 모든 심리학적 고통에 대응하기 위해 약에 의존하는 사람들에 대한 언급이 많이 등장한다. 하버드 의과대학 정신의학과 교수였던 에드워드 J. 칸치안 박사는 자가치료에 대한 해석으로 널리 인정받는다. 그의 분석에 따르면 중독성 장애의 "핵심"은 고통이다.

일부 전문가들은 마약 사용자들이 우울증 증상 완화를 위해 자가치료를 한다고 생각한다. 스물아홉 살 해롤드가 헤로인 과용으로 입원했을 때 그를 진단한 한 정신의학과 의사는 "환자가 직면하고 있는 것은 우울증의 형태로 나타났지만 그 기저에 깔린 것은 정신질환으로 보인다"고 기록했다. 사실 해롤드는 우울증을 일으킨 상황을 스스로 자초했다. 법원으로부터 마약 중독 치료 프로그램 등록 명령을 받은(이번이 처음도 아니었다) 그는 완전한 자유를 원했다. 나와 상담을 시작했을 때, 해롤드는 그가 몇 주째 "지난 십 년간 시간을 낭비한 것"을 생각하며 "심각한 우울증"을 겪고 있으며 평생 기분이 나아지지 않을 것이라는 생각에 좌절감이 든다고 말했다. 해롤드는 현재 그가 처한 상황에 낙담했지만 그 상황을 초래한 책임은 전혀 지려 하지 않았다. 대신, 그는 분노와 자기 연민이 끓어오르고 있었다. 그는 헤로인 한 방이면 마음이 편해질 것이라고 생각했다. 이런 "자가치료"를 통해 에너지를 회복할 수 있고 우울증은 사라질 것이라는 것이다.

마약 사용자들은 치료계에서 쓰는 용어들을 능숙하게 이용하면서 전문가들에게 자신의 약물 복용은 "자가치료"를 위한 용도였다고 말한다. 그러나 많은 마약 중독 범죄자들을 괴롭게 만드는 것은 월급 받은 한도 내에서 살아야 하고, 결혼생활에서 갈등을 겪고, 직장에서 질책을 듣고, 자동차 수리로 불편을 겪는 것 같은 인생에 일상적으로 있는 압박과 성가신 일들로 인한 것이다. 자가치료 이론에도 불구하고, 사람들이 일상의 짜증이나 예측하지 못했던 위기 상황을 겪을 때 마약을 하는 것으로 대응한다는 통계 결과는 없다. 오히려 그 반대다. 대부분의 사람들은 어려운 일에 맞닥뜨릴 때 헤로인을 주사하지도, 코카인을 흡입하지도, 다른 불법 약물을 사용하지도, 처방받은 약을 과다 복용하지도 않는다.

도피를 위한 마약

범죄 성향을 가진 사람은 자가치료 구실을 대기보다는 도피를 위해 마약을 했다고 말할 가능성이 더 높다. 도피보다 훨씬 더 중요한 것은 그가 추구하고 마약이 제공하는 흥분이다.

해롤드는 도피를 위해 마약을 했다고 말했다. 압박감을 느끼지 않고 "기분이 좋은" 때에도 그의 머릿속은 마약에 대한 생각이 번뜩였다. 당혹스러웠던 그의 어머니는 편지에서 아들에 대해 이렇게 썼다. "그 애는 진짜 세상을 직면하기 두려워서 정상적인 상태로 있는 것을 두려워했어요. 하지만 저는 직면하기 무서운 게 뭐가 있는지 이해할 수 없었어요. 우리 부부, 가족, 친구들, 직업, 돈, 교육… 모두 좋은 것들이고 살면서 경험할 가치가 있는 것들이잖아요." 해롤드는 어머니에게 이의를 제기하지는 않았다. 그의 주요 문제는 가족이나 환경이 아니었고, 그가 지루해했다는 점이었다. 해롤드는 나에게 이렇게 말했다. "흥분은 내 전부예요. 난 인생이 지루해요. 매일 반복되는 일상요. 모든 게 힘들어요. 계속 무언가 더 찾으려 하는데 없어요. 마약은 날 쫓아오지 않아요. 내가 쫓아가야 해요. 난 흥분되는 게 있어야 해요. 약을 찾아다녀요. 데려다줄 사람을 구하고, 버스를 타고, 전철을 타야 해요. 내 안에 무언가가 날 내버려두지 않아요. 약은 깨고 싶지 않은 습관이에요."

스물두 살의 코카인 사용자인 맷도 똑같이 느끼고 있었다. 그는 "그건 그냥 맥도널드의 세상이에요. 매일 똑같은 지루한 날들이죠. 뭘 위한 거냐고요"라고 말했다. "인생은 지루한 아메리칸 드림이에요." 맷은 교육 수준 높은 중산층 가정 출신이었다. 그의 대학 학점은 A에서 C로 추락했다. 수업 출석하고 공부하고 집에서 부모님과 시간을 보내는, 그의 생각에 참을 수 없이 지루한 인생에서 주된 "탈출구"는 코카인을 사용하는 것이었다. 그는 또한 도청하는 법, 진공청소기를 로켓 발사체로 만드는 법, 폭발물 제조법, 전파 방해하는 법, 컴퓨터 해킹법 등을 독자들에게 알려주는 총기 관련 잡지나 서적을 탐독하는 것으로 "탈출"했다.

마약을 사용하다가 상당 기간 동안 끊으면, 많은 이들은 금단현상을 겪는다. 폭력적이지 않은 범죄로 복역한 토마스는 교도소에 있었던 1년간 약을 하지 않았다. 판사는 토마스가 일을 하고, 정기적으로 상담을 받고, 보호관찰관을 만나고, 무작위 약물검사를 통과하면 지역사회에서 살 수 있도록 조건부로 가석방시켜 주었다. 이 스물다섯 살 청년은 객관적 기준으로 봤을 때 책임감 있게 살았다. 약을 하지 않았고, 급여가 좋은 직장을 다니며 저축했고, 충실하게 상담사와 보호관찰관 면담에 참석했다. 그의 여자친구는 그를 전보다 더 신뢰했다. 그럼에도 불구하고 토마스는 짜증과 불만에 차 있었다. 어느 날 그는 나를 보러 와서 토로했다. "코카인을 안 하면 아무 문제가 없을 줄 알았어요. 지금 나는 전보다 더 문제가 많아요. 내 트럭은 고장 났고, 같이 일하는 동료는 어떨 땐 늦고 어떨 땐 아예 안 나와요. 고객들은 불평해요. 여자친구는 자기를 위해서 이걸 해달라 저걸 해달라 해요. 나 자신을 위한 시간은 하나도 없어요."

토마스는 "이게 인생이라면 지옥 같은 인생"이라고 말했다. 그러더니 "코카인에 비교할 만한 게 뭐가 있죠?"라고 궁금해했다. 토마스에게 지금 그가 하는 식으로 천천히 인생을 걸어가는 것이 마약 세계에서 경험한 것 같은 흥분을 줄 것이라고 설득할 수는 없었다. 나는 책임감 있게 사는 삶에서 오는 잠재적 혜택들에 대해 이야기했다. 그는 경찰이 따라오지는 않는지 어깨너머로 살피거나 자유를 잃을 걱정을 하지 않아도 될 것이다. 그를 아끼는 사람들로부터 신뢰를 얻을 것이다. 일함으로써 합법적으로 번 돈을 갖게 될 것이다. 덧붙여, 성취에 기반해 자아 존중감과 자신감이 생길 것이다. 그러나 명예나 부를 보장할 수는 없었다. 토마스는 코카인으로 돌아갔다. 그가 갈망했던 건 약뿐이 아니라 삶의 방식 전체였다. 사람들, 장소들, 거래의 짜릿함, 위험들, 그리고 약 그 자체의 효과들.

토마스와 해롤드는 안정적인 중산층 가정에서 자신을 지지해 주는 부모 밑에서 자랐다. 더 불우한 사람들은 혼란스러운 가정과 빈곤, 기타 다른 불이익들로부터 탈출하기 위해 마약에 의존할 수 있다고 생각하는 사람이 있을지 모른다. 하지만 마약을 하는 범죄자들은 다양한 인종적, 문화적, 사회경제적 환경에서 나온다. 그들이 도심에서 왔든 교외에서 왔든, 내가 면담한 거의 모든 마약쟁이 범죄자들에게는 마약을 하지도 범죄를 저지르지도 않은 형제자매가 있었다.

선호 약물

범죄자들은 정신을 교란시키는 물질 중에서 개인적으로 특히 선호하는 게 있다. 십대인 샘은 알코올을 선호했다. 그는 "보드카가 너무 좋아요. 그건 내가 감당할 수 있어요. 쉽게 취할 수 있고요. 큰 잔을 가져다가 한번에 마셔버릴 수 있어요. 난 절대 토하지 않아요. 처음 마실 때 기분이 정말 좋아요." 그는 보드카를 마셨을 때 "누가 날 화나게 하면 흠씬 두드려 팬다"고 했다. 샘은 보드카가 바로 준비가 안 되어 있으면 "취하게 해주기만 하면" 아무 술이든 쓸 만하다고 했다.

나는 샘을 몇 년 뒤 면담했는데 그때 그는 혼자 살고 있었고, 더 이상 부모와 함께 사는 십대가 아니었다. 그의 성격은 바뀌지 않았지만 그가 선호하는 약물은 바뀌었다. 그는 자동차 충돌 사고를 내고 경찰로부터 도망치려다가 전기충격 총에 맞은 뒤로 술을 거의 끊을 뻔했다. 그리고는 코카인이 선호 약물이 되었다. 식료품과 월세, 아이 양육에 필요한 돈이 마약 밀매상에게 넘어갔다. 샘이 마약 밀매상이 되기 전까지는 말이다. 왜 코카인이 선호 약물이 되었는지에 대해 샘은 "아침 6시까지 깨어 있을 수 있고 오후 5시까지 쓰러지지 않고 일할 수 있어요. 난 이 느낌이 너무 좋아요. 말이 좀 더 많아지죠"라고 말했다. 샘은 약을 끊으려면 약과 여자들을 구하러 다니며 일어난 모험담으로 서로를 즐겁게 해주던 친구들을 포기해야 한다고 말했다. 샘은 직장을 계속 다니고 있었지만 일이 끝나면 "맥주 반 병도 안 마시는" 여자친구가 있는 집에 돌아와야 한다는 사실에 분개했다. 그는 "이 약이 날 장악했다"고 인정했다. 보호관찰 위반으로 체포되자 샘의 변호사는 판사에게 수감되는 대신 약물 중독 치료 프로그램에 등록시켜 줄 수 있냐고 물었다. 판사는 동의했고, 샘은 감사의 뜻으로 퇴원할 때까지 협조했다. 그리고는 즉각 다시 코카인과 마약쟁이 친구들에게로 돌아갔다.

샘처럼 "여러 약물"을 사용하는 몇몇 사람은 새로운 것을 시도하는 데 대한 충족되지 않는 호기심을 충족시키기 위해 이 약물 저 약물을 전전한다. 그러나 가용성, 비용, 그리고 약물의 평판 좋은 품질이 결국 그가 어떤 약물을 사용할지 결정한다.

약물 중독 치료 남용

어떤 범죄자들은 약물 중독 치료 프로그램에 너무 많이 참여해서 거의 자기가 프로그램을 운영할 수 있는 수준이 된다. 린은 약물 중독 치료시설에 입주해야 한다는 사실에 분개했지만 미성년자 억류센터에 갇히는 것보다는 낫다는 것을 인정했다. 린은 "난 여기 있을 필요가 없어요. 여기서 남들의 문제를 고쳐줄 생각 없어요. 이 많은 미친 인간들과 같이 살기 싫어요. 선택할 수만 있다면 남자친구한테 가겠어요"라고 말했다. 마약을 하기 전, 린은 집에서 몰래 빠져나와서 가게를 털고, 학교를 무단결석하고, 허락 없이 부모 신용카드로 물건을 구매했다. 린은 열세 살이 될 때까지 술, 마리화나, 마약 등 "하늘 아래 모든 것"을 사용했다고 자랑했다.

린은 가장 좋은 방법은 직원들이 무슨 말을 듣기를 원하는지 알아내서 해주는 것이라고 결론 내렸다. "내가 프로그램을 운영할 수도 있어요. 난 상담사가 무슨 말을 할지, 입을 열기도 전에 알아요. 우리가 무슨 말을 해야 하는지, 어떻게 행동해야 하는지 알아요. 성공할 때까지 연기하면 돼요." 약물 중독 치료 프로그램 중 다닐 가치 있는 게 있었는지 묻자, 그녀는 "시간 낭비"라고 말했다. 그리고는 "어떻게 하면 누구보다도 똑똑한, 더 뛰어난 범죄자가 되는지" 배웠다고 덧붙였다. 그녀는 그저 열여덟 살이 될 때까지 몇 달 버티기만 하면 되었다. 열여덟 살이 되면 스스로 퇴원 결정을 할 수 있었다. 나는 린의 부모와 치료 팀에게 약물 남용은 기저에 깔린 성격장애의 표현이며, 치료가 마약 사용을 비롯해 많은 종류의 범행을 유발하는 생각의 오류에 초점이 맞춰지지 않는 한, 치료를 더 한다고 해도 효과가 없을 것이라고 조언했다.

"질환"으로서의 중독

린 같은 사람들은 "중독이 잘 되는 성향"을 갖고 있는 것으로 여겨진다. 하지만 그런 게 정말 존재하는지는 논쟁거리다. 〈헬스라인〉에 따르면 이 용어는 하나의 성격 유형이 중독 위험을 높인다는 "오래된 미신"을 대변한다. 주로 정신 교란 물질을 지칭하기 위해 쓰인 "중독"이라는 말은 그동안 너무 난잡하게 사용되어 와서 사람이 반복적으로 탐닉하는 경향이 있는 것이면 뭐든 관련이 있다. 초콜릿을 좋아하는 사람은 "초코홀릭"이고, 조깅을 열심히 하는 사람은 "조거홀릭"이고, 일에 헌신하는 사람은 "워커홀릭"이고 그런 식이다. 전문 연구 문헌들을 보면 성관계, 사랑, 쇼핑, 도박, 승낙, 카페인, 음란물, 설탕, 그리고 음식도 중독이라는 말을 붙여 언급된다. 새로운 기술이 일상의 일부가 됨에 따라 "정보 중독", "화면 중독", "전화 중독", "이메일 중독", "비디오게임 중독" 같은 새로운 중독 용어들도 부상한다.

〈정신장애 진단 및 통계편람〉 다섯 번째 개정판에서 APA는 "중독이라는 말은… 그 정의가 불확실하고 잠재적으로 부정적인 어감을 주기 때문에 공식 DSM-5 약물 남용

장애 용어에서 생략되었다"고 선언했다.

약물 중독 치료 프로그램은 중독이 질병이며 이 질병을 치료하는 것이 임무라고 표현한다. 그러나 이 "질병"은 비자발적으로 걸리는 것들과 다르다. 감기나 독감, 암, 폐기종은 사람이 선택하는 게 아니다. 그러나 약물을 마실지, 삼킬지, 주사할지, 흡입할지는 사람이 선택하는 것이다. 마약을 하는 범죄자는 책임을 회피하기 위해 이 질병 논리를 붙든다. 교도소에서 막 출소한 한 범죄자는 〈워싱턴포스트〉 기자에게 "언제든 이 병이 누군가를 공격할 수 있다"고 말했다. 실상 범죄자는 공격을 받은 사람이 아니라 공격을 하는 사람이다. 거리를 배회하며 약을 구매하고 사용하기로 선택한 장본인이다. 범죄로 체포되면 범죄자는 병이 "재발"했기 때문에 치료를 더 받아야 한다고 사람들을 설득한다. 자신은 약물의 희생자이며, 수감 대상이 아니라 질병을 위해 치료를 받아야 마땅하다는 입장을 취하는 것이다.

어떤 범죄자들은 약물을 견디는 능력을 키워 원하는 효과를 얻기 위해 더 많은 양을 욕망한다. 범죄자가 하루에 200달러를 마약에 썼다면 아마도 합법적인 취업을 통해 그 돈을 번 게 아닐 것이다. 결국 자기 습관성 중독을 유지하기 위해 그는 도둑질을 해야 한다. 어떤 마약쟁이들은 중독을 유지하는 데 필요한 것보다 더 많이 훔친다. 게다가 약에 중독되기 전부터 범죄를 저질러왔다.

약물 중독이 "뇌질환"인지에 대해서는 논란이 있다. 마이클 비어러 박사는 '하버드 헬스 블로그'에 "문제가 되고 종종 생명을 위협하는 이런 행동들 기저에 생물학이 있다는 것"을 자기 환자들이 이해하기를 바란다고 썼다. 비록 만성 약물 사용이 뇌를 변화시킨다는 점에는 대체로 합의하는 것 같지만, 마약을 끊으면 이는 복구될 수 있다. 자기 회복의 주체가 될지 여부는 개인에게 달려 있다.

연구 결과에 따르면 정신 교란 약물을 사용하고자 하는 성향에는 가족력이 있다고 한다. 하지만 중독에 대한 유전적 혹은 생물학적 성향이 있다고 하더라도 사람들은 여전히 자기 몸에 무엇을 집어넣고 무엇을 집어넣지 않을지 선택할 수 있다. 가족에 "중독" 성향이 있다는 것을 안다면, 더더욱 정신 교란 약물을 멀리할 이유가 된다. (물론 뱃속에서 약물을 접한 태아는 그런 선택을 할 수 없다.)

카운티 교도소에서 나와 면담하는 동안, 프랭크는 자신이 열 건도 넘는 범죄를 저질렀다고 솔직하게 인정했다. 그러나 그는 술과 다른 약물들은 하지 않았다. 어릴 때 그는 아버지가 "술 마시다 죽음을 맞이한" 것을 보았다. 자신에게도 같은 일이 일어날까 두려웠던 그는 절대 술이나 정신교란 약물 근처에도 가지 않겠다고 다짐했다.

마리화나 사용을 범죄가 아닌 것으로 보는 경향이 가속화되고 있다. 2021년 1월을 기준으로 미국 내 36개 주가 의료 용도로 마리화나를 사용하는 것을 합법화했다. 10개 주는 마리화나 판매를 합법화했다. 2020년 11월 3일 선거 당시, 오리건주 유권자들은 소량의 코카인, 헤로인, 메타암페타민 소지를 합법화하는 전례 없는 조치를 취했다. (오리건주에서 마리화나는 2015년에 이미 합법화되었다.)

마약을 합법화하는 경우는 세 가지 가능성에 근거한다. 첫째는 사람들이 체포되는 일이 줄어 낙인찍히지 않게 되고 결과적으로 취업 기회에 제한을 받지 않게 될 가능성이다. 둘째는 마약을 합법화하면 밀매를 해서 돈을 벌려는 동기를 없애주어서 범죄가 줄어들 가능성이다. 셋째, 사법 정의 시스템의 징벌적인 "마약과의 전쟁"이 실패한 가운데, 치료를 권하는 공공 건강 접근법을 쓰면 약물 남용 문제 전부가 적은 비용으로 좀 더 효율적으로 다루어질 수 있게 될 가능성이다.

많은 이들이 마리화나는 무해하다고 믿지만, 정기적으로 피우는 자녀를 둔 부모나 청소년을 치료하는 상담사, 치료사들의 의견은 다르다. 미국 국립약물남용연구소(NIDA)와 질병통제예방센터(CDC)에 따르면, 마리화나의 지속적 사용은 영구적인 사고력, 기억력, 학습능력 손상으로 이어질 수 있다. 다른 장기적 영향에는 기력 및 성취도 저하, 폐 손상, 그리고 사고 증가가 있다. 범죄 성향을 지닌 많은 사람들에게 마리화나는 삶의 토대가 된다. 만성적으로 마리화나를 이용하는 범죄자는 이 약물 공급에 문제가 생기면 치명적인 영향을 받는다. 애쉬튼은 고등학생 시절 마리화나를 피우기 시작했고 나중에는 매일 피우게 되었다. 그는 3학년 때 학교를 자퇴했고 이후 6년간 거의 실직상태였다. 여자친구인 메리는 약이 어떤 영향이 있는지 알 수 없었다고 말했다. 애쉬튼이 많을 때는 하루에 열 번도 피웠기 때문이다. 약을 살 돈이 없을 때면 애쉬튼은 "말도 안 되는 방식으로 행동"했다. 평소 차분하던 그는 "매우 화가 나 펄펄 뛰고 떼를 쓰는" 사람이 되었다. 메리는 애쉬튼이 폭력적이 되어서 기물을 파손하고 자기를 협박했다고 말했다. 마리화나를 피우는 것은 삶에 대응하고 자제력을 발휘하는 데 필수요건이 되었다.

약물을 합법화하면 손에 넣기가 쉬워진다. 하지만 그렇다고 범죄자의 성격이 바뀌지는 않는다. 마약 접근이 쉬워지면 원래 범죄자가 마음에 품고 있던 걸 하도록 기름을 붓는 효과가 있다. 마약을 하는 범죄자가 자발적으로 치료센터 문을 열고 걸어 들어갈 가능성은 낮다. 누구도 강제로 사람이 바뀌게 할 수는 없지만 법원이 치료 명령을 내릴 때 인생을 바꾸는 첫 걸음이 시작될 수도 있다. 합법화가 되면 법원이 마약 남용자가 치료를 받도록 명령하는 영향력도 줄어들 것이다.

이미 많은 글들이 미국의 거대한 오피오이드(진통제로 쓰이는 아편 유사 약물: 역자 주) 중독 위기를 초래한 의사들과 제약회사들의 책임에 대해 지적하고 있다. 이 장의 초점은 합법적으로 처방받은 약물 남용을 포함해서, 마약을 사용하는 "범죄자"의 성격에 있다. 의사를 위한 안내문에서 스콧 피시먼 박사는 "통증이 아니라 환자에 초점을 맞추라"고 조언한다. 피시먼 박사는 절도, 매춘, 위조, 처방전 판매 같은 오피오이드와 연관 있는 반사회적 행동들에 대해 열거했다. 통증 때문에 오피오이드를 처방받고 끊으려고 노력하는 사람과 불법적 경로를 통해 점점 더 많은 양의 약물을 찾는 사람 사이에는 차이가 있다. 약물 의존적이 되는 것을 피하기 위해 최선을 다한 싸이와 그런 생각 전혀 없이 그저 약물을 찾는 범죄자였던 몬테를 대조해 보면 알 것이다.

은퇴한 변호사인 싸이는 심각한 허리 통증을 앓고 있었다. 그는 "척추 관절염이 생겼고 심각하고 실체적인 고통이 시작됐다"고 말했다. 그는 펜타닐 패치(붙이는 마약성 진통제: 역자 주)를 처방받았는데 너무 독하다고 느꼈다. 싸이는 "좀 더 가벼운 것"을 요청했고 하이드로코돈을 처방받았다. 그는 회상했다. "하루 세네 번 복용 처방을 받고 매달 120개의 약을 받았지만 그렇게 많이 필요 없었어요. 처방받은 수보다 한 알이라도 더 먹은 적은 한 번도 없었고 종종 처방보다 적게 먹었어요. 내 목표는 고통을 이겨내되 약물 중독은 되지 않는 것이었어요."

몬테는 군 복무 중에 허리를 다쳤고 팔굽혀펴기를 하다가 또 한 번 다쳤다. 몬테는 이런저런 진통제 처방을 받았지만 아무 약도 효과가 없었다. 결국 그는 고통을 조절하고 일상활동에 참여할 수 있도록 일련의 "오피오이드 치료"를 처방받았다. 점차 그의 약을 줄인다는 병원 측 목표는 결코 달성되지 않았다. 몬테는 자신의 통증 수준을 "10

점 만점에 10점"으로 평가했고 더 높은 용량으로 더 많은 약물을 요구했다. 그의 환자 차트 기록에는 "그의 주된 대응 기제는 오피오이드 처방과 잠"이었다고 적혀 있다. 한 의사는 몬테의 자기 보고에 의심을 표하며 차트에 이렇게 적었다. "환자는 유사 중독 패턴을 보이고 있다." 몬테는 그가 주장하는 정도의 장애상태가 아니었다. 그는 지붕 위에서 작업하기 위해 사다리를 타고 올라갔고, 건식 벽을 세우고, 집에 있는 고정물들에 페인트칠을 했다. 몬테는 운전을 할 수 있었고, 지팡이 없이 1마일(약 1.6km: 역자 주) 이상 걸을 수 있었다.

의사는 몬테에게 "비약리학적 전략에 초점을 맞추라"고 권했다. 하지만 몬테는 오직 마약을 원했다. 그는 고통 조절 클리닉에 가지 않았고, 체중을 감량하기를 거부했으며(그는 비만이었다), "상당히 논쟁적"이 되어 "재활 및 통증 심리학 강좌"에 참여하기를 꺼렸다. 몬테는 오피오이드 없이 통증에 대처하도록 돕는 입원 프로그램에 들어가기를 거부했다. 통증을 줄여주는 비약리학적 수단은 모두 거부하고 더 높은 용량의 오피오이드를 달라고 계속 주장했다. 화가 나서 의사에게 "약을 안 주면 다른 의사를 찾겠다"고 경고하기도 했다.

몬테는 거만했고, 비판적이었고, 다른 사람 의견에 관심이 없었다. 그의 장모는 그와 대화를 시도하는 것이 "물을 주먹으로 움켜쥐는 것과 같다"고 말했다. 그의 장인은 "그는 약물 중독이고 약을 좋아하는 것 같다"고 무뚝뚝하게 말했다. 아내 개비는 몬테가 그녀에게 "감당하지 못할 비난을 끝없이 퍼부었다"며 "한번은 내 머리를 벽에 처박으려고 했다"고 말했다.

몬테는 자기를 채용하지 않았다는 이유로 원한을 품고 있던 저명한 변호사의 집에 침입했다가 체포되었다. 몬테는 변호사를 공격했고, 그의 아내를 총으로 쏘았고, 부부를 겁에 질리게 하고, 죽이겠다고 협박했다. 경찰은 그의 차를 쫓아갔다가 차 안에서 마약을 발견했다. 몬테는 자신이 십여 가지 약을 처방받아 복용 중이라고 말하고 그들의 심문에 일관성 있게 답하며, 변호사를 만나게 해달라고 요청했다. 구급차가 그를 병원으로 호송했고, 그는 병원으로부터 "심신미약 상태"라는 진단을 받았다. 경찰은 나중에 그가 펜타닐 패치와 근육이완제를 소지하고 있음을 알아냈다. 그 증거는 몬테가 사전에 범죄를 신중하게 계획했음을 입증했다. 몬테는 변호사 부부에 대해 많은 양의 정보를 수집했고, 그들이 어디 사는지 알아냈으며, 범행 전에 며칠간 그들의 집 주변을 정찰했다. 그는 손발을 묶을 케이블 끈과 절연 테이프를 구매했고 총과 탄약, 테이저 총을 몸에 장착한 채 집에 도착했다. 범행 동기는 금전적 이득이나 마약과는 관련 없었고 오히려 몇 달 전에 있었던 경미한 행동에 대한 복수였다. 몬테는 "마약에 취한 상태였음을 이유로 무죄"를 주장했지만 배심원단은 이를 신뢰하지 않았고 그는 종신형을 선고받았다.

끊임없는 마약 추구와 폭력적 가택침입을 의도적으로 행한 몬테는 통증과 싸우며 약물 복용량을 줄이려고 불굴의 노력을 한 싸이와 극명한 대조를 이룬다. 2020년 기준으로 이백십만 명에 달하는 미국인들이 "오피오이드 장애"를 갖고 있다. 연구에 따르면 성격장애가 있는 사람이 특히 오피오이드 남용을 할 가능성이 높다. 〈유에스뉴스 앤 월드리포트〉 기사에 따르면 연구자들은 "전국적인 약물 남용 위기를 저지하려면 오피오이드에만 초점을 맞추지 말고 청소년과 청년들에게 특별한 주의를 기울여야 한다"고 강조한다.

가장 중요한 것은 약 자체가 아니라 약물 사용자의 성격이다. 한 범죄자가 간결하게 표현한 것처럼 "약(drugs)이 아니라 깡패(thugs)가, 음주(drinking)가 아니라 생각(thinking)이 문제"인 것이다. 모든 범죄자들이 마약에 손대지 않는다고 하더라도, 그들이 책임의식 있는 인간으로 변모하려면 많은 변화가 필요하다.

14

테러리스트 범죄자

14 테러리스트 범죄자

테러리스트라고 하면 우리는 공공장소에서 폭발물을 터뜨리거나, 비행기를 폭파시키거나, 자신과 다른 신념을 가진 사람들을 협박하거나, 대규모 학살을 저지르는 사람들을 생각한다. 많은 폭력적 범죄자들과 달리, 테러리스트들은 자신이 대의나 종교적 신념을 지지한다고 주장함으로써 파괴를 정당화한다.

수십 년간 다양한 범죄를 저지른 남녀를 면담하면서 나는 범죄자들과 자국민들에 대한 테러행위를 저질러온 국가 지도자들의 공통점을 인식하게 되었다. 나는 정치적, 국제적 테러리즘 가해자들에게 나타나는 유사한 패턴들을 관찰해 왔다. 미국으로부터 테러리스트로 지정된 국가의 지도자들과 국민들은 내가 이 책에서 묘사해 온 범죄적 사고방식을 보여준다. 그들과 개인적 접촉은 해본 적이 없음에도 내가 그들 중 많은 사람에게 범죄자 성향이 적용된다고 추측할 수 있는 이유가 있다.

미국 법(United States Code)에서는 국내 및 국제 테러를 "민간인을 위협하거나 강압할 의도"로 행해진 행위들로 정의한다. 그러나 범죄자는 한 사람, 한 가족을 대상으로 하든, 지역사회 또는 국가 전체를 대상으로 하든 "테러리스트"로 활동할 수 있다. 강간범, 차량 절도범, 연쇄 방화범, 그리고 한 쌍의 저격수도 모두 테러행위를 저지르는 것에 해당한다.

가정폭력범도 역시 테러리스트다. 콜린과 주디의 결혼생활을 보면 가학적인 사람이 공포, 위협, 심리적 학대, 신체적 폭력 등을 통해 어떻게 배우자를 영원히 종속과 불확실의 상태에 살게 하는지 알 수 있다. 주디와 콜린 부부는 이들의 자녀가 선생님에게 부모의 싸움 때문에 무섭다고 이야기함에 따라 정부 사회 서비스 분과에 보고되었다. 이들의 결혼생활이 갈등이 너무 심해서 법원은 일시적으로 아들을 집에서 분리하고 조부모 집에서 양육하도록 명령했다.

콜린은 수표 위조, 대규모 절도, 차량 절도, 면허 정지 중 반복적 운전 등의 전과를 갖고 있다. 그는 은행 계좌에 지출을 충당할 충분한 돈이 없다는 것을 발견하자 주디에게 수표를 쓰게 했다. 주디는 상담사에게 자신감도 없고 결혼도 실패한 사람이라며 자신의 일부를 잃었다고 말했다. 주디가 무슨 일로든 콜린과 대화하려고 하면 콜린은 경멸하듯 반응해 그녀가 "아무것도 모르는 것 같은" 느낌을 갖게 했다. 그와 싸워봤자 아무 소득이 없다고 판단한 주디는 그가 요구하는 대로 양보했다. 성관계가 주된 문제였다. 콜린은 자기가 요구할 때마다 관계하기를 원했고, 관계한 날을 달력에 표시했고, 그녀가 얼마나 잘했는지 등급을 매겼다. 콜린은 아내에게 화대를 치르겠다고 제안함으로써 더 모욕을 주었다. 어느 날 밤에는 "나가서 돈 주고 해야겠어"라고 고함을 치며 나가기도 했다.

콜린은 매일 주디를 지치게 했다. 그들이 함께 거리를 걸을 때면 그는 그녀가 너무 천천히 걷는다고 야단을 쳤다. 주디가 입는 옷에 대해서도 비판했고, 그녀가 머리를 자르면 불 같이 화를 냈으며, 향수를 뿌리지 않으면 신랄하게 비난했다. 주디가 책에 빠져 있을 때조차 "나보다 책을 더 좋아한다"며 화를 냈고, 자신에게 주의를 기울이라고 주장했다. 자기가 원할 때 저녁 준비가 되어 있지 않으면 몇 분 안에 식탁 위에 음식을 대령하라고 시간을 알렸다. 주디는 콜린이 소리를 지르며 그녀에게 물건을 던졌던 기억을 이야기했다. "결국 저는 침대에 가서 울었어요. 그러자 그는 '한마디만 더 하면 얼굴을 날려버리겠다'고 했어요."

주디는 가정의 재정적 중심이었지만 콜린이 공유 계좌에서 원하는 대로 돈을 쓰는 것을 막을 수 없었다. 그들은 가까운 부부가 없었고 콜린은 주디가 직장 외에서 사회생활하는 것을 허락하지 않았다. 주디가 남편의 지배 밖에서 존재하는 유일한 측면이 직장생활이었다. 콜린은 주디가 일만 생각하고 자기 자신이 중요한 인물인 양 행동한다고 불평했다. 주디에게 직장은 생명줄이었다. 이야기할 사람이 있고 그녀 능력을 높이 평가해 주었기 때문이다.

부부의 말다툼은 점점 더 신체적인 싸움이 되었다. 말다툼이 일어나면 콜린은 열쇠뭉치를 집어 던지고 주디의 목을 쳤다. 주디가 떠나겠다고 선언하고 차를 향해 걸어가고 운전해서 가려고 하자, 콜린은 그녀를 자기 차로 쫓아가 차 후면을 들이받았다. 그녀 차의 후드 및 전선을 분해해버린 뒤, 또 떠나려고 하면 총을 가져다가 "무덤 속으로 보내버리겠다"고 경고했다. 또 다른 어떤 날에는 주디가 공포에 질려 화장실로 피하자 문을 부숴버렸다. "그가 꽉 움켜잡아서 그의 손톱이 파고든 부분 살이 베었어요. 눈에 멍이 들었고요." 주디는 상해를 입어도 두려워서 신고하지 못했다.

주디는 상담사에게 이렇게 고백했다. "내가 하고 싶은 게 하나 있어요. 그에게 대항해서 내 기분을 말하는 거예요." 하지만 그녀는 몇 가지 이유로 콜린을 떠나지 못했다. 수입이 있기는 했지만 부부 공유 빚이 있었고 재정적으로 혼자 살아남는 것도 상상할 수 없었다. 떠나도 콜린이 찾아낼 것이라는 확신도 들었다. 그러나 주디가 결혼생활을 지속하게 한 결정적인 요인은 그녀가 스스로에 대해 갖고 있는 불안감이었다. 주디는 상담사에게 "내가 그에게 너무 많은 걸 바래요"라며 자신이 형편없는 주부이고 성욕도 없다고 자책했다. 결혼 서약을 한 것을 너무나 중요하게 생각하는 그녀는 콜린과 자신이 차이를 완화하고 자녀 양육권을 되찾기를 희망했다. 주디를 지탱하는 또 다른 요인은 그들이 잘 지내던 시절, 콜린이 다정했고 그녀에게 선물을 사다 주었고 외식을 시켜주었던 기억이다.

주디는 가정폭력 피해자들을 위한 법원 후원 모임에 참석했다. 감정적으로 지칠 대로 지친 그녀는 피로와 두통, 불안에 시달리고 있었다. 결국 그녀는 떠나기로 마음먹고 계획을 세웠다. 조건은 더할 나위 없이 좋았다. 주디는 급여 인상을 받았고, 아이들은 안전했고, 자기 차가 있었고, 목사의 지원도 받고 있었으며, 갈 곳도 있었다. 그녀는 짐을 싸서 친구네 집으로 옮겼고, 가족과 마음에 드는 직장이 있는 거의 천 마일 멀리 떨어진 곳으로 이사할 계획을 세웠다. 사회 복지사는 그녀가 더 안전한 환경에 살게 됨에 따라 자녀 양육권을 회복시켜 주었다.

주디는 가정 테러리스트와 결혼했다. 테러리스트는 다양한 분야에서 활동한다. 명분을 내세우면서 자기 내면의 범죄 성향을 감출 수 있다.

나는 1960년대에 대학을 그만두고 앨라배마주 인권운동에 참여한 사람을 면담했다. 그가 돌아왔을 때 우리는 그의 여정에 일어난 사건들에 대해 이야기했다. 그는 아주 흥분해서 개들로 하여금 시위자들을 공격하게 하고 소방 호스로 물을 뿌린 잔인한 경찰의 전술들을 묘사했다. 그가 남쪽으로 여행을 간 이유가 겉으로는 사회 정의와 인종 평등 때문이었지만 그것에 대한 말은 한마디도 듣지 못했다. 그는 테러리스트는 아니었지만 거짓말쟁이, 절도범, 그리고 마약 사용자였다. 자물쇠가 채워져 있지 않으면 그가 남의 자전거를 타고 가버릴 수 있기 때문에 대학 학생들은 자전거를 주의 깊게 잘 봐야 했다. 인권이라는 수사를 쓰기는 했지만 그에게 중요한 것은 흥분되는 현장에 있다가 자기 이야기로 남들에게 깊은 인상을 주는 거물이 되어 돌아오는 것이었다.

많은 테러리스트들이 범죄자 마인드를 갖고 있을 확률이 높다. 아마도 일부는 자기 명분을 포용하려는 순수하고 신실한 동기를 갖고 있을 것이다. 범죄자의 정신 구조를 이해하는 사람이 독재자와 폭군의 성향을 추론하는 것은 어렵지 않다. 대의명분을 내세워 행동하는 이 무자비한 사람들은 그들의 적을 공포에 질리게 하고 학살한다.

무자비한 독재자가 된 사람들 대부분은 절대 권력의 위치를 차지하기 훨씬 전부터 범죄자였다. 로버트 G.L. 웨이트는 그의 고전 저서 〈사이코패스의 신(*Psychopathic God*)〉에 아돌프 히틀러에 대해 500페이지 이상의 분석을 실었다. 그의 관찰 결과는 어린 시절부터 히틀러가 범죄자들에게 나타나는 생각과 행동 패턴을 보였다는 증거를 제공한다. 웨이트는 떼를 쓰는 것이 "어린 아돌프가 자애로운 어머니를 놀라게 해 원하는 대로 해주게 하도록 하는 수단"이었다고 지적한다. 열한 살이 되었을 때 히틀러는 "논쟁적이고, 독선적이며, 고집이 세고, 거만하고, 화를 잘 냈다." 젊은 시절 히틀러는 "리더 역할을 하고 싶어 하며 동료 학생들에게 부당하게 복종할 것을 요구했다." 웨이트에 따르면, 열두 살에 "한때 동네 학교에서 스타였던 소년이 망가지기 시작했다. 겉보기에 건방지고 활동적인, 과격한 동네 놀이의 주동자였던 소년은 심통스럽고, 자기 기분만 생각하고, 사람들과 어울리지 못하는 청소년이 되었다. 그는 한적한 언덕에서 나무와 대화를 나눴고, 바람에게 연설을 했으며, 부모님과 다투었고, 선생님들을 희화화하고,

세상을 증오했다."

히틀러의 학업 성적은 점점 나빠져 다른 학교로 전학해야 했고 그 학교마저 졸업하기 전에 그만두었다. 히틀러는 동물에게 감성적이면서도 잔혹했다. 1936년 법령은 "바닷가재와 게의 고통에 특별한 관심"을 보여주고 있으며, 그들이 가장 "인도적 죽음"을 맞아야 한다고 명시하고 있다. 그러나 히틀러는 "자기 개 앞에서 야만적으로 변했다"고 전해진다. 그는 개를 "미친 사람처럼" 채찍질했다고 한다. 히틀러가 바닷가재에 관심을 보이던 시기에, 측근에게는 이렇게 말한 것으로 전해진다. "전체 종족을 뿌리뽑을 생각이냐고? 물론 그렇지.… 대중은… 덜덜 떨면서 복종하게 만들기 위해 공포의 긴장감이 필요해." 아돌프 히틀러의 악명 높은 나머지 이야기는 권력을 이용해 수백만 명을 공포에 질리게 하고, 고문하고, 학살한 범죄자의 이야기다.

에드바르드 라진스키는 1929년부터 1953년까지 소련을 지배한 이오시프 스탈린에 대한 첫 번째 심층적인 전기를 썼다. 독재자에 대한 그의 묘사는 범죄 성향의 모든 측면을 포함한다. 특히 스탈린의 무자비한 권력 추구, 국민을 소유하고 있다는 생각, 자신이 독특하다는 믿음, 그리고 피도 눈물도 없는 정복욕이 그렇다. 반면 그를 존경하고 경외한 소련 국민들에 대해서는 연민을 거의 보이지 않는다.

스탈린이 참석한 세미나에서 그의 적이 된 학생들은 그의 "은밀하고, 보복하는 성격, 미묘한 냉소주의, 거친 분노 표출"을 두려워했다. 스탈린은 스물네 살에 혁명가들과 회합한 죄로 처음으로 수감이 되었다. 그는 범죄자들이 혁명에 가치 있는 공헌을 할 수 있다고 보았고 "학교에서 [그리고] 신학교에서 했던 것처럼 감옥에서도 권력을 장악"했다. 그의 권위를 알아보지 못한 사람은 "그의 새 범죄자 친구들로부터 잔인하게 폭행당했다." 그의 관심사는 혁명을 조장하는 방법을 모색하던 것에서 어떻게 "혁명이 나에게 도움이 되게 만들지" 결정하는 것으로 옮겨갔다.

러시아 차르의 지배는 끝났지만 스탈린은 스스로 새로운 "차르이면서 동시에 신이라고 생각했고, 자신에게 속한 국가의 미래를 내다보았다." 라진스키는 스탈린을 히틀러의 제자로 묘사하며 "그가 기나긴 체스 게임을 시작했고 승리를 거머쥐었다"고 했다. 그토록 증오했던 국가는 쓰러지고 스탈린의 책략은 "그에게 속한 가장 무시무시한 국가"의 탄생으로 이어졌다. 라진스키는 "스탈린은 권력을 유지하기 위해 다른 모든 것을 희생하는 파렴치한 음모꾼 징기스칸이었다"고 썼다. 그는 꼭두각시들을 "조종"했다. "그들이 자기 쓸모를 다하면 그는 조용히 그들을 무대에서 제거하고 다른 꼭두각시로 대체했다." 그의 필요를 충족시키지 못하거나 그에게 이의를 제기하는 사람들은 소모품이었다.

스탈린의 공포 통치 기간 동안 백만 명 이상의 사람들이 수용소에서 사망했다. 스탈린의 무자비한 농장 "집단화"로 인해 6백만에서 8백만 명이 더 사망한 것으로 추산된다. 그가 최고 권력의 지위에 오르자 국민들은 필사적으로 "심문, 고문, 감금당하거나 즉결 처형당하는 지옥 문"으로 끌려가는 일을 피하기 위해 서로를 고발했다.

현대의 테러리스트들도 이와 유사한 패턴을 보인다. 히틀러나 스탈린처럼 그들은 권력을 차지하기 위해 이용할 대의명분을 채택하기 전부터 이미 범죄자였다. 종교가 허락한 성전(聖戰)이라며 테러를 자행하는 이들은 해당 종교의 핵심적 가르침을 왜곡하고 있다는 지적을 많이 받는다.

〈디애틀란틱〉에 무사브 알 자르카위에 대해 "짧고 폭력적인 삶"이라는 글을 쓴 메리앤 위버는 이 악명 높은 이슬람 무장단체 지도자가 어떤 조직에도 가담하기 전부터 범죄자였다고 설명한다. 알 자르카위는 십대 시절 남을 괴롭히는 불량배였으며, 밀주꾼이고, 폭음가였다. 스물여덟 살에 알 자르카위는 불법 무기 소지와 요르단에서 금지된 조직에 가입한 혐의로 15년형을 선고받았다. 웨버의 설명에 따르면, 알 자르카위는 수감생활 동안 오히려 물을 만난 듯했다. 그는 "조폭 우두머리처럼 수감생활을 조직화"했고, 퇴소 후에는 전사들을 훈련하는 캠프를 세웠다. 그리고 폭발 테러, 자살 공격, 처형 등을 기획 지휘한 혐의로 미국에서 체포되었다. 특정 종교나 이념을 전하기보다 소란과 학살을 조장하려는 의도가 더 컸던 것으로 보인다. 2006년 6월 7일 알 자르카위는 마침내 미군에 의해 사살되었다.

스탠리 베들링턴은 〈워싱턴포스트〉에 죽은 오사마 빈 라덴이 "자기 자신의 종교를 더럽혔"으며 일부러 "엄격한 코란의 명"을 어겼다고 썼다. 한 작가는 〈타임〉에 "대부분의 종교학자가 보기에 빈 라덴이 선언한 미국에 대항하는 지하드(본래 이교도에 대항하는 이슬람교의 성전을 의미하며 근래에는 이슬람 무장단체들이 테러의 명분으로 사용: 역자 주)는 결코 성전이 아니었다. 그냥 노골적인 사기였다"라고 썼다. 심리학 교수 오브리 이멜멘은 빈 라덴에 대해 "자기 야망과 영광에 대한 개인적 꿈을 위해 이슬람 근본주의를 이용하는 데 능숙하다"고 묘사했다.

중앙아프리카공화국은 2013년부터 대규모 학살 위기에 처해 있었다. 공포정치 속에서 셀레카(Séléka, "동맹")라 불리는 북쪽 이슬람 무장단체들은 기독교도들을 죽이고, 강간하고, 약탈했다. 〈워싱턴포스트〉는 기독교 민병대가 이슬람 공동체를 공격하기 시작하고 "여자와 어린이들의 목을 베고" 모든 이슬람 교도들을 말살하기를 원한다고 발표하면서, "종교보다 약탈과 권력과 더 관계가 깊은 갈등"이 더 악화되었다고 보도했다. 5년 동안 229건의 테러 사건이 일어나 1,764명이 사망했다. 2021년 현재에도 무장강도, 약탈, 성범죄는 여전히 만연하고 있다.

변호사이자 사회활동가인 자밀 지바니는 저서 〈왜 젊은 남성들은(*Why Young Men*)〉에서 이슬람 무장단체에 가담하는 사람들로 인해 종교가 "오용"되고 있다고 지적한다. 그는 한 연구에 근거해 서구 지역 이슬람 무장단체 가담자들의 70%가 "이슬람 종교의 핵심 요소들에 대해 아주 기초적인 이해 수준"만 갖고 있다고 전했다. ISIS(무장 테러단체 이라크-레반트 이슬람국가로 이후 IS로 개명: 역자 주)는 "이슬람을 위해 싸우길 원하는 만큼이나 서구 세계와 싸우길 원하는 사람들"에게 어필한다. 지바니는 많은 ISIS 신병들의 배경을 보면 "종교활동보다 범죄활동 이력이 더 많다"고 전했다. 지바니는 또한 ISIS가 "의도적으로 범죄자들을 모집한다"고 지적했다. 범죄자들이 "총기들과 은신처들, 그리고 지하 범죄 세계에 대한 지식"을 갖고 있기 때문이다.

범죄자는 폭발물 제조법을 배우기 위해 아프가니스탄의 훈련 캠프에 참여하지 않아도 된다. 2013년 4월 15일 보스턴 마라톤 폭발범들은 알 카에다 관련 기사 "엄마 부엌에서 폭탄 만드는 법"(알카에다 인터넷판 잡지 〈인스파이어〉에 게재: 역자 주)에 기초해 폭발물을 만들었다. 정보관리학 마리 라이트 교수는 인터넷과 미국 대학들의 개방적인 환경으로 인해 일부 젊은이들 마음을 사로잡는 "극단적인 메시지들이 발표되는 포럼들이 생겼다"고 말한다. 그녀는 또한 "사람들이 자신과 비슷한 사람들을 찾는 경향이 있다"고 덧붙였다. 이 점은 미국 중앙정보부(CIA)의 보고서에서도 입증되었다. 보고서에 따르면, "많은 테러단체들이 교도소 내에서 신병 모집에 성공하는 식으로 세력을 확장한다. 재소자들은 동료 재소자들을 직접 구인할 뿐 아니라 나중에 퇴소하면 채용하려고 점찍어놓고 평가한다."

해커들은 기업, 대학, 의료기관, 주정부와 연방정부의 컴퓨터 시스템을 침범하면서 공포의 지배를 이어나간다. 해마다 데이터 도용, 신원 도용, 랜섬웨어 발생이 늘고 있다. 2020년에 메리어트 호텔 투숙객 520만 명의 이메일 계정이 해킹당했다. MGM 호텔 투숙객 1억 4,200만 명의 기록도 판매용으로 온라인에 올라왔다. 유타 대학은 사이버 범죄자들이 학생 정보를 유출하는 것을 막기 위해 45만7천 달러를 지불했다. 2020년 말에는 미국 정부기관들에서 대규모 데이터 유출이 일어났고 러시아 사이버 범죄자가 용의자로 지목되었다. 2021년 5월에는 해커들이 미국 동부 지역에서 가장 큰 연료 파이프라인을 폐쇄함에 따라 가스 부족 사태가 일어났다. 콜로니얼 파이프라인사는 공급 재개를 위해 범죄자에게 거의 500만 달러를 지불해야 했다. 비영리 개인정보 보호 권리 정보센터(Privacy Rights Clearinghouse)의 설립자인 베스 기븐스가 2013년 〈워싱턴포스트〉에 한 말, "지금은 군비 경쟁 시대이고 사기꾼들은 거의 항상 앞서 있다"라는 말은 오늘날에도 여전히 사실이다.

테러리스트들은 환경 보호, 동물권 보호, 역사적 보존 또는 다수의 정치적 운동 등 어떤 대의명분이든 갖다 댈 수 있다. 그들은 또한 자기 범죄성을 표현하는 자신만의 컬트(사이비 종교집단: 역자 주)나 이념을 만들어낼 수도 있다. 찰스 맨슨은 미국에서 가장 악명 높은 컬트 지도자 중 한 명이다. 맨슨은 아홉 살 때부터 시작해서, 소년원과 교도소에서 인생의 절반 이상을 보냈다. 퇴소 후 그는 나중에 "맨슨 패밀리"로 알려진 "종교적" 컬트를 설립했다. 그를 흠모하는 숭배자들은 자신이 환생한 예수 그리스도라는 맨슨의 주장을 그대로 믿었다. 1969년 8월 8일, 맨슨과 추종자들은 임신한 여배우 샤론 테이트와 다른 4명을 살해했다. 최소 4건의 또 다른 살인에도 가담했다. 그는 종신형을 살다가 83세에 교도소에서 사망했다.

짐 존스는 또 다른 악명 높은 "종교적" 지도자였다. 설교자이자 자칭 신앙 치료자인 존스는 가이아나의 정글에 회당을 세웠다. 그는 성도들을 성적으로 약탈하며 그들에게 완전히 복종할 것을 요구했다. 1978년 11월 19일, 거의 300명의 어린이를 포함해 918명이 독이 든 음료를 마시고 집단 자살하도록 명령을 받거나 강요당했다. 존스의 시신은 머리에 총알이 박힌 채로 발견되었다. 어린 시절 존스는 동물을 학대했고, 히틀러에게 매료되었고, 영화관에서 음란행위를 하다가 체포되었다.

지금까지 가장 치명적인 미국 내 테러행위는 1995년 티모시 멕베이가 오클라호마시티의 알프레드 P. 머레이 연방정부청사를 폭파해 19명의 어린이를 포함해 총 168명이 사망한 사건이다. 방대하게 언론에 보도된 바에 따라 판단해 보면, 멕베이는 많은 범죄자 성향의 특징들을 가지고 있었던 것으로 보인다. 〈워싱턴포스트〉 보도에 따르면 그는 열세 살 때부터 총기류에 "빠져" 있었고, 학교에서 심심할 때면 총기 그림을 그렸으며, 다른 학생들에게 인상적으로 보이기 위해 학교에 총을 가져왔다. 십대 시절 멕베이는 시속 70마일로 폭주하면서, "마치 쏠 듯이" 산탄총을 들고 느리게 가는 운전자들에게 소리를 질렀다고 전해진다. 커뮤니티 칼리지를 중퇴한 멕베이는 이런저런 직업을 전전하다가 도박으로 갚을 수 없는 수준의 막대한 빚을 지게 되었다. 스무 살 때 그는 폭탄을 만들었다. 군 복무를 하면서 나중에 오클라호마시티 폭파 사건의 공범이 될 테리 니콜스를 만났다. 미군 특수부대원이 될 역량은 안 되었던 멕베이는 군에서 스스로 퇴역한 뒤 40개 주를 다니며 80개의 총기박람회에서 총기를 사고팔았다. 그의 기질에 대한 글들은 그가 "수동적이다가 화산 같은 분노상태로 바뀌는" 것으로 묘사하고 있다. 정부의 해악을 확신한 그는 정부가 시민의 권리, 특히 총기 소유권을 축소시키려 한다며 정부를 시민 개개인의 적으로 규탄했다. 오클라호마시티 폭탄 테러 전, 멕베이는 많은 정부 관리들을 암살 후보로 고려했다.

극우와 극좌 모두에서 발생하는 미국 내 테러리즘은 미국 법 집행기관의 초점이 되었다. 일부 테러 가해자는 헤드라인을 장식하기 전에 범죄 기록을 갖고 있고, 다른 일부는 경찰에 알려지지 않았다. 어떤 사람들은 성공적으로 이중생활을 한다. 평소 조용하고 겸손해 보였기 때문에 체포되면 이웃과 동료 등의 사람들이 충격을 받는다. 언론에서 "외톨이"라고 불리는 이 남성들은 비밀리에 악랄한 활동을 계획하면서 혼자 시간을 보낸다.

흥분거리를 찾아다니는 범죄자들은 테러를 위해 고용될 준비가 되어 있다. 이들은 설득이 거의 필요하지 않고 멀리 가서 훈련을 받을 필요도 없다. 〈워싱턴 유대인 주간(*Washington Jewish Week*)〉이라는 잡지는 인터넷이 "테러리즘을 위한 가상 도서관"이라며, 사람들이 서로의 불만에 기름을 붓는 곳이라고 했다. 인터넷은 이념과 선전을 게시한다. 테러 그룹이 모집, 기금 마련 및 물품 주문을 위해 사용할 수 있는 저렴한 수단이기도 하다. 하원 외교위원장인 에드 로이스 의원은 "사이버 혐오 사이트"는 "세부 지침"은 물론, "흥분에 대한 광기"를 제공한다고 말하기도 했다.

2018년 10월 27일, 로버트 바우어스는 피츠버그에 있는 생명의 나무 예배당(유대교 회당: 역자 주)에 들이닥쳤다. 돌격 소총과 3개의 권총으로 무장한 그는 신도 11명을 죽이고 6명에게 부상을 입혔다. 언론은 그를 "동기가 불분명한" "조용한 외톨이"라고 불렀다. 바우어는 그 전까지 소셜미디어에서 활발히 활동해 왔는데 몇 달 동안 그의 게시물 중에는 반유대주의적 폭언이 포함되어 있었다. 온라인에서 그는 자신과 생각이 같은 사람을 찾은 기록이 있었다. 그는 대통령이 너무 많은 유대인들에게 둘러싸여 있다며 모든 유대인들이 죽기를 원한다고 분노를 표했다. 수사관들은 바우어스 이름으로 스물한 자루의 총이 등록되어 있는 것을 확인했다. 그의 배경에 대해서는 정보가 적은데 고등학교를 중퇴하고 트럭 운전사가 된 것 정도만 알려져 있다. 2004년 자살 소동으로 경찰이 그의 아파트에 찾아오기도 했다.

2019년 8월 3일 텍사스주 엘패소에 있는 월마트에서는 스물한 살 패트릭 우드 크루셔스가 공격형 무기를 사용해 스물세 명을 죽이고 스물세 명을 다치게 했다. 총격 몇 분 전에 그는 증오로 가득한 선언문을 게시했는데 스스로 명명한 "히스패닉의 텍사스 침공" 사태를 비난하는 내용이었다. 그는 마트를 미리 둘러본 다음 몰살시킬 멕시코인을 찾아 돌아온 것으로 알려졌다. 크루셔스는 2014년에 "가출"한 것 외에는 전과가 없었다. 과거 그의 이웃이었던 사람은 그를 "짜증 많은 외톨이"라고 불렀고, 동급생은 그를 친구가 거의 없는 "반사회적 외톨이"라고 묘사했다. 패트릭 크루셔스는 범죄 당시 실업상태였고, 링크드인(구인구직을 위한 소셜미디어: 역자 주)에 "일을 한다는 것은 전반적으로 형편없는 일이다.… 나는 생계를 유지할 정도 이상으로 일할 마음이 전혀 없다"라며 일에 대한 경멸을 표현한 것으로 전해진다. 뉴스에 따르면, 크루셔스는 대부분의 시간을 컴퓨터 앞에서 보냈다. 그는 이슬람 사원에서 51명을 살해한 뉴질랜드인에게 공감을 표하기도 했다.

심리학자 메리 오툴은 "고독한 늑대 공격자들"이 "폭력을 전시함으로써 유명한 종교적, 정치적 신념에의 동맹의식을 표시하지만, 실상은 자신이 강인하고 전능하거나 복수할 수 있다는 느낌을 받기 위한 구실일 뿐, 정치나 종교와 아무 상관없다"고 지적한다.

어떤 테러리스트들은 평화로운 시위대에 침투한 다음 외부적으로는 그들의 대의를 수용하면서 폭력을 행사한다. 테러리스트는 극우의 이념을 내걸든 극좌의 이념을 내걸든 상관없이 범죄자다. 2020년과 2021년에는 경찰 개혁과 사회 평등을 요구하는 평화로운 시위가 진행되는 동안, 좌익과 우익 극단주의자들이 폭력을 행사했다.

파시즘을 반대하는 사람들, 즉 "안티파시스트(antifascist)"의 줄임말인 "안티파(Antifa)"는 극좌의 이념과 전술을 내세워 법 집행관들과 우익단체에 직접적이고 때로는 폭력적으로 맞서는 느슨하게 조직된 집단들이다. 2020년 여름 오리건주 포틀랜드에서 폭동이 일어난 기간 동안, 그들은 경찰에게 발사체를 쏘고 약탈, 방화, 기물 파손행위를 저질렀다. 7명의 폭도들이 법원을 공격한 후 연방 범죄로 기소되었다. 오리건 공영 방송(OPB)은 시위대의 "대다수"가 오리건주에서 범죄 기록이 없었지만, 경찰관을 폭행하고 재산을 파괴하는 것과 같은 심각한 범죄로 기소된 사람들은 전과가 있다고 보도했다. 정치적 테러리즘의 가해자들은 체포되면 자신이 대표한다고 주장하는 대의나 이념을 들먹이며 범죄행위를 정당화한다.

거의 740만 명의 사람들이 2020년 대선 당시 도널드 트럼프에게 투표했다. 대선 결과에 항의하며 2021년 1월 6일 워싱턴 DC에서 열린 "미국을 구하라 집회(Save America Rally)" 참석자 수에 대해 다양한 추정치가 나왔다. 수천 명의 집회 참석자 중 상대적으로 적은 수의 사람들은 미 국회의사당에 난입했다. 폭도들은 국회의사당에 침입해 창문을 부수고 사무실 기물을 파손하고 경찰을 공격했다. 의원들과 직원들은 대피했다. 5명이 사망하고 140명이 부상을 입었다. 상원에서 선거 결과를 확인하는 과정을 방해한 이 폭도들은 민주주의 자체에 대한 위협이었다. 500명 이상의 가담자가 국회의사당을 습격한 죄로 기소되었다.

국회의사당 폭동 중 연방 범죄로 기소된 한 남자는 범죄자들이 늘 그렇듯 자기 행동을 정당화했다. 그는 트럼프 대통령을 비난했다. 담당 판사는 "피고인이 진정으로 트럼프 대통령의 명령에 따르기 위해 가담했다고 믿는다면, 피고인이 독립적 판단력을 행사하고 법에 따라 행동할 능력이 없었거나 그럴 마음이 없었다는 증거"라며 그의 설명을 받아들이지 않았다고 〈워싱턴포스트〉는 전했다.

국회의사당 습격 사건의 주동자는 캐나다에서 테러조직으로 선포된 극우주의자 단체 '자랑스러운 소년들(Proud Boys)'이었다. 이 단체 회원들은 전쟁을 벌이기 위해 워싱턴 DC에 도착했다. 이들 중 많은 이들이 전과가 있었고 협박 및 폭행 전력이 있었다. 이 단체는 폭력조직처럼 운영되었으며 폭력적 입회의식이 있었다. 가장 지독하고 잔인한 행동은 좌파 시위대와 언론을 향한 행동이었다. 국회의사당을 습격한 동안, 이 단체 지도자 중 한 명은 30발의 자동 소총 탄약을 담을 수 있는 더 길게 만든 빈 소총 탄창 두 개를 소유한 혐의로 기소되었다.

이 장에서 내가 묘사한 사람들은 테러리스트들이다. 의심할 여지없이 이들은 범죄자 성향의 특징을 갖고 있다.

15

“괜찮은 사람들”

15 "괜찮은 사람들"

연구를 처음 시작했던 1970년대에 범죄자 마인드의 특징들 가운데 가장 놀라웠던 것은 "모든" 범죄자가 자신을 좋은 사람이라고 생각한다는 점이었다. 세인트 엘리자베스 연구 참가자들은 모두 사회적 관점에서 볼 때 자신들이 "범죄자"라는 점을 이해했다. 그들은 법이 무엇인지 알았고, 법을 어겼음을 인정했다. 그러나 남성이든 여성이든, 청소년이든 성인이든 모든 범죄자는 마음속으로 자신이 좋은 사람이라고 믿는다는 사실을 알게 되었다.

범죄를 계획할 때조차 범죄자는 자신이 괜찮은 사람이라는 생각을 고수한다. 자기 자신이 "악하다"고 생각한다면 하려던 특정 행위에 가담하지 않을 것이다. 이해하기 어렵지만, 범죄자는 범죄를 계획하거나 저지르는 동안 그것을 정당화하거나 합리화할 필요가 없다. 처음부터 자신을 범죄자로 보지 않기 때문이다. 정당화는 붙잡힌 다음에나 생각한다.

11장에서 언급한 로먼은 음란 노출과 강간미수를 포함해 십여 가지 범죄를 저질렀지만, 이렇게 말했다. "나는 여자들을 존중해요. 나는 여자들에게 문을 열어 주고 그들이 특별한 대접을 받을 자격이 있는 것처럼 대우해 줍니다. 누군가 겁나게 할 의도로 나가는 게 아니에요. 그건 내가 가장 원하지 않는 거예요. 내 여자친구, 어머니, 할머니에게 그런 일이 일어나지 않게 신이 막아주시길. 뉴스에 그런 일이 나오면 전 구역질이

난다고요." 그는 또 이렇게 말했다. "하루하루 살면서 나는 사람들에게 거짓말하지 않으려고 노력해요. 정직을 원칙으로 삼고 지키려고 해요. 난 고용주로부터 도둑질하지 않아요. 나는 누구도 이용할 생각 없어요." 그는 또 자신의 "좋은 점"으로 "민감하고, 자상하며, 남을 잘 응원하고, 거의 모든 것을 배울 수 있고, 너그럽고, 잘 생겼다는 점"을 열거했다.

리처드 리 맥네어는 살인과 수차례 탈옥으로 보안 강도가 최대로 높은 교도소에서 종신형을 살고 있었다. 그의 전기를 기록한 바이런 크리스토퍼는 스스로 좋은 사람이라는 이미지를 유지하는 것이 멕네어에게 얼마나 중요한지 강조했다. 멕네어는 미국 연방보안관이 자신을 가리켜 "최악"이라고 한 것을 불쾌해했다. 그는 자신이 교도소에서 20년 동안 직원을 폭행한 적이 없다는 점을 들었다. 그는 또한 훔친 차 주인에게 사과의 편지를 썼고, 브리티시컬럼비아에서 금을 찾아 헤매던 시절, 자신이 발견한 금가루를 사람들에게 나눠주었다고 했다. 그리고 도주하는 동안 누구에게도 해를 끼치지 않겠다는 약속을 지켰다고 말했다.

심각한 범죄를 저지른 다음에도 범죄자는 자신이 끼친 해악을 인식하지 못할 것이다. 범죄자는 자신이 피해자라고 생각한다. 한 남자는 자신이 저지른 강도 사건에 대해 "그 사람이 그 물건을 아쉬워할 건 알지만, 난 교도소에 가야 한다고요"라고 억울해했다. 식당에서 그날 들어온 현찰을 챙기려고 총을 휘두르며 강도질을 했던 한 십대 소년은 폭력 범죄의 피해자들이 겪을 트라우마는 전혀 안중에 없이 "아무도 다치지 않았잖아요"라고 큰소리쳤다. 그러면 이렇게 살인, 강간, 강도, 소아성범죄를 저지른 사람들, 한마디로 상상할 수 있는 모든 범죄를 저지른 사람들은 어떻게 자기 자신에 대해 좋은 생각을 유지할까?

범죄자들은 옳고 그른 것을 안다. 일부 범죄자들은 대다수 책임의식 있는 시민들보다 법을 더 잘 안다. 한 범죄자가 말했듯 범죄자는 "옳지 않은 일을 옳은 일로 만들 수도 있고, 옳은 일을 옳지 않은 일로 만들 수도 있다. 그때그때 하고 싶은 일이 옳은 일이다." 범죄자의 관점에서 너무 위험하거나 너무 사소한 것은 옳지 않은 행동이다. 크게 한탕하는 거물들은 상점 도둑질은 수익이 적고 감시 시스템 때문에 위험이 크다는 점에서 옳지 않다고 볼 수 있다. 판단 착오로 체포되면 범죄자는 잘못을 인정하고 참회하는 것처럼 보일지 모른다. 일부 정신건강 전문가를 포함해 범죄자를 관찰한 많은 사람들이 모르는 것은 범죄자가 표현하는 후회는 체포된 것에 대한 후회일 가능성이 높다는 것이다. 이것은 책임 있는 사람이 누군가에게 상처를 주고 나서 보이는 후회와는 다르다. 책임의식 있는 사람은 자신의 행동을 진심으로 후회하고, 피해를 보상하려고 노력하고, 경험을 통해 배우고, 미래에는 다르게 행동한다.

범죄자는 극악무도한 범죄도 "실수"로 규정할 것이다. 말다툼을 하다가 여자친구를 총으로 쏜 한 청소년은 "저는 평범한 십대입니다. 실수를 했어요. 나쁜 실수요"라고 말했다. 이 소년은 "평범한" 것과는 거리가 멀었고, 살인도 "실수"가 아니었다. 그러나 그의 관점에서 그는 살인자가 아니라 좋은 사람이었다. 내가 여자친구와의 관계에 대해 묻자, 그는 내가 "좋은 건 빼고 나쁜 것"에만 관심이 있다며 화를 냈다. 그는 "내 인생에서 이 일 하나만 빼면 나쁜 점이라곤 얘기할 게 없다"고 주장했다. 그러나 법원 경찰이 준비한 20페이지짜리 보고서를 보면 그는 부모가 세운 규칙을 심하게 위반했고, 습관적으로 무단결석했고, 낙제점을 받고 있었고, 강도, 자동차 절도 및 대규모 절도를 저지른 소년들과 어울려왔다.

제임스는 경찰 감시를 받고 있었고 결국 차에서 산탄총을 불법적으로 소지한 것이 발견되어 체포되었다. 법원 명령으로 내가 그를 평가하던 당시, 그는 자신의 "훌륭한 성격"을 거론했다. 고쳐야 할 점이 있느냐고 묻자 "더 젊었으면 모르겠지만 젊지 않다"고 답하고는, 마지못해 "항상 개선의 여지가 있다"고 덧붙였다. 제임스는 가족 배경에 대해 이야기하면서 열 명의 형제자매가 있다고 말했고, "계속 운이 좋지 않았다"며 인생에서 한 번도 공정한 기회가 주어지지 않았다고 주장했다. 그의 형제자매들은 대부분 책임의식 있는 사람들이라는 점은 인정했다. 어머니가 가족 공동체 전체를 실질적으로 키우고 있다며 어머니에 대해서도 경건하게 이야기했다. 제임스는 "나는 범죄자로 살아오지 않았어요. 내 전과 기록에 안 나온다면 안 한 거예요"라고 말했다.

범죄자들은 그들이 정말 나쁜 사람이라고 생각하는 사람들과 자기 자신을 구분한다. 학교에 다니거나 직장을 다니는 사람들은 엉뚱하게도 학교나 직장에 다니지 않는 사람들을 폄하한다. 교육을 받고 급여를 받는 것은 책임의 상징이다. 이런 식으로 존경받을 자격이라는 망토를 쓰고, 그들은 한편으로는 발각을 피하고 다른 한편으로는 자존감을 높인다. 제임스는 거의 십 년 동안 비교적 안정적인 직장 경력을 유지해 왔다. 그는 "전통 미국식으로 한 번에 한 걸음씩" 성공을 이루기 위해 노력하고 있었다고 말했다. 그러나 그는 결혼생활을 포기하고 일을 그만두었다. 그는 교도소에 대해 "잠시 중단하는 것"이라고 언급하며 "난 아예 감옥에 가서는 안 됐다"고 선언했다.

범죄자가 교육을 더 많이 받고 직장생활을 더 오래 할수록 정체를 숨기기가 더 쉽다. 자기 고향 목사님 아들을 오래 알고 지냈다는 한 여성의 편지를 받은 적이 있다. 그녀는 그를 "밝은 미소와 모두에게 사랑받는" 사람으로 묘사했다. 그 남자는 대학 교육을 받은 의료 도급업자로 아내와 장성한 아이들이 있었다. 그녀는 그가 2년 넘게 어린아이 두 명을 성추행한 혐의로 장기 징역형을 선고받고 복역한다는 사실을 알고 "완전히 충격에 빠졌다"고 했다. 그녀는 그의 선행을 이렇게 회상했다. "그가 병원에 있는 급우들을 방문하고 장례식에 참석했던 것을 기억하기에 먼저 손 내밀어 연락을 하고 싶은 마음도 약간은 있어요. 내 친구들은 모두 그를 도덕적으로 고결한 사람으로 여겼어요."

내가 이미 언급했다시피, 어떤 범죄자들은 자신이 항상 좋은 사람이었는데 단지 마약이 자신을 딴사람으로 바꿔놓았다고 단언한다. 한 헤로인 사용자는 "옳은 일을 하고 싶어요. 나는 나쁜 사람이 아니에요. 내가 저지른 모든 실수는 약물 사용이 근원이에요"라고 말했다. 이런 사람들은 자신의 무책임이나 범죄행위가 마약 사용 전부터 있었다는 사실은 밝히지 않는다. 이 마약 범죄자의 친척들과 친구들은 마약이 악당이라고 믿는 경향이 있다. 한 어머니는 자기 아들의 코카인 사용에 대해 "그 애는 좋은 애예요. 범죄자가 아니에요"라고 말했다. 그녀는 마약이 그 젊은이를 알아볼 수 없는 사람으로 바꿔놓았다고 생각했다. 아들이 마약에 심하게 중독되기 전에도 범죄를 저질렀다는 사실을 그녀는 몰랐다.

한 마약 밀매상은 자신이 양심적인 마약상이며 바르게 행동했다고 주장했다. 그는 다음과 같이 해명했다. "스스로 결정을 내리는 다 큰 성인들에게 물건을 공급하는 겁니다. 누구에게도 어느 것도 강요하지 않았어요. 난 항상 마약을 찾아다니는 사람들이 나 말고 다른 사람들에게 구매하면 훨씬 더 안 좋을 거라고 생각해요. 나는 그냥 아무에게나 약을 팔지 않았어요. 내가 친구라고 생각한, 우리 서클 내에서 어울리는 사람들에게

만 팔았어요. 나는 누구에게 약을 팔고 누구에게 안 팔지 기준이 있어요. 나는 그들 머리에 총을 겨눠야 하나 걱정할 것 없이 경쟁력 있는 가격으로 우수한 제품을 제공해요. 심지어 보증서도 있어요. 완전히 만족하지 않으면 제품을 바꿔주거나 환불도 해줍니다." 이 마약 공급자는 또 이렇게 말했다. "마약 문화는 사이렌의 유혹 같은 거예요. 흥분되고, 섹시하고, 매력적이죠. 내가 마약에 발을 담그기 시작했을 때, 저항할 수 없는 충동에 따라 행동해야겠다는 계획에 없던 욕망을 느꼈어요." 이렇게 그는 약탈자로부터 마약 사용자들을 구한 좋은 사람이 될 수 있을 뿐 아니라, 자기 자신의 마약 사용도 정당화할 수 있었다.

많은 범죄자들이 놀라운 재능을 가지고 있다. 프리즌 아트(교도소 수감자들이 미술, 음악 등 여러 분야에서 하는 예술표현: 역자 주) 전시회가 열리면 훈련을 거의 받지 않은 재능 있는 화가들의 작품이 전시된다. 어떤 범죄자들은 음악적 재능이 있어서 귀로 듣고 사용법을 배운 악기로 직접 작곡한 곡을 연주한다. 악기를 다루지 못하는 많은 이들은 음악 애호가다. 어떤 범죄자는 뛰어난 정비사로 거의 모든 것을 수리할 수 있다. 어떤 이들은 멋진 가죽 제품을 만들거나 멋지고 튼튼한 가구를 만드는 뛰어난 장인이다.

성취에 대해 찬사를 받으면 범죄자가 생각하는 자기 가치는 더 높아진다. 범죄 전력을 아는 사람들도 낙관적이 되어, 그가 자기 재능을 사용해 책임의식 있는 시민이 될 것이라는 희망을 품을지 모른다. 그러나 범죄자는 자제력이 부족해, 그 재능을 계발하는 데 도움이 되는 훈련 프로그램을 참고 다닐 가능성이 낮다. 대신 그는 즉각적인 성공을 거두기를 바란다. 하룻밤 사이에 성공할 가망이 없으면 그는 환멸을 느끼고 흥미를 잃는다. 예외가 있기는 하다. 대중의 존경을 받거나 금전적 이득을 기대하면서 어떤 범죄자들은 기술을 개발한다. 이렇게 하면 그들이 다른, 존경할 만하지 않은 재능들을 감추는 것이 용이해진다.

범죄자가 아닌 사람도 타고난 소질을 활용하거나 재능을 계발하지 못할 수 있다. 비현실적으로 높은 기준을 세웠다가 좌절하거나 새로운 일에 착수했다가 포기할 수도 있다. 어떤 사람들은 재능이 있는데도 실패에 대한 두려움이 너무 커서 다른 사람들의 평가를 받기 전에 포기한다.

책임의식 있는 사람은 성취의 과정에서 의미를 발견한다. 최종 결과물보다 인내하고 장애물을 극복하기로 결단했다는 점을 자랑스러워할 것이다. 범죄자는 그렇지 않다. 즉각적인 성공을 거두지 못하면, 범죄조직에서 자기주장을 펼친다. 그게 훨씬 더 만족을 준다.

종교 의식은 범죄자들이 자기 자신에 대한 좋은 인식을 유지하는 또 다른 방법이다. 어렸을 때부터 종교 교육을 받은 사람들은 배운 것을 마음에 새긴다. 그들 부모는 아이가 초등학교에 다닐 때 품행이 훌륭했고, 집안일을 잘 도왔고, 신실하게 종교 학교를 다녔다고 보고한다. 이들은 어릴 때 사소한 잘못을 저지른 사람들에게 비판적이다. 그들은 하나님의 선한 은총 안에 머물기 위해서는 선한 것보다 더 선한 사람, 순수한 것보다 더 순수한 사람이 되기 위해 노력해야 한다고 믿는다. 그들은 진지했지만 그들의 결심은 오래가지 못했다. 성인이 되었을 때 많은 사람들이 자신을 키운 신앙을 고수한다. 하지만 전형적인 범죄자들이 그렇듯, 그들은 이쪽 극단에서 저쪽 극단으로 옮겨간다. "술 마시고, 싸우고, 기타 등등"의 이력이 있는 롤랜드는 나에게 "나는 아주 독실하지만 교인은 아니다"라고 말했다. 그는 "위선자들과 재범자들"을 경멸하며 "나는 죄인이지만 위선자는 아니에요. 나는 일요일에 교회에 가지 않고 월요일에 카드놀이를 합니다." 그러나 그는 "많은 경우, 나는 상황의 피해자였어요"라며 자신이 죄인이라는 사실을 축소했다.

자기 세계가 확장되면 어린 시절 범죄자는 점점 유혹에 직면하고 금지된 것들을 집중적으로 생각한다. 순수함을 유지하려는 아이의 의도가 점점 사라지는 것은 종종 눈에 잘 띄지 않는다. 그를 잘 안다고 생각하는 사람들은 이 모범적이었던 아이가 폭발적으로 범죄를 저지르는 모습에 깜짝 놀란다. 그러나 종교를 영구적으로 버린 것은 아니다. 어린 시절에 대한 향수 때문에 범죄자들은 마음의 평온과 진정시켜 줄 의식을 갈망할 때 종교적 안식처를 찾는다. 이 이미지는 마피아 조직원들이 자녀에게 세례를 주고, 십자가 목걸이를 하고, 기도하고, 초를 밝히고, 성경을 인용하는 책과 영화에서 남아 있다. 다른 모든 것을 착취하듯, 범죄자들은 종교를 이용한다. 그들은 범죄조직의 성공을 위해 기도한다. 붙잡히면 곤경에서 빠져나오기 위해 기도한다. 구속되면 구원을 구하고, 앞으로 달라지겠다고 다짐한다.

많은 범죄자들이 교도소에서 종교에 의존한다. 신앙 기반 프로그램들은 교도소에서 번성해 왔다. 어떤 경우에는 범죄자들이 성직자를 착취하여 특별한 호의나 조기 퇴소에 대한 지지를 얻으려고 노력한다. 어떤 이들은 종교 연구에 몰두하고 예배에 참석하는 성실한 모습을 보인다. 그러나 그들 중 많은 이들이 퇴소하면 곧 이런 경건한 방식을 재빨리 버릴 것이다.

종교는 범죄자가 사는 방식과는 관계가 거의 없다. 범죄자는 어릴 때 아침 미사 복사로 봉사하고 오후에는 좀도둑질을 시작할지 모른다. 그는 교회에 참석하고, 자선단체에 기부하고, 집에서 종교활동에 참여할 수 있다. 그러나 이런 행동이 그가 무고한 사람들을 희생시키는 것은 막지 못한다. 범죄자에게 종교와 악은 병행되는 것이다.

화이트컬러 범죄자들은 범죄를 위장하는 데 특히 능숙하다. 충분한 교육과 직업, 사회적 미덕을 가지고 있어 다른 사람들은 그들이 성공하고 정직한 시민이라고 믿고 의심하지 않는다. 이런 범죄자들은 자신이 좋은 사람이라고 생각할 뿐만 아니라 다른 사람들에게도 그런 인상을 준다.

회계나 기타 어느 분야 학위도 없었음에도 로즈는 10년 이상 근무한 대기업의 최고운영책임자(COO)로 취직할 수 있었다. 상사와 훌륭한 관계를 유지해 온 것에 대해 로즈는 "저는 거의 자동적으로 사람들을 돌보아요"라고 말했다. 로즈가 일했던 회사는 쓰러져가는 비영리 예술학교를 인수했다. "나는 그 조직에 엄청나게 기여했어요. 그 학교를 일으켜 세운 것은 종교적인 행위였어요." 로즈는 자기가 제대로 된 인정을 받지 못했다고 생각하고 있었지만, 자랑스럽게 말했다. 이 조직의 회장은 깊은 인상을 받아 로즈에게 이 학교 계좌에서 나온 수백만 달러를 맡겨 주식시장에 투자하라고 했다. 시장에 대해 아무것도 모르는 로즈는 일단 자기 이름의 계좌에 돈을 입금했다. 그리고 결국에는 꽤 상당한 수익을 거둘 것을 기대하며 투자했다. 수백만 달러의 원금은 되갚고 수익은 반으로 나눠 반은 갖고 반은 학교에 줄 계획이었다. 로즈는 주식시장이 카지노 슬롯머신인 양 생각하며 하루에 수백 건의 거래에 참여하고는 모든 돈을 잃었다. 결국 국세청(IRS)이 계좌에 예치한 수백만 달러에 대한 세금을 내지 않은 것에 대해 조사에 착수했다. 극심한 빈곤에 빠진 그녀는 생활 공간을 마련할 수 없게 되어 친구의 사무실에 묵었다. 그녀가 그동안 자신 있는 태도를 보여왔기 때문에 그녀의 상황이 이렇게 위태로운 것을 아는 사람이 거의 없었다. 로즈는 세련된 옷을 입고, 연락이 뜸해졌던 부유한 여성 지인과의 관계를 재개해 그녀의 애틀랜틱시티 여행에 동행했다. 그곳에서 로즈는 아르바이트로 번 소액의 돈을 슬롯머신에 다 털어 넣었다. 동시에 그녀는 비타민 강화 보조제를 판매할 자기 회사를 설립했고, 거창하게 "건강보조제계의 마이크로소프트"라고 불렀다. 이런 건강보조제들은 미 식품의약국(FDA)의 규제를 받지 않았기 때문에 그녀는 제품을 홍보하면서 사람들에게 투자하라고 설득할 수 있었다. 로즈는 "이 벤처사업에서 활기차게 일하고 성공을 거둘 것"이라고 다짐하며 완전히 정직한 얼굴로 이렇게 말했다. "저는 남들이나 나 자신에게 거짓말하지 않아요. 저는 단순하고 솔직한 사람이에요." 로즈는 계속 그녀가 회계가 능숙하다고 믿으며 "전 숫자 분석을 잘해요. 회계의 기술적인 면에 강하죠"라고 자랑했다. 로즈는 한 남자와 사귀고 그의 돈 관리를 도와주겠다고 약속했다. 또한 그녀의 종교 공동체를 위한 자선활동에 참여했다. 로즈를 만난 사람은 다 그녀가 훌륭하고 성공한 여성이라는 인상을 받았다. 그녀의 판매 사업은 결코 시작되지 않았다. 그녀는 슬롯머신에서 도박으로 약간의 돈을 잃었고, 그동안 국세청은 그녀의 사기행각을 한데 모아 기소할 준비를 하고 있었다.

범죄자는 다른 사람들의 높은 도덕적 기준은 용인하지 않을지 모르지만, 자신만의 도덕 기준이 있다고 주장한다. 다른 사람들은 거짓말쟁이, 악당, 변태, 범죄자이지만 자신은 아니다. 그는 그들을 멸시한다. 그들은 자신이 하지 않을 일을 하기 때문에 그의 눈에는 타락한 존재다. 범죄자는 특정 범죄는 잘못된 행동으로 간주하고 개인적으로 공격적이라고 생각된다는 이유로 제한한다. 어떤 행동에 제한을 두는지는 범죄자에 따라 다르다. 어떤 사람은 아동 성추행범은 죽여버려야 한다고 주장하고, 또 어떤 사람은 강간범은 거세해야 한다고 주장한다. 그러면서 자신이 하는 일은 책망할 수 없는 일이라고 생각한다. 한 거친 십대는 "작은 노부인"을 쓰러뜨리는 사람은 누구든지 "교수형에 처해야" 한다고 말했다. 그런데 이 청년은 한 할머니가 있는 아파트에 침입했고, 그녀를 공격하지는 않았지만 겁에 질리게 했다. 화이트컬러 범죄자는 수십만 달러를 자기 은행 계좌로 빼돌려서 소기업을 망하게 만들고 수십 명의 무고한 직원이 해고되게 만들었다. 그렇지만 이 연쇄 횡령범은 누군가를 신체적으로 폭행하는 것은 너무나 끔찍하다고 생각한다.

범죄자들은 가족을 소중히 여기며, 가족이 무슨 일을 해도 완전히 받아들여지기를 원한다고 선언한다. 그러나 이런 사려 깊은 발언은 그들의 거친 행동과 일치하지 않는다. 그들은 가족을 개인 소유물처럼 취급하는 경향이 있다. 그들은 계속해서 가족을 겁주고, 협박하고, 배신하고, 실망시키고, 좌절시키고, 지치게 한다. 부모가 범죄자가 원하는 대로 해주지 않으면 죄책감을 느끼게 하려고 한다. 가족이 자신의 선택과 결정에 대해 반대를 표하면, 자기 인생을 통제하려 한다고 비난한다.

트로이의 가족은 수년에 걸쳐 부동산 개발 회사를 설립했고, 전망이 아주 좋았다. 트로이의 부모는 은퇴를 준비하면서 그가 회사를 인수하도록 준비시켰다. 점점 더 많은 책임이 부여되자 트로이는 이 일이 밤낮으로 대기해야 하는 악몽으로 바뀌었다고 불평했다. 그는 아버지가 화를 잘 내고 통제적이며 권위를 쥐고 내주지 않는다고 했다. 그는 문제가 생길 때마다 아버지의 분노에 자신이 책임을 졌다고 했다. "아버지는 절대 저를 칭찬하지 않아요. 내가 회사를 운영할 수 있다고 완전히 신뢰하지 않는 게 분명했어요." 트로이의 아버지는 결국 아들을 불신할 만한 충분한 근거들을 발견했다. 트로이는 일터에 나타나지 않았고, 회사 신용카드를 개인 용도로 썼다. 마침내 트로이의 부모는 그가 사용처를 알 수 없는 많은 액수를 지출한 것을 발견했다. 시간이 지나면서 수백만 달러가 사라졌다. 트로이가 인터넷과 카지노에서 도박을 하면서 값비싼 전자제품과 고급차를 사고 막대한 손실을 입은 것이다. 또한 그가 충동적으로 투자한 회사는 파산했다. 때때로 그는 훔친 자금 중 일부를 일시적인 투자 이익으로 대체했다. 트로이는 그의 가족이 그를 신뢰하고 상당한 자율성을 부여했기 때문에 횡령을 숨길 수 있었다.

트로이는 자신을 근본적으로 좋은 사람이며 실수를 저지른 것이라고 생각했다. 그는 자신의 관대함을 자랑스러워했다. 그는 허락도 없이 가족 회사에서 돈을 꺼내 어려운 시기를 겪고 있는 다른 사람들에게 빌려주었다. 그는 값비싼 식당에서 자주 식사한다고 언급하며 "나는 결코 다른 사람에게 돈을 지불하게 하지 않는다"고 말했다. 그는 스스로 "보통 이상의 삶"이라고 부른 라스베이거스 여행을 갈 때 동행한 친구들의 호텔 숙박비와 식사비를 책임졌다. 트로이는 자신이 아내에게 다정하고 언제나 베풀고 언제나 너그럽다고 말했다. 마흔이 되자 그는 바라는 것이 "걱정 없는 여유로운 삶, 은퇴하고 해변에 누워 쉬는 것, 그리고 다시 일할 필요가 없는 것"밖에 없었다.

자기 성격의 장단점을 열거하라고 하자, 트로이는 자신을 "의지할 수 있고, 충성스러운, 동기부여가 되어 있는, 관리감독이 필요하지 않은, 책임지는 스타일의 남자"라고 묘사했다. 부정적인 점으로는 술을 너무 많이 마시고, 감정을 공유하지 않으며, "모두를 기쁘게 하려고 노력하고" "똑똑한 척하고" "가끔 거짓말하고" "도박을 심하게 한다"는 것을 꼽았다. 충실한 아들이자 관대한 남자라는 자기 관념은 흔들림이 없었다. 그는 가족이 수십년 걸려 세운 회사를 몇 년 새 파괴한 혐의로 수감되었다. 이 모든 일이 일어난 뒤에도, 그의 부모는 교도소에 그를 면회 갔고, 그는 부모가 자신을 "지지한다"고 말했다.

나는 위와 같이 범죄자가 무자비하게 가족의 신뢰와 지지를 악용한 사례를 헤아릴 수 없이 많이 보았다. 모건도 그런 경우였다. 그는 자기 능력 이상의 삶을 사는 것을 좋아하는 젊은이였다. 그는 비행기 1등급 좌석으로 리조트에 가고, 호화로운 호텔에 묵고, 값비싼 식당에서 거액을 쓰고, 부모로부터 훔친 신용카드로 지불했다. 붙잡히기 전, 그는 수만 달러의 신용카드 채무를 졌다. 그의 부모는 아들을 기소하지 않기로 선택했지만 일해서 조금씩 돈을 갚고 그 경험으로부터 교훈을 얻기를 기대했다.

반성하고 있고 바뀌겠다고 약속한 모건은 일을 하지 않으면 안 되는 빈털털이가 되어 검소하고 절제된 생활을 사는 듯 보였다. 일을 그만두고 부모와 함께 살겠다고 오기 전까지 그는 책임의식 있게 일하는 것 같았다. 그때 그의 아버지는 와병 중이었고 실직 상태였다. 주식시장에 항상 매료되었던 모건은 자기 저축 계좌에서 500달러를 투자해 약간의 수익을 보았다. 구미가 당긴 그는 투자할 돈이 더 많으면 "큰 수익"을 낼 수 있으리라고 확신했다. 모건은 아버지를 가장해 (그는 주민등록번호를 포함해 필요한 개인 확인 정보를 가지고 있었다) 10만 달러에 가까운 돈을 자기 은행 계좌로 입금하고, 주식을 마구 사들이기 시작했다. 그는 스스로 생각했던 것처럼 금융 마법사는 아니었다. 꿈꿔왔던 "거대한 수익"을 거두었다고 자랑스러워했던 모건은 사실 계산을 잘못해 거대한 손실을 입은 상태였다. 그런 와중에 그의 아버지는 다른 기관에 송금하려고 은행에 전화를 했다. 당황스럽게도 그는 마지막 은행 거래 기록에 비해 훨씬 적은 돈만이 계좌에 남아 있다는 사실을 접했다. 모건의 부모는 금전적 손실보다 아들이 옛날에 살던 방식으로 돌아간 것에 더 크게 상심했다. 모건은 또다시 계획적이고 계산적인 방식으로 부모를 이용하고 있었다. 모건은 이번에는 순수한 욕심에 이끌려 행동했던 과거와는 다른 동기를 가지고 있었다고 설명했다. 그의 목표는 부자가 되는 것이 아니라 어려운 시기에 가족을 돕기 위해 돈을 버는 것이었다. 그는 "이 돈은 저를 위한 게 아니에요. 아버지를 위해 돈을 버는 게 제 의도였어요"라고 설명했다. 모건의 부모는 아들을 버리거나 집에서 내쫓는 대신, 이 일로 아들이 각성하고 달라질 수만 있다면 그들이 입은 손실도 가치가 있을 것이라는 태도를 취했다. 모건 아버지는 이렇게 말했다. "나는 그 애가 가족을 돕고 싶어 했다고 믿습니다. 그것이 그 애의 동기를 평가하는 데 중요합니다. [모건은] 완전히 잘못했지만 그걸 알지 못했을 수 있습니다." 그러면서 "[모건은] 좋은 아이예요. 생각을 잘못한 건데, 자존감을 추구하는 과정의 일부였어요"라고 말했다.

너무나 자주, 범죄자 부모와 기타 가까운 사람들은 그의 행동을 정당화하려 한다. 그가 심지어 악해질 수 있는지조차 의문을 품으며 그들은 그의 행동이 정상 참작 가능한 상황이나 뿌리 깊은 심리적 문제 때문에 비롯된 것이라고 설명한다. 모건은 자신이 무얼 하고 있는지 정확히 알았다. 그의 행동들은 고의적이었다. 그러나 그의 부모는 아들이 그토록 무자비할 수 있다는 사실을 결코 믿을 수 없었다.

범죄자들은 약점과 취약성을 찾아내는 데 능숙하다. 노인들은 항상 사기꾼의 매력적인 표적이다. 사기꾼은 노인들을 괴롭히고 위협해서 개인 금융 정보를 공개하게 한 뒤 돈을 강탈한다. "연체된" 청구서들을 납부하지 않으면 법적 조치를 취하거나 폭력을 행사하겠다고 협박한다. 그들은 피해자들에게 지시를 따르지 않으면 누군가가 그들 집에 잡으러 갈 것이라고 경고한다.

미국 은퇴자협회(American Association of Retired Persons: AARP)에 따르면, 고령층 미국인 착취 1순위는 로맨스 사기다. 온라인 구혼자는 노인들의 외로움과 인지 저하를 이용하여 이들의 삶에 자신이 들어갈 수 있음을 암시한다. 사기꾼들은 디지털 안부카드로 그들을 홀리고, 음악을 연주하고, 사랑을 고백하고, 그들에 대한 모든 것을 알고 싶어 하는 것처럼 연기한다. 고립되어 있던 외로운 노인 남녀는 누구보다 사기꾼을 신뢰하게 될 것이다. 사기꾼은 희생자의 사생활에 확고히 자리 잡으면서 신뢰를 얻고 돈을 "빌리는" 데 성공한다.

사기꾼들은 반려동물을 입양하려는 사람들에게 다가간다. 그들은 인터넷에 개와 고양이의 사랑스러운 사진을 올린다. 이를 본 사람이 한 마리 구입할 방법을 문의하면 일반적으로 평판 좋은 사육자가 청구하는 가격보다 낮은 가격을 부른다. 예비 보호자는 반려동물의 도착을 간절히 기다리는 동안, 특별 운송용 상자, 음식 또는 수의학적 치료를 위해 추가 자금을 보내야 한다는 연락을 받게 된다. 동물은 절대 오지 않는다.

사기의 유형은 끝이 없다. 새로운 사기는 끊임없이 생겨나고, 종종 익명의 "자동녹음전화(robocall)" 형태로 전화가 걸려온다. 2019년 AARP는 노인들이 금융 사기로만 연간 29억 달러의 손실을 입는다고 추산했다. 또한 범죄자가 약 처방이나 치료를 위해 다른 사람의 개인 정보를 도용하는 경우, 노인들이 피해자인 경우가 흔하다. 이러한 형태의 노인 착취 비용은 정확히 추산하기 어렵다. 피해자들이 겁나서 침묵하거나 속았다는 사실을 인정하기 부끄러워 숨기기 때문이다.

노인을 노리는 범죄자는 자기 조부모와 고령층에 대해 강한 감정을 표출하고, 나서서 노인들을 돕는 경우가 많다. 식료품을 날라주고, 눈을 치워주고, 노인들이 길을 건너는 것을 돕고, 심부름을 해준다. 이 범죄자들은 누군가가 자신이 아는 노인을 이용하려는 것 같으면 심하게 보호를 한다. 가까운 노인들에 대한 범죄자의 애정 어린 태도는 그가 좋은 사람이라는 자기 인식을 더해준다.

특히 치매를 앓고 있는 노인 남성이나 여성을 돌보는 일을 맡게 되면, 범죄자들은 거의 위험 요소 없이 일할 수 있다. 구내에서 개인 금융 정보를 사용할 수 있는 간병인은 노인들의 은행 계좌에 침입해 수표를 위조하고 신용카드를 확보한다. 어떤 경우 사우스 플로리다의 한 부유한 여성을 돌보는 사람은 그녀의 신용카드를 사용해 카지노에서 소액의 수수료를 지불하고 거액의 현금 서비스를 받아 챙겼다. 그는 환자가 장기 치료 보조금을 수표로 받자, 서명을 위조해 금액 일부만 그녀 계좌에 입금하고 나머지는 현금으로 빼돌렸다. 천 마일 이상 떨어진 곳에 사는 가족들이 돈이 없어졌다는 사실을 알기 전에 30만 달러 이상의 현금과 재산이 그녀 재산에서 사라졌다.

어떨 때 감성적이 되는지는 범죄자에 따라 다르다. 어떤 사람들은 동물을 너무 좋아해서 버려지고 다친 동물을 돌보고 자기 자식보다 더 다정하게 대한다. 한 살인자는 "살아 있는 것을 죽이고 싶지 않았기 때문에" 벌레를 밟기 싫어했다. 이런 동물 애호가들은 동물을 학대하는 사람을 보면 개입할 것이며 심지어 공격할 것이다. 다른 범죄자들은 동물을 괴롭히거나 방치한다. 마찬가지로 어떤 범죄자들은 모든 아기를 사랑한다. 아기가 우는 소리를 들으면 눈물을 흘리면서 달래기 위해 뛰어간다. 자기 아이를 포함해 아기라면 전혀 관심도 갖지 않는 범죄자도 있다. 울음을 멈추지 않는 아기는 이런 범죄자에게 살인 욕구나 심지어 신체적으로 잔혹한 반응을 불러일으킬 수 있다.

윌슨과 그의 여자친구 아만다는 거의 2년 동안 사귀었다. 아만다가 임신했다는 이야기는 윌슨을 놀라게 했다. 실직상태였던 윌슨은 아버지가 될 수 있다는 희망에 기뻐했다. 그러나 아만다가 아기에게 관심이 거의 없는 것이 드러나고 그에게 아기를 돌보라고 요구하면서 기쁨은 절망으로 바뀌었다. 밤에 아기가 깨면 함께 일어나서 젖병을 주고 진정시키는 것은 윌슨의 일이었다. 윌슨이 뭘 해도 아기를 달랠 방법이 없던 짜증스러운 시기가 있었다. 아만다는 남자친구가 화가 나서 그녀와 아기를 경멸한다고 소리쳤다고 말했다. 때때로 윌슨은 아기를 거칠게 다루었다.

어느 겨울 오후, 윌슨과 아만다는 윌슨의 이모에게 아기를 맡기고 쇼핑하러 나갔다. 윌슨은 정기적인 오후 낮잠을 위해 아기를 아기 침대에 눕히려고 아기 방으로 들어갔다. 아기는 잠들지 않았고 자려고 하지 않았다. 윌슨은 아기를 아기 침대에 놓고 방문을 닫고 아만다와 함께 볼일을 보러 갔다. 그들이 돌아왔을 때, 아만다는 아기를 돌보러 갔다. 윌슨은 아만다가 파랗게 변해 숨을 쉬지 않는 것 같은 아기를 안고 거실로 달려오며 비명을 지르는 것을 들었다. 아기는 병원으로 급히 옮겨졌지만 사망 판정을 받았다. 윌슨은 2급 살인 혐의로 기소되었다. 부검 보고서에 따르면 아기의 목에는 목 졸린 흔적이 있었다. 아기가 생겼다고 그렇게 좋아했던 아버지가 자기 어린 딸을 살해한 것이다.

미성년자와 성관계를 가진 범죄자도 이 장의 주제에서 예외가 아니다. 그들 역시 자신이 선한 인간이라고 믿는다. 피해자가 어린이고 자신의 행위가 불법임을 알고 있음에도 불구하고 이들은 자신을 "범죄자"로 보지 않는다. 그들은 무력을 사용하지 않는다는 점을 재빨리 지적하고 성관계를 가진 아이들이 기꺼이 그 행위에 참여했다고 주장한다.

〈공격적이고 폭력적인 행동(*Aggression and Violent Behavior*)〉이라는 학술지에 실린 논문에서 저자 제이슨 웨어와 그의 동료들은 성범죄자들이 “자아 개념을 유지하고 일관된 자아 인식을 유지하기 위해” 행위를 부정한다고 지적한다. 다시 말해, 자신이 선량한 사람이라는 인식을 유지하는 것이 범죄자의 핵심 정체성이다.

범죄자를 돕고 싶어 하는 상담사와 사회복지사 등 선의의 전문가들은 종종 주요 심리적 문제와 낮은 자존감을 혼동한다. 그들은 범죄자가 가족, 학교, 직장, 관계, 재능 계발 등 여러 면에서 실패했음을 알고 있다. 그가 낙심한 상황에서 만나기 때문에 그가 우울하고 열등감을 느끼고 있다고 생각하기 쉽다. 실제로 범죄자는 탈출하고 싶은 상황에 있기 때문에 우울해 보일 수 있다. 범죄자들이 스스로를 선한 사람으로 여긴다는 사실을 이해하면, 좋은 의도를 가진 사람들이 범죄자의 이미 거대해진 자아를 더 키우기 위한 헛된 노력으로 시간을 낭비하는 것을 막는 데 도움이 될 수 있을 것이다.

경찰관들은 범죄자들이 자신이 선량한 인간이라고 믿는 것을 알고, 이를 심문 전략에 포함시킨다. 그들은 범죄자가 선한 마음을 갖고 있으며 누구를 해칠 의도가 없었다는 것을 이해한다고 말한다. 이것은 덜 거친 접근법일 뿐만 아니라 더 공감을 표하는 방식으로, 범죄자를 마치 완전히 악인인 것처럼 대하는 것과 대조된다. 자기 딸을 살해한 혐의로 기소된 윌슨을 면담할 때 형사는 이렇게 말했다. “그 애에게 무슨 일이 일어났어요. 사고가 아니었습니다. 당신이 아기에게 짜증이 날 수 있다는 것을 이해할 수 있습니다. 당신이 괴물이라고는 생각하지 않아요. 당신은 그저 준비가 덜 된 초보 아빠였을 뿐이에요. 이 일이 당신을 나쁜 사람으로 만드는 것은 아닙니다. 우리는 단지 무슨 일이 일어났는지 알 필요가 있어요.” 이런 접근의 이면에는 일단 심문하는 사람이 그를 좋은 인간으로 보는 것을 확신하면 용의자가 더 솔직하게 나올 수 있다는 생각이 깔려 있다.

사람들은 악이 존재한다는 사실을 인정하면서도, 정작 중요한 상황에서는 범죄를 저지르는 사람들에 대해 경감 요인이나 정당성을 찾는 경우가 많다. 이들은 범죄자를 있는 그대로 보지 않고, 모든 사람이 심성은 착하고, 가장 극악무도한 범죄도 정상 참작할 수 있는 상황으로 설명된다는 시각을 고수한다. 범죄자는 다른 사람들의 이러한 경향을 남용해 자신이 기본적으로 선하다고 본다. 비범죄자들은 범죄자의 재능을 알아보고, 그가 선행을 하는 것을 목격하고, 그가 고귀한 이상을 지지하는 것을 듣는다.

가족이건 친구이건 낯선 사람이건, 그와 교류하는 사람들은 종종 그의 복잡한 거짓말, 모호함, 이기적인 말들을 꿰뚫어 보지 못한다. 그들은 그를 믿고 싶어 하며 그가 강력범죄를 저질렀거나 범죄 경력이 길지 않은 한 그를 냉혹하게 판단하기를 꺼린다. 그렇다 하더라도, 그의 행동에 대해 나름대로의 정당성을 제공할지 모른다.

1991년 시사주간지 〈타임〉의 커버스토리는 악의 본성을 탐구했다. "악은 교활하고 기괴하다.… 우리는 체계적으로 또는 과학적으로 악을 알 수 없다. 악은 잔인하거나 이해하기 어렵다.… 우리는 악을 행위로 알 수 있다. 히틀러는 채식주의자였다. 사드 후작은 사형에 반대했다." 이 장은 어떻게 악이 선으로 은폐될 수 있는지에 초점을 맞추었다. 범죄자는 사람들이 자신의 가장 파괴적인 행동까지도 용인하는 경향에 의존한다. 어찌 됐든 범죄자도 대부분의 시간 동안에는 범죄를 저지르지 않는다.

셀 수 없이 많은 절도, 폭행, 마약 범죄를 저지른 스물두 살의 한 범죄자는 나에게 자신이 좋은 사람이라고 생각한다고 말했다. 그는 "항상 말썽을 피우는 건 아니에요. 나는 어떤 사람들에게 마음을 써요. 거리에서 구걸하는 가난한 사람들 같은 사람들요. 우리 부모님을 항상 지옥에 빠뜨리는 건 아니에요. 나는 나쁜 사람이 아니에요"라고 설명했다. 이 청년의 성격에는 매력적인 특징들이 있었다. 지능, 유머 감각, 일상적인 하찮은 일에 기꺼이 참여하는 태도, 예상 외로 부모를 돕는 행동 등. 사람들이 알지 못하는 것은 친절한 행동과 감수성을 보임으로써 범죄자가 자신이 기본적으로 좋은 사람이라는 믿음을 강화한다는 것이다.

범죄자를 안다고 생각한 사람들은 범죄자를 전혀 모르고 있었다는 사실을 알게 될 가능성이 크다. 범죄자는 무죄 추정을 받기 기대한다. 사람들은 마음속으로 그가 선하고 좋은 의도를 가진 인간이라고 믿을 것이다. 그러면 그가 극악무도한 범죄를 저질렀을 때 다른 사람들은 그를 냉혹하게 판단하지 않고 그의 범죄행위를 외부 압력에 대한 반응이나 평소 성격과 맞지 않는 행동, 정신질환의 징후로 해석한다.

16

심신장애 또는 범죄 성향?

16 심신장애 또는 범죄 성향?

"난 우리 엄마를 죽였어요. 나는 조현병 환자예요." 서른 살 글렌이 경찰에게 말했다. 한때 우등생이었던 이 실직자의 변호사는 그를 대신해 "심신장애를 이유로 무죄"를 주장했다. 나는 판사 명령으로 범행 당시 글렌의 정신상태를 평가했다. 이 사건에서 내 법정 증언은 공공 기록이다. 그럼에도 이름과 기타 식별 가능한 특징들은 여기에 바꾸어 적었다.

글렌은 정신과 거주 치료센터에 입원한 오랜 경력을 가지고 있으며 지난 몇 년 동안은 외래 환자로 치료받았다. 다양한 정신장애 진단을 받은 그는 마치 걸어 다니는 정신병리학 교과서처럼 보였다. 그러나 그를 가장 잘 아는 사람들은 그를 힘들어하는 존재라기보다는 힘들게 하는 존재로 여겼다. 그들은 글렌이 어머니를 살해한 것은 수년간의 격렬한 갈등 끝에 일어난 일이며, 그가 자신이 무엇을 하고 있는지 알고 있었다고 믿었다.

범행 당시 글렌의 정신상태를 이해하려면, 사건이 발생하기 "전에" 그가 어떤 사람이었는지 아는 것이 필수적이었다. 나는 열두 시간 이상 그를 면담했고, 그를 잘 아는 사람들과 대화하는 데 여섯 시간을 더 보냈고, 성적표, 그가 쓴 글, 경찰 보고서, 정신병원 차트, 재정 기록 같은 문서를 검토하느라 또 추가로 시간을 썼다.

글렌은 내가 교도소 면담을 가자 거칠게 맞이했다. "당신에 대해 나쁜 이야기를 들었어요. 당신은 모든 사람들이 제정신이라고 한다면서요"라고 말한 그는 내 평가가 "가짜"가 될 것 같다고 주장했다. 조금도 지체하지 않고 나는 그것에 대해 논의했다. 내가 "정신질환을 믿지 않는다"고 그가 단언해서, 나는 정신병동에서 정신질환을 가진 환자들과 일했다고 예의를 갖추어 말했다. 글렌은 좀 누그러진 것 같았다. 그는 "그 얘기를 들으니 어색한 게 좀 가시네요"라고 말했다. 면담은 나중에 가족관계에 대한 논의를 하다가 글렌이 화가 날 때까지 계속되었다. 그는 의자에서 일어나 나를 내려다보며 간결하게 말했다. "내 생각에 당신은 이미 내가 제정신이었다고 결정 내렸네요." 그는 나에게 그의 "할 일"을 했다. 그는 내가 그에 대한 진실을 발견하는 것보다 〈도나휴〉나 〈오프라〉 같은 프로그램에 등장하는 것에 더 관심이 많다고 단언했다(내가 그 프로그램에 출연했던 것은 글렌이 아기일 때였다). 내가 정신질환을 "믿느냐"는 문제에 대해 논의한 뒤, 그는 조용해지더니 "앞으로 잘 행동하도록 하겠다"고 맹세했다. 그의 예상 외의 분노 표출 때문에 나는 경비를 강화해 주기를 요청했고 교도소 직원들이 곁에 있는 방에서 그를 만났다. 글렌은 침착을 유지했고, 집중했고, 답변을 잘했다. 그는 내가 기록하는 것에 주의를 기울였고, 천천히 말하겠다고 제안했고, 어떤 단어들에 대해서는 철자를 천천히 불러주기도 했다.

글렌의 부모는 그가 중학교 다닐 때 이혼했다. 한 친척은 그를 "착한 아이"라고 묘사했다. 그의 두 형제는 그가 외톨이였고 집에서 책을 읽는 것을 더 좋아했다고 말했다. 한 아이는 그를 "그의 지성을 숭배"한 부모의 "금쪽같은 아이"라고 불렀다. 글렌은 쉽게 어울릴 수는 있지만, 자주 "무례하고, 험악하고, 교활한" 사람이 되었다고 말했다. 그리고는 그가 "자신이 누구보다 더 똑똑하고 아는 게 많다고 생각한다"고 말했다.

글렌은 "선별된 학생 그룹에게 다른 곳보다 더 많은 학문적 자유와 창의적인 기회를 제공"한다는 특수 대학 프로그램에 입학했다. 철학을 전공한 그는 또한 집중 외국어 과정과 난이도 높은 역사 및 문학 과목들을 수강했다. 그는 좋아하는 과목에서는 우수했지만 그렇지 않은 과목은 겨우 낙제를 면했다. 글렌은 "길을 잃고 목표가 사라진" 느낌을 받았고, 종종 공부를 하지 않았다. 그는 혼자 지냈고, 수업을 건너뛰었고, 그가 "너드"(nerd, 사회성이 떨어지고 특정 분야에만 몰두하는 재미없는 사람을 얕잡아 부르는 말: 역자 주)여서 사람들이 자기를 피한다고 믿었다. 그는 수천 달러어치의 책과 옷, 초콜릿 등을 훔쳤다고 고백했다. 그는 또 마리화나와 LSD를 사용했다.

대학원에서 글렌은 수업을 중단하고 정신질환으로 인한 휴식을 취하였고 그러다가 처음으로 입원을 하게 되었다. 스스로 "붕괴"라고 부른 그 기간 동안, 글렌은 가구를 부수고, 옷을 내버리고, 방에서 배변을 했다. 그는 "마약 사용으로 인한 짧은 정신질환 발병 기간"을 경험했다는 진단을 받았다. 이 시기에 대한 질문을 하자 글렌은 의미를 축소시키며 "정말 독한 걸 너무 많이 피웠다. 그것이 나를 밀어 넘어뜨렸다"고 말했다.

병원에서 퇴원한 뒤 글렌은 어머니 마이라 아서와 함께 살기 시작했다. 글렌은 대학원 과정을 마치지 못하고 일을 하지 않는 그를 어머니가 "크나큰 실망거리"로 보고 있으리라고 확신했다. 어머니가 자신에게 관대하다는 점을 인정하면서도, 글렌은 "어머니는 진심으로 내가 죽길 바라세요. 나 자신을 위해 안락사되길 바라시죠"라고 단언했다. 그는 어머니의 불평과 요구를 들어야 하는 인질 신세라며 화를 했다. 그러면서 그는 어머니의 지하실에서 "은밀하게 술을 마시며" 때로는 과도하게 마시며 얹혀 살았다.

글렌은 어머니에게 경제적으로 의존하는 신세를 원망했다. 입원과 문서화된 정신질환으로 인해 정부의 장애인 복지 혜택을 받을 자격이 있었지만 그는 손에 들어오는 모든 돈을 바로 써버렸다. 그는 "어머니에게 매달 용돈을 요구하는 게 계속 골칫거리였어요. 한심하게 보이는 게 싫었어요"라고 말했다. 글렌은 검사들이 돈을 둘러싼 어머니와의 갈등을 살인 동기로 잘못 생각할 것이라고 추측했다.

어머니가 정규직 직원으로 일하며 부지런히 집안 살림을 하고 두 사람을 위해 음식을 했음에도 불구하고, 글렌은 어머니를 돕기를 거부했다. 글렌의 남동생은 "엄마가 많이 속상해하셨어요. 난 글렌에게 어머니를 이용만 하고 아무 쓸모가 없다고 말했죠. 그는 일이라는 것을 자기보다 발 아래 있는 것처럼 취급했어요. 자기는 다른 사람들 위에 있고요. 자기 마음대로 했어요. 어머니는 어찌할 바를 몰라 하셨죠. 덫에 걸린 것 같은 느낌을 받으셨어요"라고 말했다.

친척이 사망함에 따라 글렌에게 약간의 돈이 들어오자 그는 재빨리 어머니 집에서 이사 갔다. 1년도 안 되어 그는 물려받은 돈을 전부 탕진했고 2만 달러가 넘는 빚을 졌다. 글렌의 남동생 한 명은 어머니가 "친절하고 조용하고 사려 깊은 사람"이라고 묘사했다. 그는 살인이 일어나기 전날 밤, 어머니가 기분이 좋지 않은 글렌이 무슨 일을 벌일지 몰라 걱정했다고 회상했다. 살인 직전에 이 동생이 자기 집에서 하루 주무시라고 어머니를 초대했을 때, 어머니는 자신이 알아서 하겠다며 침실 문을 잠글 계획이라고 대답했다. 동생은 나중에 나에게 "우리가 알지 못하는 갈등이 그들 사이에 있었다"고 말했다.

글렌의 삼촌은 글렌이 "어렸을 때 품은 불만 목록"에 집착했다고 말했다. 글렌은 다른 사람들을 거부했고, 그로 인해 사람들도 그로부터 멀어졌다. 삼촌은 글렌이 "멍청이처럼" 행동하는 것과 정신질환을 앓는 사람처럼 행동하는 것의 차이를 구분하기 어렵다고 말했다. 그는 글렌이 "인간적인 감정을 별로 보이지 않았다"고 전했다.

글렌의 새어머니는 글렌이 지금까지 그녀가 보아온 누구와도 다르다는 것을 느꼈다. 그녀는 개인적인 경험에 근거해 이렇게 말했다. "그 애는 자기가 누구보다 중요하다고 생각했어요. 항상 증오로 가득했고요. 자기 어머니가 얼마나 어리석고 살 자격이 없었는지에 대해 사납게 말하곤 했어요. 어머니를 너무 싫어했어요. 어머니가 그 애를 위해 더 많은 것을 할수록 그녀를 더 미워했어요. 항상 자기가 어머니를 지배하고 있다고 생각했고요. 그녀는 그 애를 자기 생명보다 더 사랑했어요. 또 그 애를 두려워했어요. 그 애는 자기 어머니를 개처럼 취급하며 이야기했고 그녀를 자기 인생에서 지울 수 없었어요.… 그 애를 떠받들고 동의해 주면 괜찮지만, 선을 넘으면 그 애는 괴물이 돼요. 그 애는 정신이 이상한 사람이 아니라 사악한 사람이에요."

나는 글렌의 정신질환에 대한 어마어마한 양의 정신과 기록을 확보했다. 다음은 글렌의 병원 차트에서 발췌한 것이다.

- 입원 #1 (임시 구류)

  향정신성 약물 과다복용. "자해하려 한 것이 아니라 자살을 시도했다. 난 지구상에 있는 목적을 이미 달성했다."

  진단: 특정되지 않은 상세불명의 조현병

- 입원 #2 (임시 구류)

  조증(躁症). "비밀 요원들이 난사하는 총격으로 죽을" 수 있도록 저명한 공인을 암살하겠다고 위협

  진단: 상세불명의 편집성 조현병

- 입원 #3 (자발적)

  환각 및 환청. 수호천사들이 병원에 오라고 그에게 말함.

  진단: 상세불명의 조현정동장애 또한 상세불명의 조현병
- 입원 #4 (자발적)

  약물 중단 및 보상기전상실 후 정신질환 증상 증가

  진단: 분열정동장애
- 입원 #5 (어머니가 응급실로 데려옴)

  우울 증상, 불안, 정신증, 환각, 이상행동

  진단: 분열정동장애, 상세불명의 상태
- 입원 #6 (구급차로 도착)

  약물 중단. 조증, 거창한 아이디어, 사고의 비약, 외계어 구사

  진단: 분열정동장애
- 입원 #7 (자발적)

  방향감각 상실, 혼란, 방언 구사, 종교적 망상

  진단: 상세불명의 양극성 장애

글렌은 정신의학과 의사를 혐오하며 그들을 "악"이라고 생각한다고 강조했다. 그는 자신이 받을 치료 수단들을 조절하기 위해 정신장애를 연구했다. 그는 한 병원에서 "진단을 바꾸는 방법"을 자기가 개발했다고 나에게 말했다. 약물 처방을 해주는 의사가 향정신성 약물을 그만 처방하도록 유도하기 위해서였다. 조현병 진단을 받으면 "종신형"이나 다름없다고 확신한 글렌은 권위 있는 정신의학 교과서를 탐구하고 의료진에게 자신은 그런 장애가 없다고 설득했다. 그는 정신과 의사들과 "의사들 쓰는 용어로" 소통하는 법을 배웠고, 그들보다 더 머리가 잘 돌아가는 자신이 자랑스럽다고 말했다. "그들을 완전히 속여서 내 맘대로 할 수 있게 됐어요. 사기를 친 거죠." 한 치료사는 글렌에 대해 "그는 자기가 아예 정신과 의사가 돼서 약물 처방을 가지고 놀았어요"라고 회상했다.

어머니에게 손주들이 생겨 그녀의 집중 관심을 받지 못하게 되자 글렌은 어머니에

게 더 화가 났다. 매일 저녁 먹기 전 나누던 대화는 점점 줄어들었고, 그는 "어머니가 날 없애고 싶어 하는 것 같다"고 확신하게 되었다. 어린 조카들에게 대체된 기분이었다. 글렌은 이렇게 회상했다. "어머니는 참을성이 없어졌고 저를 지겨워하셨어요. 저를 괴롭히는 것들에 대해 어머니와 이야기할 수가 없었어요. 어머니가 더 이상 듣고 싶어 하지 않으셨어요. 나는 뒤로 물러났어요. 어머니는 나와의 연을 끊으려 하셨어요." 글렌이 사람들 대부분에 대해 품고 있던 경멸은 어머니에게로까지 확대되었다. 그는 자신의 탁월함과 그녀의 평범한 관심사를 대비시켰다. "나는 안목이 높은 사람이었어요. 어머니는 계몽주의 같은 것에 대해 대화할 수준이 아니었고요.… 내가 교수처럼 말하니 어머니는 내가 전문적이라는 것을 알았죠. 나는 내 관심사에 대해 이야기할 사람이 없었어요. 어머니는 미스터리 장르의 책을 읽고 매일 두 시간씩 집안 족보를 보았어요."

글렌은 분열정동장애 진단을 받았다. 분열정동장애는 "성년 초기에 나타나고" "사회적 접촉에 제약"이 따르고, "사회적, 직업적으로 기능 수행이 어렵다"는 특징이 있다. (그는 또한 "약물 남용 장애"도 가지고 있었다.) DSM-5에 따르면 분열정동장애의 특징으로 "특정 기분 지속", "주요 기분 장애 없이 2주 이상 망상 및 환각 증세"도 포함된다.

그러나 글렌이 대학원 시절 입원했을 때 환자 차트에 적힌 메모를 보면 글렌의 성격의 또 다른 측면이 처음 언급된 것을 알 수 있다. 정신과 의사는 그에게 "내재된 자기애적 성격장애"가 있다고 썼다. 글렌은 그 진단에 해당하는 기준을 계속 충족했다. 그는 "스스로의 중요성에 대한 과도한 인식"을 보였고, 스스로 "특별하다"는 신념을 품고 있었으며, "공감 부족"와 "거만한 행동과 태도"를 보였다.

글렌은 어머니의 죽음에 대해 자세히 이야기하고 싶어 했다. 그는 말했다. "그녀는 내 어머니이길 그만두셨어요. 어머니는 영혼이 없었어요. 신이 어머니를 지옥으로 보냈어요. 그녀와 함께 있는 걸 견딜 수가 없었어요." 그러더니 글렌은 성호를 긋고 라틴어로 기도하기 시작했다. 그는 어머니가 다른 어느 것보다 더 돈을 귀히 여기는 죄를 지었기 때문에 영혼을 잃었다고 주장했다.

글렌은 어머니를 사로잡은 악마를 죽여야 한다고 확신했다며, 집에 들어가 어머니의 침실로 걸어간 과정을 묘사했다. 그는 어머니 몸에 올라타 목을 조르기 시작했다.

그러다가 이야기를 멈추고 어머니를 공격한 "여호수아 메시아"에 대해 이야기하기 시작했다. 갑자기 그는 이 제3자에 대한 이야기를 중단하고, 자신을 가해자라고 인정하면서 가해자로서 1인칭으로 말하기 시작했다. 그는 어머니의 "머리 오른편"을 발로 찰 때 신고 있던 신발 브랜드를 회고했다. 그는 부엌에 가서 망치를 들고 침실로 돌아와서 어머니 얼굴을 내리친 과정을 묘사했다. 계속 자기 자신의 행동에 대해 이야기하면서 글렌은 "이마를 한 번 쳤을 때 죽었다고 생각해요. 가랑이 사이도 찼어요. 기억나요"라고 말했다.

내가 그가 어머니를 죽였는지 누군가 다른 사람이 죽였는지 묻자 글렌은 이렇게 대답했다. "내 손이 움직였어요.… 내가 하는 것처럼요. 그렇게 한 사람은 아무도 없었어요. 내 말은, 내가 아니라고요. 왜냐하면… 내가 살인범이라는 생각은 한번도 해본 적 없어요." 다시 말해, 살인자라는 사실은 좋은 사람이라는 글렌의 자아상과 양립할 수 없었다.

신속하게 현장에 도착한 경찰과 글렌의 대화 녹취록을 보면 글렌은 그들의 질문을 이해하고 적절하게 응답했다. 그는 그들에게 "제가 어머니 집에서 어머니를 죽였어요. 전 그 지하실에 살았어요.… 그녀는 내 돈을 훔쳤어요"라고 말했다. 글렌은 형사들에게 자신의 정신과 병력에 대한 자세한 내역을 제공했고, 자기 치료사의 이름, 학위 및 주소를 알려주었다. 그는 자기가 정신병원에 갈 필요가 있다며 특정 시설에 입원시켜 줄 것을 요청했다. 한 형사는 글렌이 일어난 일을 설명할 때 "아주 명확하고 생생했다"고 기억했다. "그냥 어머니를 죽이고 싶었어요"라고 인정한 글렌은 자기 행동을 설명하며 "모친 살해"라는 용어를 사용했다. 비록 악마를 언급했지만, 글렌은 자기 행동을 이성적으로 이야기하라는 지시에 잘 따랐다. 경찰 차 안에서 그는 경찰관에게 "나는 엄마를 죽였어요. 나는 조현병 환자예요"라고 말했다.

오랜 정신질환 병력과 정확한 "분열정동장애" 진단에도 불구하고, 글렌은 협박, 조종, 거짓말을 이용해 어머니를 통제했다. 정신질환적 증상은 종교와 관련이 있다. 글렌은 정신질환의 영향을 일축하며 "나는 포기할 준비가 되지 않았어요"라고 말했다.

나는 글렌이 옳고 그름을 알고 있었다고 결론지었다. 그는 자기가 저지른 행동의 본질, 특징, 결과를 이해했다. 그는 피해자가 다른 사람이 아니라 자기 어머니라는 것을 알고 있었다. 그는 어머니를 죽이고 싶었다며 이렇게 말했다. "난 그저 그녀가 죽었다는 걸 확실히 하고 싶었어요. 심장도 죽고, 뇌도 죽고." 그는 법 집행관과 그의 행동이 가져올 수 있는 결과들(수감 또는 입원)에 대해 자세히 논의했다. 글렌은 법적으로 제정신이 아니었던 것으로 판명되어 주립병원에 가고 결국에는 풀려나기를 기대했다고 나에게 말했다. 그리고 계속 장애수당을 받아 "책들이 있는 정부 보조금을 지원받는 방에서" 혼자 살며, 산책하고, "기부받은 차"를 몰 수 있기를 기대했다.

범죄자면서 정신질환을 가질 수 있다. 결장암이면서 당뇨병에 걸릴 수 있는 것처럼 말이다. 이 중 하나가 다른 하나를 일으키는 것은 아니다. 나는 이 고도로 지능적이고 조심스러운 피고인의 근본적인 성향을 파악하기 위해, 정신질환에 대한 거대한 문서 더미를 파헤쳐야 했다. 내 증언과, 글렌의 심신장애 주장을 지지한 변호인 측 심리학자의 증언을 포함한 증거를 살펴본 배심원단이 글렌에게 1급 살인 및 가중 악의적 상해 혐의를 적용하여 2번의 종신형을 선고하기까지는 오랜 시간이 걸리지 않았다.

글렌의 사례에 대한 내 설명을 보고 법의학 심리학자가 하는 일이 무엇인지 이제 대략 감이 잡힐 것이다. 사전에서는 "법의학(forensic)"이라는 단어를 "범죄 수사에 과학적 방법과 기술을 적용하는 것"이라고 정의한다. 나는 범죄 현장이나 연구소에서 일하지는 않지만, 범죄 혐의로 기소되어 재판을 받고 있는 성인과 청소년의 심리상태를 이해하는 데 집중해 왔다. 글렌의 경우에는 검찰 측을 돕기 위해 판사가 나를 임명했다. 어떤 경우에는 변호인의 요청으로 임명되기도 한다. 누가 요청하든 나의 평가는 독립적이고, 내 평가 결과 보고서는 검찰과 변호인 양측에 제출된다.

심신장애 사례는 언제나 복잡하다. 나는 피고인을 면담하는 데 자그마치 34시간을 할애했다. 변호인(그리고 피해자와 그 가족들) 입장에서는 너무나 많은 것이 걸려있기 때문에, 피고인을 심도 있게 면담하는 것이 필수적이다. 단지 몇 시간 쓰고 한두 가지 검사를 하는 것으로는 충분하지 못하다. 나는 범죄가 일어나기 전, 범죄가 일어나는 동안, 범죄가 일어난 후, 피고인의 인생 필름이 어땠는지 알려고 한다. 친구들은 누구였지? 시간과 돈을 어떻게 썼지? 짜증이 날 때 어떻게 대처했지? 중요한 결정들은 어떻게 내렸지? 한 사람의 삶의 측면은 그게 어떤 측면이든 그의 성격에 대한 단서를 제공하고, 범죄 당시 그의 마음상태를 이해하는 데 도움을 준다.

누군가는 피고인이 처벌을 최소화하기 위해 나 같은 전문가를 상대로 자기중심적인 진술을 할지 모른다고 합리적인 추측을 할 것이다. 나는 "부수적 정보원들"과 대화하는 데 상당한 시간을 쓴다. 글렌의 경우에는 글렌의 식구들, 이웃, 그리고 그의 치료사를 면담했다. 나는 경찰 몸에 부착된 바디 카메라 영상, 형사와의 면담 녹취, 체포 및 후송 당시 피고인의 영상을 주의 깊게 시청했다.

정신과 의사 도로시 오트나우는 살인자 면담에 관한 책에서 "피고인들이 심신장애 주장에 의존한다는 것은 그들의 심리적 상태 전부를 누구나 살펴볼 수 있게 개방하는 것"이라고 적었다. 이 작업의 범위는 거대한 퍼즐을 맞추는 것과 유사하다. 심리학자는 최종 결과를 알 수 없을 뿐만 아니라, 이 퍼즐에 얼마나 많은 조각이 있는지도 모른다.

재판에서 증언해달라는 요청을 받으면, 나는 내 증언이 자기 사건을 뒷받침할 것이라고 믿는 변호사가 "직접 심문"이라고 부르는 절차를 진행하는 동안 내가 발견한 내용을 발표한다. 그 다음에는 반대편 변호사의 반대 심문이 진행된다. 반대편 변호사는 모순, 부정확성, 정보 누락, 그 밖에 내 발표의 신뢰도를 떨어뜨릴 수 있는 기타 다른 결점들에 대해 나에게 답하라고 한다.

회의론자들은 심리학자가 비용을 지불하는 사람에게 유리하도록 증언할 것이라고 말한다. 가끔 그 말이 맞을 때도 있다. 하지만 직업 윤리와 개인의 진실성을 위해, 법의학 심리학자는 누가 고용하든 상관없이 독립성을 지켜야 한다.

"다혈질 범죄"

어떤 범죄들은 가해자가 자제력을 잃을 때, 한순간 뜨거운 기운으로 다혈질 범죄(crimes of passion) 같은 것을 저지르면서 발생한다. 행위는 미리 계획된 것이 아니다. 즉 이 범행은 미리 계획된 것이 아니다. 격렬한 말다툼을 하다가 이성을 잃은 남편이 손에 잡히는 물건을 무기처럼 사용해 아내를 죽이는 경우를 예로 들 수 있다.

다혈질 범죄를 저지르는 사람과 계산적인 냉혈한 살인마는 공통점이 많다. 거칠고 융통성이 없으며, 참을성이 없고, 둘 다 다른 사람들을 통제하고 괴롭히려는 의도를 가지고 있다. 비판에 민감한 이들은 남들 보기에는 아주 사소한 일에도 분노한다. 불쾌한 상황에 건설적으로 대처하는 대신 문제를 복잡하게 만든다. 좌절하거나 실망하면 남의 탓으로 돌린다. 이들은 마음에 안 드는 상황에 처하면 건설적으로 대처하기보다 자기 문제와 뒤섞는다. 짜증이 나거나 실망하면 남 탓으로 돌린다. 마음속으로 적을 파괴하려는 생각이 번뜩인다. 그 사람을 제거하는 궁극적인 행동 전에 상대가 신경쓰지 않던 조롱, 위협 또는 폭행이 있었을 수 있다. 살인은 폭력에 대한 생각을 반복적으로 해온 사람이 저지른다. 그는 마음속으로 스트레스를 주는 대상을 이미 여러 번 처단했다. 그런 의미에서 그는 살인을 저지르도록 이미 프로그램되었다고 말할 수 있다. 다른 사람에 의해서가 아니라 그 자신의 습관적인 생각 패턴에 의해서 프로그램된 것이다.

윌리와 앨리스는 돈, 양가 가족과의 관계, 집안일, 그리고 다양한 다른 일을 둘러싸고 수차례 폭력적인 논쟁을 벌인 바 있다. 말다툼을 하는 동안 이들은 서로를 향해 소리를 지르고, 문을 세게 닫고, 물건을 던졌다. 윌리는 신체적으로 앨리스를 공격하는 것은 자제했다. 하지만 한번은 너무 화가 나서 그녀의 옷장으로 달려가 칼로 옷 몇 벌을 찢어놓았다. 그는 아내를 욕조에 빠뜨려 죽이거나, 가파른 계단 위에서 밀어 지하실로 떨어뜨리는 것을 상상하기도 했다. 그녀로부터 해방되면 얼마나 기쁠지도 종종 상상했다. 그러던 어느 날 세금 정산 준비를 둘러싸고 논쟁이 벌어졌다. 서로 소리를 지르고 욕을 퍼붓다가, 윌리는 부엌에서 칼을 집어 들고 앨리스가 그의 발 앞에서 죽을 때까지 그녀를 반복적으로 찔렀다. 날짜, 시간, 장소를 계획하지 않았지만 오랫동안 꿈꿔오던 일을 마침내 실행한 것이다.

이해가 안 가는 범죄

이해가 안 가는 범죄는 가해자의 심리를 이해하면 이해가 된다. 맥락을 알 수 없는 많은 범죄의 공통적인 동기는 금지된 일을 한다는 흥분과 스릴의 추구다. 스물여섯 살 토마스는 청소년 시절부터 연쇄 살인범에 매료되었다. 그는 나에게 "그들이 어떻게 죽이는지, 그들의 쾌락, 심지어는 성적이고 사악한 것"에 대해 언급한 후, 감정 없는 톤으로 이렇게 말했다. "나는 찰스 맨슨을 숭배해요. 난 내가 연쇄 살인마가 될 줄 알았어요." 토마스는 "사람들의 숭배를 받고 다른 사람들이 나를 위해 살인을 하게 하는 것"이 얼마나 멋질지 상상해 봤다고 말했다. 그는 또 "총을 좋아해요. 손에 쥐고 있으면 강력해져요"라고 말했다. 아무도 죽이기 전에 수감되었지만, 토마스는 단지 스릴 때문에 사람들을 다치게 했다. 그는 "고의로 관계를 망치고, 사람들을 때려눕히고, 괴롭히고, 거부당할 상황에 몰아넣고, 그들이 하찮은 존재라는 것을 상기시켜 주는 것"을 즐겼다고 말했다. 토마스는 그저 재미 삼아 "쉬운 표적"을 지목했고, 이유 없이 그 사람을 비참하게 만들었다. 그는 알지도 못하는 소년을 목표로 삼았던 일을 회상했다. "매일 그 애를 만나서 돈을 빼앗고 구타하고 괴롭혔어요." 토마스는 책임의식 있는 사람으로 산다는 것을 상상할 수 없었다. 그는 사람을 죽이는 상상을 했다며 "아무도 죽이지 않고 죽는다면 충족이 안 될 것"이라고 말했다.

어떤 경우에는 남을 위협하거나 폭력에 가담한 경력이 있어서 위험하다고 생각되는 사람들을 찾아내는 것이 가능하다. 그러나 현행법에 따르면, 그들이 저지를지도 모르는 행동 때문에 오래, 아니 짧게라도 구금하는 것은 불가능하다. 집중치료를 강요하는 것도 불가능하다. 치료를 받는다고 해도 그들은 자신에게 큰 문제가 없다고 생각하기 때문에 억지로 응하고, 잘 협조하지 않는다.

잠재적으로 위험한 사람이 치료를 받는다고 해도 그는 아마 1주일에 한두 번 치료에 참여하는 외래 환자일 것이다. 환자가 오더라도 치료 과정에 잘 참여하지 않을 수도 있다. 범죄자들은 자기 속마음을 누구에게도 잘 보이지 않으며, 낯선 사람에게는 더더욱 그렇다. 그들에게 치료사는 정복해야 할 또 다른 적이다. 범죄자는 잘 훈련한 전략을 사용해 (치료사와 상담사들을 포함해) 적들이 실제보다 더 많이 아는 것처럼 스스로 믿게 만듦으로써 적들의 접근을 막을 것이다. 치료 과정을 끝낸 많은 "수료생"들이 충격적인 범죄를 계속 저질렀다. 토마스의 부모는 아들에게 심리치료를 받으라고 권고했다. 토마스는 심리학자를 만났을 때 "나는 그 사람이 나에게 동정심을 느끼게끔 노력을 했어요. 날 우울하게 만드는 유일한 사실은 잡히는 거예요"라고 말했다. 토마스 같은 사람이 치료에 협조하도록 강제할 방법은 없다. 법원 명령으로 치료받는 것이어도 말이다.

토마스 같은 범죄자는 총기난사와 같은 범죄를 벌일 생각을 품고 있어도 의도를 선포하거나 구체적인 계획을 밝히지 않을 것이다. 괴짜들, 외톨이들, 그리고 무서운 사람들이 우리 자유사회에 살고 있다. 소수는 무차별 저격수가 될 것이다. 정신건강 전문가들이 일부 환자에 대해 우려를 표명할 수는 있지만, 그들에게 대규모 총격을 예방할 지식이나 방법은 없다. 한편, 우리가 찾아내지 못하거나 집중적으로 치료할 수 없는 이런 범죄자 중 일부가 우리에게 나타나 큰 피해를 입힐 것이라는 사실을 인정해야 한다. 법이 바뀌고 과학이 발전할 때까지는 말이다.

"레드플래그(위험 신호)" 법들

미국 내 19개 주와 워싱턴 DC에서 가족, 법 집행관 또는 의료 서비스 제공자가 자신이나 다른 사람들에게 위험을 초래할 것으로 생각되는 경우, 특정인이 화기에 접근하는 것을 막아줄 것을 법원에 청원할 수 있게 하는 법안이 통과되었다. 이런 법은 총기폭력 위험이 크다고 판단되는 사람들을 무장해제하는 데 유용하다. 이런 "레드플래그(Red Flag, 위험 신호)" 법은 가정폭력 가해자에 대해 내려진 금지 명령 같은 기능을 수행할 수 있다.

2021년 4월 15일, 인디애나주 인디애나폴리스 페덱스 건물에서 총기난사 사건이 발생해 8명이 사망했다. 범인은 열아홉 살로, 소총 두 자루를 구입했다. 그의 어머니는 이미 1년 전에 아들이 "경찰에 의해 자살(suicide by cop, 경찰에게 의도적으로 위협적인 행동을 하여 스스로 죽음에 이르게 함: 역자 주)"할까 봐 걱정된다고 경찰에 알린 바 있었다. 인디애나주의 "레드플래그" 법은 미국에서 가장 오래된 법 중 하나이다. 이 청년은 병원으로 옮겨져 "정신건강 임시 억류" 상태에 놓였다. 경찰들은 그의 산탄총을 빼앗았다.

그러나 이 사건은 끝내 법원까지 가지 못했다. 갔더라면 이 총격범은 6개월간 총기 소유를 금지당했을 것이다. 〈뉴욕타임스〉에 따르면, "전문가들은 대부분의 '레드플래그' 법률이 주로 임박한 단기적 위기에 대응하기 위해 만들어졌다고 말한다.… 더 만성적인 위협을 포함시키는 것은… 현재로서는 법의 범위를 넘어설 수 있다."

"레드플래그" 법이 상대적으로 새로운 법이다 보니 이 법의 효과에 대한 연구 결과가 거의 없다. 2018년 12월, 존 롯과 찰리슬 무디는 이 법이 "효과가 없"거나 심지어 살인이나 자살률 증가를 가져올 수 있다는 내용의 논문을 발표했다. 법 적용을 받을 사람들이 총기를 뺏기지 않으려고 생각이나 감정을 드러내지 않으려 할 것이기 때문이다. 저자들은 논문에서 "정책입안자들은 미국만의 독특한 유행병인 총기폭력을 해결할 다른 방안을 찾아야 한다"고 결론 맺었다.

자폐 스펙트럼 장애와 범죄행동의 혼동

한 아버지는 열세 살 난 자기 아들 앤디의 문제에 대해 나에게 이메일을 보냈다. 아버지 리즈는 앤디가 친구가 없으며 사람들을 밀어낸다고 적었다. 앤디가 너무 수업에 방해가 되자 유치원 교장은 그의 학교 복귀를 금지했고 특수학교 배치를 위해 검사를 받아야 한다고 말했다. 앤디는 급격히 공립학교와 사립학교의 인내와 자원을 고갈시켰고 결국 홈스쿨링으로 학교 교육을 대체해야 했다. 앤디의 부모는 아들이 "집착이 심하다"며, 한 가지 관심사를 파고들었다가 또 다른 관심사로 넘어간다고 했다. 그는 종종 상황에 맞지 않는 부적절한 행동을 했다. 예를 들어 같은 반 여자아이에게 화가 났을 때 그 아이 얼굴에 침을 뱉는 식이었다. 교사들과 정신건강 전문가들은 앤디가 자폐 스펙트럼 장애일 수도 있다고 생각했다. (DSM-5에 따르면) 이 진단을 받기 위한 기준으로는 "언어 및 비언어적 행동의 불일치", "사회적-정서적 상호성 결핍", "관계를 발전, 유지, 이해하는 데 어려움을 보임", "비정상적으로 강한 고정된 관심", 그리고 "전환에의 어려움" 등이 있다.

앤디를 관찰해 보면 이런 기준에 맞는 것처럼 보이는 행동을 찾아낼 수 있다. 리즈는 아들이 다른 사람들과의 관계에서 "자기 행동과 감정을 규제하지" 않았고 "사회적 상호작용을 이해하지 못했다"고 말했다. 앤디는 컴퓨터에 너무 많은 시간을 할애했으며, 타자로 분당 85단어를 입력했다. 앤디는 친구를 만들지 않았을 뿐 아니라, 친구가 있던 시절을 그리워하는 것 같지도 않았다. 그의 아버지는 앤디가 "아무에게도 마음을 열지 않았고, 표현을 잘 하지 않았어요"라고 말했다.

앤디는 부모님이 그의 판단을 믿지 못해서 너무 옥죄려 한다고 불평했다. "그들은 전 세계가 뉴어크 시내 같다고 생각해요. 내가 밖에 나가면 엄청나게 위험하다고 생각하는 거예요." 그는 또 이렇게 말했다. "우리 부모님은 내가 강박적이라고 생각해요." 그리고는 "진정한 야외활동가"라는 게 무엇인지에 대해, 캠핑, 하이킹, 나무 오르기, "원시적인 쉼터" 만들기 같은 "생존하는 것"에 대해 열광적으로 자세히 이야기했다. 그는 "부모님 생각엔 나는 항상 세 살짜리였어요"라고 말했다. 무인도에 살아야 한다면 누굴 데려가겠냐는 질문에 그는 "아마도 아무도 안 데려갈 거예요. 데려가고 싶은 사람이 아무도 없어요"라고 답했다.

자폐 스펙트럼 장애는 범죄인의 특징과 표면적으로만 유사하다. 자폐증이 있는 사람과 범죄자는 모두 상호호혜적 인간관계에 어려움을 겪지만 그 이유는 완전히 다르다. 범죄자들은 권력과 통제권을 얻으려고 움직일 때 속임수, 협박 또는 폭력에 의존한다. 무자비하고 잔인한 전술을 사용하는 그들은 자신을 위하는 방식으로 "상호작용"하고 타인들의 복지에는 거의 관심이 없다. 자폐증이 있는 사람이 다른 사람의 관점을 이해하지 못하는 것은 그렇게 선택해서가 아니라 장애 때문이다. 자폐증이 있는 사람이 스트레스를 받으면 공격적이 될 수도 있지만, 이것은 다른 사람의 행동을 이해하지 못하기 때문이다. 이것은 범죄자가 다른 사람들이 자신에게 동의하지 않거나, 원하는 대로 해주지 않거나, 부풀려진 자기 인식에 대해 확인해 주지 않을 때마다 화를 내는 것과는 다르다. 앤디의 경우는 자폐 스펙트럼 장애와 범죄자 성향의 혼동을 보여준다. 앤디는 상담사가 "내가 아마 아스퍼거증후군(자폐증의 한 형태)일 거라고 해요"라고 했다. "부모님은 저를 특수교육기관에 보내려고 하셨어요. 나는 그런 학교에 갈 필요가 없어요."

앤디는 경미한 자폐증을 최소한의 수준으로 암시하는 특성을 가지고 있었다. 그러나 그보다 훨씬 더 눈에 띈 것은 범죄적 성향이 발전하고 있음을 보여주는 양상이었다. 앤디의 아버지는 아들이 인간관계를 발전시키지 못한다고 이야기하면서, 아들이 "항상 전혀 사실과 다른 거짓말을 하고, 없는 사실을 만들어내서 사람들을 속이려 해요"라고 말했다. 학교에서 앤디는 수업을 방해하고, 다른 아이들을 선동했으며, 그러다 선생님과 문제가 생기면 그 아이들을 탓했다. 앤디는 이렇게 불평했다. “애들이 내가 끔찍한 사람인 것처럼 모함했어요. [하지만] 난 피해자였어요.” 부모에게 반항한 뒤 그는 또 부모를 탓했다. 부모가 자신에게 소리를 질렀다며 “그들은 문제가 많아요”라고 주장했다. 앤디는 아이들의 자전거 타이어에서 공기를 빼내고, 컴퓨터에서 배터리를 빼서 숨기고, 가전제품에서 전기 코드를 없애는 등의 기물 파손행위를 저질렀다. 바라는 것 세 가지를 묻자 그는 “더 나은 삶, 더 많은 비디오 게임, 소원 세 가지 더”라고 답했다. “더 나은 삶”을 위해 스스로 할 수 있는 게 있냐고 물었을 때, 앤디는 멍한 얼굴로 답했다. “몰라요. 없는 것 같아요.” 앤디를 평가한 뒤, 나는 그에게 “자폐적인” 부분은 전혀 없다고 결론 내렸다. 그의 아버지도 그런 의심을 품고 있었지만 아들의 평가 결과에 혼란스러워했다.

앤디 같은 사람은 자폐 스펙트럼 장애와 유사한 증상을 보일 수 있다. 그는 또한 이 책에 설명된 생각의 오류를 나타낼 수 있다. 이 중 하나가 다른 하나를 일으키는 것은 아니다. 자폐 스펙트럼에 있는 수백만 명의 사람들은 비행청소년이나 범죄자가 되지 않으며, 총기난사범이 되는 경우는 훨씬 더 드물다.

토론토에서 10명을 살해한 혐의로 체포된 한 남성은 형사책임이 없다는 주장을 펼쳤다. 그의 변호사들은 “그가 자폐 스펙트럼 장애를 가지고 있어서 도덕적 관점에서 살인이 잘못된 행동이라는 것을 이해할 수 없었다”는 드문 주장을 했다고 〈뉴욕타임스〉는 보도했다. 자폐 스펙트럼 장애는 일반적으로 폭력적인 공격과 관련이 없다. 이 주장은 “전례가 없든지, 있다 하더라도 이례적인 것”이라고 한 변호인은 설명했다.

“충동장애” 범죄

어떤 이들에게는 범죄자들이 스스로 제어할 수 없는 충동에 좌우되기 때문에 반복적으로 범죄를 저지르는 것으로 보인다. 어떤 사람은 도둑질하려는 충동을 억제할 수 없는 것처럼 보여 “도벽”이라는 낙인이 찍힐 수 있다. 그러나 제어할 수 없는 충동처럼 보이는 그 이면에는 범죄자의 계산과 능숙한 조작법이라는 냉혹한 현실이 있다. 절도범은 기회를 활용하기 위해 습관적으로 자기 주변 환경을 살펴본다. 모든 절도에 대해 정교한 계획을 개발할 필요는 없다. 절도범은 대부분의 사람들이 운전에 대해 생각하는 정도의 생각을 도둑질에 할애한다. 두 행위 모두 습관의 문제이며, 경계하는 태도가 필요하다.

습관적이라고 해서 반드시 강박적이거나 통제할 수 없는 것은 아니다. 누군가에게 어떤 습관이 있다고 해서 그 행동에 대한 책임이 없다는 의미는 아니다. 사람이 얼어붙은 도로 상황에 맞춰 운전을 할 수 있는 것처럼, 절도범은 감시 수단, 출구 위치, 자신과 가장 가까운 출구 사이의 사람 수를 예상하면서 그때그때의 조건에 맞춰 도둑질을 한다. 절도범이 보안 요원이나 감시 카메라를 감지하거나 그를 지켜보고 있는 누군가를 발견하면, 그는 도둑질을 해야 한다는 "강박"을 느끼지 않는다. 다른 시간에 다시 오거나 다른 곳으로 가기로 결정할 것이다. 그는 강박에 의해 움직이지 않으며, 계산을 한다. 도둑이 잡히면 저항할 수 없는 내적 힘이 도둑질을 강요했다고 주장할 수 있다. 그는 자기 사건을 심리학자의 관할 영역으로 던져버림으로써 책임이 없어지기를 바란다.

자주 불을 지르는 사람은 방화광이라고 할 수 있다. 복수, 질투 또는 보험 사기와 같이 쉽게 식별 가능한 동기가 없는 것처럼 보이는 경우에 특히 그렇다. "도벽"과 마찬가지로 "방화광"은 충동에 저항하는 반복적인 실패를 나타낸다. 나는 방화광이 자기 행동을 통제할 수 있는 계산적인 사람이라는 사실을 발견했다. 그는 불을 지르는 시간과 장소를 선택한 다음 발각되지 않도록 예방 조치를 취한다. 불을 지름으로써 그는 인명과 재산에 대한 권력을 휘두른다. 그는 지역사회를 공포에 질리게 하고 막대한 피해를 입힐 수 있다. 불길을 잡기 위해 고군분투하는 소방대원을 지켜보면서 자신이 잡히지 않을 것이라고 확신한다.

나는 임상 면담들에 근거해, 소위 강박적인 절도범들과 방화범들이 자기가 하는 일을 즐긴다는 결론을 내렸다. 그들은 은행강도나 수익을 위해 방화를 저지른 범죄자와 마찬가지로 자기 행동을 통제한다. 반복적이든 아니든, 모든 범죄행위는 사회적으로 금지되어 있고 대부분의 사람들이 가담하지 않는다는 점에서 비정상적 행위로 간주될 수 있다. 그러나 이것이 질병의 증상이 되지는 않으며 따라서 범죄자의 책임이 면제되지 않는다. 그러한 범죄 뒤에는 잠재적인 결과에 대해 알면서 궁리하고 행동하는 사람이 있다. 이러한 인식은 목표를 추구하기 위한 그의 계산에 도움이 된다.

범죄자가 명백한 실수를 저지르면 정신과 의사나 심리학자(대중 및 대중 매체 포함)는 그가 붙잡히려고 그랬다고 결론 내릴 수 있다. 그런 결론을 내리는 것에는 무의식적 죄책감에 대한 프로이트의 저작들이 근거가 된다. 1915년에 프로이트는 우리 모두가 죄책감을 경험하며, 이것은 우리가 이성의 부모에 대해 에로틱한 감정을 느꼈던 어린 시절("오이디푸스 기간")의 잔재라고 서술했다. 그는 아이들이 종종 잘못된 행동을 하는데 벌을 받음으로써 그 죄책감을 덜기 위해서라고 주장했다.

프로이트는 〈자아와 이드(*Ego and Id*)〉에서 "이 무의식적인 죄책감이 증가하면 사람들을 범죄자로 만들 수 있다는 사실은 놀랍다"고 썼다. 프로이트와 그의 제자들은 범죄자를 환자로 치료한 경우가 거의 없음에도 불구하고, 신경증에 대한 연구 결과에서 추론하여 범죄자들에게 적용했다. 오늘날의 정신과 의사와 심리학자들도 마찬가지다. 가해자를 자신감이 지나쳤다가 실수하는 사람으로 보는 대신, 잡히고 싶은 욕망이 있었다고 해석하거나 한 걸음 더 나아가 그의 행동이 도움을 요청하는 외침이라고 주장한다. 이것이 사실인 경우를 나는 아직 본 적이 없다.

심신장애

최근 추정에 따르면 미국 중범죄 사건의 약 1%에서 심신장애 주장이 나온다. 받아들여질 확률은 5% 미만이다. 1923년에 저명한 정신과 의사인 윌리엄 앨런슨 화이트는 "법이 정신질환 관련 사실에는 조금도 관심이 없고 그것이 피고인의 책임에 관련될 때에만 관심이 있다"고 한탄했다. 그는 전문가들이 경쟁적으로 벌이는 싸움과 "변호사들이 증인의 신용을 떨어뜨리기 위해 무슨 짓이든 하는" 법정 절차를 그만하자고 촉구했다. 그는 "법원은 정신과 의사들 도움이 절실히 필요하다. 하지만 도움을 제공하는 정신과 의사를 소매치기처럼 대하면서 도움을 받을 순 없다"고 지적했다. 그는 "전문가의 존엄성이 회복될 수 있도록" 바뀌어야 한다고 촉구했다.

11년 전 전직 뉴욕 지방검사였던 아서 트레인은 이렇게 말했다. "한쪽 편 전문가 증언의 일반적인 효과는 반대편 전문가 증언의 효과를 상쇄시키는 것이다.… 배심원 입장에선 결과적으로 희망 없는 혼란만 남아 그냥 다 버리고 싶어지게 만든다." 1963년 〈워싱턴포스트〉 기자와의 인터뷰에서 정신과 의사인 아칸젤로 다모르는 "배심원 생각에 변호사 측과 검사 측 모두 자기가 이기는 데 방해가 되면 어떤 증언이든 깎아내리는" 이 적대적인 과정을 폄하했다. 전문가의 정신 감정 증언을 제시하는 적대적 과정은 오랫동안 그래왔듯이 지금도 그대로 남아 있다. 대부분의 경우, 심신장애를 주장하는 피고인은 두 번 평가를 받는다. 한 번은 피고인을 돕기 위해 법원이 임명한 정신건강 전문가가, 다른 한 번은 기소를 돕기 위해 법원이 임명한 정신건강 전문가가 평가한다.

정신건강 전문가들과 법원으로부터 심신장애라는 인정을 받으려면 피고인은 관할 구역에 따라 다른 심신장애의 몇 가지 법적 정의를 충족시켜야 한다. "옳고 그름을 알고 있는가?"(23개 주에서 쓰이는 1843년 맥노튼 규칙), "범죄가 정신질환이나 결함의 산물인가?"(뉴햄프셔에서 쓰이는 1954년 더럼 규칙), "피고인이 자신의 행위의 범죄성을 인식하거나 법의 요건을 준수할 실질적인 능력이 부족한가?"(21개 주 및 워싱턴 DC에서 쓰이는 1972년 미국 모범형법전) 등이다. "저항할 수 없는 충동" 기준은 버지니아주에서 맥노튼 규칙과 함께 사용된다. 이 기준은 옳고 그름을 구별할 수 있는 능력에도 불구하고 피고인이 범죄를 저질러야만 한다는 충동을 느꼈는지 여부를 제시한다. 아이다호, 캔자스, 몬태나, 유타 4개 주에서는 심신장애 항변을 폐지했다. 2020년 미국 대법원은 주정부가 범죄 피고인이 심신장애 주장을 금할 권리를 인정했다.

같은 주에서 짧은 기간 동안 두 가지 유사한 범죄를 저지른 사람이 하나는 유죄를, 다른 하나는 심신장애로 인한 무죄를 선고받을 수 있다. 키어 샌더스 대 미시시피주 사건에서 피고인은 같은 무기로 조부모를 차례로 쐈음에도 불구하고, 조부모 중 한 명은 제정신으로 죽이고, 다른 한 명은 제정신이 아닌 상태로 죽였다는 판결을 받았다. 판사는 샌더스에게 종신형을 명했다. 만일 법 변경으로 가석방이 허용된다면 샌더스는 무기한으로 주립병원에 수감될 것이다.

범죄로 기소된 사람은 정신질환을 가장하려고 시도할 것이다. 어떤 전술이 가장 설득력 있을 것으로 보이는지에 따라 교묘한 방식부터 기이한 방식까지 다양한 방식으로 행동할 것이다. 자기 안의 목소리가 명령을 내리는 척할 수도 있고, 신이 보낸 메신

저로서의 역할을 했다고 선언할 수도 있다. 또 다른 방법은 심리 테스트에 의도적으로 병리학적인 방식으로 반응하는 것이다. 사람들이 자신에 대해 음모를 꾸미고 있다면서 피해망상을 가장할 수도 있다. 기억상실증을 주장하는 것은 전문가 평가를 어렵게 만들고 배심원단을 꼼짝 못하게 만드는 전략이다.

자살 기도는 범죄자가 원하는 것을 달성하도록 도와준다. 교도소 동료에게 언제 목을 매달 계획이니 교도관을 불러 내려주게 하라고 부탁하기도 한다. 자살 위험이 있으면 병원으로 호송될 것이라고 계산한 것이다.

심신장애 사건의 피고인들은 병원에 가는 것을 좋아한다. 더 많은 자유와 좋은 숙박시설을 누릴 수 있기 때문이다. 한 재소자는 자기 어머니에게 왜 자신이 정신병동으로 옮겨지길 원하는지 전화로 이야기했다(교도소 전화는 법적으로 녹취가 허용된다. 녹취록이 작성되어 법원에 증거로 제시될 수 있다). 이 재소자는 너무나 "병원에 가고 싶은 마음이 간절하다"며 목표 달성을 위해 "미치광이"처럼 행동할 준비가 되었다고 설명했다. "그곳은 정부기관이에요. 교도소랑 비슷한데, 더 좋은 곳이죠. 최소한 TV는 볼 수 있어요. 도서관에도 데려가 주고 밖에도 데리고 나가요. 훨씬 좋은 곳이에요."

피고인이 정신병동에 수감되면, 직원들은 그를 한 번에 몇 주 동안 혹은 몇 달 동안 24시간 관찰할 기회가 있다. 한번은 피고인이 정신질환 증세를 보이는 것에 너무 일관성이 없어서 직원들이 그녀의 꾀병을 의심했다. 그녀의 병원 차트에는 다음과 같은 기록이 있었다.

- "그녀의 감정 표현이 최소한 다소 악화된 것 같은 때가 있음."
- "그녀가 전에 말한 적 없는 새롭고 일반적이지 않은 증세에 대해 보고하기 시작함."
- "그녀는 자기 기억상실증에 대해 얼마나 이야기했는지에 대해 너무 선택적이고 조심스러움."
- "[그녀가] 이야기하는 것이 일반적이지 않고 어떤 흔한 장애의 전형도 아니기 때문에 명확히 진단되지 않음."

결국, 이 피고인의 심신장애 주장은 받아들여지지 않았다.

정신질환의 증세는 교도소에서, 재판 절차 중 또는 범죄자를 관찰하는 병원에서 극적으로 다르게 나타날 수 있다. 재판이 잠시 휴정되었다가 재개될 때 살인자가 법정 감방에서 나오기를 거부해 법정 절차가 중단되기도 했다. 판사는 교도관들에게 그가 재판에 출석할 수 있도록 강제로 자리에 다시 앉히라고 명했다. 이 피고인은 교도소에서 심리평가 받는 동안에는 명료하고 협조적이었다. 그래서 그의 변호인은 그의 완강한 행동이 피고인의 심신장애에 대한 추가 증거라고 주장했지만, 그 행동은 그냥 호전적인 행동으로 보였고 심신장애 주장은 받아들여지지 않았다.

어떤 범죄는 너무 추악해서 병든 마음에서나 비롯될 수 있을 것처럼 보인다. 앞 장에서 언급한 에드버드 라진스키의 스탈린 전기가 바로 그 예이다. 독재자의 변덕스럽고 잔인한 행동에 혼란스러웠던 라진스키는 "그는 지금 그에게 완전히 복종하고 있는 당(Party)을 왜 그토록 잔혹하게 파괴했을까?" 하고 의아해했다. 그는 "가장 흔한 설명은 정신질환이다. 스탈린은 조현병이라고들 했다"고 자문자답했다. 그리고는 정신과 의사의 말을 인용해 이러한 평가에 의문을 제기했다. "이런 질병은 사람들을 조종하고, 지지자를 모집하고, 적에 대한 공격 타이밍을 정확하게 맞추는 [스탈린의] 기술과는 양립이 거의 불가능하다." 라진스키는 "스탈린은 잔인한 사람이었고 동정심이 없었다.… 하지만 실용주의자였다"는 다른 의사의 결론을 전했다.

충격적인 강력 범죄 소식을 듣고 대중이 가해자가 정신병자일 것이라고 믿는 경향은 지속되어 왔다. 〈워싱턴포스트〉 칼럼니스트인 페튤라 드보락은 그것과 관련해 이렇게 적었다. "가장 폭력적인 범죄가 정신질환에서 비롯되는 거라면 서서히 미쳐가는 나라에서 범죄가 늘어나는 것은 당연하다." 범죄자는 자신이 정신병이 있다고 믿는 경우는 거의 없다. 그에게 미쳤다고 하면 화를 낼 것이다. 혐의를 벗는 데 도움이 되는 게 아니라면 말이다. 그러나 중요한 것은 범죄가 얼마나 추악하거나 기괴한지가 아니라, 범죄자가 옳고 그름을 알고 있었는지(또는 범죄가 발생한 관할권에서 시행 중인 심신장애에 대한 법적 기준을 충족하는지) 여부다.

고도로 훈련된 전문 정신과 의사와 심리학자들이 때때로 속아 넘어가는 것이 어떻게 가능할까? 범죄자의 행동은 너무 극단적이고 가변적이어서 평가하기 어려울 수 있다. 그들은 요동치는 기분의 정점과 최저점을 오가며, 대조되는 잔인함과 감성, 명백한 순응과 권위에 대한 뻔뻔스러운 도전을 모두 겪고 있다. 반사회적인 사람은 고삐 풀린 낙관주의와 천하무적 같은 기분을 느끼다가 정제되지 않은 비관주의와 절망으로 떨어진다. 관점과 태도가 변화하는 것이 눈에 보이기도 한다. 기분이 오락가락한다고 조울증과 우울한 감정상태를 특징으로 하는 "양극성 장애"와 같은 정신질환을 의미하지는 않는다. 범죄자의 기복은 자기 중요성에 대한 그의 부풀려진 인식을 입증하지도 않고, 자신의 비현실적인 기대를 충족시키지도 못하는 세상에 대한 그의 반응이다.

범죄자는 사람들을 파악하는 데 전문가이며, 그들이 듣고 싶어 하는 말을 찾아내서 들려주는 기이한 재주를 가지고 있다. 평가 당시 범죄자의 기이한 행동이나 그들 범죄의 추악한 특성으로 인해 평가자가 범죄자가 환자라고 충분히 확신할 수 있다. 범죄 자체와 피고인의 평가 중 행동이 모두 기이하면, 범죄자는 아마도 병원으로 보내질 것이다.

상대적으로 그 수는 적지만, 일부 범죄자는 체포 "후에" 구금되어 있는 동안 심리적 방어가 무너진다. 관찰자들은 범죄 당시에도 그러한 정신상태에 장악되어 있었을 것이라고 잘못된 결론을 내린다. 정신병의 징후를 보이는 범죄자는 종종 너무 혼란스럽고 갈피를 잡지 못해서 정신 차리고 계산적인 사고가 필요한 범죄를 계획하고 실행하기 어렵다.

정신질환이 있는 사람들은 심각한 폭력 위험을 초래할 가능성이 크지 않다는 것이 수년에 걸친 연구들의 일관된 결론이다. 심리학자 에밀리 캐스터는 학술지 〈폭력과 성별(*Violence and Gender*)〉에서 "정신질환을 가진 미국인 대부분은 남들보다 자기 자신에게 위험하다"고 기술했다. 그녀는 동료들에게 "정신질환이 총기난사의 원인이라는 잘못된 진술을 바로잡으라"고 촉구했다.

사람들은 나를 심신장애 주장을 "믿지 않는" 전문가 증인이라고 묘사한다. 사실이 아니다. 나는 분명히 범죄자들이 거짓으로 말하는 것을 관찰해 왔다. 글렌 사건처럼, 문서화된 정신질환 병력이 있지만 그럼에도 범죄 당시 심신장애는 아니었던 사건들을 보아왔다. 하지만 지난 몇 년 동안, 법원 명령으로 평가한 피고인 4명에 대해 나는 버지니아 주법에 따라 법적으로 심신장애에 해당한다고 판정했다. 한 사건에서는 배심원단이 이에 동의하지 않고 피고인이 제정신이라고 판단했다. 다른 세 사건에서는 검사 요청으로 판사의 지명을 받았지만, 각 피고인이 심신장애로 무죄를 선고받을 기준을 충족한다는 결론에 도달했다.

그중 한 사건은 할아버지를 이유 없이 죽여 1급 살인으로 기소된 스물다섯 살 제이크였다. 그의 이름이나 식별 가능한 특징들은 바꾸어서 기재했다. 제이크가 아기였을 때 그의 부모는 이혼했다. 어머니가 외조부모의 도움을 받아 그와 그의 여동생을 키웠다. 그의 사촌은 "제이크는 평범한 아이였어요. 요리를 하면 먹으러 왔고 같이 어울렸어요"라고 말했다. 그의 이모는 "사촌들과 놀며 뛰어다니던 평범한 아이"로 그를 기억하며 "내 눈에 그는 완벽하게 괜찮아 보였어요"라고 말했다. 제이크의 어머니는 그가 중학교에 다닐 때 새로운 사람을 만나 다른 동네로 이사했다. 제이크는 학교 과제를 하기를 거부하고, 학교를 결석했고, 고등학교를 마치지 못했다. 그는 싸움, 절도, 마리화나 소지 혐의로 경찰과 충돌했고, 짧은 기간 소년원에서 지냈다.

그의 어머니는 "제이크는 다른 사람 지시받는 걸 잘 못 견뎠어요"라고 말했다. 그의 업무 경력도 이를 반영했다. 좋아하던 직장에서 해고되었는데, 에어컨 시공업자를 보조하는 일이었다. 왜 해고되었냐고 묻자, 제이크는 그 남자가 "다혈질"이었다고 말했다. 다른 직업은 거의 가진 적이 없거나 몇 달 이상 지속되지 않았다. 일을 그만둘 때 제이크가 한 불평에는 편집증적 특징이 있었다. 당시 그는 남들이 자기를 해하려 한다고 믿었지만 구체적으로 누가 그럴 가능성이 있는지는 말하지 못했다.

나는 제이크가 직업이 없었고 또래들과 어울리는 일도 거의 없었기 때문에 평소에 어떻게 시간을 보내는지 알아내는 데 어려움을 겪었다. 내가 이야기를 나눈 사람들은 마찬가지로 그의 활동과 관심사에 대해 알지 못했고 제이크에게는 친구가 없다고 생각했다. 그의 어머니는 아들이 친구의 이름을 언급하거나 집에 초대한 적이 없다고 말했다. 연락이 닿은 한 "친구"는 고등학교 때부터 제이크를 알고 지냈다. 그들의 연락은 뜸해져서 그 친구가 관계를 포기할 지경에 이르렀다. 그는 "나는 그 애와 이야기하려고 했어요. 그러면 그 애는 한마디로 짧게 답하곤 했어요. 어색할 정도로 조용했지만, 보통 고등학생이었어요"라고 말했다. 제이크의 유일한 관심은 오래된 차를 수리하는 것이었다. 그의 누나의 말에 따르면 "그는 그 차들과 특별한 유대가 있었다."

내가 만난 다른 사람들은 제이크가 "폐쇄적", "편집증적", "내향적"이 되면서 불안한 변화를 보였다고 말했다. 고등학생 시절 제이크는 린다와 사귀어 두 아이를 두었지만,

결혼은 하지 않았다. 린다는 "그는 처음 만났을 땐 평범했지만 이후로 내리막길을 걸었다"고 말했다. 또 그가 취직을 못하고 수중의 모든 돈을 "바보 같은 것들"에 썼다고 했다. 린다는 제이크의 게으름에 화가 났다가, 그가 조리과정을 직접 보지 않는 한 아무 음식도 먹지 않으려 하는 것을 보고 놀라는 쪽으로 바뀌었다. 제이크는 자신이 물병 뚜껑을 열고 나서 병을 두고 방에서 나갔다 오면 그 물을 마시지 않았다. 그를 해하거나 죽이려고 작정한 사람들이 오염시켰을까 봐 두려워한 것이다. 제이크는 "그를 괴롭힐" 사람들을 집에 불러들인다며 린다를 비난했다. 그는 린다와 그녀의 가족이 자기 삶을 "망치려" 한다고 생각했다. 린다의 어머니는 자기가 목격한 제이크의 변화에 대해 이렇게 말했다. "그 애는 정신이 나가 있었어요. 모든 게 꺼진 것처럼 우주 공간 어딘가로 혼자 들어가 버렸어요." 그가 사랑하던 아이들을 방치할 정도였다. 또 다른 린다의 친척은 이렇게 회상했다. "그는 혼자 있는 걸 좋아했어요. 우리와 같이 먹는 것을 원치 않았어요. 대부분의 시간 동안 그는 한마디도 안 했어요. 우리는 그를 도우려 했지만 아무 소용없었어요."

마크 리처드와 일레인 리처드는 손자에게 헌신적이었다. 그들은 한 번에 몇 주씩 제이크를 돌보는 식으로 거의 그를 키웠다. 제이크와 조부모와의 관계를 아는 사람 모두가 그 부부가 얼마나 헌신적이었는지에 대해 이야기했고, 제이크가 그들에 대해 불평하는 것을 한 번도 들은 적이 없다고 했다.

화를 잘 내고 신뢰가 가지 않는 제이크에게 질려버린 린다는 그에게 떠나라고 했다. 조부모와 함께 살면서 제이크는 린다에게 그들이 자기를 해하려고 하고, 아마 죽일 것 같다고 토로했지만 자세한 이야기는 하지 않았다. 제이크는 계속 조부모와 살면서 기이하게 행동했다. 그는 침실에 처박혀 그들과 거의 이야기하지 않았다. 그러다가 거실에서 자기 시작했고, 에어컨이 작동 중인 여름에 히터를 틀고 담요를 덮고 잤다. 그는 자기 어머니에게 누군가 자기를 뒤쫓고 있다며 환청이 들린다고 말했다. 그의 할머니는 제이크가 도움을 받지 않으면 "그 자신에게 무슨 일을 할 것" 같다고 남편에게 경고했다고 회상했다.

수년 동안 제이크는 복통을 호소했다. 그는 자신이 중독되고 있다고 생각했고 린다에게 자기 몸 안에 "무언가들이 기어 다니는 중"이라고 말했다. 그는 의료 클리닉에 구제를 요청했지만 그의 건강 기록에는 그의 질병이 "원인불명"으로 기록되었다. 린다와 그녀의 가족은 그에게 정신건강 치료를 받으라고 권고했지만 그는 거부했다.

제이크는 조부모와의 관계에 대한 주제를 차단하고 질문에 대해 "모르겠어요. 흐릿해요. 기억이 안 나요"라고 말했다. 그는 신원 조사를 한 상점에서 총 두 자루를 구매한 것은 인정했지만 왜 구매했는지는 밝히지 않았다.

별다를 것 없었던 어느 날 아침, 제이크는 조부모 집 부엌으로 걸어 들어가 총을 꺼내 자기 할아버지를 쐈다. 할아버지는 즉사했다. 제이크는 즉시 911에 전화를 걸어 출동한 요원에게 자신이 할아버지를 죽였다고 알린 다음, 무장하지 않고 집 밖에서 경찰을 기다리겠다고 말했다. 그 사람이 왜 조부를 죽였냐고 묻자, 제이크는 "사람들을 불러들이고 내 몸을 만지고 미친 짓거리였어요. 그들은 인신매매를 하고 있었어요"라고 말했다. 그는 경찰에게 누구도 죽일 계획은 없었지만 누구도 자기를 도우려 하지 않았다고 말했다. 왜 위험하다고 느꼈냐고 묻자 제이크는 "일이 벌어지고 있었어요. 사람들이 이상하게 행동했어요"라고만 말했다. 내가 같은 질문을 던졌을 때 그는 "도무지 모르겠어요. 구체적인 답이 없어요. 무슨 이유로든 위협을 느꼈어요. 흐릿해요."

여자친구의 집에서 이사 나오기 전, 제이크의 행동이 점점 이상해진 것은 명백하다. 십대 시절 그는 절도, 음주 중 무질서한 행동, 주먹 다툼, 무단결석, 마리화나 사용 등의 행동장애의 징후를 보였다. 살인을 저지르기 몇 달 전, 그는 내향적, 편집증적이 되었고 정신병적 장애를 앓았다. DSM-5에 따르면, 그는 청소년기 후반 또는 이십대 남성에게 나타나는 조현병 기준을 충족한다.

- 피해 망상
- "감정 표현 감소"와 같은 "부정적 증상"
- 직업적, 사회적 기능 손상
- 정신 교란 약물의 사용과 무관한 소란
- 6개월 이상 지속되는 기능 장애
- 망상에 가까운 신체(즉 그의 건강에 대한) 걱정

제이크는 고의로 행동했고 자신이 할아버지를 쏴 죽였다는 것을 알고 있었다. 그는 다른 사람을 탓하지 않았다. 이 살인의 근거는 정신장애였다. 제이크는 할아버지가 그를 해치거나 죽이려는 낯선 사람을 집에 들어오게 했기 때문에 급박한 위험에 처했다는 망상을 가졌다. 당시 정신질환으로 그의 판단능력이 손상되었기 때문에, 그는 자기가 벌이는 행동이 잘못된 것을 알지 못했다. 그의 생각에 그는 자기 존재에 대한 위협을 제거하고 있었다. 제이크 변호인 쪽 심리학자는 이미 제이크가 버지니아 법으로 심신장애 판정을 받을 기준을 충족한다는 것을 발견했다. 나는 독립적으로 같은 결론에 도달했다. 판사나 배심원이 최종 판결을 내릴 것이다.

이와 대조적으로, (5장에 거론된) 워싱턴 DC 저격범 리 보이드 말보가 심신장애 기준을 충족한다는 그의 변호인 결론에 대해서는 나는 전혀 동의하지 않았다. 2002년 가을 3주간, 존 무하마드와 리 보이드 말보는 워싱턴 DC 지역에서 테러를 일으켜 열 명을 숨지게 하고 세 명을 다치게 했다. 범행 당시 열일곱 살이었던 말보는 FBI 분석가 린다 프랭클린을 버지니아의 한 가게 앞에서 총으로 살해해 사형선고를 받았다. 그의 변호인단은 심신장애 주장에 착수했다. 그들은 아버지 같은 존재였던 존 무하마드가 이 어리고 감수성 풍부한 말보를 지배하고 세뇌했다고 주장했다. 변호인 측 전문가들은 말보가 "해리성 장애"를 앓고 있는 것을 발견했다. 미국 정신의학회에 따르면, 해리성 장애는 "[그것의] 본질적 특징은 일반적으로 통합된 의식, 기억, 정체성 또는 지각의 기능들이 붕괴되는 것"이다. 협회는 또 이 장애가 세뇌에서 발생하는 것처럼 "장기간 집중적이고 강압적인 설득의 대상"이었던 사람에게 나타날 수 있다고 한다.

이들 변론의 핵심은 말보가 "카리스마 있고 패륜적인" 존 무하마드의 마술에 홀려 그 자신이 아니었다는 것이다. 〈워싱턴포스트〉는 그 변호사에 대해 "페르시안 걸프전 베테랑(무하마드를 의미)이 말보를 제대로 된 판단능력과 자유의지를 상실하고 나이 많은 동료의 심리 조작에 말려든 살인범 제자이자 조수로 바꿔놓았다고 배심원을 설득하려 한다"고 요약했다. 사이비 종교 전문가와 소년병 전문가가 말보를 대신해 증언했다. 피고인의 변호사 외에도 많은 분석가와 논평가들이 말보가 정신질환을 앓고 있다고 확신했다.

나는 이 재판의 정신건강 측면에서 검찰 측 전문가로 일했다. 내 증언은 공개 기록이다. 나는 리 보이드 말보를 34시간 동안 면담했지만, 그에게서 성인 살인범에 의해 길을 잃은 순진한 청년의 면모는 찾지 못했다. 사실 말보는 확신에 찬 말투로 자신이 "감성적이지 않고, 마음이 약하지도 않다"고 했다. 어렸을 때 말보는 고집이 세고 다혈질이어서 아이들이 두려워하는 소년이었다. 그는 자기 점심을 훔친 것으로 보인 동료 학생을 쓰레기통으로 때린 일에 대해 이야기했다. 그는 그 소년의 손을 자를 수 있게 칼이 있었으면 하고 바랐다고 회상했다. 존 무하마드를 만나기도 전에, 말보는 어머니에게서 물건을 훔쳤고, 반복적으로 좀도둑질했으며, 새총과 금속 베어링으로 열두 마리가 넘는 길고양이를 죽였다. 검찰 측 증인이었던 또 다른 심리학자는 말보가 세뇌당하기 좋은 순진하고 궁핍한 소년이었다는 변호사의 묘사에 맞추기 위해 자기 이야기에 덧칠을 한 것을 알아챘다. 나와 다른 심리학자 모두가 보기에 리 보이드 말보가 존 무하마드를 기꺼이 받아들이고 그의 세계관 상당 부분을 공유한 것은 분명했다. 배심원단은 리 보이드 말보에게 사형을 제안했고 그는 종신형 선고를 받았다. (나는 이 사건을 내 책 〈미신과 "평소 성격과 다른" 범죄(*The Myth of the "Out of Character" Crime*)〉라는 책에서 더 자세히 다루었다.)

심신장애 주장은 여전히 논란거리다. 심리평가를 수행하는 사람들이 알아야 할 몇 가지 주의점들이 있다. 하나는 피고인의 자기중심적 진술을 꿰뚫어 보고 그의 사고과정을 이해하기까지 많은 시간이 걸린다는 것이다. 둘째, 평가 당시 정신병자였기 때문에 범죄 당시 정신병자였다고 가정해서는 안 된다는 것이다. 마지막으로 범행 당시 정신질환이 있었음을 알 수 있다 하더라도 반드시 옳고 그름을 알지 못하는 것은 아니라는 것이다.

정신과 입원은 범죄자에게 더 많은 범죄에 대한 변명거리를 제공한다. 범죄자가 정신과 시설에서 치료를 받을 때마다 심신장애에 대한 추가 기록이 생긴다. 그가 체포될 때마다 그는 정신과적 질환을 가진 가해자로 간주될 것이다. 결과적으로 그는 새로운 범죄를 저질러도 감옥이 아니라 치료감호소에 다시 갇히게 될 수 있다. 감옥보다 병원에 가는 게 더 낫다고, 더 편안한 삶을 얻을 수 있다고 생각한다면, 범죄자는 계속해서 교묘하게 "정신과 의사들"을 속이려고 노력할 것이다.

17
수감

17 수감

내가 1982년 중반에 이 책의 초판을 집필할 때, 미국 내 교도소에는 39만4,380명이 수감되어 있었다. 2011년 말에 재소자 수는 226만6,800명으로 늘어났다. 2019년에는 교도소 인구가 143만800명으로 감소했다. 수감률은 2009년에서 2019년 사이에 흑인 29%, 히스패닉 24%, 백인 12% 감소했다. 미 법무부가 쓰는 용어 "수감률(rate of imprisonment)"은 "18세 이상의 미국 거주자 10만 명당 주 또는 연방 관할권에서 1년 이상의 형을 선고받은 재소자 수"를 나타낸다. "대량 수감"에서 벗어나는 추세다.

교도소는 처벌, 억제, 무력화 및 사회 재적응의 네 가지 기능을 수행한다고 일컬어진다. 성인을 수용하는 대부분의 교도 시스템은 공식기관 명칭에 "교정"이라는 단어를 사용한다. 교도소는 일반적으로 범죄자의 사회 재적응에 기여하지 않는다. 혹시 그런 취지가 있다 해도 말이다. 교도소 개혁에 대해 다루는 이 책의 마지막 장에서 이에 대해 더 자세히 설명할 것이다.

감옥에 있든, 거리에 있든, 범죄자들은 동일한 사고방식을 가지고 있다. 조작, 협박 또는 무력을 이용해 다른 사람을 통제하려고 한 사람들은 이제 자신이 다른 사람에 의해 통제받는다는 현실을 받아들이기 위해 분투한다. 한 재소자는 "내가 아니라 남들이 내 인생을 통제하고 있어요. 나는 원하는 것을 할 수 있는 자유인이 아니에요. 매 순간 무엇을 해야 할지 나에게 알려주는 사람이 있어요"라고 말했다. 그러나 이러한 상대적 무력감은 지속되지 않는다. 범죄자들은 항상 해오던 일을 한다. 그들은 주변 환경에 적응하고 재소자 간 수직적 계층 구조에 자리를 잡는다. 재소자들이 밖에서 하듯이 교도소에서 원하는 것을 얻으려면 다른 접근법을 써야 한다. 일부는 개별적으로 또는 조직폭력배 단위로 전쟁을 벌이고, 매번 직원에게 도전하고, 뻔뻔하게 규정을 무시한다.

재소자는 교도소 직원들이나 동료 재소자들에게 맞서는 것은 소득이 없고, 자제하는 것이 현명하다는 결론을 내릴 수 있다. 모범 재소자는 유능한 범죄자일 수 있다. 그는 교도소장부터 교도관까지 모두를 경멸하지만 그들 비위를 맞춘다. 동맹군이 늘면 교도소 생활이 더 편해지리라고 기대하는 것이다. 가장 거친 범죄자조차도 브라우니를 받기 위한 점수를 모으기 위해 감방 바닥을 닦고, 반짝거릴 때까지 교도소 바닥 광을 내고, 시키는 일을 부지런히 할 가치가 있다고 판단할 수 있다. 그가 생각하는 "변화"란 직원들과의 마찰을 피하는 한편 자신이 원하는 대로 하기 위해 순응하는 것이다.

등 뒤로 교도소 문이 처음 잠길 때, 일부 범죄자들은 일시적으로 겁에 질리고, 후회하고, 우울해한다. 이러한 감정은 새로운 것이 아니다. 범죄자들은 가끔 거리에서 경계하기 위해 뒤를 돌아보는 일상에 지쳤을 때나, 자신을 아끼는 사람들을 실망시킨 것을 후회할 때에도 그런 감정을 경험한다. 철창 뒤에서는 생각할 시간이 충분하다. 현재는 암울하고 미래도 전망이 없어 보인다. 어떤 재소자들은 기도와 종교 서적에 몰두한다. 다른 재소자들은 모든 것을 끝내버리는 방법을 생각한다. 이 범죄자들이 겪는 혼란과 공포는 오래가지 않는다. 교도소에 들어서면서 떨던 사람은 시간이 지나면 예전의 모습, 못처럼 단단한 상태로 돌아갈 수 있다. 가장 노련한 범죄자들조차도 절망 속에서 형을 시작하지만 다른 사람들은 무감각하게 교도소에 들어간다. 어떤 남자가 범죄를 저질렀지만 복역한 적이 없다면 교도소에 가는 것은 그에게 어떤 위치를 부여한다. 이제 감방까지 와봤으니, 빅 리그에 있는 것이다.

재소자의 행동은 처음에 그가 교도소에 들어가기 전에 들은 내용에 맞춰져 있을 수 있다. 교도소는 "동기"들과 그곳에서의 생활에 대해 들은 다른 범죄자들 사이에서 명성을 얻는다. 일부 교도소는 최대 수준의 보안을 갖춘 곳으로, 통제 불능의 죄수들을 위한 최후의 수단으로 악명 높다. 이들은 종종 여러 층의 날카로운 철조망으로 둘러싸인 울타리, 무장한 경비요원이 감시하는 높은 망루, 전자 제어 출입구, 내부 카메라 감시가 있는 난공불락의 요새이다. 그러나 이렇게 정교하고 비싼 보안 장치도 불안정한 재소자들이 칼로 찌르고, 강간하고, 조폭 간 전쟁에 참여하고, 폭동을 일으키는 것을 막지는 못한다. 재소자의 최우선 순위는 생존이다. 신참 재소자는 자신이 다른 사람 못지않게 강하다는 것을 처음부터 보여줘야 한다는 것을 알고 있다. 폭력 범죄자 수용시설 직원은 재소자들이 교도소를 장악하는 것을 막기 위해 고군분투한다. 재소자들은 때로 승리를 거두고, 직원들은 너무 겁먹어서, 질서를 유지하기 위해 직원이 재소자들에게 의존하는 일이 생긴다.

"슈퍼맥스"라 불리는 시설은 "최악 중에서도 최악의 재소자"들을 수용하기 위해 지어졌다. 다른 교정시설의 일반 재소자들과 함께 안전하게 있을 수 없는 아주 위험한 재소자들을 위한 곳이다. 이들은 사회에서 폭력적이었고, 교도소에서도 계속 폭력적이었고, 직원과 다른 재소자들을 폭행하고 심지어 살해한 사람들이다. 일부는 폭동을 일으키거나 조직폭력배 우두머리이다. 콜로라도주 플로렌스에 있는 단일 미국 연방 슈퍼맥스 교도소에는 "유나바머"라는 별명으로 알려진 테드 카진스키와 오클라호마시티 폭격범인 테리 니콜라스 같은 유명한 죄수와 1993년 세계무역센터 폭격범인 람지 아흐메드 유세프 같은 테러리스트가 수감되어 있다.

데럴은 1급 살인 혐의로 종신형을 선고받았다. 여러 주립 교도소에 수감되어 있는 동안 그에 대한 위반행위 보고서가 50개 이상 작성되었으며, 일부는 극도로 심각한 위반에 대한 것이었다. 데럴은 못과 나무로 조립된 무기를 소유하고 있는 것으로 나타났다. 그는 재소자들을 공격하고, 주먹으로 때리고, 질식시키고, 때려눕히는 등의 사건을 수없이 일으켰다. 한번은 재소자의 머리를 주먹으로 때리고 두 명의 재소자가 끼어들어 말릴 때까지 계속 구타했다. 데럴은 교도관들도 끊임없이 학대했다. 한번은 대변을 닦은 휴지를 부소장에게 던졌다. 한 여성 직원에게 "이 XX야, 빌어먹을 커피를 가져오지 않으면 침을 뱉겠어"라고 소리치기도 했다. 결국 데럴은 슈퍼맥스 교도소에 수감되었다. 이에 항의해 그는 적법 절차 위반을 주장하는 장문의 성명을 작성했다.

로드니는 1급 살인, 무장강도 및 구타로 종신형 복역 중에 교도소 내 위반행위로 20여 차례 보고되었다. 한 시설에서 그는 주머니를 비우라는 명령을 받았을 때 거부하고 직원의 뺨을 때리고는 퇴소하면 "가만두지 않겠다"고 협박했다. 직원을 위협하고 폭행한 혐의로 격리 조치되자 분개한 그는 "직원 한 명 때린 것만으로 나를 여기에 넣다니. 내가 이 개자식들 중 하나를 찌르면 어떻게 할 건데?"라고 소리질렀다. 또 식당 줄에 서서 직원을 노려보던 그는 "손을 사타구니에 대고 자기 성기와 음낭 부위를 흔들기 시작"하며 웃었다. 그러면서 직원에게 "한 번만 더 그 빌어먹을 말을 나한테 하면 내가 가만두지 않겠어"라고 말했다. 다른 교도소에서 로드니는 격리실로 가라는 지시를 받았을 때 직원을 붙잡고 폭행하려 했으며 폭행미수 혐의로 기소되었다. 또 다른 경우에 갑자기 주먹으로 직원을 때리며 공격했다. 그는 출소 후 그 직원을 살해하겠다고 위협했다. 로드니는 시키는 대로 하기를 반복적으로 거부했고, 직원과 재소자들을 공포에 떨게 했다. 그는 한 직원에게 자기만의 개인 감방이 있어야 한다며 "누구든 이 방에 집어넣으려고만 해봐. 내가 그를 제대로 엿 먹일 테니"라고 경고했다. 허가 없이 도서관에서 법률 책을 가져와 페이지를 찢은 뒤 자기 이름을 새기는 등의 경미한 위반도 있었다. 그 책이 자기 전유물이라는 표시였다. 데럴과 마찬가지로 로드니는 너무나 통제 불능이어서 슈퍼맥스 시설로 보내졌다.

데럴과 로드니 같은 남성이 옮겨가면 재소자와 직원들이 느끼는 공포는 훨씬 줄어든다. 슈퍼맥스 교도소에서 그런 재소자들은 거의 하루 종일 독방에서 혼자 보낸다. 이들이 샤워를 하거나 운동을 하기 위해 이동할 때는 보통 수갑과 족쇄가 채워지고 최소 2명의 직원이 동행한다. 그들이 폭력적인 행동으로 슈퍼맥스로 들어오는 길을 "얻은" 것처럼, 그들이 나가는 길을 얻을 수 있는 단계적 시스템이 있다. 교육 및 자기 계발 프로그램은 참여하고자 하는 사람들에게 제공된다. 연방 슈퍼맥스 교도소에도 23시간 동안 독방에 있는 재소자들을 조금 덜 제한적인 시설로 옮기게 한다는 목표가 있다. 플로리다 주립대학의 다니엘 미어스 교수는 슈퍼맥스 교도소의 긍정적인 효과와 부정적인 "의도하지 않았던 영향"을 모두 인용했다. 전자의 예는 "일반인 재소자의 생활 여건 및 결과 개선"이다. 그리고 후자의 경우 "정신 질환의 증가"이다.

슈퍼맥스 교도소는 잔혹하고 이례적인 형벌을 금지한 미국 수정헌법 8조를 위반했다는 논란의 대상이자 소송의 대상이 되어왔다. 원고들은 재소자들이 심리적 외상을 주는 환경에서 장기간의 고립과 심각한 감각 상실로 고통받고 있다고 주장한다. 미국 시민자유연합(American Civil Liberties Union: ACLU)은 가혹한 체제가 인권을 침해한다고 주장하면서 슈퍼맥스 교도소에 대해 이의를 제기했다. 비평가들은 슈퍼맥스 시설이 너무 많이 지어졌고 그 결과로 극도로 위험한 재소자들이 아니라 "성가신 재소자들"을 수용하고 있다고 지적했다. 한때는 미국 주들의 3분의 2에 슈퍼맥스 시설이 있었지만 그중 많은 곳이 보안 등급을 낮추었다.

반대편 극단에는 연방 시스템에서 "캠프"로 알려진 최소 보안시설들이 있다. 이 시설은 가장 덜 위험한 범죄자를 수용한다. 불길한 감시탑과 날카로운 철조망이 없는 일부 건물은 대학 캠퍼스와도 닮았다. 재소자들은 자기 옷을 입고 세탁할 수 있으며, 비교적 자유로운 면회시간을 즐길 수 있고, 다양한 학업 및 직업 훈련 수업에 참여할 수 있다. 캠프는 시설 내 스포츠와 지역사회가 후원하는 사회활동을 제공한다.

많은 범죄자들은 겉으로는 하라는 대로 따르면서도 교도관을 거의 인간으로 여기지 않고 경멸한다. 2급 살인 혐의로 복역 중인 한 재소자는 재소자들 사이에 만연한 생각을 나에게 전했다. "교도관들을 말로 표현할 수 없을 정도로 경멸해요. 나는 그들을 사람으로 생각하지 않아요. 제복을 입지 않으면 우리와 그들을 구분하기 어려울 거예요. 그들은 체포되기 전에 경찰에 들어간 범죄자들이에요. 나는 여기에서 만나는 많은 사람들, 재소자나 경비요원, 직원들보다 나 자신이 뛰어나다고 생각해요. 그런 생각을 안 하기가 어려워요."

범죄자는 자신의 체포와 함께 시작된 일련의 부당한 행위 중 수감이 최후의 것이라고 생각한다. 과거에는 법과 타인의 권리를 중시하지 않았지만, 수감된 이상 그는 매우 법리적으로 자신의 권리를 주장한다. 긴 형을 선고받아 교도소에 갇힌 범죄자들은 일반적으로 자신의 어려움에 대해 여러 가지 변명을 한다. 경찰이 작정하고 잡으러 나섰고, 관대한 판정을 호소한 변절자 공범들이 진짜 범인이고, 변호인은 무능했고, 판사는 편파적이었고, 배심원들은 증거를 충분히 고려하기도 전에 이미 마음을 정했다는 것이다.

복역을 시작한 지 한참 시간이 지나면, 범죄자는 평결을 번복하거나 형을 감경하려 시도할지도 모른다. 일부는 교도소 도서관에서 법률 책을 살펴보고 항소장을 작성하는 데 몇 시간을 보낸다. 일부 범죄자는 감옥 변호사(jailhouse lawyer, 법을 잘 알아 재소자의 권리를 주장하는 재소자: 역자 주)로 경력을 쌓는다. 이들은 법률 조사를 수행하고, 자신과 다른 재소자를 위해 문서를 준비하고, 수수료로 돈, 재산 및 개인적 호의를 챙긴다. 권리 주장은 수감 기간 동안 계속되며 법령 및 법적 절차에 대한 집착을 훨씬 뛰어넘어 지속된다. 범죄자는 자신의 권리 보호를 요구하면서 소송과 폭력을 두려워하는 직원들을 협박한다. 범죄자는 어떤 활동이 마음에 들 경우에는 참여할 권리를 주장하고, 입맛에 맞지 않으면 참여하지 않을 권리를 주장한다. 그는 심리치료를 요구하고 치료를 받아내기 위해 소송을 하겠다고 위협하거나 치료를 거부할 권리를 주장할 수도 있다.

수십 년 동안 지속되어 온 오류는 교도소와 소년원이 범죄를 위한 학교 역할을 해서, 범죄자들을 수감 전보다 더 나쁜 인간으로 만든다는 것이다. 감옥은 범죄자들이 그들의 인맥을 확장하고 자신의 반사회적 사고 및 행동 패턴에 대한 지지를 구하는 한 범죄의 온상이다. 범죄자는 범죄, 마약, 성에 관한 대화를 듣게 될 가능성이 높지만 이에 참여할지 무시할지 선택한다. 범죄자는 동료 재소자들에 의해 물든 불행한 희생자가 아니다. 그는 과거에 여러 선택을 했고, 시설 내에서 아니면 사회로 돌아갔을 때 범죄인의 삶을 계속할 것인지에 대한 선택을 계속한다. 카운티 교도소에 수감된 한 재소자는 "저는 거리를 유지해요. 갈등을 피합니다. 모든 사람의 감시망에서 벗어나 있어요"라고 말했다. 수감생활을 처음 경험해 본 그는 여러 번 감옥에 수감되었던 사람들을 피했다. 이런 사람들을 그는 "경력가"라고 불렀다. "대부분 이런 시설에 십대 때부터 와서 이제는 '황금기'에 들어선 사람들이에요. 여기가 집처럼 편한 사람들이죠. 이 사람들의 관심사는 스포츠 경기와 범죄뿐이에요. 그들은 형량을 변경할 수 있는 모든 입법 조치에 대해서 최신 정보를 꿰고 있어요."

살인죄로 복역 중인 한 범죄자는 교도소가 재소자들에게 미치는 영향에 대해 다음과 같이 이야기했다. "교도소는 공부하고 싶은 모든 것을 위한 학교가 될 수 있어요. 그게 직업이든, 검정고시든, 제2외국어든, 범죄든 말이죠. 무언가에 집중하기로 결심했다면, 어떤 것에 집중하느냐는 모두 개인에게 달려 있어요. 그들이 범죄를 선택한다면 강사가 넘쳐나겠죠. 많은 재소자들이 자신의 자산이 될 누군가를 찾아서 범죄에 대해 이야기하고, 범죄를 배우고, 미래의 범죄를 같이 계획합니다. 이는 모두 완전범죄를 저지르고 들키지 않고 많은 돈을 벌기 위한 시도예요. 나는 미래의 범죄행위에 대해 하루에도 몇 시간씩 토론하는 재소자들을 알고 있어요." 이 재소자는 그런 토론에 끼고 싶어 하지 않았다. 대신 그는 부지런히 신체 단련을 하고, 자기 계발 서적을 비롯한 다양한 책을 읽고, 종교를 공부하고, 강의를 듣고 있었다. 다른 재소자들을 존중하고 교도소 직원들에게 협력했지만, 대부분은 혼자 지냈다. 또 다른 재소자는 자신의 수감 경험에 대해 이렇게 말했다. "이 장소를 그리워하진 않을 겁니다. 사람들은 그리울 거예요. 우리 죄는 우리 자신의 것이죠. 우리는 여기에서 우리의 최고의 모습을 공유해요. 뭐라도 더 나은 모습을 갖고 있는 사람들은요."

범죄자가 하루 24시간 어떤 형태로든 감시를 받고 있다는 사실을 제외하고 교도소는 거리의 삶의 복제품이다. 교도소에 갇혔다고 해서 범죄자의 범죄에 대한 몰입도가 반드시 줄어드는 것은 아니다. 제한적인 환경에도 불구하고 그는 계속해서 불법활동을 계획하고, 이야기하며, 가담한다. TV 범죄 관련 프로그램, 탐정 소설, 신문에 실린 무시무시한 범죄 이야기와 같은 외부 자극들은 다른 재소자들과의 일상 대화와 마찬가지로 이미 복잡해진 마음에 정보를 더해준다. 범죄자는 교도소에서 새로운 유대를 형성하는 것 외에도 편지와 방문자를 통해 오래된 유대에 매달린다. 어떤 범죄자들에게는 감금상태에서 법규를 위반하고 안 걸리는 것이 그 어느 때보다 큰 도전이 된다. 교도소에는 절도가 만연하다. 꼭 지니고 싶은 것이 있으면 무엇이든 자기 몸에 지니거나 믿을 수 있는 교도소 직원에게 맡겨야 한다. 잠을 잘 때나 샤워를 할 때 또는 경계를 낮춘 어떤 순간에나 감방 동료에게 강도를 당할 수 있다. 재소자들은 서로에게서 훔칠 뿐 아니라 직원의 소지품도 훔치고, 시설물 내 음식이나 다른 물품들도 훔친다.

디본은 절도, 대규모 방화, 재물 손괴를 했고, 나중에는 수많은 보호관찰 위반을 저질렀다. 그는 마침내 수감되었다. 마약을 판매하고 등록되지 않은 권총을 소지한 "혐의를 받았기" 때문이다. 디본은 교도소에 있는 동안 자신의 사고과정을 매우 구체적으로 회상했다. 그는 감방 동료에 대한 자신의 태도를 생생하게 말했다. "나는 약점이 보이면 그 사람 자존감을 엿 먹여요. 그는 과체중이고 먹고 또 먹어요. 나는 그 사람이 뚱뚱하고 게으르다는 기분이 들게 만들죠. 그 사람 여자친구 사진을 보고 놀리고 그를 괴롭혀요. 그 사람 담요에 소변을 보고 그 사람에게 침을 뱉고 그 사람 컵에 소변을 봐요. 면도기로 그 사람 팔을 긁어요. 그 사람을 학대해요. 그 사람은 내가 자기를 받아주기를 바라죠. 그가 점점 더 나한테 애원하면, 나는 그에 대한 지배력을 점점 더 남용해요. 약해 빠진 모습도 짜증나고, 그렇게 자존심 없이 행동하면 먹이로 삼기가 더 쉬워지죠."

백인인 디본은 흑인 재소자들에 대해 이야기할 때 그의 성격의 다른 일면을 드러냈다. "그들이 주의를 기울이지 않을 때 그들이 도박할 때 쓰는 주사위를 집어서 화장실 변기에 넣고 내려버렸어요. 난 흑인들을 멸시하는 경향이 있고 종종 그들한테 화가 났지요. 그들을 많이 경멸해요." 자신이 조종의 달인이라고 자랑스러워하며 디본은 말했다. "말썽꾼으로 보이지 않으면서 내 의사를 표시하는 방법을 터득했어요. 내 즐거움을 위해 남들 사이에 갈등이 일어나게 부추겼지요. 심지어 남들이 갈등을 부추기도록 선동하기도 했어요." 디본은 겉보기에는 바뀐 것 같았지만 말썽을 피할 수 있을 정도만 그럴 뿐, 계속 범죄자의 양상을 보이고 있었다. 시설의 교도관들은 종종 누가 근원인지도 모르는 채 디본이 유발한 문제들을 처리해야 했다.

교도소는 밀수품이 반입되지 않도록 예방 조치를 취하지만 범죄자들은 영악하다. 교정시설을 철저히 수색하면 다양한 밀수품, 특히 수제 무기가 나올 것이다. 교도소 산업에서 재소자들은 무기로 변할 수 있는 날카롭고, 무겁고, 부서지기 쉬운 물건들을 정기적으로 접한다. 그러한 재료에 접근하지 못하더라도 재소자들은 주변 환경에 있는 것을 무엇이든 가져다 무기를 만들 수 있다. 대걸레는 몽둥이로 변신할 수 있다. 자신의 감방에서 싱크대 물이 넘쳐 흐르게 한 재소자는 칫솔을 무기처럼 휘두르며 "누구든 들어오기만 하면 가만 안 두겠다"고 소리쳤다. 다른 한 명은 휴게실에 있는 탁자를 발로 차서 다리를 부러뜨린 뒤 교도관을 위협했다. 문제가 된 다른 물건들의 사례로는 손톱깎이와 돌돌 만 신문지, 볼펜으로 만든 창도 있다.

불법 마약은 전국 교도소에 만연하다. 마약은 소포나 일반 우편 같은 보안 절차를 거치지 않는 법률 서류로 보이는 것에 숨겨져서 재소자들에게 전해진다. 평범해 보이는 사과의 중심 부분에 약물이 주입되어 있을 수도 있다. 맛있어 보이는 초콜릿 케이크 층층에 약이 구워져 있을 수 있다. 딱딱한 사탕 위에 뿌려진 설탕 가루가 헤로인일 수 있다. 많은 교정시설에서 재소자와 방문객은 서로 유리를 통해 보며 전화로 소통한다. 하지만 직접 대면을 허용하는 시설은 마약 유입을 겪을 수 있다. 긴 키스는 사랑의 표현이 아니라 캡슐 전달 방법일 수 있다. 교도소 외부 노동 작업을 하고 돌아오는 재소자들은 약을 신체 어딘가 빈 구멍 속에 숨겨 들여올지도 모른다. 교도소 직원들이 밀수품을 들여올 수도 있다. 직원은 자신이 시장을 독과점해 쉽게 돈을 벌 수 있다는 것을 안다. 재소자에게 직접 물건을 파는 대신, 이 직원은 공급자의 정체를 감춰줄 믿을 만한 중개인을 찾는다. 거래가 안정적으로 잘 되면 중개인은 넉넉히 보상받는다. 이 직원은 무대 뒤에서 실제로 물건을 판매할 다른 재소자들을 줄서게 한다. 모두가 각자 맡은 부분의 역할을 하며 이 교도관 밀매상의 방패 역할을 해준다.

한 정신건강 전문가는 자신이 일했던 교도소의 마약 네트워크에 대해 이렇게 설명했다. "마약 반입의 첫 번째 출처는 부패한 직원들입니다. 그들은 큰 돈을 벌 수 있어요. 두 번째 경로는 가족과 다른 사람들이 '대면 접촉'을 할 수 있는 방문이죠. 상당한 양의 마약을 몸에 숨겨 검색을 피할 수 있어요. 라면 포장, 갓 배달된 상추 또는 성경책에서도 마약이 발견됩니다. 교도소 외부 근로를 하는 재소자들에게는 완벽한 거래 기회가 있습니다. 범죄자 마인드의 술수는 끝도 없습니다."

〈포브스〉의 한 기사는 "휴대전화가 교도소의 몰락을 가져올 것인가?"라는 질문을 제기한다. 이 밀수품 전화는 재소자들의 연락망을 확장하고 새로운 범죄를 계획하는 데 도움이 된다. 방문객, 부패한 직원들, 심지어 드론에 의해 교도소로 밀반입된다. 2009년에는 캘리포니아 교도소에서 5천 대의 밀수 휴대전화가 압수되었다. 2021년에는 뉴저지주 포트 딕스에 있는 연방시설에서 퇴소한 한 재소자가 다른 사람들과 공모해 교도소 상공에 드론을 날려 수십 개의 휴대전화와 다른 밀수품들을 떨어뜨렸다가 체포되었다.

도박은 교정시설에서 삶의 방식이다. 성관계와 마찬가지로 범죄자가 다른 사람들에게 강요하고 자신을 강력하게 하는 수단이다. 카드 게임, 보드 게임, 외부 스포츠 이벤트 및 결과를 알 수 없는 거의 모든 기타 활동에 베팅이 걸린다. 매일 숫자 게임 하듯이 직원들이 시내 쪽과 연결해 도박을 조직할 수도 있다. 대부분의 시설에서 재소자는 몸에 돈을 지니고 있는 것이 금지된다. 하지만 방문자로부터 받거나, 도박으로 얻거나, 직원에게 호의를 베풀고 받은 현금을 넘치게 갖고 있는 재소자들이 있다. 현금이 없으면 보급품, 개인 소지품, 마약 등 가치 있는 무엇이든 내기를 위한 화폐가 될 수 있다. 교도소에서 빚을 안 갚는다는 문제로 많은 싸움이 벌어진다. 재소자가 이기면 실제로 내기한 금액보다 많은 금액을 내놓으라고 주장하기도 한다. 즉각 빚진 돈 전부를 갚으라고 요구하거나 패자에게 과한 이자를 부과하는 대신, 채무를 취소할 수도 있다. 특히 특정 규정 위반사항을 눈감아주거나 재소자가 특권을 얻도록 도울 수 있는 교도소 직원이 채무자인 경우에 그렇다.

직원과 재소자가 유착하는 경우가 얼마나 잦은지 확인하는 것은 불가능하다. 교정시설에 있는 대부분의 직원은 성실하고 책임의식이 있는 반면, 일부 직원은 범죄자에게서 자신과 공통점을 찾고 흥미롭다고 느끼기 때문에 범죄자와 함께 또는 가까이에서 일하기를 원한다. 이런 사람들은 재소자들의 범행에 대해 그들 입장에서 설명을 듣는 것을 좋아하며, 때때로 범죄, 마약, 성에 대한 끝없는 농담에 가담한다. 이런 직원은 지체 장애인이나 노인과 함께 일하는 것은 지루하다고 싫어한다. 범죄자들은 어떤 직원이 자기들과 같은 부류인지 직관적으로 감지하고 누가 타협 가능한 사람인지 조심스럽게 시험한다. 범죄자는 자기가 규정을 위반했을 때 고발하지 않고 곤경에 처했을 때 빠져나올 수 있게 도와줄 잠재적 동맹을 얻을 것으로 기대한다. 그 기대가 충족되지 않으면 재소자는 나중에 협박하기 위해 직원에게 불리한 증거를 챙겨둔다.

범죄자는 직원들 사이의 불화를 빠르게 감지하고 악용한다. 많은 기관에 인종 간 긴장관계가 있다. 인종적 불의가 교도소 시스템에 분명히 존재하는 반면, 재소자는 그 문제와 전혀 관련 없이 자기 편의를 위해 인종 문제를 거론할 것이다. 그는 관심을 자기 잘못에서 직원의 편견 문제로 돌리기 위해 차별당했다고 외친다. 그는 특권을 잃거나, 가혹한 말을 듣거나, 싫은 일을 하라는 명령을 받거나, 규정 위반으로 붙잡혀 처벌받게 된 경우 인종 문제를 들먹인다.

범죄자는 다른 사람들과 가까운 곳에서 생활하는 것을 불편해한다. 그와 마찬가지로 다른 범죄자들도 가장 작은 상호작용조차도 통제하려 하기 때문이다. 한 재소자는 거의 매일 일어나는 대표적 갈등에 대해 묘사했다. "저와 체스 게임 상대는 게임을 재개할 준비가 되어 있었어요. 나는 내 자리에 있었는데 다른 사람이 내 게임 상대의 자리를 빼앗았어요. 우리는 좌석이 붙어 있는 철제 테이블에 앉아 있었고, 우리가 원했던 두 좌석은 TV와 수직으로 놓여 있었어요. 내 상대는 그 남자에게 자리를 돌려줄 수 있냐고 물었고, 그 남자는 약간 화가 난 듯했어요. 나는 좀 짜증났어요. 왜냐하면 그 사람은 앉기 전부터 분명 그 자리에 주인이 있다는 것을 잘 알고 있었을 거라고요. 내가 반쯤 진행 중인 체스 게임 앞에 앉아 있었으니까요. 이런 바보 같은 일들이 계속돼요." 그 재소자는 이런 비슷한 갈등이 "무차별 폭력"으로 해결되는 것을 너무 자주 목격했다고 말했다.

강간 협박과 교도소 내 실제 강간은 외부에서 일어날 때와 동일한 목적을 지향한다. 그것은 성별이나 성적 취향에 관한 것이 아니라 지배권 확보에 관한 것이다. 강간 위협은 재소자들 사이에 경외심을 불러일으키고 공포심을 심어줄 수 있다. 새로운 젊은 재소자들이 들어오면 여러 사람의 눈이 이들을 위아래로 훑어본다. 체구가 작고 신체적으로 매력적인 경우에 특히 그렇다. 신참이 밤에 침대에서 저항하거나 신고하면 강간보다 훨씬 더 심각한 위협을 가하는 재소자 무리에게 시달릴 수 있다. 교도소는 강자가 약자를 정복하는 정글이다. 재소자는 보호를 받기 위해 가장 두려운 재소자의 노예이자 성 노예가 될 수 있다.

성인 구치소의 문이 그의 등 뒤에서 쾅 닫혔을 때, 데릭에게는 두 가지 생각이 들었다. 그는 한 번도 갇힌 적이 없었기 때문에 두려웠다. 하지만 그는 자신이 그 경험에서 살아남을 수 있을 만큼 수완이 있다고 생각하고 스스로에게 "이제 넌 남자야"라고 말했다. 속으로 그는 시간이 지나면 자기가 "이 곳을 다스릴 것"이라고 결심했다. 어느 날 면담을 위해 교도소에 갔을 때 나는 눈 주위에 멍이 든 겁에 질려 있는 데릭을 보았다. 그는 마약 해독실에서 일반 재소자실로 옮겨진 후 "지옥이 시작되었다"고 말했다. 데릭은 한 재소자가 자기를 뚫어져라 보며 자기 친구에게 "신선한 고기"라고 외쳤다고 회상했다. 재소자들은 열려 있는 그의 감방으로 들이닥쳐 그의 물건들을 모두 통에서 꺼내 마룻바닥에 내던졌다. 데릭이 나가라고 하자 그들은 성적으로 그를 어떻게 할지 계획하며 그를 조롱했다. 데릭은 마음속으로 "강간당하지 않겠다고 항상 확고히 마음먹고 있었다"고 말했다. 밤에 교도관들이 감방 문을 잠가서 그는 안도했다. 다음날, 모든 감방이 열리자 괴롭힘이 시작되었다. 재소자들이 다가와 그의 바지를 내렸고, 한 명은 데릭의 머리에 정액을 묻혔다고 했다. 다른 한 명은 의자를 들고 그를 밀쳤고, 그의 얼굴에 무릎을 날렸다. 그는 데릭에게 싸움 훈련을 시켜주겠다고 제안했다. 데릭이 샤워를 할 때, 재소자들은 그의 옷을 치웠고 그의 몸에 대해 놀렸다. "그들은 날 볼거리로 만들었어요." 데릭은 눈물을 글썽이며 말했다. 데릭의 속옷은 사라졌다가 나중에 소변에 젖고 대변 자국으로 뒤덮인 채 발견되었다. 그들은 데릭에게 누구에게도 "고자질"하거나 알리지 말라고 경고했다. 교도관이 얼굴에 왜 멍이 들었냐고 물었을 때 데릭은 넘어져서 그랬다고 말했다. 교도소가 멋지다든가 그곳을 지배할 것이라는 생각은 사라졌다. 데릭은 "내 인생에서 그렇게 무서웠던 적이 없다"고 말했다. 그는 보호 구금시설로 옮겨졌고, 그에게는 "천국 같은" 곳이었다. 데릭이 진술서를 제출함으로써 그를 괴롭힌 사람들은 악의적 의도를 가진 납치 및 폭행 혐의로 기소되었다.

2003년 교도소 강간 근절법에는 적정 직원 수, 성적 학대를 사적으로 신고할 수 있는 방법 보장, 성적 학대 예방을 위한 직원 교육에 대한 조항들이 포함되어 있다. 2017년에 〈교도소 법률 뉴스(*prison Legal News*)〉는 2003년 법의 시행이 여전히 "심하게 느리고" 미준수에 대한 처벌이 "부적절"하기 때문에 미국의 교정시설에서 강간 및 성적 학대가 지속되고 있다고 보도했다. 이 신문에 따르면 성추행 사건의 절반에 직원들이 연루되어 있다.

교도소에서도 거리에서와 마찬가지로 누구를 믿어야 할지에 대한 무거운 딜레마가 있다. 범죄자들은 신뢰를 모른다. 그들이 누군가를 "신뢰"한다면, 일반적으로 그 사람이 자신을 배신하지 않을 것이라는 의미다. "고자질 금지"는 재소자들 사이에서는 법이다. 다른 범죄자에 대해 밀고했다가는 그 대가로 구타를 당하거나 심지어 죽임을 당할 수도 있다. 그럼에도 재소자는 모든 이들이 자기를 감시하고 가장 가까운 친구조차도 스스로를 보호하거나 특권을 얻기 위해 자기를 밀고할 수 있음을 안다. 재소자들은 "고자질 금지"에 대해 모두 알고 있지만, 교도소 밖에서와 마찬가지로 교도소 내에서도 이들의 지배적인 태도는 "나 빼고 다 엿먹어라"다. 42년 전, 〈교정 매거진(*Corrections Magazine*)〉에 기고한 스티븐 지터의 다음 관찰 내용은 오늘날에도 여전히 사실이다. "일부 교도소 참관인들에 따르면, 재소자들 사이의 밀고 금지 조항은 준수보다 위반 시에 더 존중받는다. 정보의 거래는 모든 교도소의 일상생활에 죽는 것만큼이나 일반적이다."

조직폭력배의 활동으로 인해 교도소 환경이 일반 재소자들에게 점점 더 안전하지 않다. 2018년 약 20만 명의 재소자가 폭력조직과 관련되었으며, 재소자 인구가 가장 많은 캘리포니아와 텍사스에 집중되어 있었다. 조직폭력배 문제는 교정시설의 보안에 위협이 되기 때문에 교정 당국은 일반 재소자들 사이에 조직폭력배 일원이 끼지 않게 하는 "숙소 규제" 정책에 착수했다. 사회학 교수인 데이비드 파이로즈는 2018년 국립사법연구소를 위해 작성한 논문에서 다음과 같이 결론지었다. "지금까지 어느 프로그램도 거리나 교도소에서 조직폭력배들을 효과적으로 제거하지 못했다."

많은 조직폭력배들은 자기들만의 고유한 규칙이 있는 정교한 조직이다. 조폭 우두머리들은 밀수품의 배달과 판매를 조율하기 위해 다른 죄수들과는 물론 교도소 밖 사람들과의 연락도 유지한다. "샷콜러(shot caller, 재소자 중 최고 권력자를 의미: 역자 주)"로 알려진 교도소 조폭 우두머리는 이미 거리에서 명성을 얻은 인물이다. 그는 지시한 대로 해야 하는 부하에게 지시나 명령을 내리는 사람이다. 이 사람은 교도소 안팎을 잘 알고 있고, 군대의 장군에 필적하는 인물로 묘사된다. 그는 교도소 내외의 일에 상당한 영향력을 행사한다. 삶과 죽음을 결정할 수 있는 권한이 있는 그는 교도소 내부나 지역사회에서 누군가를 공격하거나 죽이라고 명령할 수 있다. 그의 부하들은 출소한 후에도 그의 요구에 복종한다.

2013년에는 콜로라도 교도소의 책임자인 톰 클레멘트가 암살당했다. 몇 년 후 조사에서 교도소 내 조폭을 대신해 행동하던 가석방자가 이 살인사건과 연관이 있는 것으로 나타났다. 샷콜러들은 교도소 내에서 권력이 상당해서 직원들이 질서 유지를 위해 그들에게 의지할 정도다. 다른 나라에서는 정부 당국과 교도소 직원들이 교도소를 통제하는 조폭과 맞서 샷콜러들과 협상을 벌여왔다. 2020년 〈워싱턴포스트〉 보고서에 따르면 엘살바도르 정부 관리는 "MS-13 갱단 우두머리들과 협상을 체결"했다. 그들은 "좋아하는 음식에 대한 접근" 및 세 라이벌 조폭 조직원들을 교도소에 섞어 배치하지 않는다는 정책과 같은 혜택을 얻는 대가로 살인을 줄이기로 약속했다.

이상은 범죄자가 어디에 있든 범죄자라는 점을 강조하기 위한 내용들이다. 교도소에서 그들의 성격은 원래 성격 그대로다. 다를 수 있는 것은 그들이 감수하는 위험의 정도와 그들이 작업하는 방식이다. 범죄를 참는 사람들도 여전히 그것을 그리워하지만 범죄에 대한 공상과 대화로 만족한다.

복역시간이 늘수록 범죄자는 심리적 변화를 경험한다. 처음 입소했을 때 일부 사람들을 압도했던 것과 유사한 심각한 우울증의 기간이 있다. 며칠, 몇 주, 몇 달이 지나감에 따라 수감자들은 교도소 생활을 힘들어한다. 교도소 밖에서 범죄자는 세상이 자신에게 맞출 것을 기대했고 교도소 내에서도 다르지 않다. 그가 현재 교도소에 있는 것이 그 자신의 선택의 결과라는 사실은 무시하면서, 부당한 것에 대한 분노에 불평이 더해진다.

범죄자들은 불평불만 외에 진심 어린 후회를 경험할 수도 있다. 재소자들은 라디오, 텔레비전, 편지, 정기 간행물 및 때때로 면회객을 통해 교도소 생활의 삭막과 대조되는 외부 생활을 엿볼 수 있다. 그들은 자신이 늙어가고 삶이 지나가고 있다는 사실을 한탄할 것이다. 수감된 것뿐 아니라 과거에 다른 삶을 살 수 있었던 많은 기회에 대해 무관심했거나 반대했던 것을 포함해 후회할 것은 많다. 거울을 보고 돌이켜볼 시간은 충분하다.

어니는 교도소를 들락날락하고 가족에게 상처를 주는 것이 지겹다고 말했다. 그는 180도 다른 삶으로 바꿔보겠다는 의지를 표명하면서도, 다른 생각이 끊임없이 자신을 괴롭힌다고 고백했다. "아직도 저에게 돈을 갚아야 할 사람이나 저에 대해 나쁜 말을 하는 사람들에게 어떻게 복수할지 생각해요. 그들에게 어떻게 되갚아주고 어떻게 빠져나갈지 상상합니다. 내가 낮에 상상하는 대부분은 복수하는 것과 불법적으로 돈을 버는 것에 관해서예요. 곤경에 빠지거나 법망을 피해 도망가는 게 제 악몽이죠." 어니는 해결책을 찾았다고 했다. "내 미래에 대한 희망은 합법적이고 전문적인 환경에서 내 기술을 사용할 수 있게 되는 것이에요. 범죄는 그만 저지르고 싶지만 여전히 조종하고, 계획하고, 속이고 싶어요. 열심히 일해서 인생을 개척한다는 대안은 너무 위압적이고 지루해요. 그래서 어떻게 하면 위험을 최소화하면서 회색지대에서 살아갈지 나 자신과 타협해요. 평생 내면의 전쟁을 치를 것을 알고 있지만 어쩔 수 없어요. 법 때문에 문제가 되지 않았다면 지금 나는 어디에 있었을까 궁금해요." 어니는 자기 반성을 외면한 채 그가 늘 해오던 것을 했다. 자신이 무책임하게 초래한 상황임에도 상황을 탓하는 것이다. 그는 "교도소는 참회자들을 위한 곳이 아니에요. 오히려 범죄자들을 위한 대학과 같죠"라고 주장했다. 그리고는 아버지를 비난했다. "아버지는 일에 치여 사셨어요. 아버지가 나에게 남자가 되게 가르치셨어야죠." 누구 탓으로 돌리든 결론은 어니가 여전히 범죄 없이 산다는 생각 자체를 혐오스럽게 생각한다는 것이다. 그는 "출소하고 처음부터 다시 시작해야 한다는 생각을 하면 막막하다"고 말했다.

조엘도 비슷한 양가적 감정을 표현했다. 그는 교도소에서 더 많은 시간을 보내고 싶지 않았고, 아들이 앞으로 다른 인생을 살 거라고 믿고 지지해 주는 부모님에게 상처를 주고 싶지도 않았다. 조엘은 "저는 아직 변화하고 싶은 단계에 완전히 이르진 않았어요. 제 생각에 아마 바닥을 칠 때까지는 그런 마음은 안 생길 것 같아요. 너무 늦은 시점에 바닥을 칠까 봐 두려워요. 원하는 것을 얻느냐 여부는 나에게 달려 있어요. 나는 평생 이 마음가짐을 가지고 살았어요. 결국 언젠가 다시 범죄를 저지를 수도 있을 거예요. 어떨 때 저는 재미도 보고 사람들에게 내가 얼마나 나쁜 놈인지 보여주면서 작은 재산을 빨리 모으는 것만 생각하고 있어요. 많이 낙심하게 돼요."

변화하는 것의 대안은 자살이다. 어떤 범죄자들은 일이 잘 풀리지 않을 때 거리에서 자살을 생각했다. 교도소에 갇힌 수감자는 자기 삶이 무의미하다는 사실에 낙담할 수 있지만, 그러면서 자신에게 공평하지 않았다고 생각되는 세상에 계속 분노한다. 자살을 생각하던 한 재소자는 "더 이상 엿 같은 일을 참지 않아도 될 것"이라고 말했다.

교도소 수감자의 자살률은 일반인 자살률의 4배에 달하는 것으로 추산된다. 2019년 NBC 뉴스에 따르면 연방 교정시설에서 매년 300명의 수감자가 자살을 시도하고 이 중 40명이 성공하는데 대부분 목을 맨다. 실제 자살보다 재소자의 고통을 극적으로 드러내는 자살 기도가 더 흔하다. 독하지만 치명적이지는 않은 약물을 복용하는 행동, 손수 만든 조잡한 흉기로 손목을 베는 행동, 부실하게 목을 매는 행동 등은 다른 사람들로 하여금 주의를 기울이게 만든다. 수감자는 교도소 병원이나 정신병동 같은 덜 가혹한 환경으로 옮겨질 수 있다.

낙담한 수감자는 종교에서 구원을 구하기도 한다. 어떤 범죄자들은 성경, 코란, 기타 경전을 연구하여 자신의 삶에 통로로 적용한다. 그들은 종교 수업과 토론 그룹에 모여들고, 합창단에서 노래를 부르고, 책을 같이 읽고 예배를 같이 보고 기타 종교 프로그램에 참여한다. 어떤 사람들은 갑자기 종교적 영감이 밀려오는 경험을 하고 하룻밤 사이에 특정 종교로 개종한다. 그리고는 자신이 얻은 통찰력을 열성적으로 다른 사람들에게 전한다. 이런 수감자들은 교도소 생활 전반에 종교가 스며든다. 그들은 예술 작품에 종교적 모티브를 담아 예술 작품을 만들고, 종교적 주제로 충만한 시와 편지, 기타 글을 쓴다. 사적으로 종교에 몰두하는 일부 수감자들은 혼자 지내면서 조용히 독서와 기도에 시간을 할애한다.

프리즌 펠로십(Prison Fellowship)은 아마도 전 세계적으로 가장 잘 알려진 교도소 종교단체일 것이다. 워터게이트 사건으로 연방 형을 선고받은 닉슨 전 미국 대통령의 특별 고문이었던 고 척 콜슨이 1976년에 설립했다. 콜슨은 교도소에서 종교적 변화를 경험했다. 50개 주 전체에서 활동하는 프리즌 펠로십은 재소자들이 예수 그리스도에게 자기 삶을 헌신하기로 결심하도록 돕는다. 광범위한 종교 프로그램의 또 다른 예는 루이지애나주 앙골라에 있는 주립 교도소의 "교도소 신학교"에서 볼 수 있다. 2015년에 이 프로그램은 설립 20주년을 기념하며 교실과 도서관 공간을 갖춘 새로운 시설을 헌납했다. 학생들은 기독교 사역 학사 학위 또는 비학점 증명서를 취득할 수 있다.

범죄자의 우울증, 영성 또는 달라지겠다는 시도가 진짜인지 아니면 옛날 버릇대로 속임수를 쓰는 건지 교도소 직원은 알 방법이 없다. 진짜인 경우, 이 종교적 단계는 한 번에 몇 달 또는 몇 년 동안 지속될 수 있다. 사례 보고서는 종교생활을 하는 수감자들이 행동이 개선되었다는 것을 입증한다. 대부분의 재소자들에게 그것은 한 시기다. 그 시기가 끝나면 범죄자가 원래 세상을 보던 방식이 옛 모습 그대로 다시 나타난다.

많은 사람들이 믿는 것과는 달리 대부분의 범죄자들은 경험을 통해 배울 수 있고 실제로 배운다. 하지만 사회가 그들이 배우기를 원하는 것을 배우는 건 아니다. 교도소에서 범죄자들은 미래 범죄를 위해 기술을 연마하고 과거와 같은 실수를 피할 방법에 대해 생각할 충분한 시간과 기회가 있다. 어떤 재소자들은 출소하면 자세를 낮추고 작은 범죄에만 발을 담그고 크게 한탕 하는 모험은 하지 않겠다고 결심한다. 아니면 그들은 범죄를 주도하지만 직접 참여하지 않고 배후에 남아 있겠다고 생각한다. 그런 마음은 일시적이다. 일단 범죄자들이 교도소 문 밖으로 나오는 순간 옛날 삶에서 느꼈던 흥분에 끌리는 마음으로 다시 탐욕스러워진다. 일부는 더 성공적인 범죄자가 되어 범죄에 몰두하지만 교활하게 체포를 피한다. 다른 사람들은 오랫동안 체포를 피하다가 결국 다시 교도소에 수감된다. 한 남자는 나중에 "경범죄자"가 될 것이라고 선언했다. 그는 몇 가지 "약한(중독성이 없는)" 약물을 사용하고, 매춘을 하는 것으로 만족할 것이라며,

누군가가 시비를 걸지 않는 한 싸움을 피하려고 노력할 것이라고 말했다. 1년 후, 그는 일련의 무장강도 혐의로 다시 교도소에 들어왔다. 어떤 재소자들은 출소하기도 전에 다음 범죄를 계획한다. 그들은 교도소 문이 채 닫히기도 전에 실수를 저질러 잡히고 새로운 범죄로 기소된다.

범죄자는 범죄를 점차 벗어나거나 "소진(burn out)"한다고 널리 알려져 있다. 소진한다는 논리는 일부 나이 든 범죄자들이 더 이상 거리에서 범죄로 체포되지 않고 교도소로 돌아가지도 않는다는 사실에 근거한 것 같다. 형법 교수인 섀드 마루나는 저서 〈착해지기: 전과자는 어떻게 달라지고 새 삶을 사는가(*Making Good: How Ex-Convicts Reform and Rebuild Their Lives*)〉에서 "사람은 분명히 소진하고 바닥을 치고도 범죄행위를 계속할 수 있다"고 지적한다. 노인 범죄자의 증가를 연구한 샌안토니오 세인트메리 대학의 아르만도 애브니와 크리스토퍼 트래비노는 "50세 이상 남녀의 체포율이 최근 몇 년 동안 두 배 증가했다"고 보고했다. 거리의 범죄자가 나이가 들면 예전만큼 민첩하지 않고 말 그대로 빨리 달릴 수 없는 게 사실이다. 순해진 것일 수 있지만 큰 위험을 덜 감수하고 덜 심각한 범죄를 저질렀다는 점에서만 그렇다. 그의 범죄적 성격에는 변함이 없고 사람들은 여전히 그의 손에 고통받고 있다.

18
범죄자 변화시키기

18 범죄자 변화시키기

끝에 있는 후속 메모를 제외하고 이 장은 1984년판에 쓰인 그대로다. 수정하지 않은 이유는 이 장이 범죄자를 변화시키는 데 효과적인 접근 방식의 본질을 제시하기 때문이다. 이전 판을 읽은 많은 독자들이 리로이 이야기가 유익했고 영감을 주었다고 했다.

키가 크고 수척한 백발의 나이든 정신의학과 의사는 리로이의 건너편 의자에 등을 기대고 앉아 대화의 대부분을 주도하고 있었다. 수염을 기른 흑인 리로이는 가정파괴범이자 무장강도였으며 할말이 없어진 듯 침묵하고 있었다. 새뮤얼 요컬슨 박사는 직설적이면서도 공손한 태도로 리로이에게 그가 사회에 해로운 존재라고 말하고 있었다.

요컬슨은 전에도 이런 식으로 범죄자들을 대했지만 1961년 두 번째 경력을 시작하기 위해 워싱턴 DC에 있는 세인트 엘리자베스 병원에 도착했던 10년 전 그의 태도와는 완전히 달라졌다. 버팔로의 가장 저명한 정신과 의사 중 한 명인 그는 성공한 의사일 뿐만 아니라 지역 TV 시리즈에 정기적으로 출연함으로써 정신의학에 대한 대중의 지식에 기여한 것으로도 유명했다. 오십대 중반에 접어들면서 학문적으로 또 실용적으로 이 분야에 기여하고자 열망하는 시기가 왔다. 버팔로에서 공인이었던 그는 15년 동안 자기 소식을 들을 수 없었던 새로운 환경이라는 불확실성을 선택했다. 요컬슨은 교도소가 아닌 병원에서 범죄행동에 대한 연구치료 프로그램에 착수했다. 치료 환경이 임상 연구에 더 적합할 것이라고 판단했고 대형 병원의 의료 및 사회사업의 전문 지식을 활용할 수 있다고 생각했기 때문이다.

연구를 시작할 당시 요컬슨은 환자를 "범죄자"로 생각하지 않았다. 오히려 그들을 불리한 가정 상황과 억압적인 사회적 조건의 산물인 힘겨운 사람들로 여겼다. 그는 병력을 상세히 기록하는 데에 수백 시간을 썼고, 버팔로에서 성공적으로 수행했던 전통적인 기법을 사용해 개인 및 그룹 심리치료에 수백 시간을 더 썼다. 요컬슨은 세인트엘리자베스 병원 환자들이 과거 행동에 대한 통찰력을 얻도록 도와주면 그들이 갈등을 해결하고 더 이상 범죄를 저지르지 않을 것이라고 믿었다. 몇 년 동안 그들의 초기 경험과 심리사회적 발달을 자세히 조사한 결과, 그를 눈뜨게 하는 것이 관찰되었다. 그들이 얻은 모든 통찰력에도 불구하고, 이 사람들은 여전히 병원 내부에서 범죄를 저지르고, 잡히면 새로 알게 된 지식을 이용해 정당화한다는 사실이었다.

요컬슨은 이에 굴하지 않았고, 새로운 방식을 취해야 한다는 것을 깨달았다. 원인을 찾는 것이 소득이 없고 그들의 합리화에만 기여한다는 것을 알게 된 그는 환자의 자기중심적 이야기를 들어주는 것을 멈추고 그들의 현재 생각에 집중했다. 그러면서 박사는 그들이 합리적이고 전혀 미치지 않았음을 알게 되었다. 요컬슨은 그들의 수감을 면하게 해준 심신장애 주장이 코미디라는 결론을 내리게 되었다. 사실, 그들은 정신질환으로 입원한 적이 없는 그가 연구한 다른 범죄자들과 전혀 다를 게 없었다.

점점 더 요컬슨은 강경파가 되었다. 범죄자를 처벌하기를 원한다는 의미가 아니라 그들이 자기 행동에 대해 책임이 있다고 보아야 하며 책임을 져야 한다고 주장했다는 의미다. 범죄자들이 주장하듯 희생자가 아니라 그들을 가해자로 보아야만, 그들이 요컬슨 자신을 비롯해 접하는 모든 사람들을 혼란스럽게 하고 주의를 분산시키기 위해 쌓아 올린 장벽을 무너뜨릴 수 있었다.

요컬슨이 지금 "범죄자"라고 부르는 이 사람들과의 일은 오랫동안 힘들고 보람이 없었다. 그러나 요컬슨은 계속해서 수천 페이지에 걸쳐 관찰한 내용을 모두 꼼꼼하게 기록했다. 심지어 즉각 이해가 되지 않는 것도. 결국 그는 범죄자의 행동에서 중대하고 지속적인 변화는 사고방식의 180도 수정을 통해서만 일어날 수 있다는 것을 깨달았다.

그는 범죄자들이 자신의 생각을 보고하도록 가르치는 기술을 개발해 모니터링하고 오류를 지적하고 수정할 수 있도록 했다.

형식 면에서 요컬슨의 새로운 프로그램은 치료 그룹 모임보다 교실과 비슷했다. 그가 개발한 절차는 적용하는 데 시간이 많이 걸리지만 형사사법제도와 정신건강 분야의 많은 부분에서 관행에 혁신을 가져올 수 있다고 약속한다.

리로이는 도움을 요청하며 거리에서 의사 집무실로 걸어 들어오지 않았다. 요컬슨은 스스로 걸어 들어온 몇 명의 범죄자도 만났다. 어떤 사람들은 마약 습관을 없애거나 술을 끊고 싶어 했다. 다른 사람들은 순간적으로 우울해하거나 불안해하며 아내나 부모의 간섭으로부터 벗어나기를 원했다. 그러나 그들은 그들 자신이 엄청난 변화를 겪는 것에 관심이 없었다. 리로이는 지난 30년간 보여줄 게 아무것도 없다고 말했다. 그는 워싱턴 DC 거리를 다니며 성관계와 헤로인, 술, 총기, 기타 다른 흥분거리를 위해 부인과 아이들을 버렸다. 심신장애를 가장해 은행강도 혐의를 벗은 리로이는 세인트 엘리자베스 병원에서 지내게 되었고 요컬슨을 만났다. 당시 그는 두 가지를 원하고 있었다. 병원을 벗어나는 것과 인생에 변화를 일으키는 것. 어떤 변화일지는 확실히 몰랐지만 그가 뭔가 달라지기를 원하는 것은 확실했다.

요컬슨은 리로이에게 그가 만나는 사람 모두를 판단하는 것을 잘 알고 있다고 말하는 것으로 대화를 시작했다. 첫 만남의 목적은 주로 리로이에게 그가 누구를 상대하는지 알리는 것이었으므로 요컬슨은 유대관계 형성에 대해 걱정하지 않았다. 대신 그는 리로이가 어떤 사람인지에 대한 자기 견해를 제시함으로써 인터뷰를 주도했다. 요컬슨은 설명을 구하지 않았다. 설명을 구하면 리로이가 자기중심적인 이야기와 변명으로 쉽게 끌고 갈 것이었다. 요컬슨은 리로이의 이야기 전환, 변명, 오도하고 혼란스럽게 하려는 기타 시도들의 희생양이 되지 않을 것이라고 선언했다. 리로이는 자기 어머니, 아버지, 인생의 "나쁜 시간", 심지어는 그가 저지른 범죄에 대해서도 허풍스럽게 떠들어댈 기회가 없었다. 요컬슨은 리로이의 배경에 대해 거의 알지 못했고 관심도 없었다. 그는 리로이가 심신장애를 이유로 무죄로 선고받으면서 벗게 된 혐의가 무엇인지조차 몰랐다. 그러나 많은 범죄자들을 심도 있게 연구하고 그들의 많은 생각 패턴에서 동일한 요인들을 발견한 요컬슨은 리로이의 마음이 어떻게 작동하는지에 대해 많은 것을 알고 있었다.

요컬슨은 리로이에게 자기가 하는 말을 듣고 동의하는지 말하라고 했다. 그리고는 리로이가 아주 어린 시절에 주변 사람들과 다른 길을 개척했고 비밀스러운 삶을 살았고 다른 사람들을 속일 만큼 교활한 것을 자랑스러워했다고 말했다. 또 어린 시절 자주 규칙을 위반한 것은 리로이가 세상에 맞추는 것보다 세상이 리로이에게 맞춰야 한다는 그의 생각에서 비롯되었다고 했다. 그리고 리로이 자신은 아무도 존경하지 않지만 다른 사람들은 그를 존경해야 한다고 생각한다고 했다. 리로이는 입으로는 책임에 대해 말하지만, 사실 그는 엄청나게 성공한 사람들을 제외하고는 모두 경멸하며 뛰어남과 성취 면에서 자기가 능가할 수 있다고 생각한다는 점도 지적했다. 요컬슨은 리로이가 "유리 턱(glass jaw)"을 가졌다고 말했다. 폭언을 퍼부을 수는 있지만 사소한 비판도 받아들일 수 없다는 뜻이었다. 그는 리로이가 친구들을 자랑할 수는 있지만 우정이 무엇인지는 모른다고 말했다. 그리고 리로이가 범죄를 저질렀고, 여전히 사랑한다고 공언하는 아내와 아이들을 방치하고 버렸음에도 불구하고, 생각을 왜곡시켜서 스스로를 괜찮은 사람이라고 생각한다고 주장했다. 한 문장씩 진술한 후에 요컬슨은 멈추고 리로이를 뚫어져라 쳐다보며 "내 말이 맞아요?"라고 물었다. 때때로 리로이는 진지하게 고개를 끄덕였고 어떨 때에는 어깨를 으쓱하며 "그렇게 말할 수 있지요"라고 답했다. 그러면 요컬슨은 그 진술에 집중하며 그것은 리로이가 세상에 거친 모습을 보여주었지만 자신이 누구인지 직면할 배짱도 없는 겁쟁이임을 보여준다고 지적했다. 리로이가 "모르겠다"고 하자, 요컬슨은 "모르겠다"는 것은 사실대로 말해 자신의 이미지가 실추되는 것을 두려워하는 범죄자의 전형이라고 말했다. 요컬슨은 어떻게 리로이가 말한 모든 것이 그의 성격을 드러내는지를 증명해 주었다.

요컬슨은 사냥개처럼 세 시간 동안 집중 질문으로 리로이의 가면을 벗겼다. 리로이는 요컬슨이 자신에 대해 하는 말이 마음에 들지 않았지만 부인하기는 어려웠다. 그는 여기저기 단어나 문구에 토를 달려 했지만 저항하려는 마음이 무너지는 것을 느꼈다. 나중에 리로이는 요컬슨이 자기가 쉽게 속일 수 있는 흔한 정신과 의사가 아니라는 것을 면담 초기에 감지했다고 인정했다. 요컬슨을 상대하는 것이 그가 예상했던 것보다 훨씬 더 힘들 것이라는 느낌이 왔다. 요컬슨이 자기 생각을 읽고 있는 건 아닌지 궁금해하기 시작했다. 리로이는 요컬슨이 범죄자에 대해 너무 많이 알고 있어서 요컬슨도 범죄자인 것 아닌가 하는 생각도 잠시 했다. 리로이를 가장 놀라게 한 것은 이 노인이 인간으로서의 그를 비참하게 묘사하는 동안 자신이 거기 앉아서 받아들이고 있다는 사실이었다. 리로이는 자신을 드러내고 있었지만 공격당하는 기분은 아니었다. 리로이의 삶의 방식에 대해 전면적인 반대를 표할 때조차 요컬슨은 침착하고 예의 바른 태도를 유지했다. 요컬슨은 리로이를 조롱하지 않았고 뺨을 때리거나 질책하지 않았고, 그를 존중하는 태도를 유지했다. 그래서 리로이는 요컬슨이 그를 낱낱이 분해하고 그의 이미지를 거울에 비추듯이 보여주는 동안 거의 홀린 듯이 계속 앉아서 받아들였다.

이것은 시작에 불과했다. 박사는 그에게 같은 면담을 더 하기 위해 다시 오라고 요청했다. 리로이는 요컬슨의 프로그램에 대해 들었지만 면담하는 동안 프로그램에 대한 언급은 한마디도 없었다. 박사는 리로이의 성격 정리가 끝날 때까지 프로그램에 대한 논의는 하지 않는다고 말했다.

리로이는 추가 면담을 위해 돌아왔다. 그의 삶의 어느 측면에도 고결한 부분은 없었다. 그의 새 여자친구도 마찬가지였다. 리로이는 그녀가 대학에 갔기 때문에 책임감 있는 사람이라고 생각했지만, 요컬슨의 심층적 질문은 그녀가 그가 묘사하듯 성모 마리아 같은 인물이 아님을 드러냈다. 그녀는 마리화나를 피웠고, "잠자리하기 쉬운 사람"이었고, 리로이의 총을 자기 집에 숨겨줌으로써 그의 범죄의 공범 역할을 제안했다. 수차례 면담하는 동안 요컬슨은 리로이에게서 참회하는 모습을 전혀 찾아볼 수 없었다. 그는 심지어 범죄자들이 다니는 싸구려 술집에서 연주하며, 자신의 음악적 재능마저 허비했다.

요컬슨은 리로이에게 솔직하게 그가 뼛속까지 범죄자이며 세 가지 선택이 가능하다고 말했다. 첫째, 범죄를 계속 저지르고 그 결과를 체험할 수 있다. 둘째, 자살할 수 있고, 그리고 그럴 경우 사회는 더 나아질 것이다. 둘 다 아니면, 문명인처럼 사는 법을 배우고 책임의식 있는 사람이 될 수 있다. 리로이는 처음 두 선택지를 배제했다. 그러자 변화하는 것 하나만 남았다. 그는 그것이 쉬울 것이라고 생각했다.

행동은 생각을 따른다. 범죄행위를 근절하려면 먼저 리로이 같은 사람이 생각하는 방식을 바꾸는 것이 필수적이다. 이것은 결코 빠른 과정도, 쉬운 과정도 아니다. 이 과업을 위해서는 오래된 사고방식을 무너뜨리고, 새로운 개념을 가르쳐 새로운 기반을 마련하고, 배운 것을 행동으로 옮기는 새로운 구조를 구축하는 것이 필요하다. 리로이는 평생 주변에서 "책임"이라는 말을 들어왔다. 이 단어는 너무 난잡하게 사용되어 모든 것을 의미하면서 아무것도 의미하지 않는 말이다. 리로이는 책임을 지는 것에 대해 아무것도 몰랐음에도 불구하고 단어를 앵무새처럼 따라 말하는 데에 익숙했다. 그에게 책임감이란 가면을 쓰고 존경할 만하게 보이는 것을 의미했다. 그는 "사람이 책임감이 생기면 정말 많은 짓을 저지르고도 빠져나갈 수 있다"고 말했다. 또 그에게 책임은 생각할 수 있는 모든 수단을 동원해 하룻밤 사이에 명성과 부를 획득한 거물을 의미했다. 그러나 리로이가 시작하려는 프로그램에서 "책임"은 효과적이고 건설적이면서 흠결이 없는 사람이 되기 위해 해야 하는 모든 것을 포함한다. 그것은 대부분의 사람들에게는 제2의 천성이지만 범죄자에게는 완전히 새로운 특정한 생각 패턴을 배우고 실천하는 것을 의미했다.

리로이는 자신의 불행한 과거 이야기가 아무 관련이 없다는 말을 들었다. 그의 삶이 처한 상황은 중요한 게 아니었다. 리로이는 희생자가 아니었다. 이 프로그램의 핵심 전제는 인간이 선과 악 사이에서 선택할 수 있다는 것이다. 요컬슨은 리로이의 공포심과 죄책감을 덜어주기보다 오히려 그것을 강화하려고 했다. 심리치료를 받은 리로이는 감정을 표현하고 분노를 표출하는 데 익숙했다. 그는 정신과 의사인 요컬슨이 자기 감정에 관심이 없다는 사실에 놀랐다. 이 프로그램에는 리로이가 자신에 대해 "더 좋게 생각하게" 만들거나 자신을 받아들이게 만드는 내용이 없었다. 오히려 변화하기 위해 그는 자신에게 극도로 염증을 느껴야 했다. 리로이는 흥미를 느꼈다. 더 중요한 것은 이 박사를 믿고 프로그램이 어떤 것인지 보는 것 외에는 선택의 여지가 없다는 점이었다. 그는 요컬슨에게 "정직한 노력"을 기울일 것이라고 말했다. 요컬슨은 그 말을 그냥 넘기지 않고 정직하지 않은 노력이란 건 있을 수 없다고 지적했다. 요컬슨은 리로이가 이 프로그램이 성공적인지 한번 지켜보려는 것처럼 보였다고 말했다. 결과가 그가 원하는 대로 나오지 않으면, 리로이는 자기는 그래도 시도했다고 믿으면서 하고 싶은 대로 할 것이다. 요컬슨은 계속해서 리로이의 모든 진술이나 질문을 분석하며 그의 가면을 벗겼다.

그러고 나서 요컬슨은 리로이에게 이미 변화과정상의 서로 다른 지점에 있는 다섯 명의 남자 그룹에 합류하도록 허락했다. 그룹 모임은 새로운 사람은 다른 사람들이 어떻게 기능하는지 볼 수 있고 기존 멤버는 아직 전혀 변화하지 않은 범죄자의 질문과 주장, 변명을 들으면서 자기 자신을 다시 볼 수 있도록 구성되어 있었다. 리로이는 환자가 무엇을 논의할지 결정하고 의사는 거의 말하지 않는 치료 모임에 익숙했다. 요컬슨 모임은 그런 자유분방한 토론과는 전혀 비슷한 점이 없었다. 이 상황에서는 범죄자가 아니라 의사가 모임을 진행했다. 각 범죄자는 지난 24시간 동안 작성한 메모 한 묶음을 보며 자신이 생각한 것을 보고했다. 병동의 다른 환자에 대한 생각, 간호 직원에 대한 생각, 가족에 대한 생각, TV에서 나오는 폭력적인 영화에 대한 생각, 이 모임에 대한 생각, 요컬슨에 대한 생각, 자위 중에 든 생각 등등. 사람들은 요컬슨이 끼어들어 특정 생각에 대해 논평하는 동안 조용히 경청했다. 그것이 토론의 초점이 되었으며 요컬슨은 고쳐야 할 개념을 해당 메모를 제출한 사람뿐만 아니라 그룹 모임의 모든 사람에게 적용시켜 말했다.

리로이가 프로그램에 들어갔을 때, 요컬슨은 앞으로 그가 살아갈 삶에 대해 미리 알려주었다. 요컬슨은 그것이 수도사의 은둔생활 같은 삶일 것이라고 경고했다. 다른 범죄자들과 관계를 끊어야 하고 마약도 안 되고 맥주도 안 된다. 책임감 있는 성관계를 갖는 법을 배우기 전까지는 성관계도 안 된다. 매일 그룹 모임에 참석해야 한다. 퇴원한 후에도 여전히 참여해야 한다. 지금까지 존재하는지조차 알지 못했던 문제에 부딪칠 것이고 삶은 엄격하게 통제되고 힘겨울 것이다. 리로이는 이런 말을 듣고 깊이 생각했다. 그 프로그램은 그에게 극단적으로 들렸지만 다른 선택의 여지가 없었다. 그의 자기 과거에 대한 혐오감과 미래에 대한 두려움은 새로운 시작을 하게 만드는 동력이 되었다.

리로이나 다른 어떤 범죄자도 처음부터 변화를 위해 열정적으로 헌신할 수는 없다. 사람이 이전에 경멸했고 아무것도 알지 못하는 삶의 방식을 즉시 받아들이는 것은 불가능하다. 헌신은 경험과 함께 늘어난다. 테니스를 배우는 것과 비슷하다. 병원에서 테니스를 배운 리로이는 이 비유가 이해가 되었다. 처음에는 스포츠가 매력적으로 보였고 시도하고 싶은 마음이 간절했다. 그러다 심하게 습하던 워싱턴의 8월 어느 날 날

벌레들과 싸우며 테니스 공을 쫓아다니고 나니, 테니스만 빼면 무엇이든 헌신적으로 할 수 있을 것 같았다. 그러나 레슨을 받고 연습을 하면서 그는 실력이 늘었다. 더 열심히 노력할수록 그의 실력은 더 좋아졌고, 테니스를 치고 싶고 더 잘 치고 싶은 열망이 더 커졌다. 불행히도 리로이가 테니스의 이런 경험을 인생에 일반화한 적은 없었다. 그러나 요컬슨은 그의 인생에 적용했다. 그는 더 많은 경험과 지식을 쌓으면 리로이가 테니스에 점점 헌신하게 된 것과 마찬가지로 변화하겠다는 각오도 점점 더 커질 것이라고 말했다.

리로이가 왜 프로그램에 참여하겠다고 동의했는지 요컬슨은 알 방법이 없다. 병원 측에 잘 보여 더 일찍 퇴원할 수 있게 하려고 한 것일까? 수년간 범죄자를 만난 경험을 통해 요컬슨은 쉽게 속지도 않으면서 냉소적이지도 않을 수 있었다. 그는 리로이가 말한 모든 것을 믿으면 리로이가 그를 조종하려 하고 존경하지도 않을 것을 알고 있었다. 하지만 요컬슨은 자신이 계속 리로이를 불신하면 그들 사이에 대화가 있을 수 없다는 것도 알고 있었다. 그는 즉각적인 판단을 내리지 않고 "시간이 말해 줄 것"이라는 입장을 택했다. 그것을 본 리로이의 삶은 위기에 처했다. 진실해야 하고 배운 것을 실천에 옮겨야 한다는 부담이 리로이에게 있었다. 그렇지 않으면 실패는 요컬슨의 것이 아니라 리로이의 것이 될 터였다.

요컬슨 그룹이 매일 오전 내내 만난다는 소식을 듣고 리로이는 세상에 사람들이 뭘 하느라 그렇게 많은 시간을 소비하나 의아했다. 곧 답을 알 수 있었다. 토론은 사건이나 문제에 국한되지 않았다. 특히 교도소나 병원의 일상에서 사건은 드물었고 별다를 게 없었다. 범죄자는 자신이 해서는 안 되는 일을 해서 곤경에 처했을 때만 "문제"가 있다고 생각한다. 그래서 토론 주제를 문제에만 국한시키는 것은 거의 의미가 없었다. 모임의 핵심은 생각을 매일 보고하는 것이었다. 그렇다면 독감으로 종일 침대에 누워 있었던 사람이라도 보고할 것이 넘칠 것이었다. 우선 리로이는 생각을 멈추고 생각한 것을 기억하고 종이에 메모하는 법을 배워야 했다. 그는 마치 자기 생각을 녹음한 테이프가 재생되는 것처럼 생각하라는 안내를 받았다. 생각을 강조하는 이유는 오늘의 생각이 내일의 범죄의 씨앗을 내포하고 있기 때문이었다. 리로이는 이것을 매우 빨리 이해하기 시작했다.

어느 날 아침 그는 사무실에 불려가서 간호 조무사에게 마리화나를 많이 피우지 않나는 의심을 받았을 때 화가 났다고 보고했다. 그는 이 프로그램에 참여하면서 일주일 동안 마약을 전혀 사용하지 않았던 터라 특히 분노가 치밀었다. 순간 "저 새끼의 머리를 깨뜨려버리겠어"라는 생각이 머리를 스쳤다. 리로이가 직원을 폭행할 생각을 한 것은 그룹 모임에서 마치 실제로 폭행을 한 것처럼 심각하게 다루어졌다. 요컬슨은 그런 생각이 통제되지 않는다면 리로이가 폭력적이 되는 것은 시간 문제일 뿐이라는 것을 알고 있었다. 그러나 중요하게 여겨진 것은 범죄에 대한 생각만이 아니었다. 리로이의 생각 중 어떤 요소도 모호하게 남아 있어서는 안 되었다. 변하지 않은 범죄자로서 그는 무엇이 중요한지 판단할 수 있는 위치에 있지 않았다. 그에게는 사소해 보이는 것이어도 오전 내내 토론할 거리가 제공될 수 있었다. 요컬슨은 보고를 주의 깊게 듣고, 잡다한 생각 중에서 무엇에 초점을 맞출지 선택했다. 이 동네에 사는 한 범죄자는 모임에 오는 길에 갑자기 자기 차 앞에 끼어든 운전자의 차 앞을 가로막을 생각을 했다고 말했다. 이 생각은 하루 24시간 중 몇 초 동안 스쳐 지나간 것이다. 대부분의 사람들은 그것을 즉시 잊어버리겠지만, 이 사람은 자신의 생각에 돋보기를 대고 보는 훈련을 받았다. 겉보기에 사소해 보이는 이 사건은 다른 사람들에 대한 범죄자의 기대, 다른 사람들을 통제하려는 그의 시도, 두려움, 분노와 같은 여러 주제를 건드릴 토론거리가 되었다.

리로이는 아침 모임이 체계적이고 질서 정연하다는 점에서 교실 같다는 사실을 발견했다. 그러나 어떤 면에서도 딱딱하거나 학문적이지는 않았다. 가르침이 그룹 멤버의 즉각적인 경험과 직접 관련되어 있기 때문이었다. 리로이는 처음에는 자신이 얼마나 예리한지 보여줌으로써 다른 사람들에게 깊은 인상을 주고 싶었다. 첫 만남에서 한 범죄자가 요컬슨과 열띤 논쟁을 벌였다. 리로이는 그 사람이 배워야 할 시간에 말다툼을 한다며, "박사님이 잘 아시잖아요. 당신은 잘 듣기나 해요!"라고 강하게 질책했다. 리로이는 칭찬을 기대했는데 요컬슨이 이 모임의 목적이 서로를 비판하는 것이 아니라 다른 사람들의 실수와 경험에서 배우는 것이라고 말해서 당황했다. 요컬슨은 리로이가 평생 사람들을 비난하기 바빴지만 자기 자신은 거의 비판하지 않는다는 것을 알아챘다. 그룹의 각 범죄자에게 요컬슨이 가장 자주 묻는 질문은 "무엇을 배웠나요?"였다. 프로그램 초반에 리로이는 계속해서 그룹 멤버나 요컬슨의 결점을 지적했지만 자기 자신을 들여다보는 것은 꺼렸다. 그는 자신이 범죄자라고 한번도 믿지 않았고, 온 마음을 다해 그 생각과 싸웠다.

어느 날 오후, 수행 직원이 그에게 테니스 코트에서 숙소까지 차로 태워다 주겠다고 제안했다. 리로이는 수락한 뒤 직원이 식료품점이 있는 길로 간다는 사실을 알게 되었고 맥주를 샀다. 리로이는 몇 모금 꿀꺽꿀꺽 마신 뒤 자기 병실로 돌아갔다. 그동안 그를 찾은 사람도 없었고, 해당 직원 외에는 아무도 맥주에 대해 알지 못했다. 그 직원은 맥주에 대해 말하지 않을 것이었다. 리로이가 그룹 모임에서 그 사건을 보고하자 요컬슨은 마치 그가 살인을 저지르기라도 한 것처럼 반응했다. 리로이는 "모두"가 병원 밖으로 돌아다니기 때문에 큰 문제가 아니었다고 생각했다. 경험 많은 범죄자에게 경비원을 지나가는 건 쉬웠다. 맥주는 아무도 해치지 않았다. 아무도 그 사실을 알지 못했다. 나도 살짝 타락할 자격이 있지 않은가? 나는 완벽하지 않으니까. 이 하나의 사건은 많은 생각의 오류를 낳았다.

첫째, 리로이는 무단으로 구역을 이탈해 음주를 함으로써 병원법 위반 두 건과 프로그램 위반 한 건을 저질렀다. 그런 다음 그는 자신을 예외적 경우로 만들려고 주장했다. 행동 당시 자신이 옳다고 생각했기 때문에 잘못된 것을 옳은 것으로 만드는 케케묵은 수법이었다. 맥주 몇 모금이 위험해서가 아니라, 예외를 만들어 한 번의 위반이 다른 위반으로 이어지게 하는 리로이의 평생 습관이 문제였다. 게다가 리로이는 맥주 한 잔에 멈춘 적이 거의 없었다. 맥주는 스카치 위스키, 헤로인, 여성, 범죄로 이어지는 사슬의 첫 번째 연결 고리였다. 실수였고 그가 완벽하지 않다는 그의 주장은 그가 오래된 패턴을 제거하기 위해 필요한 절제를 하지 않았다는 것을 의미했을 뿐이었다. 다른 사람들이 모두 구역을 이탈해 술을 마셨는지 여부는 상관없는, 구차한 변명이었다. 모두가 프로그램에 있는 것은 아니었지만, 리로이는 이 프로그램에 참여 중이었다. 핵심 질문은 맥주가 책임 있는 사회 구성원이 될 기회를 희생할 가치가 있는지 여부였다.

모든 면접관이나 변화를 유도하려는 사람들이 부딪히는 장애물 중 하나는 범죄자들이 거의 "남들도 모두 한다" 또는 "사람은 다 그렇다"고 주장하는 것이다. 범죄자들은 사회가 부패했다고 비난하는 사람들을 가리켜, 그들도 잡히지 않았다는 사실 빼고는 남들과 똑같다고 주장한다. 그들은 특정 스캔들을 인용하면서 기업과 정부에 있는 사람들이 어떻게 잘못을 저지르고도 빠져나가는지 지적할 것이다. 리로이도 그런 적이 많았다. 많은 범죄자들이 잡히는 것을 피하거나, 잡혀도 처벌을 받지 않는다는 사실을 인정하면서도, 요컬슨은 리로이의 당면 과제에서 주의를 돌리지 않았다. 그것은 리로이의 무책임 문제를 다루는 것이었다.

요컬슨의 프로그램에 있는 기준들은 리로이가 세상에서 찾을 수 있는 거의 모든 기준보다 더 엄격했다. 변화하려면 한쪽 극단에서 다른 극단으로 가야 한다는 사실을 리로이는 받아들이기 어려웠다. 리로이는 처음부터 자신을 악한 사람으로 여기지 않았다. 자신에 대한 진실을 받아들이는 것은 극도로 고통스러웠고 그가 이제까지 경험한 것 중 가장 힘든 과제였다. 범죄자가 진실을 마주하기를 꺼리는 것에 대해 그룹의 한 멤버는 이렇게 표현했다. "내가 이걸 자세히 들여다보지 않는 이유는 진짜로 보면 마치 전류가 흐르는 전선을 만지는 것 같기 때문입니다." 프로그램의 가장 기본적인 요건은 범죄자가 자신의 생각을 꾸미거나 편집하거나 생략하지 않고 보고하는 것이다. 리로이는 "전류가 흐르는 전선"을 만지고 싶지 않았기 때문에 의도적으로 몇 가지 거짓말을 꾸며냈다. 어떤 때는 자동으로 그의 입에서 거짓말이 흘러나왔다. 그는 무언가를 부정하거나, 진실의 일부만 인정하거나, 좋게 보이기 위해 답을 가려서 하기도 했다. 그 자신이 지적했듯이 그는 말을 할 수 있었던 때부터 거짓말을 해왔기 때문에 거짓말은 그에게 제2의 천성이었다.

범죄자의 습관적 거짓말 때문에 이와 같은 프로그램에서 변화를 유도하는 사람은 부모, 아내 또는 고용주와 같이 범죄자를 잘 아는 책임 있는 사람과 연락을 유지하는 것이 중요하다. 범죄자가 알고 동의한 상태에서 정기적으로 연락해야 한다. 범죄자가 출소한 후에는 특히 그렇다. 요컬슨은 리로이와 24시간 함께 생활하는 기관 직원과 이야기할 수 있었고 나중에 리로이가 지역사회에 돌아온 뒤에는 그의 가족과 이야기할 수 있었다. 외부 정보원과의 접촉이 중요한 것은 범죄자의 진행 상황을 평가하는 데에도 필수적이며, 또한 범죄자가 준법사회에서 경험 부족으로 스스로 인식하지 못하는 문제를 다른 사람은 볼 수도 있기 때문이다.

프로그램에 참여한 첫 달이 리로이에게는 새롭고 흥미로웠다. 그는 자신이 누구보다 빠르고 완벽하게 변할 수 있다고 확신했다. 그는 작은 성취에서 희열을 느꼈다. 그가 지나가다가 세탁소에 가서 수납가방을 좀 사고 싶다고 하자, 가게 주인은 친절하게 그에게 가방을 주었다. 식료품 가게에 들러 종이팩을 좀 달라고 했을 때에는 그가 들고 갈 수 있는 것보다 더 많이 얻을 수 있었다. 그가 요청한다는 것이 진정한 변화였다. 과거에 그는 원하는 게 있으면 무엇이든 그냥 가졌다. 리로이는 자신이 점점 더 책임감을 느끼고 있다고 선언했다. 문제는 그가 여전히 흥분거리를 찾고 있다는 것이었다. 얼마 지나지 않아 프로그램의 참신함이 사라지자 리로이는 지루해졌다. 그는 범죄 인생에서는 엄청난 에너지를 가지고 있었지만 지루한 삶에 대한 인내심은 거의 없었다. 예전에는 늘 자기 방식대로 하고 지름길을 찾았지만, 이번 프로그램에서는 지름길은 없었고 끝없는 고역만 있을 뿐이었다. 그가 입을 열 때마다 박사는 비판할 것을 발견했다. 기대되는 행동을 하는 데 대한 보상은 없었다. 요컬슨은 "문명화된 인간처럼 사는 것에 대해 난초 화분이라도 받길 원하는 거냐"고 묻곤 했다. 한꺼번에 배워야 할 게 너무 많은 것 같다고 느낀 리로이는 "많이 할수록 할 것이 더 많다"고 말했다. 그는 프로그램이 성가셔졌고 자주 목의 뻐근함과 두통에 대해 불평했다. 리로이는 약물을 끊은 지 몇 달이 되었지만 헤로인을 처음 끊을 때 경험했던 것과 동일한 다른 증상을 겪었다. 그는 프로그램에서 속임수를 쓰면 복통, 발한, 기타 고통이 사라질 것임을 알고 있었다. 그는 "위반이 유일한 위안"이라고 생각했다.

항상 자기 자신이 주변의 모든 것을 통제하고 있다고 생각했던 리로이는 갑자기 스스로가 힘없는 희생자 같았다. 남들 때문이 아니라면 자기 자신이 그렇게 만든 것이었다. 그는 자기 감정들이 외부에서 일어나는 것이고 그는 그 감정들과 아무 관련이 없는 것처럼 행동했다. 리로이는 여자친구가 방문했을 때 말다툼을 하다가 그녀의 뺨을 때린 것은 자신이 분노를 제어할 수 없어서였다고 주장했다. 그는 너무 지루하고 우울하기 때문에 마리화나를 피우는 것에 의지했다고 말했다. 그는 너무 초조해서 가만히 앉아 있을 수 없다며 모임에 불참했다. 그의 변화에 대한 그의 감정과 관심사를 바꾸는 것은 요컬슨에게 달려 있었다.

리로이는 감정이 이끄는 대로 살아왔기 때문에 다른 사람들의 요청을 "하기 싫어요" 또는 "관심이 없어요"라며 계속 거부했다. 사실 리로이는 자신이 의무로 인식하지 않은 의무를 자신이 이행해야 한다면 다른 사람들이 그 이유를 제시할 의무가 있다고 생각했다. 병원은 결국 리로이가 지역사회에서 일할 수 있게 허용했고, 그는 잠을 잘 때만 병동으로 돌아갔다. 주말에도 외출권이 주어졌다. 요컬슨은 특히 주말에 시간을 구조화하는 것의 중요성을 반복해서 강조했다. 처음으로 토요일에 외출을 하게 되자 리로이는 감정이 충만했다. 리로이는 여러 가지를 할 마음이 전혀 없었고 계획도 세우지 않았다. 어머니를 방문한 뒤, 그는 마약과 범죄 구역의 한가운데로 갔다. 이상적인 봄날이었지만 테니스는 생각도 하지 않았다. 그는 가족 친구들을 방문하는 것에는 흥미가 없었다. 술집 주변을 돌아다니고 당구장들을 헤매고 다니다 보니 취하고 싶다는 생각이 간절해졌다. 그는 옛 단골집 앞에 멈춰 서서 스스로에게 안 된다고 말하고 어머니 집으로 돌아갔다. 일요일에 그는 맥주를 몇 병 마셨고, 병동으로 돌아갔고, 한 여성 환자에게 추파를 던지기 시작했다. 짧은 성적 대화가 점점 활기를 띠자 리로이는 씩 웃으며 그녀의 엉덩이를 툭툭 쳤다. 여성은 무엇이든 할 준비가 되어 있었지만 리로이는 멈추고 자신에게 지금 무엇을 하고 있는 건지 자문한 뒤 병동으로 돌아갔다. 월요일 아침, 그는 프로그램에 흥미가 없어졌다고 불평했다. 그는 요컬슨이 자신의 남자다운 면을 빼앗고 종처럼 만들려 한다며 화를 냈다. 그는 "범생이 백인"처럼 되지는 않을 것이라고 외쳤다. 프로그램 전반에 걸쳐 리로이는 인종 문제를 주입할 때마다 화를 내며 자신의 무책임에 대한 변명을 찾았다. 그럴 때면 요컬슨은 그에게 "웬수 같은 백인"이었다.

리로이는 요컬슨이 분노에 대항하는 전쟁을 벌이고 있다는 것을 발견했다. 이는 그가 이전에 받았던 정신과 치료에서 의사들이 그에게 분노를 표출하도록 격려했던 것과는 정반대였다. 요컬슨은 화난 범죄자가 분노를 "표출하는" 것이 너무 많은 해를 끼친다고 주장했다. 세상이 그에게 맞춰주지 않을 때마다, 스스로 상황을 통제하지 못할 때마다, 범죄자는 벌컥 화를 냈다. 분노는 범죄자가 위협을 받고 있다고 생각할 때마다 보인 습관적인 반응이며, 이것은 삶에서 하루에도 여러 차례 발생한다. 책임의식 있는 사람도 화가 나면 다른 사람을 공격하고, 판단력이 흐려지고, 당시 하는 일에 효율이 떨어진다. 하지만 분노는 보통 그쯤에서 멈춘다. 범죄자의 경우에 분노는 퍼지고 범죄로 이어지기 전에 제거해야 할 악성종양이다. 요컬슨이 리로이에게 분노를 발산하기보다 삼키라고 했을 때 리로이는 충격을 받았다. 요컬슨은 현재로서는 누군가가 두개

곧에 금이 가서 고통받게 하는 것보다는 궤양의 위험을 감수하는 게 낫다고 리로이에게 조언했다.

그러나 분출이나 억제 모두 적절한 해결책이 아니다. 리로이와 같은 범죄자의 경우에 반드시 해야 할 일은 그가 자신과 세상에 대한 현실적인 시각을 갖도록 돕는 것이다. 그러면 그가 화날 일이 줄고 일이 잘못되었을 때에 건설적으로 반응하는 데에 도움이 된다. 참을성 없는 범죄자는 비판으로부터 이익을 얻고, 거절에 대처하고, 인생의 역경에 굴하지 않고 나아가는 법을 배워야 한다. 인생은 "고통을 삼키면서 달다고 말하는 것"이라는 칼럼니스트 벤 스타인의 글이 이를 간결하게 표현한다.

그러나 범죄자는 그 이상을 해야 한다. 그는 자신이 화를 낼 수 있는 상황을 예상하고 미리 생각하는 법을 배워야 한다. 예를 들어 차를 수리점에 맡기면 안 좋은 일이 일어날 가능성이 있다는 것을 그는 경험을 통해 이미 알고 있다. 차가 제시간에 준비되지 않을 수 있고, 고쳐지지 않았을 수 있고, 청구액이 예상보다 높거나, 요청하지 않은 것이 수리되거나, 최악의 경우 서비스 관리자가 주차장에서 그 차를 찾지 못할 수 있다. 고객은 현실적인 기대를 하고 화를 내지 않을 수 있다. 가기 전에 미리 전화를 걸어 차가 준비되었는지 확인할 수도 있다. 수리를 하기 전에 예상금액을 알려달라고 요청할 수 있다. 추가 수리가 필요한 경우 하기 전에 미리 알려달라고 수리점에 이야기할 수 있다. 예방 조치를 취했지만 차를 찾으러 가는 길에 그는 여전히 문제가 발생할 수 있음을 상기할 수 있다. 그렇다고 해서 그가 다른 사람들에게 당하고 사는 사람이 되는 것은 아니다. 그러나 문제를 예상함으로써 화를 피할 수 있다. 필요할 때는 화내지 않고 단호해질 수 있다. 심리학자 폴 호크는 화를 내지 않고 사는 것이 가능하다고 강조한다. 그는 "정상적으로 일어나는 상황들에 대해 화내지 않는 아이로 키우는 것이 완벽히 가능하다"며 "사람은 동시에 지브롤터의 바위처럼 견고하면서 맑은 날처럼 평화로울 수 있다"고 주장한다.

책임의식 있는 사람은 분노를 피하기 위한 그런 단계를 밟지 않을지 모른다. 하지만 그의 분노의 결과는 보통 범죄자가 분노했을 때 일어나는 결과보다 파급효과가 훨씬 약하다. 리로이 같은 범죄자들은 분노를 통해 세상에서 자기 위치를 공고히 하고 종종 다른 사람들에게 막대한 해를 끼친다. 사람들을 통제할 수 없다면 리로이는 누구란 말인가? 다른 사람들이 그의 명령에 즉각 행동하지 않고 그가 원하는 바를 예측하지 않는다면 인생이 무엇이란 말인가? 분노에 관한 한 사례 보고를 통해 그의 삶에서 분노의 역할을 알아보자.

어느 토요일, 리로이는 여자친구 재키의 아파트에 들렀다. 그녀의 전화가 울리자 그가 받았고 재키와 통화하기를 원하는 한 남자의 목소리를 들었다. 그는 수화기를 건네고 그녀 곁에 서서 양쪽 대화를 들으려고 애썼다. 그녀는 잘못 걸려온 전화인 척하며 발신자 번호를 지우려 했다. 리로이는 발신자가 재키의 이름을 댔는데 누군지 모른다고 하는 것은 거짓말이라고 그녀를 비난했다. 재키는 부인했고 리로이는 그 문제를 넘어갈 정도의 센스는 있었다. 그날 저녁 그들은 나이트클럽에 갔다. 재키가 여자화장실에 있는 동안 풍만하고 세련되게 차려 입은 여성이 리로이에게 춤을 추자고 했다. 자리에 돌아온 재키는 댄스 플로어에서 뺨을 맞대고 있는 두 사람을 보고 소동을 일으켰다. 리로이는 "어떤 년"도 그에게 이래라 저래라 할 수 없으며, 특히나 이 도시 사는 모든 남자들에게 전화를 받으면서 그럴 순 없다고 선언했다. 재키가 나가려고 의자에서 일어나자 그는 몸을 돌려 그녀 얼굴을 때렸다. 이것이 리로이가 삶을 다루는 방식이었다.

리로이는 자신을 신성한 군주로 여기는 시각을 아직 포기하지 않았으며, 군주가 아닌 다른 사람으로 자신을 보려 하지도 않았다. 그는 재키의 "남자", 그녀의 유일한 남자이기를 기대했다. 자기가 얼마나 많은 여자를 가졌든 재키를 얼마나 학대했든 상관없이. 다른 사람들이 자기 기대를 충족시키지 못하면 그는 분노했다. 그래서 그는 끊임없는 분노 속에서 살았다. 그가 더 현실적이 되도록 돕기 위해 요컬슨은 리로이에게 "머피의 법칙(안 되려면 꼭 안 된다)"을 소개했다. 리로이는 그룹 멤버가 머피의 법칙의 외전을 발견했다는 농담을 들었다. 잘못될 리가 없다고 절대적으로 확신했던 것도 잘못될 수 있다는 것이었다. 리로이는 남은 생애 동안 머피에게 괴롭힘을 당할 것을 예상할 수 있었다. 머피의 법칙은 하나의 도구에 불과했다. 프로그램 전반에 걸쳐 다루어야 할 기본 질문들은 다음과 같았다. 리로이, 당신은 누구입니까? 당신은 사람들에게 어떤 영향을 미치나요? 어떤 사람이 되고 싶습니까? 당신은 다른 사람들에게 무엇을 기대합니까?

프로그램과 이 모든 과정이 그만한 가치가 있는지에 대한 의구심에도 리로이는 이 프로그램을 고수하는 것 외에는 선택의 여지가 거의 없었다. 리로이의 정신상태는 어느 금요일 오후 늦게 그가 적은 생각 메모에 잘 나타난다.

"내가 가끔 오후시간을 보내는 첫 번째 문 근처에서 내가 평소 자주 이야기하던 한 남자를 보았습니다"라고 그는 보고했다. "나는 그의 이름을 모르고 그도 내 이름을 모를 겁니다. 우리는 이야기를 나눴고, 그가 술을 마셨고 아무런 고통도 없다는 것이 아주 분명했습니다. 내가 만나는 사람들 전부 무언가에 취해 있고 즐겁게 지내고 있다는 생각이 들었습니다. 그리고 고독만 주고 재미는 없는 이 범생이 생활이 가치가 있는지 의문이 들었습니다. 멋진 차들이 문을 통해 이 구역을 떠날 때 나는 저 차는 범생이들이 가진 집, 아이들, 그들을 사랑하는 다정하고 아름다운 아내, 그들을 존경하는 친척과 친구들, 그리고 다른 많은 작고 아름다운 것들의 일부분에 불과하다고 느꼈습니다. 내 투쟁과 싸움이 저런 멋진 것들을 나에게도 가져다줄 것이라고 생각합니다. 아니면 다시 쿨하던 옛날로 돌아갈 수도 있겠죠. 그러면 아무 발전이 없겠죠. 몰라요. 될 대로 되라죠. 이러나 저러나 다 지옥이에요." 그의 글은 이렇게 끝났다. "왜인지는 모르겠지만 나는 지금 울고 싶습니다. 그래서 이제 그만 쓰고 내일 다시 하겠습니다. 난 이런 기분이 싫습니다. 그러니 하나님 도와주세요."

초기에 리로이가 직면한 가장 큰 문제는 변화하지 않은 범죄자로서 매일 범죄 생각이 머릿속에 넘쳐난다는 것이었다. 거리에서 그와 그의 삶 사이에 있는 유일한 장벽은 체포에 대한 두려움과 헐벗은 양심이었다. 이것들은 이전에는 그다지 강력하지 않았으며, 그는 미래에 그것들에 의존할 수 없다는 것을 알고 있었다. 요컬슨은 그에게 범죄적 사고를 억제하는 방법을 가르치기 시작했다. 첫 번째 방법은 생각에 따라 행동했을 때 따라올 많은 결과를 고려하는 것이었다. 사무원으로 일할 때 리로이는 상사가 흑인에 대해 편견을 갖고 있다고 확신했고 그래서 승진을 못하게 될까 봐 두려웠다. 매일 그는 백인인 다른 직원들에게는 친절하면서 자신에게는 적대적이지는 않더라도 무관심한 것처럼 보이는 그의 상사에 대해 부정적인 시각을 품고 있었다. 어느 날 리로이는 지각으로 질책을 받았다. 다른 사람이 그에게 그렇게 날카롭게 말한 것은 처음이었다. 그는 참았지만 그룹 모임에 화가 난 채 들어와서 더 이상 "그 개자식의 짓거리"를 참지 않겠다고 선언했다. 다음 번에 또 그러면 가만 있지 않을 생각이었다. 요컬슨은 참을성 있게 이 선언이 리로이의 삶에 대한 이야기라고 지적했다. 그는 일이 뜻대로 되지 않으면 다른 사람에게 따끔한 교훈을 주려 했다. 나쁜 상황을 더 악화시키는 것이다. 그는 항상 공정한 플레이를 요구하면서 자신은 다른 사람들을 함부로 대했다.

요컬슨은 늘 하던 방식대로, 리로이가 직장을 다닌 지 불과 몇 달 만에 성급히 결론을 내리려 한다고 지적했다. 그는 리로이에게 이보다 훨씬 더 힘든 상황에 직면할 것이라고 경고했다. 사실, 요컬슨은 범죄자들에게 일이 잘못되면 감사하라고 조언했다. 왜냐하면 그것이 그들이 역경에 대처하고 미래에 더 잘 대비하는 법을 배우도록 도와주기 때문이다. 만일 리로이가 상사를 비난하는 말을 했다면 그것은 상사를 화나게 했을 뿐만 아니라 상사가 인종적 편견을 가지고 있었다면 리로이의 행동이 그 편견을 강화했을 것이다. 게다가 리로이는 사무실 내에 다른 적들을 만들어서 일을 하기가 더 어려워졌을 것이다. 해고되어 다음 직업을 추천해 줄 사람을 잃을 수도 있다. 가장 중요한 것은 그의 분노가 일련의 사건을 촉발해 범죄를 저질러야 멈췄을 것이라는 점이다. 그것이 그의 패턴이었기 때문이다. 결과를 미리 생각하는 것은 억제의 한 형태이다. 나중에 리로이는 반복되는 과거의 대응방식보다 더 큰 보장을 제공하는 새로운 개념들을 배울 것이다. 그는 장기적인 사고의 필요성과 팀워크의 필요성, 다른 사람을 대신하는 것의 중요성을 이해할 것이다. 그러나 그때까지는 즉시 사용할 수 있도록 자제력을 갖추는 것이 필수적이다. 범죄자가 화를 멈추는 법을 배우는 것처럼 범죄행위로 꽃피우기 전에 범죄적 사고를 꺾어버리는 법도 배운다. 어떤 역경에도 대비함으로써 그렇게 한다.

그룹에서 가장 뛰어난 변화를 보인 사람 중 한 명인 마크는 아내 리즈와 함께 휴일 주말을 위해 차를 몰고 산에 갔다고 보고했다. 과거 두 사람은 함께 있을 때마다, 특히 휴가 때면 말다툼과 길고 차가운 침묵, 눈물과 쓰라린 질책으로 보냈다. 마크는 항상 자기 방식을 고집했기 때문에 주말과 여행은 사소하기 이를 데 없는 사건으로 인해 완전히 무너지고는 했다. 그는 리즈를 통제하려 했는데, 저녁 식당 메뉴에서 리즈가 무엇을 주문해야 하는지 결정할 정도였다. 이제 마크는 잘못될 수 있는 모든 것을 예상하려고 했다. 길을 잃고, 자동차에 문제가 생기고, 병이 나고, 숙소가 더럽고, 날씨가 춥고, 비가 오고, 커피가 연하고, 사람들이 무신경하고, 오락시설에 사람이 너무 많고, 아내가 그가 관심 없는 일을 하기를 원하고, 그녀가 천천히 움직이고, 생리 중이라 성관계를 거부하는 등등.

이것은 은행강도를 계획할 때 외에는 계획을 거의 하지 않고 살아온 리로이에게 아주 새로웠다. 이 프로그램에서 그는 미래의 사건뿐 아니라 미래에 어떤 생각을 할지에 대해서도 생각하도록 배웠다. 요컬슨은 생각에 대해 생각하는 것의 중요성을 강조했다.

여름이 성큼 다가왔고 날은 뜨겁고 무더웠다. 그룹의 또 다른 멤버인 피트는 반바지, 홀터넥, 비키니를 입은 젊은 여성들을 바라보면서 "욕망에 현기증이 난다"고 보고했다. 그는 길 건너 3층 발코니에 있는 "푸릇푸릇한 암컷"을 그의 "고약한 노파" 아내와 대조했다. 아내는 실제로는 늙지도 고약하지도 않았다. 피트는 자신의 이런 생각을 깨닫고 멈추었다고 요컬슨에게 보고했다. 계속하도록 허용했다면, 그는 머릿속으로 이웃을 벌거벗기고 "한 번도 성 경험이 없는 그녀와 성관계를 하는" 상상을 했을 것이라고 말했다. 과거 경험을 통해 그는 자신이 상상을 넘어서 복도를 어슬렁거리며 그녀에게 접근할 기회를 찾다가 그녀를 적당한 곳으로 끌고 가서 옷을 찢어버리고 자기 욕망을 채울 것이라는 것을 알고 있었다.

리로이는 피트가 얼마나 재빨리 자기 생각에 브레이크를 걸었는지 보고 깊은 인상을 받았다. 그러나 리로이는 결과에 대해 생각하지 않을 때가 종종 있음을 고백했다. 게다가 그는 자신이 어떤 행동을 할지는 물론이고 어떤 생각을 할지 다 예상할 수는 없었다. 즉각적 욕구를 다스릴 더 효과적인 방법이 있어야 했다. 코카인을 흡입하는 즐거움에 대한 생각이 갑자기 떠오를 때 어떻게 바로 꺼버릴 수 있을까? 요컬슨은 마약이나 다른 위반에 대한 생각을 처리하는 가장 좋은 방법은 스스로에게 삶을 저버리고 교도소로 다시 들어갈 가치가 있는지 묻는 것이라고 말했다. 답이 "아니오"라면 그는 생각을 다른 쪽으로 돌릴 수 있을 것이다. 리로이는 그렇게 했다. 사무실에서 리로이는 젊은 여성이 주사기 바늘로 발의 가시를 제거하는 것을 보았다. 그는 즉각 마약을 떠올렸다. 그는 그 자신에게 "마약은 죽음"이라고 상기시키면서 이 생각을 다스렸고, 다른 것을 생각했다.

피트는 의사의 진찰실 선반에 놓여 있는 고무장갑 한 벌을 보았다고 보고했다. 그는 그 장갑을 끼고 간호사를 붙잡고 그녀를 강간하는 생각을 했다. 피트는 즉시 이 생각의 흐름을 멈추고 직장의 문제에 대해 생각하기 시작했다. 또 다른 남성은 우유 한 통을 사러 가는 길에 주류 판매점을 지나쳤다고 보고했다. 그는 스스로에게 "우유에 정신을 집중하라"고 지시했다. 책임 있는 사람이 스스로에게 허용하고 즐기는 생각이 범죄자에게는 다이너마이트가 될 수 있다. 범죄자는 이에 대해 자세히 살을 붙여 행동으로 옮길 것이기 때문이다.

마지막으로 요컬슨은 그들 각자에게 자신을 평가하도록 가르쳤다. 그가 반복적으로 강조한 자제과정이었다. 요컬슨은 과거 악의 세계에 가담했던 자신을 돌아보도록 리로이 앞에 거울을 들고 있었다. 이제 리로이가 스스로 해결해야 할 때였다. '익명의 알코올 중독자'라는 그룹은 멤버들에게 "도덕적 목록 학습"을 수행할 것을 요구한다. 마찬가지로 범죄자가 자신의 삶을 반성하는 습관을 들이지 않으면 변화에의 동기부여가 거의 없기 때문에 진전을 보이지 못한다.

두려움과 죄책감을 심어주는 것은 다른 사람들을 고려하고 책임 있는 결정을 내리게 하는 만큼 변화에 필수적이다. 리로이는 범죄 현장에 접근하고 도주하기 위해 현장을 떠날 때마다 오는 등줄기를 저리게 하는 두려움과 위장이 꼬이는 듯한 긴장감을 잘 알고 있었다. 그가 아는 유일한 양심은 자신이 누군가에게 상처를 주거나 실망시켰다는 것을 깨달았을 때 순간적으로 드는 후회였다. 그러나 리로이는 그가 원하는 것은 무엇이든 할 수 있을 만큼 충분히 오랫동안 이런 모든 생각을 마음속에서 내보낼 수 있었다.

범죄자는 두려움이 삶에 내재되어 있다는 것을 배워야 한다. 어떤 사람들은 두려움 때문에 다이어트를 한다. 두려움 때문에 운동을 하고, 두려움 때문에 안전 운전을 한다. 두려움은 더 잘하게 해주는 동기다. 사람들은 다른 사람들에게 상처를 줄까 두려워 행동하기 전에 예방 조치를 취한다. 사람은 미래가 두려워서 가족과 자신을 위해 해야 할 일을 한다. 생명보험에 가입하고, 돈을 저축하고, 건강 검진을 예약하고, 자동차를 점검한다. 리로이는 누군가를 다치게 하거나 생각 없이 행동하면 죄책감에 시달려야 한다는 말을 들었다. 두려움과 죄책감 없이는 결코 책임감 있게 살 수 없을 것이다. 두려움과 죄책감은 그의 무책임한 생각을 면밀히 들여다보고, 어떻게 고쳐 생각할지 고군분투하고, 마침내 그렇게 실행함으로써만 커질 수 있을 것이다.

리로이는 책임의식을 배우면 걱정할 것이 없다고 믿었지만, 요컬슨은 그가 죽어서야 긴장을 풀 수 있을 것이라고 경고했다. 새로운 경험을 통해 리로이는 박사가 뜻하는 바를 배우고 있었다. 그는 10월보다 11월에 더 적은 업무를 처리했기 때문에 일에 대해 걱정하기 시작했다. 그 문제나 그를 귀찮게 하는 상사뿐만이 아니었다. 끊임없이 끼어드는 사람들과 멍청한 질문을 하는 무능한 동료, 끝없이 보류되는 불합리한 마감시간, 부정확한 정보를 찾아오는 다른 기관 사람들 때문에 결국 그는 다 다시 작업해야 했다. 리로이는 이 모든 것이 무의미하다고 불평했다.

한 가지 문제가 해결되면 한 줄기 햇살이 비추다 곧 다시 구름이 내려앉는 것 같았다. 또 다른 날에는 또 다른 문제가 발생했다. 리로이는 "다 집어치우라"고 말하고 싶어 미칠 것 같았다. "왜 내가 이런 걸 상관해야 합니까? 내가 왜 걱정해야 하냐고요? 이런 게 인생이라면 이건 제가 원하던 게 아니에요." 요컬슨은 참을성 있게 이전에 여러 번 해오던 일을 다시 했다. 그는 리로이에게 어떤 대안이 있는지 물었다. 모든 직업에는 어려움이 있다. 세인트 엘리자베스 병원에서 근무하는 요컬슨도 마찬가지다. 삶은 문제로 가득 차 있다. 하나가 해결되기 전에 다른 하나가 나타날 것이라고 예상하는 게 합리적이다. 강요와 강도질, 헤로인으로 돌아가고 싶은가? 자신을 죽이고 싶은가? 그렇지 않다면 유일한 다른 길은 참고 계속해서 해야 할 일을 하는 것뿐이었다.

프로그램은 엄청난 양의 지구력을 요구했다. 삶 자체가 그것을 요구했기 때문이다. 지구력은 리로이에게 부족한 자질이었다. 그는 늘 첫걸음도 시작하지 않고 정상에 오를 것을 기대했고, 그렇게 되지 않으면 화가 났다. 그의 삶은 모두 자신이 만든 긴급 상황이었다. 목표는 없었고, 부풀려졌지만 불안정한 자아상을 뒷받침하기 위한 끝없는 정복만이 있었다. 리로이는 터널 끝에 어떠한 빛도 볼 수 없었다. 그는 왜 모든 사람이 보상이 따를 것이라는 보장도 없이 일하고, 일하고, 또 일하는지 이해할 수 없었다. 그가 한 일에서 최고 수준이 이르지 못한 것은 다 실패를 의미했고, 그는 실패에 대비한 보험을 요구했다. 그는 "왠지 모르겠지만 실패할 가능성이 있는 상황에는 도전하지 못하겠어요"라고 말했다. 성공이 보장되지 않았기 때문에 리로이는 모든 것을 의심하기 시작했다. 그는 "이 모든 게 뭘 위한 건가요?"라고 물었다. "매일매일 전투를 하기 위해 갑옷을 입는 것 같아요. 너무 힘듭니다."

리로이는 의심을 품고 있었지만 병원은 그가 훌륭하게 잘하고 있다고 생각했고 그를 조건부 퇴원시켰다. 이때까지 그는 매일 그룹 모임에 참석할 만큼 요컬슨의 프로그램에 충분히 몰입하고 있었다. 석방되자 순간적으로 뛸 듯이 기뻐했지만, 리로이는 여전히 자신이 감옥에 갇혀 있는 것을 발견했다. 그가 보기에 어마어마한 희생이라고 생각되는 것을 요구하는 프로그램의 감옥이었다. 그의 눈에 비친 것은 삶을 새롭게 시작할 기회가 아니라 박탈감뿐이었다. 그는 몇 년 전에 버린 아내와 아이들에게 돌아갔다. 그러나 여전히 삶은 매일매일 직장, 집 그리고 프로그램이었다.

리로이는 프로그램에서 얻은 것이라고는 두통과 소화불량, 만성피로뿐이라고 한탄했다. 그는 평생 지칠 때마다 했던 말, "망할"을 내뱉을 지경에 이르렀다. 이 시점에 그는 범죄는 배제하고 있었지만 다른 것은 아니었다. 어느 토요일 야근을 한 후, 리로이는 오후 늦게 집에 돌아왔고 아내 메리가 아직 쇼핑에서 돌아오지 않았다는 것을 알았다. 그는 모퉁이까지 걸어 내려가 주위를 어슬렁거리는 주정뱅이들과 대화하기 시작했다. 그들이 이야기를 하고 있을 때, 메리 친구들이 그에게 전화를 걸어 어울릴 상대로 형편없는 사람들을 선택했다고 질책하며 집에 태워다 주겠다고 했다. 리로이는 외로웠다고 대답했다. 메리가 여전히 집에 없는 것을 본 리로이는 집주인 방문을 두드렸다. 그녀는 그를 파티에 초대했고 한두 잔을 마신 그는 스무 살쯤 되어 보이는 젊은 여성을 쳐다봤다. 그가 보고 있는 것을 느낀 그 여성은 곧 그에게 다가왔다. 그들은 서로 추파를 던지며 농담을 나눴다. 리로이는 그녀의 뺨에 코를 대고 입술에 키스를 했으며 결국 그녀를 침실로 끌어들이고 문을 닫았다. 껴안고 키스한 뒤 그들은 옷을 벗었다. 그녀는 그가 얼마나 몸이 멋진지 감탄하면서 그의 성기를 만지며 찬사를 늘어놓았다. 그들은 열정적으로 성관계를 갖고 옷을 입었다. 간신히 파티로 돌아온 리로이는 아내가 그를 찾아 황급히 문을 열고 뛰어들어오는 것을 보았다. 메리는 아무 비난도 하지 않았지만 그는 "나를 감시하러 다니지 말았어야 했다"며 화를 냈다.

리로이는 이날 여성과의 만남에 아무런 해악도 없었다고 보았다. 그는 "긴장을 풀" 자격이 있다고 주장했다. 요컬슨은 다르게 보았다. 그는 리로이에게 행실 안 좋은 사람과 짧은 만남을 갖는 것이 아내와 아이들과 그가 이루고자 했던 안정적인 삶을 잃어버릴 위험을 감수할 가치가 있냐고 물었다. 그는 성적으로 결핍된 상태도 아니었다. 그는 거의 매일 밤 아내와 성관계를 갖고 있었다. 결국 요컬슨은 리로이에게 자신에게 한 번

예외를 만들면 그건 시작에 불과할 것이라고 상기시켰다. 그가 순간적인 불만 때문에 "망할"을 내뱉을 때마다 그는 책임의식 있는 사람이 되기 위한 모든 노력을 포기하는 것에 위험할 정도로 가까워졌다. 이것은 그의 선택과 의지의 문제였다. 리로이는 반성했고 잘못을 인정했고 자기는 희망이 없는 사람이라고 탄식했다. 요컬슨은 가차없었다. 그는 리로이가 뭔가 하기 싫을 때에만 "할 수 없다"고 했다고 상기시켰다. "당신은 사람입니까, 쥐입니까?"라고 박사는 물었다. 그런 다음 그는 리로이에게 남자답게 비판을 받아들이고 개선할지, 아니면 포기하고 다른 사람들을 비난할지 물었다.

요컬슨의 프로그램에서 범죄자가 타인에게 피해를 입히는 것은 항상 무거운 미해결 문제다. 리로이는 자신의 집이 강도 당했던 경험으로 피해를 입는다는 게 무엇인지 알고 있었다. 칼을 손에 든 소년에게 자기 아들이 위협받았을 때, 그는 피해가 무엇인지 알고 있었다. 그러나 자신이 다른 사람들에게 피해를 입힌다고 생각한 적은 없었다. 그는 상해를 피를 흘리는 것과 비슷하게 보았는데, 그가 피를 흘리는 일은 거의 없었다. 그는 다른 사람들의 권리와 감정에 대해서는 완전히 무지했다. 그룹의 한 멤버는 "나는 타인에 대한 감정을 느껴요. 불타는 집에 갇힌 사람들을 본다면 나는 어떤 공포를 느낄 거예요"라고 말했다. 그는 이렇게 덧붙였다. "하지만 솔직히 내가 상처 준 사람들에 대해선 아무 느낌이 들지 않습니다. 내가 여자를 강간한다면 그녀의 고뇌나 고통은 단 1초도 느끼지 못할 거예요. 나는 불타는 건물에 있는 사람들을 향한 내 고통과 내 피해자들에 대한 감정 결여 사이의 모순을 설명할 수가 없어요. 내 생각에 그것은 나 자신의 흥미와 즐거움에 관한 한, 타인에 대한 감정은 자동으로 억제되고 제거되어서 없어지는 것 같아요. 모르겠어요. 내가 피해자들의 괴로움을 느낄 수 있었다면 내가 그들을 피해자로 만들지 않았겠지요."

피해가 무엇인지 배우는 것은 자기 자신에 대해 배우는 데 있어 중요하다. 프로그램 전반에 걸쳐 리로이는 자기가 범죄자로서 거의 30년 동안 입힌 피해의 범위에 대해 새로운 인식의 물결을 경험했고 구역질을 느꼈다. 신체적 고통과 재정적 손실 외에도 피해는 감정적 상처로, 또 범죄의 여파로 야기되는 공포 분위기로, 그리고 삶의 파열로 확장된다. 작은 위반은 광범위한 영향을 미친다. 누군가가 지급 불능인 수표로 식사비를 지불하면 그 식당은 직접적인 손실을 입는다. 고객들도 피해를 입는다. 이러한 손실이 많이 발생하면 관리자는 수표를 거부할 것이고, 고객은 현금이나 신용카드로 지불해야만 되기 때문이다. 더욱이 손실비용이 고객에게 전가되기 때문에 가해자의 어머니도 그 식당에서 더 많은 비용을 지불해야 하게 될 것이다.

요컬슨의 모임에 오는 사람 중 한 명은 강도를 저질렀고 몇 번 싸움에 가담한 적이 있다. 그러나 그는 최근에 싸우거나 침입한 적이 없다. 그는 자신이 "마약만 취급"했기 때문에 그다지 범죄자라고 볼 수 없다고 주장했다. 요컬슨은 이 사람이 마약 판매를 통해 얼마나 많은 피해를 가져왔는지 이루 말할 수 없다고 지적했다. 그 범죄자는 자신의 고객 중 한 명이 헤로인을 구입한 후 상점을 강탈해 손님들을 공포에 떨게 하고, 계산대 뒤에 있는 여성을 쏜 것을 기억해냈다. 그러나 그는 자신의 마약 밀매로 인해 일어난 이러한 또는 다른 피해에 대해 이전에는 생각해 본 적이 한번도 없었다.

다른 사람을 비난하는 범죄자의 습관은 변화의 과정에 지속적인 장애물이다. 요컬슨은 리로이에게 다른 사람들이 하는 일은 이 프로그램에서 아무 상관이 없다고 말했다. 리로이가 한 일만이 중요했다. 그가 나쁜 상황을 만드는가? 그가 분노해 또는 판단을 잘못해서, 그러잖아도 나쁜 상황을 더 악화시키는가? 그는 다른 사람을 비판하기 전에 반드시 자기 자신을 평가해야 한다. 아내가 불합리한 경우 중요한 문제는 그가 어떻게 반응하느냐이다. 다른 사람의 무능력 때문에 그가 직장에서 마감시간을 맞추지 못한다면, 중요한 것은 다른 사람의 결점이 아니라 그가 그 상황에 어떻게 대처하느냐이다. 전혀 도발도 안 했는데 공격을 당했다 해도, 그룹 모임의 초점은 가해자에 대해 그가 어떻게 생각하느냐에 있을 것이다. 리로이와 다른 사람들은 자신의 삶을 변화시킨 것에 대해 전적으로 책임이 있다. 상황을 탓하는 것은 헛된 일이고 분노를 유발할 뿐이었다. 한 동료 멤버는 이렇게 회상했다. "당신의 인생 전체를 뒤돌아보고 당신이 끼친 총체적인 피해를 볼 때, 새 삶을 창조하는 것은 당신에게 달려 있습니다. 아무도 당신을 위해 그것을 해주지 않아요."

새롭게 생각하고 행동할 방법들을 배우면서 리로이는 점차 그의 사적인 세계에서 공유, 팀워크, 의리, 신뢰의 세계로 옮겨갔다. 그의 태도는 "나 빼고 다 망해라"에서 "저는 나누는 법을 배워야 합니다. 그게 무슨 의미인지도 모르겠지만요"로 바뀌었다. 그는 천천히 고립되고 거만한 자아를 포기하고 주고받는 관계를 발견했다. 그룹 모임에서 그는 토론이 무엇인지 알게 되었다. 욕을 하지 않고도 상대방과 의견충돌이 가능하다는 것도 목격했다. 듣는 법도 배웠다. 과거에 그는 아무도 자기를 가르칠 수 없다고 생각했다. 자기가 뭐든지 다 안다고 생각했기 때문이다. 처음에는 모임에서, 그 다음에는 직장에서, 그리고 가족과 함께, 그는 문명화된 행동의 기초를 배우고 실천하기 시작했다. 팀장이 되겠다고 요구하는 대신 팀원이 되었다.

리로이가 이 새로운 인생길을 여행하는 동안, 일상적인 사건이 그의 추잡한 과거에 대한 기억을 불러일으켰다. 리로이와 메리는 아파트 수리의 우선 순위에 대해 논의하고 있었다. 둘 다 일을 하고 있었기 때문에 프로젝트를 위해 500달러 이상을 따로 마련할 수 있었다. 하지만 필요한 것이 너무 많아 소파와 의자와 램프를 살지, 커튼과 탁자를 살지 결정하기 어려웠다. 그들은 사고 싶은 각 품목과 비용 목록을 작성했다. 다음 날 아침, 버스를 타고 출근하는 동안 리로이는 그들의 토론에 대해 생각하는 데 몰두해 있었다. 과거에 메리가 힘들게 번 돈을 거짓 구실을 대면서 "빌리고" 마약과 다른 여자들에게 썼던 것이 생각나 몸을 움찔했다. 그는 자신이 책임 있는 사람이었다면 지금쯤 그들이 무엇을 소유할 수 있었을지 깨달으니 숨이 턱 막혔다.

프로그램에 더 오래 참여했던 다른 두 명의 동료도 진전을 보이던 가운데 정신이 번쩍 들게 참회하게 된 것에 대해 보고했다. 피트는 판매 실적이 좋았고 승진을 했다. 이제 그는 관리 당국으로부터 동네를 벗어나 외부 박람회에 참석할 수 있다는 승인을 받았다. 피트는 전화번호부를 집어 들고 항공사 번호를 찾아 예약을 했다. 페이지를 손가락으로 훑으며, 그동안 그가 자위를 하거나 상상을 하면서 성적 대화를 나눌 여성 직원을 찾으려고 거의 모든 항공사에 외설적인 전화를 걸었던 것을 떠올렸다. 이런 기억이 피트의 머리를 스쳤을 때 그는 몸에서 구역질을 느낄 정도로 속이 메스꺼웠다.

교도소를 나와서 파트타임으로 학교를 다니던 토니는 도서관에서 심리학 책을 읽었던 경험에 대해 이야기했다. 그는 두 시간 동안 집중해서 엄청난 양을 흡수했다고 만족스럽게 보고했다. 그의 머리는 아이디어로 출렁이고 있었고 그는 열정으로 끓어올랐다. 그러나 교도소에 오기 전 그의 도서관 습관은 매우 달랐던 것을 그는 기억했다. 두 시간 동안 가만히 앉아 있을 수 없었고, 앉아 있어도 공부에 할애한 시간은 15분 정도였다. 나머지 시간 동안 그의 마음은 거리로 나가 있거나 여학생들의 다리나 가슴을 응시하고 있었다. 그는 또한 그 기간 동안 부모님이 대학 교육을 위해 몇 년 동안 모은 수천 달러를 어떻게 낭비했는지 돌아보았다.

요컬슨을 만나기 몇 년 전 리로이는 심리치료를 받았고 치료사는 그의 무의식적 생각을 조사하고 숨겨진 콤플렉스를 찾았다. 그는 또한 자신의 행동에 대해 보상을 받거나 벌을 받는 프로그램에 참여했다. 요컬슨의 프로그램은 심리역학적 접근만큼 복잡하지도 않고 행동 수정만큼 단순하지도 않았다. 그는 그 개념이 타당하다고 느꼈고, 그 개념에 따를 때 진전을 엿볼 수 있었다. 배우면 배울수록 더 명확하게 현재가 과거와 대비되었고, 더 배울 것이 많아졌다. 리로이는 자신이 책임감 있게 결정을 내리는 것에 대해 거의 아무것도 모른다는 사실을 알고 놀랐다. 그는 질문하는 것을 좋아하지 않는 사람이었다. 질문을 하는 것은 굴욕적으로 무지를 인정하는 것이기 때문이다. 그는 범죄를 계획하는 것 외에는 미리 계획할 필요가 없었다. 그는 "나는 내일, 내일만 생각했다"고 회상했다. 이제 그는 무지를 인정하는 것이 모든 것을 아는 척하는 것보다 현명하다는 것을 깨닫기 시작했다. 리로이는 대안적 행동 방침을 저울질하고 단기 및 장기 결과를 모두 고려하기 시작했다.

범죄자들에게 결정을 내리는 법과 기타 많은 기술을 습득하는 방법을 가르치는 다른 프로그램들이 있다. 그러나 그것들은 만연한 생각 패턴이 아니라 상황적 문제 해결과 감정에 중점을 둔다. 요컬슨의 프로그램은 평생 스며들게 될 완전히 새로운 사고방식과 행동방식을 학습해 범죄자가 180도 변하도록 돕는 것을 목표로 했다. 리로이는 이 프로그램이 작은 세부 사항에도 엄청난 관심을 기울이는 것에 계속 놀랐다. 예를 들어, 그는 적절한 잔돈을 챙기는 데 시간을 들이고 싶지 않았기 때문에 때때로 공중전화에 20센트가 아닌 쿼터(25센트 짜리 동전: 역자 주)를 넣었다고 보고했다(20센트는 한화 약 258원으로 10센트짜리 동전을 두 개 넣거나 1센트나 5센트짜리 동전을 섞어 넣어야 함: 역자 주). 요컬슨은 이 패턴을 주요 토론 주제인 돈에 대한 범죄자의 시각으로 발전시켰다. 리로이는 돈을 소중히 여긴 적이 없었다. 1센트, 쿼터, 심지어 천 달러도 의미가 없었다. 대부분의 사람들이 몇 년 동안 버는 것보다 더 많은 돈이 몇 주 만에 그의 손을 스쳐갔다. 돈을 관리하려면 일단 리로이가 돈을 추적해야 했다. 다시 말하자면, 그것은 사실 한 극단에서 다른 극단으로 가는 문제였다. 수천 달러를 낭비하던 것에서 모든 페니를 세는 것으로 바뀌는 것이었으니까. 전화회사가 공중전화로 5센트를 추가로 벌었다는 게 중요한 게 아니라 저축의 원칙을 확립하는 것이 중요했다. 이 프로그램에서는 가장 작은 무결성 위반도 큰 이슈가 되었다. 아무도 피해를 입지 않은 경우라 해도 마찬가지였다.

모임 멤버 중 한 명은 추수감사절에 칠면조 대신 햄을 먹었다. 친구가 칠면조 맛있게 먹었냐고 물었을 때 그는 그렇다고 대답했다. 이것은 거짓말이었다. 물론 사소한 것이었지만 범죄자는 해서는 안 되는 거짓말이었다. 리로이와 모임의 다른 멤버들은 아무런 이득이 없어 보일 때조차도 평생 거짓말을 해왔다. 하나의 거짓말이 다른 거짓말로 이어졌다. 이 패턴을 깨기 위해 범죄자는 완전한 무결성을 유지해야 한다. 리로이의 동료 멤버는 "올해는 햄이었어"라고 대답할 수 있었다. 완전히 진실해지는 훈련은 센트까지 정확히 계산하는 훈련과 마찬가지로 중요하다.

리로이는 모든 사람이 그렇듯 기복이 있었다. 책임감 있는 세상에서 점점 더 많은 것을 성취할수록 과거로 돌아가는 것은 생각하기 너무 어려워졌다. 그는 옛 삶을 살아 있는 죽음으로 보았다. 직장에서 마감기한을 맞추는 것, 청구서 지불에 대해 걱정하는 것, 은행 잔고에 맞춰 수표를 쓰는 것, 자녀 양육에서 오는 스트레스를 견디는 것, 아내와 갈등 해결을 위해 노력하는 것 등이 그가 익숙했던 신나는 일이 아닌 것은 사실이었다. 자기 연민을 품고 프로그램에서 이탈했던 시간도 있었다. 셰리주 한 모금을 마시자 스카치 텀블러가 뒤따랐고, 출근하고 싶지 않은 날 집에 머물었고, 메리가 돈을 너무 많이 쓴다는 이유로 홧김에 그녀 뺨을 때렸다. 그러나 그런 이탈이 있을 때마다 리로이는 배웠다. 변화를 강화해 주는 가장 중요한 요인은 프로그램에 계속 참여함으로써 그가 설정한 새로운 목표를 달성하는 것이다. 그들은 작은 집을 샀고, 리로이는 커다란 자부심을 느꼈다. 자금 확보 문제와 이사의 고된 일을 처리한 후 리로이는 집을 고치는 일에 뛰어들었다. 그는 거의 모든 여가시간을 석고 작업과 페인트 칠, 청소 및 마당 정비 일로 보냈다. 채소밭을 가꾸는 것은 거의 집착 수준이 되었다. 몇 달간의 육체 노동 끝에 그는 마침내 "길목에 들어서면 우리 집이 눈에 확 들어옵니다"라고 말할 수 있게 되었다. 그러나 울타리 수리, 정원 확장, 앞마당 잔디 깎기, 침실 페인트 칠 등 많은 일거리가 아직 남아 있었다.

리로이의 가정생활은 그보다 더 많은 것을 의미했다. 사춘기에 접어든 그의 아들들은 아버지의 인정과 지도를 받고 싶어 했다. 아들 토미가 팬들의 응원의 환호를 받으며 학교 축구팀을 승리로 이끌었을 때 리로이는 기쁨의 눈물을 삼켰다. 과거에 리로이는 항상 두 명 이상의 여자가 있어야 하며 그렇지 않으면 남자가 아니라고 믿었다. 그러나 이 생각은 바뀌기 시작했다.

어느 날 그룹 모임에서 리로이는 버스 정류장에 "섹시한 애"가 기다리고 있었다고 보고했다. 자신이 "저런 여자를 가지면 좋겠네"라고 생각한다는 것을 자각한 그는 눈을 돌렸고 버스에 올라 신문에 얼굴을 파묻었다. 그 여성은 버스 통로를 따라 걷다가 그의 옆에 털썩 앉았고 그녀의 허벅지와 그의 허벅지가 스쳤다. 리로이는 다리를 옮겼고 그녀가 걸어오는 대화에 정중하게 대답했다. 가벼운 대화를 유지하기로 결심한 그는 날씨와 버스 고장에 대해 이야기했다. 버스에서 내렸을 때 그녀의 전화번호를 받지 않은 자신에 대해 "완전 멍청이"라고 생각했다. 그러나 사무실로 걸어가면서 과거에 그 때문에 너무나 고통을 많이 겪었던 메리의 모습이 떠올랐다. 이제 그녀는 그를 신뢰하기 시작했고, 그녀의 남편이자 두 아들의 아버지로서 그와 함께 삶을 계획하고 있었다. 그는 버스 안 여성에 대한 자기 생각이 부끄러웠고 책상 위에 쌓여 있는 일에 몰두했다. 집에서 일이 비교적 순조롭게 진행되면서 리로이는 자신이 다른 여자에 대해 덜 생각하고 덜 쳐다본다는 것을 깨달았다. 그는 "한 번 보면 나 자신에게 다시 쳐다보지 못하게 합니다"라고 말했다. "나는 결코 나 자신을 놓지 않을 겁니다. 나 자신을 통제할 수 있다는 건 기분 좋은 일이에요."

리로이는 과거에 너무 많은 일을 겪었고, 지금은 깨끗한 기록을 더럽히기에는 너무 열심히 일하고 있었다. 열심히 일하는 것은 결과를 가져왔다. 직장에서의 승진, 아름답게 장식되고 흠잡을 데 없이 깨끗한 집, 그를 사랑하는 두 아들, 그를 의지하는 아내, 그를 존경하는 이웃 같은. 리로이는 돈 쓰는 습관을 바꿨다. 그와 그의 아내는 은행에 정기예금 증서를 가지고 있었고 빚은 훨씬 적었다. 리로이는 "나는 돈을 소중히 여깁니다. 미래를 위해 저축해둔 것이 나에게 흥분을 줍니다"라고 말했다. 그는 모임의 다른 남성들에게도 유사한 변화가 일어나는 것을 보았다. 생각이 없고 화가 나 있던 사람은 매우 상냥해져서 직장에서 "부활절 토끼"로 불렸다. 또 다른 사람은 식당 보조에서 대형 레스토랑 매니저로 승진했다. 아마도 리로이와 다른 사람들이 가장 높이 평가한 것은 눈에 보이는 성취보다 깨끗하다는 느낌이었을 것이다. 한 남성은 "저는 모든 면에서 깨끗한 것을 매우 중요시합니다. 건강을 포함해서 모든 걸 다 포기해도 여전히 깨끗한 것이 1순위입니다"라고 했다. 유혹적이었던 것은 더 이상 유혹적이지 않게 되었다. 리로이는 다른 범죄자, 매춘부, 마약 업계와 손을 끊었다. 그는 더 이상 경찰이 따라오나 확인하기 위해 뒤를 살피지 않는다. 그는 자부심과 약간의 놀라움을 보이며 "그 세상은 꿈 같아요"라고 말했다.

리로이는 그것으로 만족하지 않았다. 범죄생활이 꿈처럼 보였을지 모르지만, 자기 비판을 그만두거나 개선을 위한 분투를 중단하면 꿈 같았던 것이 금세 현실이 될 수 있음을 그는 알고 있었다. 더 이상 병원에 법적으로 구속되지 않았지만, 말하자면 그는 자신이 가석방 상태에 있는 것처럼 생각했다. 매일 프로그램 모임에 참여하던 집중 기간이 끝난 지 오래되었음에도 그는 자발적으로 오랫동안 요컬슨에게 조언을 구했다. 일주일에 한 번 요컬슨과 만나 생각나는 대로 자기 생각을 설명했다. 예전에는 박사가 자신을 낱낱이 분해할까 봐 두려워했지만, 이제는 그것을 환영했다. 그는 직장에서, 집에서, 그리고 친구들로부터 쏟아지는 칭찬에 너무 자만하게 될까 봐 두려웠다. 피트가 자신의 현재 상태를 나이아가라 폭포 절벽 앞에서 반대로 배를 노 저어 가는 것에 비유했는데, 리로이는 이에 동의했다. 피트는 계속 노를 젓지 않으면 폭포 끝에서 떨어질 것이라고 주장했다. 다른 멤버는 이렇게 말했다. "내 아내, 우리의 작은 아파트, 자동차, 스테레오. 이런 것들이 모두 모래 위에 있어서 한 번의 작은 실수로 전부 날아가버릴 수 있는 것 같아요."

1976년 11월, 비극이 닥쳤다. 일어날 수 있다고 요컬슨이 경고했지만 리로이는 결코 상상하지 못했던 비극. 70세의 요컬슨이 자신의 연구에 대해 이야기하기 위해 처음으로 워싱턴을 떠나 여행길에 올랐다가 세인트루이스 공항에서 쓰러졌고 며칠 뒤 사망한 것이다. 리로이는 기가 막혔지만 무엇을 해야 할지 알고 있었다. "빌어먹을 내 기분은 기분이고, 나는 내가 해야 할 일을 해야 합니다. 그 어느 때보다 강해져야 합니다." 1년이 넘은 후에도 그는 여전히 자기 생각을 주의 깊게 살폈고, 직장에서 또 다른 승진을 했고, 무엇보다 계속해서 그 프로그램을 자기 인생으로 삼았다.

요컬슨이 그에게 지시한 대로 리로이는 매일 도덕 목록 학습에 계속 참여했다. 그는 자신이 "완료" 지점에 결코 도달하지 못할 것임을 알고 있었다. 오히려 그는 끝없이 노력해야 하고 과거 자신의 삶이 어떠했는지를 마음에 새겨야 한다는 사실을 받아들였다. 리로이가 더 이상 전처럼 자신에 대해 거창한 견해를 품지 않았기 때문에 이 프로그램은 점점 덜 부담스러워 보였다. 그가 이 새 삶으로부터 더 많은 보상을 거둘수록 더 많은 범죄가 그에게서 멀어졌다. 그는 가족과 일과 친구 몇 명에게 시간을 쓰며 전에는 상상할 수 없었던 조용한 삶을 살았다. 돈과 시간을 미리 계획했지만, 그가 이루고자 하는 모든 것을 하기에 시간은 너무 부족했다. 그는 나아지기 위해 무엇을 해야 하는지 알고 있었다. 그는 도구, 즉 요컬슨이 그에게 가르친 새로운 사고방식을 가지고 있었다. 리로이는 이렇게 회상했다. "내 마음이 엉망이 되지 않는 한, 판단하기 쉽습니다." 범죄로 돌아간다는 것은 상상도 할 수 없는 일이었다. 리로이는 "나는 원하는 것이 너무 많아요. 내 목표를 방해하는 어떤 것도 원하지 않습니다."

이 글이 쓰인 지 20년이 지난 후에도 리로이는 고용상태를 안정적으로 유지했다. 그는 여전히 아내 메리와 함께 살고 있었다. 그의 아이들은 성장했다. 리로이는 체포되는 일 없이 깨끗한 기록을 가지고 있었다. 그는 운동을 하며 자기 몸을 잘 관리하려고 노력했다고 보고했다. 그는 계속해서 불법 약물 사용을 자제했다. 그가 유일하게 이전과 달라졌다고 보고한 것은 알코올 음료 섭취가 책임감 있고 생산적인 삶으로 가는 길을 불안정하게 만들 위험이 있음을 깨닫고 '익명의 알코올 중독자' 모임에 자발적으로 참석한 것이었다.

10년 뒤에 다시 후속 조사를 했을 때, 리로이는 병원에서 사투를 벌이고 있었다. 암 수술에서 회복하는 동안 그는 심장마비가 왔다. 가까운 가족에 따르면, 리로이는 오래 일했던 시립 직장에서 은퇴하고 상점에서 아르바이트를 했으며, 아내와 어른이 된 아이들에게 헌신적으로 남아 있었다. 그는 여전히 체포된 적이 없는 상태였고, 그의 친척에 따르면 "정상적인 삶"을 살고 있었다.

이 마지막 후속 조사는 통제적이고 분노한 남자로 수년간 살았던 리로이가 자신이 거물임을 증명하려는 시도를 멈추고 대신 자기 계발을 위해 부지런히 노력했음을 보여주었다. 그는 숨이 멎을 때까지 요컬슨 박사의 가르침을 따랐다. 리로이의 가식과 배짱에 근거해 부풀려진 자존심은 그가 역경을 개인적인 모욕이 아닌 기회로 여기는 책임감 있는 삶을 살면서 조용한

만족으로 바뀌었다. 병상에서 죽어갈 때 리로이는 슬픔에 잠긴 가족들에게 둘러싸여 있었다. 수십년 전에 리로이에게 너무 실망해서 그를 포기할 생각을 하던 가족이었다. 그러던 그들은 점차 리로이에게 이해와 영감과 안정을 구하게 되었다. 리로이는 변화 작업이 결코 끝나지 않는다고 생각했기 때문에 스스로 "임무를 완수했다"고 보지 않았다. 그는 2014년 초에 평화롭게 세상을 떠났다.

19
무엇을 해야 하는가?

19 무엇을 해야 하는가?

범죄에 대한 여론 — 그 원인과 구제책 — 은 여전히 양극화되어 있다. "그들을 가두고 열쇠를 버려야 한다"는 입장에서, 범죄자를 기회가 박탈되었던 도움이 필요한 피해자로 간주하는 입장까지 의견이 다양하다. 개혁을 지지하는 어떤 사람들은 자주 범죄행위가 사회적 불의에 대한 반응이라고 주장한다. 한 저술가는 약탈을 "사회에 실질적이고 지속적인 변화를 가져오는 강력한 도구"라고 옹호하기까지 했다. 이는 범죄자를 기회를 박탈당한 부정의한 사회에 맞서 자기 권리를 옹호하는 영웅으로 보는 시각을 표현한 것이다.

"대량 수감"은 미국이 세계 인구의 5%를 차지하고 있지만 세계 재소자 인구의 25%를 차지하고 있다는 사실을 가리키는 용어다. 대량 수감은 주로 1980년대와 1990년대에 이루어졌고, 그 일부는 도시 범죄 증가에 대한 대응이었다. 사람들은 두려워했고 안전하기를 원했다. 1980년대와 1990년대에 대도시와 중소 도시의 중심부가 황폐해지고 범죄가 들끓자 주민들과 기업들이 이전했다. 내가 범죄자 마인드에 대한 워크숍과 교육 세션에서 발표하기 위해 50개 주 중 48개 주를 여행할 때 이러한 추세의 결과를 보았다. 내가 연설한 장소 대부분은 "시내"가 아니었다. 회의장과 호텔 외의 다른 것을 보고 싶어 시내로 차를 몰고 나가면 한때 번성했던 시내 중심가가 버려진 모습을 보곤 했다.

재소자 인구의 증가, 특히 젊은 흑인 남성에 집중된 이 현상은 부분적으로 형사사법제도의 정책에 내재된 인종차별주의, 즉 새로운 형태의 "짐 크로우" 법(미국 남부 주에서 1876년부터 1965년까지 시행된 인종차별법으로 공공시설에서 흑인과 백인의 분리를 골자로 함: 역자 주)의 영향이 있다. 범죄자의 변화를 도우려고 노력하는 전문가들은 일부 사람들이 그들의 행동에 대한 설명과 구실로 인종차별주의에 집착하는 것을 발견한다. 범죄자들과 일할 때의 문제는 인종차별이 존재하는지 여부가 아니라, 인종차별을 포함해 그들이 마주치는 다른 불의에 그들이 어떻게 대응하는가의 문제다.

범죄에는 인종, 민족, 사회적 또는 경제적 경계가 없다. 범죄자는 사회의 모든 계층에서 나타난다. 반세기가 넘도록 정책 입안자, 학계 사회학자 및 범죄학자들은 범죄를 줄이는 방법이 "근본 원인"을 공략하는 것이라고 주장해 왔다. 1969년에 커너위원회는 "도시 폭력의 뿌리를 제거하라"는 요청을 내놓았다. 밀턴 S. 아이젠하워 재단의 1990년 보고서는 미국에서 폭력을 억제하는 방법은 "우리 도시의 거주민들, 특히 가난한 사람들을 위해 가족 및 지역사회의 생활 수준을 개선하는 것"이라고 했다. 2021년 〈워싱턴 포스트〉는 사설 페이지에서 "국가가 대량 수감 및 공격적 치안 유지라는 친숙한 악순환으로 돌아갈 수도 있겠지만" 더 나은 선택은 "대부분의 범죄가 씨를 뿌리는 조건을 제거하는 것"이라고 썼다.

환경은 행동에 영향을 미친다. 그러나 심리학자로서 50년 동안 일하며 내게 인상 깊었던 것은 개인의 상황이 아니라, 삶이 던져준 것들을 개인이 어떻게 처리하기로 선택했는지다. 빈곤 완화, 학교 개선, 더 나은 주택 제공, 기타 사회 프로그램들은 수백만 명의 사람들에게 도움이 되었다. 그러나 범죄가 크게 감소하지는 않았다. 범죄자가 어떤 환경에서 살든 생각의 오류는 지속된다.

"범죄에 강경히 대응하자"는 입장을 취하든, "사회 재적응"을 지지하든, 두 가지는 분명하다. 수감에는 막대한 재정이 들고 재범률은 여전히 매우 높다. 미국 법무부에 따르면 2017년 연방 범죄자 한 명에 든 평균 수감비용은 36,299.25달러(한화 약 4,608만 원: 역자 주)였다. 2018년 캘리포니아에서 범죄자 한 명 수감에 든 비용은 연간 81,203달러(한화 약 1억 308만 원: 역자 주)였다. 미국 법무부가 수감자들의 재범을 9년 동안 추적한 결과, 출소한 지 3년 이내에 수감자의 68%가, 9년 이내에 83%가 다시 체포된 것으로 나타났다. 이 통계조차도 출소 후 범죄 발생률을 실제보다 적게 기록한 것일 수 있다. 이 통계는 범죄자가 체포되었는지 여부만을 나타내며 아마도 그들이 저지른 범죄의 작은 일부만을 반영할 것이다. 현재 교정시설에서의 교정 관행이 지속적인 교정 효과가 없는 것은 분명하다.

52년 전, 나는 "범죄자 마인드"에 대해 아무것도 몰랐다. 범죄를 저지른 사람들은 다른 사람들과 다를 바 없고, 그들의 범죄는 역경, 가난한 양육 환경 또는 정신질환에 따른 반응이라고 생각했다. 새뮤얼 요컬슨 박사가 범죄가 삶의 방식인 사람들을 면담하는 것을 지켜본 것은 눈이 뜨이는 듯한 경험이었다. 나는 삶을 바라보는 방식이라는 측면에서 그들이 내가 개인적으로 아는 사람들과 공통점이 거의 없고 내가 전문의로서 치료했던 환자들과 매우 다르다는 것을 알았다. 겉으로 보기에 그들은 대부분의 사람들이 원하는 것, 즉 우정, 안전, 사랑, 그리고 스스로를 부양할 수 있는 합법적인 방법을 원하는 것처럼 보였다. 범죄자들은 이런 걸 원한다고 말해도 이것들을 추구하는 방식이 기본적으로 책임의식이 있는 사람들과 근본적으로 다르다는 걸 깨달았다.

이 책은 범죄자가 어떤 환경에서 자라왔는지에 상관없이 범죄자에게 존재하는 "생각 패턴"에 초점을 맞췄다. 범죄자의 자아상은 속임수, 협박 또는 물리적 힘으로 타인을 제압하고 통제하는 데 기반하고 있다. 그는 자신이 마땅히 받아야 한다고 생각하는 것을 주지 않는 세상에 대해 분노한다. 그는 냉담하게 결과와 양심에 대한 두려움을 차단한다. 그는 의무감이 부족하고 바퀴의 중심부처럼 모든 것이 자신을 중심처럼 돌아간다고 본다. 큰 피해를 끼치고도 자신이 좋은 사람이라고 믿는다.

교도소에 가는 모든 남자, 여자, 어린이는 종신형을 선고받지 않는 한 결국 풀려난다. "강경한 대응" 접근방식에 집중하면 단 한 가지만 달성할 수 있다. 바로 범죄자를 정해진 시간 동안 거리에 발붙이지 못하게 하는 것이다. 사회로 돌아갈 때 그들의 사고방식은 달라지지 않았을 것이다.

범죄자가 책임감을 키우도록 돕는 노력이 효과가 없는 이유가 크게 두 가지 있다. 첫 번째는 지속적인 성격 변화에 영향을 미치는 것이 얼마나 어려운지 과소평가하는 것과 관련이 있다. 두 번째는 "재적응"이 범죄자가 책임감을 갖게 하는 데 적용하기에는 흠결 있는 개념이라는 점이다. 한 범죄자는 교도소에서 나에게 보낸 편지에 자기 경험에 비추어 교도소 직원들이 "누군가의 생각을 진정으로 바꾸는 것이 얼마나 어려운지,

얼마나 시간이 걸리는지 전혀 모른다"고 썼다.

동기가 강력할 때조차 습관 하나를 바꾸는 것이 얼마나 어려운 일인지 생각해 보라. 체중 감량이 그 예다. 다이어트 책을 읽고, 영양사에게 전문적인 조언을 구하고, 최상의 의도를 품을 수 있다. 그러나 체중을 감량하고 유지하려면 자기 생각을 스스로 점검해야 한다. 감자칩 한 봉지를 향해 손을 뻗거나 아이스크림 한 그릇을 먹어삼키려는 생각이 들 때마다 그 생각을 중단하고 목표를 향해 나아가기 위해 다른 생각으로 바꾸어야 한다. 습관을 바꾸는 데에는 지름길이 없다. 인간 존재의 거의 모든 면에 영향을 미치는 평생에 걸친 사고방식을 바꾸는 것이 얼마나 가공할 일인지 생각해 보라.

"재적응"은 흠결 있는 개념

재적응은 이전 상태 또는 조건으로의 회복을 포함한다. 누군가는 20세기 초반의 집을 재건하여 예전의 모습으로 복원한다. 누군가는 뇌졸중 환자가 이전 기능을 회복할 수 있도록 재활을 돕는다. 처음부터 책임감 있게 기능하지 않았던 범죄자를 "재적응(rehabilitation)"시키는 것은 불가능하다. 생각의 오류를 찾아내고 바로잡기 위한 광범위한 과정인 "적응(habilitation)"이 필요하다.

효과적인 "재적응"의 범위와 관련해서 사람들이 주로 오해하는 것은 "범죄를 포기하게 하는 것"이 주요 목표라고 믿는 것이다. 그러나 이렇게 제한적인 방식으로 작업을 생각하는 것은 암이 생긴 신장 두 개를 제거했지만 새 신장은 이식받지 않은 채 환자가 건강하다고 생각하는 것과 마찬가지다. 범죄자가 범죄를 포기한다면 무엇이 그것을 대신할 것인가? 변화는 다른 사람의 물건에서 손을 떼거나 바지 앞 지퍼를 잠그는 것보다 더 많은 것을 요구한다. 삶의 방식 전체를 포기하고 생각의 오류를 찾아내 수정하는 과정에 참여해야 한다. 범죄자를 교정기관에서 내보내고 그가 준비되지 않은 세상에서 안내 없이 평생 행동해 온 패턴과 역할을 책임감 있게 바꾸길 기대하는 것은 헛된 꿈이다.

"재적응" 노력이 실패하는 두 번째 이유는 범죄자가 대부분의 사람들과 같은 욕구를 갖고 있지만 사회적으로 수용 가능한 방식으로 이를 충족시키는 방법을 모르거나 할 기회가 없었다는 믿음에 근거하기 때문이다. 많은 교정 및 정신건강 전문가들이 "범죄자는 책임 있는 사람들과 다르게 생각한다"는 사실을 인식하지 못한다. 그렇기 때문에 다른 유형의 문제를 가진 사람들을 돕는 데 성공한 프로그램을 범죄자에게 적용하면 비슷한 성공을 거둘 것이라고 믿는다. 수십 년 동안 수십억 달러가 교육, 직업 훈련, 사회성 교육, 재정 관리 교육 및 예술적 고양에 버려졌다. 요가, 정원 가꾸기, 일기 쓰기, 연극 제작, 심지어 반려견 훈련과 같은 최신 유행 프로그램도 많다. 이런 프로그램들은 의도는 좋지만 그 결과는 썩은 토대 위에 지은 멋진 건물과 비슷하다.

한 수감자는 "나에게서 범죄를 빼앗는 것은 내 세상을 빼앗는 것"이라며 범죄 없는 삶은 상상할 수 없다고 말했다. 그가 어떤 기술을 가지고 있고 얼마나 많은 급여를 받는지는 중요하지 않다. 왜냐하면 합법적인 노력을 통한 성공은, 범죄자의 실존에 산소와 같은 역할을 하는 범죄행위에 비하면 별것 아니기 때문이다.

재소자의 시간을 건설적으로 채우는 프로그램들은 교정시설의 분위기를 향상시키는 데 기여한다. 그 프로그램들의 주요 목적은 단순히 시간을 채우는 것이 아니라 사회에의 "재통합(reintegrated)"을 준비시키는 것이다. 그러나 범죄자들은 애초부터 "통합(integrated)"된 적이 없으며, 삶이 일방통행이고, 자신이 우월하며, 다른 사람들은 규칙을 따라도 자신에게는 규칙이 적용되지 않는다고 계속 생각하는 한 통합되지 않을 것이다.

교도소 수감자의 약 3분의 1이 고등학교 졸업장이 없는 것으로 추산된다. 교도소는 기본적인 문해력 교육부터 대학 수준의 수업에 이르기까지 다양한 교육 기회를 제공한다. 수천 명의 수감자들이 고등학교 졸업장을 받기 위한 과정에 등록한다. 검정고시(General Equivalency Diploma: GED)에 통과할 확률이 높다는 것은 말해주는 바가 있다. 대부분의 경우 그들이 학업에 실패하는 것은 능력 부족 때문이 아니다. 수감자들은 시간은 있고 할 일은 거의 없기 때문에 읽는 방법을 빠르게 습득해 강사들을 놀라게 한다. 범죄자는 교도소에서 단 1년 만의 교육으로 그동안 학교에서 보낸 모든 기간보다 더 많은 것을 성취할지 모른다. 책을 한 권도 끝까지 읽어본 적 없는 사람들이 독서광이 되기도 한다. 책에 몰두하는 것이 교도소 생활의 지루함을 덜어준다는 사실을 발견하기 때문이다.

2021년 뉴헤이븐 대학과 파트너십을 맺은 예일 교도소 교육 이니셔티브 프로그램은 교육 스펙트럼의 다른 극단에 위치한다. 코네티컷의 최대 보안시설에서 수감자를 위한 수업을 제공하는 이 프로그램에 앤드류 W. 멜론 재단은 150만 달러를 지원했다. 수감자들은 교도소에 있는 동안 학위를 취득할 수 있고 출소 후에도 계속 교육을 받을 수 있다.

교육 프로그램에 참여하면 재소자가 출소 후 구직활동을 할 때 가치가 높아질 수 있다. 그러나 그들의 범죄행위는 정규 교육 수준과 거의 관련이 없다. 초등학교 중퇴자이든 대졸자이든 범죄자는 범죄자다. 나는 "화이트컬러" 범죄자를 기억한다. 그는 플라톤과 아리스토텔레스의 말을 인용했지만, 책임감 있는 삶에 대해서는 대부분의 초등학생보다도 몰랐다. 그는 횡령 혐의로 교도소에 수감되었다.

범죄자들이 출소 후 "재통합"되도록 돕기 위한 선의의 노력의 또 다른 예는 "육아" 훈련이다. 수감자들은 아동 발달에 대해 배우고, 훈육 방법을 배우고, 자녀의 활동에 관심을 표현하고 그들의 감정에 민감하게 반응하라는 조언을 받는다. 질문을 받으면 대부분의 범죄자들은 훌륭한 부모의 바람직한 자질 목록을 읊을 수 있다. 그러나 말하는 것과 행동하는 것은 다르다. 범죄자는 자녀에게 우선 순위를 두고 자녀에 대해 지속적인 의무가 있음을 인식하지 않는 한 바람직한 부모가 될 가능성이 별로 없다.

내가 면담한 거의 모든 범죄자는 자녀를 사랑한다고 단언했다. 하지만 그렇다고 해서 자녀를 방치하거나 학대하거나 무시하지 않은 것은 아니었다. 그들이 아이를 키우는 것보다 더 중요시한 것들이 있었기 때문이다. 헨리는 두 아들의 학업 및 운동 성취가 얼마나 자랑스러운지에 대해 나에게 말했다. 그러나 그는 거리에서 친구들과 어울리느라 아들의 숙제를 돕거나 운동 경기에 가서 응원해 주지 못했다. 한번은 마약 구입을 위해 돈을 찾다가 큰 아들의 돼지 저금통 속 돈을 전부 꺼내갔다. 그는 양육을 잘하는 것이 무엇인지 설명할 수 있었지만 다른 흥밋거리들에 밀려 자상한 아버지가 되는 것은 불가능했다.

"금융 문맹 퇴치" 프로그램은 범죄자가 빚을 지지 않고, 예산 범위 내에서 생활하고, 제때 청구서를 지불하고, 저축하는 습관을 키우고, 지출을 기록하도록 돕는 것이 목적이다. 많은 범죄자들이 예산을 세울 필요가 없다고 생각한다. 그들은 원하는 것이 생기면 그것을 가질 자격이 있다고 생각하고, 자기가 선택한 방식으로 그것을 차지한다. 그들은 먼 미래는 계획하지만 책임감 있게 노력하는 삶에 대한 장기적인 계획은 없다. 대부분의 범죄자들에게 자녀 교육을 위한 저축이나 미래를 위한 투자는 다른 행성에서 온 것처럼 낯선 개념이다.

내 의도는 중요한 기술을 가르치는 프로그램을 비방하려는 것이 아니다. 프로그램 자체에 결함이 있는 것이 아니라, 인지 변화라는 포괄적인 목표와 연결이 잘 되어 있지 않다는 게 문제다.

시카고 대학교 사회복지행정대학원의 매튜 엡퍼슨은 현재 재적응 정책이 실패하고 있다는 데 진보주의자와 보수주의자 양쪽 다 동의하고 있다고 분석했다. 그는 보수적인 "범죄의 권리(Right on Crime)" 이니셔티브를 인용해 "수감자들을 어떻게 대하고 재적응시킬지 근본적으로 재고해야 할 때"라고 전했다.

생각의 오류 교정을 교도소 프로그램의 공통 핵심으로

브렌트 맥콜과 마이클 리보위츠는 저서 〈토끼굴 속으로(*Down the Rabbit Hole*)〉를 통해 코네티컷 교도소에서 수감자로서의 경험을 바탕으로 교정 프로그램들에 대해 자세히 비판했다. 그들은 프로그램이 효과적이려면 "범죄적 사고에 초점을 맞춘 더 크고 통합된 교정 체계의 일부여야 한다"고 강조했다. 맥콜과 리보위츠는 예를 들어 교도소 노동 산업 프로그램의 감독자는 목공 같은 기술을 가르칠 뿐만 아니라 "범죄자가 자기 시간을 관리하지 않고 정보를 찾는 것을 꺼리는" 등의 생각 오류를 동시에 다루어야 한다고 제안했다. 이들은 감독관이 "권위 있는 인물, 기술자, 강사, 안내자, 상담사"로 역할을 할 수 있도록 "올바른 태도와 자질"을 갖추어야 한다고 강조했다. 맥콜과 리보위츠는 "서로 다른 교정 영역 간의 관계가 서로 강화하고 서로를 기반으로 하는 협력적인 관계가 되어야 한다"고 했다.

모든 직원들은 생각의 오류 개념을 잘 알아야 한다. 한 교도관은 생각의 오류에 대해 "범인이 수감 전 정상적인 가정과 직장생활에, 수감 후 교도소 환경에 혼란을 가져오는 혼돈의 근원"이라고 표현했다. 그는 교도소에서 수년간 일한 경험을 바탕으로 이렇게 적었다. "범인이 치료 프로그램에서 배운 것을 교도소 마당이나 감방 또는 생활 구역에 있는 직원이 강화해 주어야 합니다. 모든 직원이 생각의 오류를 [이해하도록] 훈련받는다면 변화를 위한 강력한 요인이 될 수 있습니다. 이것은 치료라는 추상적인 개념에서 벗어나 일상생활 속의 교실로 치료 개념을 가져올 것입니다. 우리가 범죄자의 무책임에 대해 책임을 묻고 그들이 변화하도록 돕는 교실 말이죠."

재소자로서의 자신의 경험을 바탕으로 맥콜과 리보위츠는 재소자를 위한 프로그램에 있는 너무나 흔한 결함을 지적한다. 개별 구성 요소가 잘 실행되고 직원이 잘 훈련되어 있더라도, 합쳐졌을 때 전반적 노력을 통합하는 잘 연결된 개념 집합이 되는 것은 아니다. 예를 들어, 직업 훈련, 레크리에이션 및 사회성 교육을 위한 우수한 시설들이 있을 수 있다. 그러나 이곳들은 동일한 생각 패턴이 다른 맥락에서 다루어질 수 있는 변화의 장으로 고려되지 않는다. 그저 해당 시설에서 교육되는 특정 기술만 강조된다. 수감자들이 의무를 인식하고 이행하도록, 비현실적인 기대를 관리하도록, 비난을 감당하도록, 그리고 생각의 다른 오류들을 수정하도록 하는 교육의 부재 문제를 모든 활동과 수업에서 다루어야 한다. 그러나 교대 근무 내내 범죄자와 상호작용하는 교도관을 포함해 모든 직원이 그렇게 하도록 동의하는 상황에서만 이러한 일이 가능할 것이다.

다른 관점에서 본 인지치료

인지행동치료(Cognitive Behavioral Therapy: CBT)는 불안, 우울증 및 기타 장애치료로 널리 사용된다. 그것은 사람들의 잘못된 생각 패턴을 수정하는 데 도움이 된다. 예를 들어, 지속적으로 부정적인 시각을 보이는 환자는 인생에서 많은 즐거움을 누리지 못한다. 널리 시청된 TV 프로그램 〈새터데이 나이트 라이브(SNL)〉의 "데비 다우너"(항상 불평과 부정적인 말을 하는 등장인물로 다른 사람을 낙담시키는 사람을 가리키는 대명사가 됨: 역자 주) 캐릭터와 비슷한 면이 있다. 인지행동치료는 그런 환자가 자동으로 하는 우울한 생각을 스스로 인식하고, 분석하고, 보다 현실적인 평가를 하도록 돕는다.

하버드 의과대학에서 발행한 출판물에 따르면, 인지행동치료와 같은 치료법은 사람들이 "과거의 실패 대신 성공에 초점을 맞추는 법을 배움으로써 자신감을 키우는" 데 도움이 된다. 범죄자에게 인지행동치료 유형의 치료를 적용하는 목적은 매우 다르다. 범죄자는 성공을 정복이라는 의미로 본다. 다른 사람들이 자신에 대한 그의 부풀려진 견해를 인정해 주지 않는 게 실패다. 그가 과거의 성공에 초점을 맞추게 하는 것은 범죄를 조장하고 방조하게 도울 위험이 있다. 치료사가 범죄자의 심리를 이해하지 않는 한, 이런 범죄자에게 쏟는 노력은 헛될 것이다.

샬롯은 우울증과 양극성 장애로 정신 요법과 약물치료를 받았다. 샬롯의 부모는 그녀가 대학을 중퇴하고 취직을 거부하고, 한번에 몇 밤씩 갑자기 집에서 사라짐에 따라 절망했다. 정신건강 치료에 사용한 수천 달러는 효과가 없었다. 샬롯은 "저는 항상 좋은 자아상을 갖고 살아왔어요. 저는 친구들과 어울릴 때 행복해요. 제 성격은 괜찮습니다. 저는 아무 문제가 없어요"라고 나에게 말했다. 평가를 통해 나는 샬롯의 우울증이 그녀 자신이 만든 것임을 발견했다. 그녀가 의무를 무시하고, 지름길을 찾고, 그녀가 모험적이라고 생각하는 떠돌이들에게 마음이 끌린 결과에 직면했을 때 그녀는 우울해졌다. 삶에 대해 끝없이 불만스러워한 그녀는 "저는 항상 외부 요인을 탓해요"라고 인정했다. 주로 부모님, 선생님 또는 끊임없이 바뀌는 친구들 그룹이 주대상이었다. 그녀가 스스로 판 무덤 중 가장 최근 것은 대규모 절도라는 중범죄로 징역형을 선고받을 가능성에 직면한 것이었다. 샬롯 어머니는 딸의 가장 최근 치료사에 대해 이렇게 말했다. "그 사람은 우리가 씨름하는 문제의 본질을 전혀 파악을 못했어요. 샬럿이 효과적인 치료를 받게 할 수 있을까요?" 의심할 여지없이 샬롯을 치료한 정신 건강 전문가들은 최선을 다했다. 대부분의 다른 환자들에게 효과가 있었던 치료가 범죄자 마인드를 가진 샬롯에게는 도움이 되지 않았을 뿐이다.

〈이코노미스트〉의 2017년 기사는 "인지행동치료… 그것은 재범률을 10~30퍼센트 낮출 수 있다. 특히 젊은 범죄자들을 다루는 데 유용하다. 또한 저렴하다. 그러나 추정치에 따르면 미국 수감자의 5%만이 인지치료를 받을 수 있다"고 보도했다. 여기서 치료사를 또 다른 정복 대상으로 보는 범죄자에게 어떤 종류의 인지행동치료가 효과적일지의 문제가 제기된다. 수십 년 동안 범죄자의 재적응 상담을 어렵게 만든 같은 문제를 피하기 위해 인지행동치료는 범죄자의 세계관에 대한 철저한 지식을 기반으로 해야 한다. 누구도 오토바이에 쓰는 연료를 전투기에 사용하지 않을 것이다.

"심장장애 또는 범죄 성향?" 장에서 언급한 바와 같이 어떤 사람은 정신질환자면서 범죄자일 수 있다. 흑색종과 인플루엔자에 감염된 것처럼 서로 독립적인 두 가지 상태를 가질 수 있다. 교정시설에서 일하는 한 정신건강 전문가는 그의 동료들이 정신질환의 증상에 너무 집중해서 "재적응" 프로그램을 공식화할 때 범죄자의 핵심 성격에 전혀 주의를 기울이지 않는 것을 발견했다고 말했다. 이 상담사는 "동료들과 회사 교육자들에게 반론을 제기하고 범죄자의 사고방식을 일깨워주려고 분투하는 것에 지쳐버렸습니다. 그들은 우리가 교도소에서 일한다는 사실을 잊어버린 것처럼 정신건강에만 집중했어요"라고 전했다.

범죄자가 아닌 인지행동치료 환자 대부분은 자신을 괴롭히는 심리적 문제에서 벗어나기를 간절히 원한다. 내적 고통에 의해 동기가 부여된 그들은 치료사에게 마음을 털어놓고, 치료사의 조언을 수용하며, 상담 세션에서 배운 것을 세션 밖에서 적용한다. 범죄자는 감추고 얼버무린다. 그는 자신이 동의하는 견해만 수용한다. 다른 사람들은 가차 없이 비판해도 자기 자신에 대한 건설적인 비판은 거의 하지 않는다. 그는 항상 자기 주장을 입증하고 싶어 하며 자신을 개선하려고 하지 않는다.

회의론자들은 자기애에 빠진 나르시시스트들이 통찰력과 공감이 부족하고 그들에게 통찰력과 공감을 가르칠 수도 없다고 말한다. 최근 연구 결과는 다른 사실을 보여준다. 〈워싱턴포스트〉에 실린 기사에 따르면 공감능력은 "바뀌지 않는 특징"이라기보다는 가르칠 수 있는 "기술에 가깝다." 토론토 연구실의 연구 결과는 "나르시시스트가 자신의 자기중심성에 대한 통찰력이 없다는 관념에 도전을 제기"했다.

생각의 오류를 찾아내고 교정하는 것은 범죄자들을 대상으로 특별히 개발된 "인지적" 접근방식이다. 원인이 되는 요인에 연연하지 않고 범죄자의 관점에서 세상을 이해하는 "현상학적 접근"이 필요하다. 원인은 여전히 이론과 추측의 문제다.

40여 년 전, 시카고 대학 로스쿨 형사사법 연구센터의 에릭 스틸은 이렇게 적었다. "우리가 범죄를 이해하거나 그 근원에 대처할 수는 없을지 모르지만, 스스로 변화하고 폭력 범죄 없이 살고자 하는 그들의 개인적 노력을 촉진시킬 수 있는 최대한의 기회를 제공해야 합니다."

프로그램이 교정시설을 기반으로 하든, 커뮤니티를 기반으로 하든, "범죄적 사고"에 중점을 두는 것은 필수다. 이 접근방식은 결코 출소하지 못할 것으로 생각하지만 여전히 자기 계발에 관심이 있었던 수감자들에게도 희망을 주었다. 1990년대 후반부터 플로리다 섬터 교도소의 "라이퍼스 클럽(Lifer's Club)"은 생각의 오류와 관련된 유인물과 시청각 자료를 사용해 종신형을 선고받은 수감자를 교육했다. 그들의 자료는 후에 해당 교도소의 "선공개 오리엔테이션 프로그램"의 일부가 되었다.

이 책에서 나는 "범죄자"를 반복해서 언급했지만 그들의 범죄의 심각성에 대해서는 거의 구분하지 않았다. 분명, 범죄를 저지르는 모든 사람이 중범죄자는 아니다. 하지만 모든 유형의 범죄는 사람이 생각하는 방식에서 비롯된다. 이전 장 "범죄자 변화시키기"에서 자세히 설명한 프로그램을 이용하면, 아직 직업 범죄자로 발전하지 않은 청소년 및 성인이 책임감을 키울 수 있도록 교정해 줄 수 있다.

약물치료는 범죄자에게 미봉책

정책은 닉슨 대통령이 시작해 수십 년간 지속된 "마약과의 전쟁"에서 "진보적인" 검사들이 취하는 부드러운 입장(알려져 있기로는)으로 진자운동을 하듯이 왔다 갔다 했다. 이 공무원들은 마약 소지, 매춘, 가택 침입 같은, 그들 생각에 "낮은 수준의 범죄"와 관련해서는 일부 법을 집행하지 않고 있다. 비평가들은 이 검사들이 범죄로 기소된 사람 수를 줄임으로써 "범죄 감소"를 이루려 한다고 주장한다. 집행하지 않는 데에는 결과가 따른다. 2021년 5월 〈볼티모어 선〉은 치명적인 오피오이드 남용이 사상 최고에 달했으며, 경찰이 아무런 조치도 취하지 않고 있는 가운데 "금지되지 않은 공공 약물 거래"가 진행 중이라고 보도했다. 약물 판매 및 기타 "낮은 수준의" 범죄는 종종 강도, 총격, 조직폭력배 간의 전쟁으로 이어진다. 소위 비폭력적 마약 밀매상은 폭력조직을 포함하여 매우 폭력적인 사람들과도 거래한다.

스스로 마약치료를 받겠다고 의욕을 보이는 범죄자는 거의 없다. 마약은 신나는 세상을 제공한다. 사람들, 장소, 거래의 스릴이 전부 흥분을 준다. 지루하고 초조하고 짜증이 나던 범죄자도 마약에 대해 생각하기 시작하면 증상들이 사라지기 시작한다.

일부 범죄자들은 범죄에 더 능숙해지기 위해 자발적으로 약물치료 프로그램에 참여한다. 범죄자는 마약을 사용하지 않을 때 생각이 더 날카로워지고 조정능력이 향상된다는 면에서 자신이 "더 나은 범죄자"가 될 수 있다고 생각할지 모른다. 마약을 참더라도 그의 핵심적인 사고방식은 그대로 유지된다.

범죄자들 대부분은 약물치료로 수감을 대신할 수 있거나 법원 명령을 받은 경우에만 약물치료를 찾는다. 2020년 현재 미국에는 "마약 재사용 및 범죄 재범을 줄이기 위해" 설립된 3,000개의 마약 법원이 있다. 검사가 마약 관련 법을 집행하지 않는다면 이러한 전문 법원들이 마약 사용 범죄자를 돕는 역할을 할 기회가 줄어들 것이다. 〈볼티모어 선〉은 "마약 법원을 통해 치료 명령을 받는 사람들의 수가 10년 전의 25퍼센트에 불과하다"고 보도했다.

교도관 채용 및 훈련

교도관은 하루하루 교도소 생활의 분위기를 조성하고 교도소 문화 전반에 영향을 미친다. 교도관 채용 담당자는 범죄자의 사고방식을 이해하지만 그 자신은 범죄자 생각 패턴을 가지고 있지 않은 지원자를 채용하는 것이 중요하다. 범죄자 성향을 가진 지원자를 배제하는 것은 어려운 일이다. 구직자에 대한 신중한 평가에는 광범위한 면담, 심리 테스트, 이전 직장에서의 성과평가 검토가 포함될 수 있다.

교도소 관리자는 "너무 너그러운 사람"이나 "너무 강경한 사람"을 고용하는 것을 피하고 다음을 고려해야 한다. 후보자가 "나쁜 사람들"을 처벌하는 것을 좋아하기 때문에 이 직업을 가치 있게 여기는 것 같은가? 그가 자신의 직업을 "우리 대 그들"의 관점에서 보는 집행자로 인식하는가? 그가 이전 직위를 남용한 이력이 있는가?

수십 년 전 세인트 엘리자베스 병원에서 일하면서 나는 부패한 직원이 자기가 곧 법인 것처럼 군림하며 최선을 다해 할 일을 하는 성실한 동료들을 낙담시키는 것을 알게 되었다. 이런 직원들은 때때로 비밀을 유지하거나 교도소 정책을 위반하거나 명백히 불법인 방식으로 범죄자와 공모했다. 이들은 업무에 있어서 무책임하게 행동했을 뿐만 아니라 직장 밖에서도 많은 범죄를 저질렀다.

맥콜과 리보위츠는 그들이 수감되어 있던 교도소에서 비슷한 것을 발견했다. "교도관과 재소자 간의 경계가 흐려져, 징역형을 받아 교도소에 있는 사람과 교도소에서 일하는 사람 사이에 눈에 띄는 차이가 없어질 지경에 이르렀다."

에릭 스틸은 미국 법무부에 폭력 범죄자의 재적응에 초점을 맞춘 "특수 교도소"를 제안하는 문서에서 "직원의 자질"이 중요하다고 강조했다. 그는 "필요한 기술과 감성은 현장에서만 키울 수 있습니다. 전통적인 역할 개념은 수감자와 관계를 맺는 새롭고 긍정적인 방식으로 대체되어야 합니다." 그는 "직업적 정체성보다 개인의 기술과 태도"가 교도소장을 선출하는 데 중요한 요소가 되어야 한다고 권고했다.

다른 변화 요인

범죄자가 생각의 오류를 발견하고 교정하는 데 도움이 되는 프로그램에는 새로운 종류의 시설이 필요하지 않다. 심리학자와 정신과 의사 집단은 범죄자의 변화를 돕는 데 필수적이지 않다. 개념과 방법은 간단하다. 지식과 헌신, 체력이 이 작업에 필요하다.

교정기관에서 일하든 지역사회에서 일하든 범죄자를 지도하는 사람은 연민을 보일 것이다. 범죄자의 곤경에 눈물을 흘림으로써가 아니라, 오히려 책임감 있는 인간이 되도록 돕는 대단한 작업에 상당한 시간과 노력을 바침으로써 연민을 보이는 것이다. 이 일은 사회와 범죄자 모두에게 삶과 죽음의 문제만큼 중요하다.

범죄자와 함께 일할 때 따르는 직업적 위험 중 가장 큰 것은 신체 폭행의 위험이다. 또한 열정, 헌신 및 관심이 빠르게 소진될 것이라는 점이 직업적 만족도를 낮추는 요인이다. 이상주의적이고 성실한 청년들은 좋은 일을 하기를 열망하며 교정시설에 들어간다. 그리고 거의 즉시, 예비하지 않은 일련의 장애물에 직면하게 된다. 그들의 고객(수감자)이 어디에서나 가장 어려운 상대들임에도 불구하고, 이 초보 직원들은 부모, 교사, 고용주, 성직자 등의 사람들이 수년 동안 실패했던 것을 성취해야 한다고 생각한다. 게다가 업무량은 기가 질릴 정도로 많다. 수많은 문서 작업과 긴 회의로 인해 범죄자를 상대할 시간이 단축된다. 신입 직원은 범죄자와 관료조직과의 투쟁으로 지친 고위 직원들의 무관심과 냉소에 부딪히며 때때로 그들의 적대심과도 마주한다.

신입 직원은 범죄자와 유대관계를 형성하기 위해 열심히 노력한다. 그는 자신이 진전을 보이고 있다고 생각하는 동시에 속았다는 사실을 깨닫는다. 범죄자는 지금까지 수차례 해온 것을 반복한다. 진정한 의도와 불법행위를 숨기고 자기가 원하는 방식으로 상대가 생각하게끔 하는 것이다. 새로 온 직원이 자기 노력이 결실을 맺었다고 믿기 시작하는 순간, 새로운 깨달음이 뒤통수를 친다. 예컨대 감방 수색 기간에 자기가 상담한 재소자가 밀수품과 직접 만든 무기를 몇 주간 숨겨두었다는 것을 알게 되는 식이다. 신입 직원은 처음에는 자신의 실패를 경험 부족으로 돌린다. 그러나 이런 종류의 달갑지 않은 놀라움을 반복 경험하면, 그의 자신감과 사기는 떨어지고 자신이 정말 이 일에 적임자인지 의심한다. 최선의 노력을 다하지 않는 재소자에게 분노가 치솟는다. 어떤 직원들은 이 일이 희망이 없다고 믿기 시작한다. 어떤 경우에는 그럴지 모르지만, 섣부른 패배주의적인 태도는 자기실현적 예언(예측과 기대가 자신과 주변 사람 행동에 영향을 끼쳐서 결국 예측하고 기대한 것이 현실이 되는 현상: 역자 주)으로 바뀔 수 있다. 한 고위 교도관은 초기 열정에서 소진으로 진행되는 과정을 이렇게 묘사했다. 그는 "새로 들어온 직원은 첫 해에는 '범죄자를 위해' 충분히 할 수 없고, 둘째 해에는 범죄자에게 충분히 해줄 수 없고, 3년차가 되면 아무 상관 안 합니다." 전문 직원이 냉소적이거나 무관심해질 때 인간적 요소가 사라진다. 일부는 버티고 견디면서 단순히 하루하루 견뎌내고 월급을 받는 것에 감사해한다. 소수는 여전히 가치 있는 일을 성취하기를 바라며 노력을 지속한다.

한 교도관은 나에게 쓴 편지에서 자기 자신을 의심하게 된 과정에 대해 썼다. 그는 자기 일에 전념했지만 점점 좌절감을 느꼈다. 그는 "전에 그랬던 것처럼 범죄자의 사고방식에 대한 사전 지식이 없으면 어떤 변화도 이룰 수 없다는 것을 깨달았다"고 말했다. 그는 "관찰과 경험을 구식 이론의 틀에 맞추려 한 것이 얼마나 무익한 노력이었는지 깨달았다"고 했다. 그는 "범죄자가 기본적으로 비범죄자와 동일한 가치체계를 갖고 있다는 가장 잘못된 전제부터 출발해서, 우리는 출구가 없는 길을 걸어왔다"고 말했다.

지역사회 재적응

형사사법 개혁의 주요 추진력은 탈시설화다. 〈이코노미스트〉의 한 기사는 "교도소는 최악의 범죄자를 위해 남겨두고, 덜 무서운 사람들은 빼라"고 권고했다. 문제는 강력범죄 전과 여부 외에 무슨 수로 "무서운" 수감자들을 식별하느냐다. 형사법 교수 로니 아테네는 "전과 기록은 그 사람의 범죄 정도를 측정하지 않는다. 그것은 단지 범죄자를 체포하는 형사사법제도의 효율성을 측정할 뿐이다"라고 경고했다. "이 사람들에 대해 훨씬 더 심도 있는 연구"를 수행할 필요성에 대한 그의 권고는 옳다. 거기에 문제가 있다. 누구를 출소할지 결정하기 위한 심층평가는 시간도 많이 걸리고 따라서 비용이 많이 든다. 그러나 신중한 평가를 하지 않을 때 따라오는 피해는 그보다 훨씬 더 크다.

재범의 위험이 크지 않은 것으로 보이는 재소자들을 석방하기 위한 조치들이 시행되었다. 코로나19 팬데믹 기간 동안 가속화된 이 정책은 일부에서 비극적인 결과를 초래했다. 2020년 7월, 살인 혐의로 기소된 메릴랜드 남성은 "코로나로 인한 즉각적 위험"을 이유로 긴급 출소 신청서를 성공적으로 제출했다. 3개월 후, 그는 한 남성을 흉기로 찔러 살해한 혐의로 기소되었다. 버지니아에서 비슷한 출소 신청을 한 강간 용의자도 출소 후 자기를 고발한 사람을 살해했다.

2018년 퍼스트스텝법안(First Step Act: FSA)은 대규모 수감을 낳은 "범죄에 대한 강경대응" 정책을 취소하기 위한 연방 차원의 초당적 노력이었다. 양형 개혁과 더불어 재범 가능성에 따라 수감자를 낮음, 중간 또는 최고 위험 범주로 지정하는 조항이 만들어졌다. 수감자들은 "재범죄 억제활동"에 참여함으로써 휴가를 위한 점수를 얻을 수 있었다. 2019년 7월 기준으로 평균 73개월이 감형되었다. 더 큰 지역사회에 거주하기 전에 수감자들은 24시간 전자 모니터링을 통해 집에 감금되어야 하는 출소 전 프로그램에 배치된다. 퍼스트스텝 프로그램은 장기간의 후속 조치가 따를 것이다.

퍼스트스텝 한참 전에도 소년범 양형의 재량을 허용하려는 노력이 있었다. 워싱턴 DC에서는 1985년 청소년재적응법(Youth Rehabilitation Act: YRA)에 따라 일부 범죄자가 유죄 판결을 피하거나 감형되었다. 이 프로그램이 운영된 지 30년 이상이 지난 후 〈워싱턴포스트〉는 2016년에 "집행유예를 받은 많은 범죄자들이 더 강력한 범죄를 저질렀다"고 보도했다. 어떤 경우에는 선의의 법안이 더 많은 범죄에 대한 허가였던 것으로 드러났다. 예를 들어, 사회 재적응 기회를 얻은 후 살인을 저지른 한 청년은 이렇게 말했다. "나는 같은 일을 다시 했어요. 그들은 그냥 나에게 청년법(Youth Act)을 적용해 바로 다시 내보내 주었어요. 그들은 전혀 신경쓰지 않아요."

젊은 범죄자들은 "재적응"에 대해 좀 더 희망적인 생각을 가지고 있다는 것이 일반적인 통념이다. 그러한 전망이 일부 사람들에게는 사실일 수 있지만 내 경험은 그렇지 않았다. 많은 십대와 청년들은 변화의 동기가 될 만큼 심각한 결과를 아직 경험하지 못했다. 그들은 눈앞의 일에 초점을 맞춘다. 법적인 위기에서 한번 벗어나면 그들의 범죄 빈도와 심각성이 높아진다. 위기 관리는 누가 어떤 조건에서 석방되어야 하는지를 결정하는 정확한 과학과는 거리가 멀다.

"탈시설화 운동": 기회 또는 위험?

1960년대에 들어서 정신질환 환자를 병원에서 내보내려는 운동이 힘을 얻기 시작했다. 입원시설, 특히 주립 정신병원은 막다른 창고로 간주되었으며 경우에 따라 학대하는 곳으로 취급받았다. 1963년 지역사회 정신건강법(Community Mental Health Act: CMHA)이 통과된 후, 정신질환자가 향정신성 약물 관리를 포함한 협력 서비스를 통해 집 근처에서 효과적으로 치료할 수 있다는 낙관론이 커지면서 주립 병원은 문을 닫기 시작했다. 1994년과 1995년 사이에 공립 병원의 정신질환 환자 수는 56만 명에서 7만1,000명으로 감소했다. 탈시설화의 실패로 엄청난 대가가 계속해서 치러지고 있다. 부실한 계획과 자원 부족으로 성인 남녀 및 어린이는 도시 거리에서 불결한 생활을 하거나 다리 아래에서 자고, 텐트에서 야영을 하거나, 안전하지 않은 대피소에서 비좁게 지내게 된다.

적절한 지역사회 정신건강 서비스를 제공하지 않은 것은 또 다른 결과로 이어졌다. 미국 심리학회의 간행물인 〈심리학 모니터(*Monitor on Psychology*)〉는 "미국 내 220만 명의 재소자를 수용하는 시설은 지역사회에서 서비스를 받기 위해 고군분투하는 사람들을 위한 사실상의 정신건강 시설이 되었다"고 지적했다.

개혁가들이 수천 명 범죄자들의 석방을 촉구함에 따라 형사사법 분야에서도 유사한 탈시설화 과정이 진행되고 있다. 시카고 대학의 매튜 엡퍼슨은 "정신건강이든 형사사법제도이든 탈시설화에는 적절한 자금 지원을 받는 후속 시스템이 필요하다. 출소 자체가 목표는 아니다"라고 경고했다.

범죄자를 감시하고, 서비스를 제공하고, 교정이 가능한 사람들과 함께 일할 직원을 고용하기 위한 풍부한 자원을 제공하지 않은 채, 범죄자를 교도소에서 석방하고 그들이 책임감 있게 역할을 수행하기를 기대하는 것은 비현실적이다.

보호관찰

19세기 후반부터 범죄자들은 어느 정도 수감생활 이후 법원으로부터 수감 대신 보호관찰을 받도록 선고받았다. 2018년에는 354만 명의 범죄자가 미국에서 보호관찰 명령을 받았다. 보호관찰관은 수감자를 감독하고 사례에 따라 지역사회 봉사, 무작위 약물검사, 상담 및 안정적인 거주지 유지 등의 조건을 제시한다. 많은 지역사회에서 보호관찰은 힘이 없다. 처벌하기는커녕 범죄자를 그다지 불편하게 하지조차 않는다. 격주로 30분 만나는 약속은 과중한 업무에 시달리는 보호관찰관이 서류 작업을 완료하고 의미 있는 토론을 하기에 충분한 시간이 못 된다. 일부 보호관찰관은 업무량이 많아 자기 보호대상자 중 상당수를 거리에서 마주쳐도 알아보지 못할 것이다.

비평가들은 보호관찰 관행이 너무 자주 "그들을 추적하고, 붙잡아서, 교도소에 가두는" 식의 접근법으로 특징지어진다고 주장해 왔다. 휴먼라이츠워치(Human Rights Watch, 국제인권단체: 역자 주)와 미국 시민자유연맹(ACLU)은 보고서를 통해 "자의적이고 지나치게 가혹한 감독 [보호관찰] 체제"가 "사람들을 다시 미국의 구치소와 교도소로 이끌었다"고 주장했다. 보고서는 "취약계층을 형사사법제도로부터 멀어지게 하기 위해" 교육과 직업 훈련 등에 자원을 투자해야 한다고 강조했다. 이러한 사고방식은 사회가 그를 돌보지 않았기 때문에 "취약한" 피고인이 교도소로 다시 "유도"되었으며, 그에게 더 많은 기회를 제공해 줄 필요가 있다는 시각을 반영한다. 사실 보호관찰 대상자가 명확하게 설명된 준수사항을 위반해서 재수감되었을 가능성이 더 크다.

보호관찰관은 번번이 준수사항 위반에 대한 변명을 듣는 데 익숙해진다. 보호관찰관은 종종 보호관찰 준수사항을 노골적으로 위반하는 대상자를 만난다. 마침내 대상자를 만나면, 보호관찰관은 위반이 계속되면 법원에서 통지를 받게 될 것이라고 경고한다. 그러면 범죄자는 공격을 시작하고, 보호관찰관이 자기가 실패하기를 바란다든가, 기회를 주지 않는다든가, 불합리하다든가, 자신을 오해한다고 비난하는 전형적인 전술을 구사한다. 업무가 과중한 보호관찰관은 대상자가 자주 또는 심각한 위반을 범하지 않는 한, 법원에 열성적으로 보호관찰 취소를 신청하지는 않는다. 취소 신청을 하려면 보호관찰관은 기록을 모으고 서류를 작성한 뒤, 법정에서 증언하기 위해 기다리는 데 상당한 시간을 할애해야 한다. 만일 대상자가 준수사항을 지키지 않는다면, 자기 사고방식이나 생활방식을 실질적으로 변화시킬 필요가 있다고 믿고 있을 가능성도 별로 없다.

보호관찰 개혁을 지지하는 사람들은 위험평가를 기반으로 결정을 내릴 것을 촉구해 왔다. 이는 합리적으로 들리지만 실행하기가 극히 어렵다. 같은 범죄인 절도 혐의로 체포된 남녀를 생각해 보라. 그들은 이전에 체포된 적이 없는 "초범"으로 간주되었기 때문에 각각 짧은 보호관찰 명령을 받았다. 그러나 실제 범죄 이력 면에서 그들은 크게 달랐다. 남자는 몇 번 물건을 훔쳤고, 여자는 수년간 물건을 훔치고 다른 유형의 범죄들도 저질렀다. 기소되는 것은 그 남자에게는 결혼생활과 경력을 망가뜨리는 일이었다. 그의 재범 위험은 상대적으로 낮았다. 그 여성은 보호관찰을 "벌을 피하는 것", 즉 가벼운 체벌 정도로 간주했다. 그녀에게 보호관찰은 강력한 억제력이 있을 것 같지 않았다. 법원의 과중 업무에 시달리는 담당 보호관찰관은 보통 심층 위험평가를 수행할 시간이 없다.

사회재적응 과정에서의 고려들

일부 범죄자들은 그들을 변화시키려는 어떠한 집중적 노력도 즉시 거부할 것으로 예상된다. 다른 사람들은 변화를 시도해 보지만 너무 제한적이기 때문에 재빨리 포기한다. 두 경우 모두 이 사람들이 교도소 외부에 거주하게 될 경우, 면밀한 감시가 필요할 것이다. 위에서 설명한 종류의 교정 노력은 이전보다 덜 위험하다. 요즘은 정교한 기술이 지역사회에서 범죄자를 면밀히 감시할 수 있기 때문이다.

범죄자가 상담사에게 접근해 그의 생각을 변화시킬 수 있게 요청하는 경우는 거의 없다. 처음에는 참여시키려면 보호관찰 조건 같은 법적 장치가 필요할 수 있다. 그러나 최종 분석에서 누구도 범죄자를 억지로 변화시킬 수 없다. 결국, 그는 자기가 처한 상황뿐 아니라 자기 자신에게도 만족하지 못하는 지경에 이르러야 한다. 그는 경찰서, 구치소, 교도소의 회전문에 다시 들어가는 것에 지칠 것이다. 그는 자신이 아끼고 자신을 아끼는 사람들을 배척해 왔음을 깨닫게 될지도 모른다.

그들에게는 오직 세 가지 길만 존재한다. 범죄, 자살 또는 변화. 많은 범죄자들이 네 번째 선택지에 대한 믿음을 고수한다. 표면적으로 태도를 개선하고 책임 있게 보이면서 계속 한쪽으로 범죄를 저지르는 것이다. 범죄자가 스스로 거짓말하는 것을 허용하면, 결국에는 거짓말이 만연하게 된다. 그가 직장에서 몇 가지 도구를 훔친다면, 머지않아 그는 고용주를 속이거나 다른 방법으로 도둑질을 하고 있을 것이다. 경미한 범죄는 내리막으로 굴러가는 눈덩이와 같다. 크기가 점점 커진다.

수십 년을 교도소에서 보낸 밥은 언젠가 석방이 되든 안 되든 상관없이, 자신이 근본적으로 변화해야 한다고 인식하기에 이르렀다. 몇 년 동안 그는 나에게 자신의 분투에 대해 계속 알렸다. "제 성격의 많은 부분은 바꾸기 어려웠습니다. 단 한 부분도 바꾸는 게 쉽지 않았어요. 범죄 성향이 쫙 깔려 있었어요." 밥은 "다른 사람의 권위에 응하기보다 결정권을 쥐고 싶어 하는 스스로의 동기를 체크하려고" 지속적으로 노력한다고 말했다. 가석방 심사위원회는 수차례 불허한 끝에 그를 가석방했다. 지역사회에서 거의 1년을 보낸 밥은 형사사법 프로그램의 미래 방향에 대한 자신의 희망을 담은 편지를 나에게 보냈다. "형사사법 개혁이 제기하는 도전은 만만치 않습니다. 사회의 이익을 가장 효과적으로 보호하려면, 현재의 형벌 문화를 범죄자에게 의미 있고 지속적인 변화를 지원하는 문화로 전환해야 합니다. 교도소는 사람의 선함을 위한 잠재력이 확인되는 배움의 장소여야 합니다."

변화를 위한 효과적인 프로그램은 범죄자에게 전적인 책임을 부여한다. 그는 새로운 선택을 할 기회와 능력이 있다. 이 접근방식은 범죄자에게 무슨 일이 일어나느냐가 아니라, 범죄자가 다른 사람들에게 무엇을 하느냐를 강조한다.

그런 프로그램에서 결정은 범죄자를 위해 내려지지 않는다. 초점은 그가 결정에 도달하는 "과정"에 맞춰진다. 결국 범죄자는 준법 시민처럼 평생 직업을 선택하고 자신의 재능과 노력이 허용하는 한 앞으로 나아갈 수 있다. 책임감 있는 선택의 범위 안에는 항상 많은 다양한 기회가 존재할 것이다.

변화과정은 범죄자들에게 문명의 생존을 가능케 한 도덕적 가치를 획득할 것을 요구한다. 범죄자들이 다른 사람을 다치게 하지 않고 살도록 가르치는 것이 목적이다. 칼럼니스트 마이클 거슨은 〈워싱턴포스트〉에 이렇게 썼다. "재소자들을 무가치하고 희망이 없다고 무시하는 것은… 도덕적으로 부당한 것이며 전 세대에 영향을 끼친다." 바라건대, 형사사법 개혁의 중요한 측면은 "재적응"에 집중될 것이며, 재적응은 생각의 오류에 대한 관심을 요구한다.

내가 여기서 언급한 문제들은 새로운 것이 아니다. 선택할 수 있는 힘, 자유 의지, 선과 악, 유혹에 대한 대응, 그리고 역경에 직면했을 때 용기를 보여줄지 아니면 비겁함을 보여줄지 여부다. 대부분의 종교의 신성한 책들은 속임수와 분노, 교만에 대한 훈계로 가득 차 있다. 또한 구약은 "그가 마음속으로 생각하듯이 실제로도 그러한즉"(잠언 23 : 7)이라고 전한다. 우리의 생각이 곧 우리를 만든다. 가장 기본적인 것, 즉 생각을 바꾸도록 도와주지 않으면서 범죄를 포기하고 책임감 있게 살도록 돕는 것은 불가능하다.

참고문헌

2022년판 서문

Richard A. Dienstbier, "Exceptions to the Rule: A Review of the Criminal Personality, Volume 1: A Profile for Change," *Law and Human Behavior*, March 1977.

1. 범죄 원인에 초점을 맞추는 것은 쓸데없는 짓이다

Adrian Raine, *The Anatomy of Violence* (New York: Pantheon Books, 2013).

"'Affluenza' Teen, Ethan Couch, Now 20, Nears Prison Release After DUI Crash That Killed 4," Fox News, March 21, 2018, www.foxnews.com/us/2018/03/21/affluenza-teen-ethan-couch-now-20-nears-prison-release-after-dui-crash-that-killed-4.

American Historical Association, "What Causes Crime?," 1946, www.historians.org/about-aha-and-membership/aha-history-and-archives/gi-roundtable-series/pamphlets/em-3-is-a-crime-wave-coming-(1946)/what-causes-crime.

Anna Goshua, "How Violent Video Games Can Be Good for You," *Washington Post*, August 30, 2019.

Barbara Bradley Hagerty, "When Your Child Is a Psychopath," *Atlantic*, June 2017, p. 82.

Bruce Fellman, "Nature, Nurture, and Nativity," *Yale Alumni Magazine*, March/April 2015, p. 30.

Camelia E. Hostinar and Gregory E. Miller, "Protective Factors for Youth Confronting Economic Hardship: Current Challenges and Future Avenues in Resilience Research," *American Psychologist* 74 (2019): 641–52.

Caroline Kettlewell, "Nurture Shapes Nature in Early Infancy Bonding," *Virginia*, Spring 2020, p. 30.

Centers for Disease Control and Prevention, "Youth Violence: Risk and Protective Factors," August 30,

2011, www.cdc.gov/violenceprevention/youthviolence/riskprotective factors.html.

Clarence R. Jeffery, "Environmental Design and the Prevention of Behavioral Disorders and Criminality," *Proceedings: Crime Prevention Through Environmental Design Workshop*, Ohio State University, July 19–23, 1972.

Council on Communications and Media, "Virtual Violence," *Pediatrics* 138, no. 2 (August 2016), pediatrics.aap publications.org/content/138/2/e20161298.

Craig A. Anderson, "Violent Video Games: Myths, Facts, and Unanswered Questions," *Psychological Science Agenda*, October 2003, www.apa.org/science/about/psa/2003/10/anderson.

Curt and Anne Bartol, *Criminal Behavior: A Psychological Approach*, 11th ed. (Boston: Pearson, 2015), p. 33.

Dom Phillips and Júlio Carvalho in Rio de Janeiro, "Brazil's Army Returns to Rio Favela amid Clashes Between Gangs and Police," *Guardian*, September 22, 2017, www.theguardian.com/world/2017/sep/22/brazils-army-deployed-to-rio-favela-amid-clashes-between-gangs-and-police.

Edwin M. Schur, *Our Criminal Society* (Englewood Cliffs, NJ: Prentice-Hall, 1969), p. 169.

"Editorial: Reimagine Safety," *Washington Post*, March 21, 2021.

Eljiah Anderson, "The Code of the Streets," *The Atlantic*, May 1, 1994.

Fredric Wertham, *Seduction of the Innocent* (Port Washington, NY: Kennikat Press, 1972).

Ian Urbina, *The Outlaw Ocean: Journeys Across the Last Untamed Frontier* (New York: Knopf Doubleday, 2019).

Kirk Semple and Azam Ahmed, "Murder Rates See Steep Decline: 'It's Taking People Off the Streets,'" *New York Times*, April 12, 2020.

Leonard D. Eron, "Relationship of TV Viewing Habits and Aggressive Behavior in Children," *Journal of Abnormal and Social Psychology* 67, no. 2 (1963), 193–96.

"Lifelong Antisocial Behaviour Linked to Brain Structure Differences," *UCL News*, February 18, 2020, www.ucl.ac.uk/news/2020/feb/lifelong-antisocial-behaviour-linked-brain-structure-differences.

Luz Lazo, "Peer-to-Peer Car Rental Apps Are a Boon to Auto Thieves," *Washington Post*, February 16, 2020.

Luz Lazo, "To Combat an Increase in Crime, Amtrak Calls 'All Aboard' to Police Officers," *Washington Post*, February 23, 2020.

Melissa Hogenboom, "Two Genes Linked with Violent Crime," BBC News, October 28, 2014, http://www.bbc.com/news/science-environment-29760212.

Michelle Singletary, "The Pandemic Has Created New Jobs — for Scammers Preying on the Unemployed," *Washington Post*, December 16, 2020.

Nickie D. Phillips, "Violence, Media Effects and Criminology," *Oxford Research Encyclopedia of Criminology*, July 27, 2017, oxfordre.com/criminology/view/10.1093/acrefore/9780190264079.001.0001/acrefore-9780190264079-e-189.

Paul Duggan, "Puzzling Spike in Auto Thefts, Many of Them Violent, Worries D.C.–Area Police," *Washington Post*, December 22, 2020.

Peter Harman and John D. Harden, "Robberies Down but Assaults Up in District," *Washington Post*,

April 10, 2020.

Ray Surette, "Female Copycat Crime: An Exploratory Analysis," *Violence and Gender* 8, no. 1 (March 2021): 1.

Rodrigo Guerrero Velasco, "An Antidote to Murder," *Scientific American*, October 2015, pp. 47–50.

Roy Kwon and Joseph F. Cabrera, "Income Inequality and Mass Shootings in the United States," *BMC Public Health* 19 (2019): 1147, bmcpublichealth.biomedcentral.com/articles/10.1186/s12889-019-7490-x.

Ryan Gallagher and Bloomberg, "Hackers 'Without Conscience' Demand Ransom from Dozens of Hospitals and Labs Working on Coronavirus," *Fortune*, April 1, 2020, fortune.com/2020/04/01/hackers-ransomware-hospitals-labs-coronavirus/.

"Scammers Are Cashing In on COVID-19," *Checkbook Update* 20 (Summer/Fall 2020): 10.

The social worker was Walter Hirtzel, LCSW, working for eighteen years within a state prison system.

Tim Worstall, "The Root Cause of Crime? It's Simple," Adam Smith Institute Blog, February 22, 2010, www.csmonitor.com/Business/The-Adam-Smith-Institute-Blog/2010/0222/The-root-cause-of-crime-it-s-simple.

Wealright Group, "The Code of the Street: Cultural Insight Enhancing Acceptance and Efficacy in Anti-racism, Anti-bullying, Anger Management and Community Resilience Programs in Schools, Criminal Justice, and Public Policy," in *Making the Good Common*, codeofthestreet.net/criminal-thinking-personality-theory-critique-and-challenge, March 5, 2019.

Yudhijit Bhattacharjee, "The Science of Good and Evil," *National Geographic*, January 2018, p. 131.

2. 범죄자 마인드라는 개념 명확히 하기

American Psychiatric Association, *Diagnostic and Statistical Manual of Mental Disorders*, 5th ed. (Washington, DC: American Psychiatric Association, 2013), p. 659.

3. 생각의 오류들

Alfred Adler, "Individual Psychology and Crime," *Police Journal* 17 (1930), reprinted in *Quarterly Journal of Corrections* (1977), pp. 7–13.

Benjamin Karpman, "The Structure of Neuroses: With Special Differentials Between Neurosis, Psychosis, Homosexuality, Alcoholism, Psychopathy, and Criminality," *Archives of Criminal Psychodynamics* 4 (1961): 599–646.

"Tom Ford Answers the Proust Questionnaire," *Vanity Fair*, March 2020, p. 137.

"What Do You Do with a Stolen Van Gogh?," *New York Times*, May 27, 2020.

5. 범죄 행위 전, 중, 후의 정신적 과정

"A Remorseless Malvo Heard on Recording," *Washington Post*, November 22, 2003.

Byron Christopher, *The Man Who Mailed Himself Out of Jail* (self-published, 2020), p. 175.

Frank S. Perri, "Silencing the Truth: Fraud Detection Violence," *Journal of Forensic and Investigative Accounting* 12, no. 3 (September 2020): 407–21.

Joyce Brothers, "Daughter's Shoplifting May Have Been Plea for Help," *Anchorage Daily News*, October 6, 1980.

Leigh Jones, "Lawyers Who Shoplift: 'A Cry for Help,'" Law.com, December 12, 2017, www.law.com/sites/almstaff/2017/12/12/lawyers-who-shoplift-a-cry-for-help/?slreturn=20210615222036.

"Letters Show Malvo as Trying to Deceive," *Washington Post*, December 16, 2003.

"Malvo Is Sane, Experts Testify," *Washington Times*, December 16, 2003.

"Malvo Trial: The Day in Court," *Washington Post*, December 4, 2003.

Marisa M. Kashino, "In Memoriam," *Washingtonian*, September 2020, p. 120.

"Psychologists Refute Mental Illness Theory," *Northern Virginia Daily*, December 16, 2003.

"Psychologists: Malvo Was Not Mentally Ill," *Richmond Times-Dispatch*, December 16, 2003.

"Testimony completed in trial of Malvo," *Baltimore Sun*, December 16, 2003.

6. 부모가 자녀를 범죄자로 만들지 않는다

American Psychiatric Association, *Diagnostic and Statistical Manual of Mental Disorders,* 5th ed. (Washington, DC: American Psychiatric Association, 2013), pp. 265–68.

David Cohen, *Stranger in the Nest* (New York: John Wiley & Sons, 1999), pp. 4, 7.

Deborah Bach, "Behaviors Linked to Adult Crime Differ in Abused Girls and Boys, Study Finds," *UW News* (University of Washington), August 11, 2015, https://www.washington.edu/news/2015/08/11/behaviors-linked-to-adult-crime-differ-in-abused-girls-and-boys-study-finds/.

Eli Hager, "Your Child Is Jailed. Then Comes the Bill," *Washington Post*, March 3, 2017.

"Is Temperament Determined by Genetics?," *Medline Plus*, September 17, 2020, medlineplus.gov/genetics/understanding/traits/temperament/.

Jenkin Lloyd Jones, "What Makes a Criminal," *Evening Star* (Washington, DC), 1963.

John Bowlby, *Child Care and the Growth of Love* (Baltimore: Penguin Books, 1953).

Penn State, "Some Personal and Moral Beliefs May Stem from Genetics," *ScienceDaily*, www.sciencedaily.com/releases/2019/02/190225145632.htm.

William B. Carey, *Understanding Your Child's Temperament* (New York: Macmillan, 1997), p. xxi.

8. 또래 압력은 범죄의 핑계가 될 수 없다

Curt R. Bartol and Anne M. Bartol, *Criminal Behavior: A Psychological Approach*, 11th ed. (Boston: Pearson, 2017), p. 36.

"8-Year-Old Bully Apt to Remain That Way," *Washington Post*, August 27, 1983.

Nicholas Peleggi, *Wiseguy: Life in a Mafia Family* (New York: Simon & Schuster, 1985), p. 19.

Robin Robin M. Kowalski and Susan Limber, "Psychological, Physical, and Academic Correlates of Cyberbullying and Traditional Bullying," *Journal of Adolescent Health* 53 (2013): 513–20.

9. 학교: 범죄를 저지르기 위한 또는 감추기 위한 장소

"Alternative School Divides Md. District," *Washington Post*, September 27, 2019.

American Psychiatric Association, *Diagnostic and Statistical Manual of Mental Disorders*, 5th ed. (Washington, DC: American Psychiatric Association, 2013), p. 471.

American Psychiatric Association, *Diagnostic and Statistical Manual*, p. 61.

Colorado Department of Education, *Social Maladjustment Topic Brief*, November 2015.

Curt R. Bartol and Anne M. Bartol, *Criminal Behavior: A Psychological Approach*, 11th ed. (Boston: Pearson, 2017), pp. 38, 46.

Debbie Truong, "'It's a Cage': Outrage over School Seclusion," *Washington Post*, May 27, 2018.

Donna St. George, "Alternative School Divides Md. District," *Washington Post*, September 27, 2019.

Fairfax County Public Schools, *Special Education Handbook for Parents*, p. 13.

Family Educational Family Educational Rights and Privacy Act of 1974, 20 U.S.C. § 1232g (1974).

John Wisely, "2 Jackson Teachers Claim Violent Abuse by Students Goes Unpunished," *Detroit Free Press*, October 18, 2019.

Ke Wang et al., *Indicators of School Crime and Safety: 2019*, "Bureau of Justice Statistics," https://bjs.ojp.gov/library/publications/indicators-school-crime-and-safety-2019.

Ke Wang et al., *Indicators of School Crime and Safety: 2019* (Washington, DC: National Center for Education Statistics, July 2020), p. iii. www.ojp.Gov/library/publications/indicators-school-crime-and-safety-2019.

Lauren Musu–Gillette et al., *Indicators of School Crime and Safety: 2017* (Washington, DC: National Center for Education Statistics, March 2018), p. iii.

National Center of Education Statistics, "Indicators of School Crime and Safety: 2017," p. 82.

Nicki Lisa Cole, "Understanding the School-to-Prison Pipeline," ThoughtCo., May 30, 2019 (updated October 21, 2020), www.thoughtco.com/school-to-prison-pipeline-4136170?print.

"Report: Black Students Disciplined More Because of Implicit Racial Bias," *Washington Post*, April 6, 2018.

10. 일과 범죄자

"Employee Theft Costs U.S. Businesses $50 Billion per Year," *Security*, November 1, 2017.

Carolyn M. Bates and Annette M. Brodsky, *Sex in the Therapy Hour* (New York: Guilford Press, 1989), p. 136.

Terry Leap, "When Bad People Rise to the Top," *MIT Sloan Management Review*, Winter 2008, pp. 23–27.

11. 정복과 자아 형성을 위한 성관계

Brett Kahr, *Ideas in Psychoanalytic Exhibitionism* (Cambridge, MA: Icon Books, 2001), p. 54.

Camila Domonoske, "Pedophilia Scandal Sends Shock Waves Through U.K. Soccer," National Public Radio, December 2, 2016, www.npr.org/sections/thetwo-way/2016/12/02/504164498/pedophilia-scandel-sends-shock-waves-through-u-k-soccer.

Canada Department of Justice, "Voyeurism as a Criminal Offence: A Consultation Paper," last modified January 7, 2015, http://justice.gc.ca/eng/cons/voy/part1_context.html.

Dalibor Dolezal and Ena Jovanovic, "Identifying Criminal Career Patterns of Sex Offenders," in *Criminology and Post-Mortem Studies*, ed. Sara Palermo (London: IntechOpen, 2021), www.intechopen.com/online-first/identifying-criminal-career-patterns-of-sex-offenders.

Dan Morse, "For Kids, Abuse Risk Online Rises amid Covid," *Washington Post*, February 21, 2021.

18 U.S.C. § 2256; U.S. Department of Justice, "Citizen's Guide to U.S. Federal Law on Child Pornography," updated May 28, 2020, www.justice.gov/criminal-ceos/citizens-guide-us-federal-law-child-pornography.

Eric Levenson, "Larry Nassar Sentenced to Up to 175 Years in Prison for Decades of Sexual Abuse," CNN, January 24, 2018, https://www.cnn.com/2018/01/24/us/larry-nassar-sentencing.

"Ex-Teacher Pleads Guilty to Taking Lewd Images," *Washington Post*, May 25, 2021.

Fred S. Berlin and Denise Sawyer, "Potential Consequences of Accessing Child Pornography over the Internet and Who Is Accessing It," *Sexual Addiction and Compulsivity*, January–June 2012, p. 39.

John Douglas and Mark Olshaker, *The Anatomy of Motive* (New York: Scribner, 1999), p. 40.

Kateyln T. Kik-Provencher et al., "Neuroanatomical Differences Among Sex Offenders: A Targeted Review with Limitations and Implications for Future Directions," *Violence and Gender* 7, no. 3 (2020): 86–97.

Otto Fenichel, *The Psychoanalytic Theory of Neurosis* (New York: W. W. Norton, 1945), p. 72.

Tamara Zieve, "Indictment: Suspected Pedophile Sports Coach Preyed on 121 Victims," *Jerusalem Post*, September 6, 2018, www.jpost.com/Israel-News/Indictment-Suspected-pedophile-sport-coach-preyed-on-121-victims-566637.

U.S. Department of Justice, "Offender Registration and Notification Act (SORNA)," updated May 28, 2020, www.justice.gov/criminal-ceos/sex-offender-registration-and-notification-act-sorna.

Wendy Patrick, "Beyond Looking: When Voyeurism Leads to Criminal Behavior," *Psychology Today* (online), January 2, 2018.

12. 범죄자의 분노 전이

American Psychiatric Association, *Diagnostic and Statistical Manual of Mental Disorders*, 5th ed. (Washington, DC: American Psychiatric Association, 2013), p. 467.

Anger, Forgiveness, and the Healing Process (Haddonfield, NJ: Institute for Brain Potential, undated).

- Barbara Sternberg, *Understanding Anger*, 2nd ed. (Institute for Natural Resources, 2010), p. 7.
- Bill O'Hanlon, "Dissed and Pissed: Harnessing Adolescents' and Young Adults' Anger and Frustration as Vehicles for Change," Ninth National Conference on Adolescents and Young Adults, March/April 2011, workshop brochure, distributed by Hazelden in association with Health Communications, Inc.
- "Explosive, Challenging & Resistant Kids" (Eau Claire, WI: CMI Education, 2012), workshop brochure.
- "Toxic Anger" (Eau Claire, WI: CMI Education, 2011), workshop brochure.
- W. Doyle Gentry, *Anger Management for Dummies* (Hoboken, NJ: John Wiley & Sons, 2011).

"Big Girls Don't Cry," *The Sopranos*, season 2, episode 5, aired February 13, 2000.

Bryon Christopher, *The Man Who Mailed Himself Out of Jail* (self-published, 2020).

Ernest Hemingway, *For Whom the Bell Tolls* (New York: Scribner [1940], 2003 ed.), pp. 370–71.

"Family of Southern California Boy Killed in Road Rage Attack Offers $50,000 Reward," *Press Democrat*, May 24, 2021, www.pressdemocrat.com/article/news/family-of-southern-california-boy-killed-in-road-rage-attack-offers-50000/?sba=AAS.

Ian Deitch, "Rabbi Yosef Shalom Elyashiv, 102, Was Revered Worldwide as Expert on Jewish Religious Law," *Washington Post*, July 19, 2012.

Jean Kim, "Anger's Allure: Are You Addicted to Anger?," *Psychology Today* (online), August 25, 2015.

National Institute of Corrections, "Suicide in Corrections," undated, nicic.gov/suicide-in-corrections.

Newton Hightower, *Anger Busting 101* (Lafayette, LA: Bayou, 2003), pp. 27, 33.

13. 범죄성이 먼저, 마약은 그 다음

"After Prison, More Punishment," *Washington Post*, September 8, 2019.

American Psychiatric Association, *Diagnostic and Statistical Manual of Mental Disorders*, 5th ed. (Washington, DC: American Psychiatric Association, 2013), p. 485.

Arizona Addiction Recovery Center, "The Relationship Between Peer Pressure and Drug Abuse," *Addiction & Recovery*, August 12, 2020, arizonaaddictioncenter.org/the-relationship-between-peer-pressure-

and-drug-abuse/.

Centers for Disease Control and Prevention, "Marijuana: How Can It Affect Your Health," undated.

Crystal Raypole, "What Is an Addictive Personality?," *healthline*, April 23, 2019, www.healthline.com/health/addictive-personality-traits.

David A. Patterson Silver Wolf and Mark Gold, "Treatment Resistant Opioid Use Disorder (TROUD): Definition, Rationale, and Recommendations," *Journal of Neurological Science*, April 15, 2020, pubmed.ncbi.nlm.nih.gov/32078842.

Edward J. Khantzian, *Treating Addiction as a Human Process* (Lanham, MD: Jason Aronson, 2007), p. 572.

"Is Addiction a 'Brain Disease'?," Harvard Health Blog, March 11, 2016.

Michael O. Miller and Gary R. VandenBos, "Collaborating with Patients on Firearms Safety in High-Risk Situations," *Journal of Health Service Psychology* 46, no. 4 (2020): 150.

National Center for Drug Abuse Statistics, "Drug Abuse Statistics," 2021, drugabusestatistics.org.

"Opioid Deaths in Young Americans Often Involve Other Drugs," *U.S. News & World Report*, November 27, 2020, www.usnews.com/news/health-news/articles/2020-11-27/opioid-deaths-in-young-americans-often-involve-other-drugs.

Scott M. Fishman, *Responsible Opioid Prescribing* (Washington, DC: Federation of State Medical Boards, 2007), p. 15.

14. 테러리스트 범죄자

Aubrey Immelman, "The Personality Profile of al-Qaida Leader Osama bin Laden" (paper presented at the 25th Annual Scientific Meeting of the International Society of Political Psychology, Berlin, Germany, July 16–19, 2002).

Central Intelligence Agency, "Terrorists: Recruiting and Operating Behind Bars," August 20, 2002, fas.org/irp/cia/product/ctc082002.pdf.

Craig Timberg et al., "Huge Breach of Data Security at Target," *Washington Post*, December 20, 2013.

Dale Russakoff and Serge F. Kovaleski, "An Ordinary Boy's Extraordinary Rage," *Washington Post*, July 2, 1995.

Edvard Radzinsky, *Stalin* (New York: Anchor Books, 1997), pp. 40, 50, 51, 122, 228, 235, 355, 363.

Federal Bureau of Investigation, "Terrorism," undated, fbi.gov/about-us/investigate/terrorism/terrorism-definition.

"Forgotten Conflicts 2021: When Will the Crisis in the Central African Republic End?," Inter Press Service, February 9, 2021, www.ipsnews.net/2021/02/forgotten-conflicts-2021-will-crisis-central-african-republic-end/.

"'I Can't Bring Myself to Kill My Fellow Americans,'" Daily Mail.com, August 4, 2019, www.dailymail.co.uk/news article-7319493/El-Paso-Walmart-shooter-Patrick-Crusius-described-short-tempered-loner-bullied-high-school.html.

Jamil Jivani, *Why Young Men* (New York: All Points Books, 2019), p. 136.

Marie Wright, "Domestic Terrorism, Cyber-Radicalization & U.S. College Students," *Forensic Examiner*, Winter 2011, pp. 10-18.

Mary Anne Weaver, "The Short, Violent Life of Abu Musab al-Zarqawi," *Atlantic*, July 1, 2006, theatlantic.com/magazine/archive/2006/07/the-short-violent-life-of-abu-musab-al-zarqawi/304983/.

Mary Ellen O'Toole, "Violence Is Changing: Are We Prepared?," *Violence and Gender* 1, no. 4 (2014): 143-44.

Philippe Bolopion, "Averting a New Genocide in Africa," *Washington Post*, November 29, 2013.

Rachel Weiner et al., "Man Charged in Riot Linked to Oath Keepers," *Washington Post*, March 9, 2021.

Robert G. L. Waite, *The Psychopathic God: Adolf Hitler* (New York: Signet, 1977), pp. 47, 188.

Stanley Bedlington, "Not Who You Think," *Washington Post*, October 28, 2001.

Suman Naishadham and Jake Bleiberg, "Analysis: Portland Protesters Vary as Much as Their Arrests," Oregon Public Broadcasting, July 30, 2020, www.opb.org/article/2020/07/30/portland-oregon-protests-arrests-records-data.

Suzanne Pollak, "Internet Provides Venue for Training Future Jihadists," *Washington Jewish Week*, May 16, 2013.

"The Case Files: Robert Gregory Bowers," blog post, Ontic Center for Protective Intelligence, Austin, Texas, February 23, 2021.

15. "괜찮은 사람들"

Byron Christopher, *The Man Who Mailed Himself Out of Jail* (self-published, 2020), p. 176.

Jayson Ware, W. L. Marshall, and L. E. Marshall, "Categorical Denial in Convicted Sex Offenders: The Concept, Its Meaning, and Its Implication for Risk and Treatment," *Aggression and Violent Behavior* 25, part B (November-December 2015): 215-26.

Katherine Skiba, "Older Americans Lose Billions to Scams, Senate Report Says," AARP.com, January 18, 2019, www.aarp.org/money/scams-fraud/info-2019/senate-aging-committee-hearing.html.

Katherine Skiba, "Once, Twice, Three Times a Fraud Victim," AARP.com, March 3, 2021, www.aarp.org/money/scams-fraud/info-2021/chronic-fraud-victimization-report.html?intcmp=AE=FRDSC-MOR-R2-POS3.

Lance Morrow, "Evil," *Time*, June 10, 1991, pp. 48-53.

16. 심신장애 또는 범죄 성향?

American Psychiatric Association, *Diagnostic and Statistical Manual of Mental Disorders*, 5th ed. (Washington, DC: American Psychiatric Association, 2013), p. 50.

American Psychiatric Association, *Diagnostic and Statistical Manual*, pp. 291-93.

American Psychiatric Association, *Diagnostic and Statistical Manual*, pp. 99–101.

Arcangelo D'Amore, "Dilemma of a Psychiatrist in Court," *Medical Annals of the District of Columbia* 32, no. 7 (July 1963): 259–64.

Arthur Train, *Courts and Criminals* (New York: McKinlay Stone & Mackenzie, 1912), p. 247.

Campbell Robertson, Ali Watkins, and Andrés R. Martínez, "In Indianapolis Shooting, a Red Flag That Never Flew," *New York Times*, April 18, 2021, www.nytimes.com/2021/04/18/us/fedex-shooting-indianapolis-gun-laws.html.

Catherine Porter, "'Incel' Enthusiast Who Killed 10 with Van Stands Trial in Toronto," *New York Times*, November 20, 2020.

Dorothy Otnow Lewis, *Guilty by Reason of Insanity: A Psychiatrist Explores the Minds of Killers* (New York: Fawcett Columbine, 1998), p. vi.

Edvard Radzinsky, *Stalin* (New York: Anchor Books, 1997), p. 319.

Emily Caster, "Using Mental Illness as a Scapegoat for Mass Shootings: The Perils of Being a Bystander in a World of Misinformation—A Psychologist's Perspective," *Violence and Gender* 6, no. 3 (2019): 145–46.

Herbert Georges and Michael Blue, "A Double Homicide Trial Results in Two Verdicts and Two Dispositions: Punishment Then Treatment," *Journal of the American Academy of Psychiatry and the Law Online* 41, no. 2 (June 2013): 304–6, jaapl.org/content/41/2/304.

Institute for Public Policy and Social Research College of Social Science, "Summary and Policy Implications of 'Do Red Flag Laws Save Lives or Reduce Crime?,'" ippsr.msu.edu/research/do-red-flag-laws-save-lives-or-reduce-crime.

John R. Lott, Jr., and Carlisle E. Moody, "Do Red Flag Laws Save Lives or Reduce Crime?," papers.ssrn.com/sol3/papers.cfm?abstract_id=3316573.

Lexico, www.lexico.com/definition/forensic.

Petula Dvorak, "Did the Pandemic Stop America's Violent Streak? Not When It Comes to Homicides," *Washington Post*, April 21, 2021.

Serge F. Kovaleski, "Acquaintances Split on 'Brainwashing,'" *Washington Post*, November 17, 2003.

Sigmund Freud, "The Ego and the Id," in *The Complete Works of Sigmund Freud*, vol. 19 (London: Hogarth, 1961), pp. 12–68.

William A. White, *Insanity and the Criminal Law* (New York: Macmillan, 1923), pp. 105, 259.

17. 수감

Anna-Cathrine Brigida, "El Salvador's Government Cut Deals with MS-13 Gang in Bid to Reduce Killings, Report Says," *Washington Post*, September 25, 2020.

Bureau of Justice Statistics, "Prison Rape Elimination Act," 2003.

Carmel Tajonera, "Professor and McNair Scholar Examine the Rise in Elderly Offenders," *Gold & Blue*, October 25, 2013, www.stmarytx.edu/2013/criminals-age-out/.

Charles Colson, *Life Sentence* (Ada, MI: Chosen Books, 1979).

Christopher Osher, "Colorado Prison Chief's Assassin Caught on Tape with Fellow Gang Member," *Gazette*, August 24, 2019, www.coloradopolitics.com/news/colorado-prison-chiefs-assassin-caught-on-tape-with-fellow-gang-member/article_b9154dae-c6b5-11e9-93ea-87dcf7140972.html.

Daniel p. Mears, "Evaluating the Effectiveness of Supermax Prisons" (research report of the Urban Institute Justice Policy Center, March 2006), p. iii.

David C. Pyrooz, "Using Restrictive Housing to Manage Gangs in U.S. Prisons," National Institute of Justice, June 30, 2018.

David Crary, "Prison Drug Use Becoming Harder and Harder to Control," *Corrections1*, January 17, 2010, corrections1.com/drug-issues/articles/prison-drug-use-becoming-harder-and-harder-to-control-tKBDXJHcYEp1wWFk/.

David Fathi, "Supermax Prisons: Cruel, Inhuman, Degrading," ACLU blog, July 9, 2010, www.aclu.org/blog/national-security/supermax-prisons-cruel-inhuman-and-degrading.

Department of Justice, "Prisoners at Midyear 1982," *Bureau of Justice Statistics Bulletin* (October–November 1982), p. 1.

Derek Gilna, "Five Years After Implementation, PREA Standards Remain Inadequate," *Prison Legal News*, November 2017.

Marilyn Stewart, "Angola Prison Ministry Celebrates 20 Yrs., New Facility," Baptist Press, September 10, 2015, www.baptistpress.com/resource-library/news/angola-prison-ministry-celebrates-20-yrs-new-facility/.

"Nearly 300 Inmates Attempt Suicide in America's Prisons Each Year," NBC4 Washington news report, August 12, 2019, www.nbcwashington.com/news/local/suicide-in-american-federal-prisons-2019/83062/.

Paul Best, "NJ Man Used Drones to Smuggle Cell Phones, Tobacco, Other Contraband into Federal Prison," FOX News, April 20, 2021.

"Prisoners in 2019," U.S. Department of Justice Bureau of Justice Statistics bulletin, NCJ 255115, October 2020, bjs.ojp.gov/content/pub/pdf/p19.pdf.

Shadd Maruna, *Making Good: How Ex-Convicts Reform and Rebuild Their Lives* (Washington, DC: American Psychological Association, 2001), p. 152.

Stephen Gettinger, "Informer," *Corrections Magazine*, April 1980, pp. 17–19.

The Sentencing Project, "Trends in U.S. Corrections," 2012, sentencingproject.org.

Walter Pavlo, "Will Cell Phones Be the Downfall of Prisons?," *Forbes*, April 19, 2020, www.forbes.com/sites/walterpavlo/2020/04/19/will-cell-phones-be-the-downfall-of-prisons/?sh=33b8317 41be4.

18. 범죄자 변화시키기

Ben Stein, "Taking the Lumps, Calling Them Sugar," *Los Angeles Herald Examiner*, July 27, 1978.

Paul Hauck, *The Rational Management of Children* (New York: Libra, 1967), pp. 100, 101.

19. 무엇을 해야 하는가?

Abigail Jones, "What Schizophrenia Does to Families," *Washington Post Magazine*, January 19, 2020, p. 18.

Amy Brittain et al., "Second-Chance Law for Young Criminals Puts Violent Offenders Back on D.C. Streets," *Washington Post*, December 3, 2016.

An-Li Herring, "Report: Probation, Parole 'Feed Mass Incarceration,' and the 'Problem Is Particularly Acute' in PA," WITF, August 1, 2020, www.witf.org/2020/08/01/report-probation-parole-feed-mass-incarceration-and-the-problem-is-particularly-acute-in-pa-2/.

Brent McCall and Michael Liebowitz, *Down the Rabbit Hole: How the Culture of Corrections Encourages Crime* (self-published, 2017).

California Legislative Analyst's Office, "How Much Does It Cost to Incarcerate an Inmate? California's Annual Costs to Incarcerate an Inmate 2018-2019," updated January 2019, lao.ca.gov/policyareas/cj/6_cj_inmatecost.

Danielle Kaeble and Mariel Alper, "Probation and Parole in the United States, 2017-2018" (U.S. Department of Justice Bureau of Justice Statistics bulletin, NCJ 252072), August 2020.

Eric Steele, *A Model for the Imprisonment of Repetitively Violent Criminals* (Chicago: University of Chicago Law School Center for Study in Criminal Justice, 1974), p. 7.

"Focusing on Past Successes Can Help You Make Better Decisions," *Harvard Men's Health Watch* (April 2021): 8.

Heather Stringer, "Careers in Corrections," *Monitor on Psychology* 51, no. 2 (March 2020): 62.

"Jail Break," *Economist*, May 27, 2017, p. 13.

Jamil Zaki, "Calls for Racial Justice Gained Steam with Empathy," *Washington Post*, June 20, 2020.

Justin Fenton, "Mosby on Limb to Fight Arrests," *Baltimore Sun*, May 2, 2021.

Lucas McGranahan, "Corrective Measures," *University of Chicago Magazine* 110 (Summer 2018).

Mariel Alper, Matthew R. Durose, and Joshua Markman, "2018 Update on Prisoner Recidivism: A 9-Year Follow-up Period (2005-2014)" (special report of the U.S. Department of Justice Bureau of Justice Statistics), May 2018, bjs.ojp.gov/content/pub/pdf/18upr9yfup0514.pdf.

Michael Gerson, "You Should Care About What Happens Behind Prison Walls," *Washington Post*, December 18, 2021.

Milton S. Eisenhower Foundation, *Youth Investment and Community Reconstruction: Street Lessons on Drugs and Crime for the Nineties* (Washington, DC, Milton S. Eisenhower Foundation, 1990), p. 7.

Natalie Escobar, "One Author's Controversial View: 'In Defense of Looting,'" National Public Radio-WAMU, August 27, 2020, www.npr.org/sections/codeswitch/2020/08/27/906642178/one-authors-argument-in-defense-of-looting.

National Commission on the Causes and Prevention of Violence, (The Violence Commission), *Final Report* (Washington, DC: U.S. Government Printing Office, 1969).

"Personality Pursuits," *Monitor on Psychology*, November 2019.

Peter Tomasek, "First Step Act of 2018: Two Years Later," Interrogating Justice, December 29, 2020, interrogatingjustice.org/prisons/first-step-act-of-2018-two-years-later/.

"Rethinking Violent Crime," *Think Tank*, PBS, transcript from July 31, 2003.

Steele, *Model for the Imprisonment*, pp. 30–32.

Susan Gonzalez, "Yale Prison Education Program Receives $1.5 Million Mellon Grant," YaleNews, April 15, 2021, news .yale.edu/2021/04/15/yale-prison-education-program-receives-15-million-mellon -grant?utm_source=YaleToday&utm_medium=Emial&utm.

U.S. Department of Justice Office of Justice Programs, "Drug Courts," May 4, 2021, www.ojp.gov/feature /drug-courts/overview?utm_campaign=ojpnewsw&utm_medium=email&utm_source=govdelivery.

U.S. Justice Department Bureau of Prisons, "Annual Determination of Average Cost of Incarceration," April 30, 2018, www.federalregister.gov/documents/2018/04/30/2018-09062/annual-determination-of-average-cost-of-incarceration.

"We've Been Here Before. This Time, Let's Try Something New," *Washington Post*, March 21, 2021.

찾아보기

저자_ 스탠튼 E. 새머나우(Stanton E. Samenow) 박사는 지난 50년간 연구자, 임상의, 상담가 그리고 범죄행동에 특화된 전문가 법정 증인으로 활동해 온 임상심리학자다. 그는 자녀 양육권을 둘러싼 적대적 분쟁에서도 독립평가자 역할을 맡아왔으며, 미국 대통령 세 명으로부터 법 집행, 피해자 권리, '마약 없는 미국(Drug Free America)' 등과 관련한 태스크포스팀 일원으로 임명되었다. 〈60분(60 Minutes)〉, 〈오프라 윈프리 쇼〉, 〈굿모닝 어메리카〉, 〈래리킹 라이브〉를 포함한 다수의 미국 방송에 출연하기도 했다. 〈범죄자 마인드〉 외에도 저서 〈너무 늦기 전에(*Before It's Too Late*)〉와 〈범죄자들에 대한 단도직입적인 이야기(*Straight Talk About Criminals*)〉를 출간한 저자이기도 하다.

- 스탠튼 E. 새머나우 박사의 다른 저서들
  The Myth of the Out of Character Crime
  Straight Talk about Criminals
  Before It's Too Late
  In the Best Interest of the Child
- 새뮤얼 요컬슨 박사와의 공저서들
  The Criminal Personality: Profile for Change
  The Criminal Personality: The Change Process
  The Criminal Personality: The Drug User

역자_ 이자연 교수는 한양대 미디어커뮤니케이션학과 부교수이다. 고려대학교 법학과를 졸업하고 미국 텍사스대학(오스틴)에서 저널리즘으로 석사학위를, 미국 오하이오주립대학(콜럼버스)에서 커뮤니케이션학으로 박사학위를 받았다. 미국 펜실베이니아주 소재 리하이대학과 가천대학교 미디어커뮤니케이션학과를 거쳤다. 소통의 맥락에 따른 사람들의 심리와 미디어 사용 효과를 주로 연구했다.

감수자_ 정주호 교수는 가천대 경찰행정학과 교수이다. 동국대에서 범죄심리전공으로, 경기대에서 경호안전학으로 각각 박사학위를 받았다. 대통령 경호실 경호관을 지냈고, 한국산업보안연구학회 부회장을 역임했으며 현재 한국경찰학회와 한국경호경비학회 그리고 한국국가안보국민안전학회 부회장으로 활동하고 있다. 범죄예방제도와 정책의 효과를 주로 연구했다.

범죄자 마인드

임상심리학자가 찾아낸 범죄자의 사고방식

2023년 2월 10일 1판 1쇄 인쇄
2023년 2월 15일 1판 1쇄 발행

저 자 | 스탠튼 E. 새머나우
역 자 | 이자연
발 행 인 | 이수영
발 행 처 | 도서출판 청람
서울시 마포구 독막로 288(대흥동, 세양상가 109호)
전 화 | 02)3272-2601~2
팩 스 | 02)3272-2603
이 메 일 | crbooks@daum.net
홈페이지 | www.crbooks.co.kr
등 록 | 2000년 8월 26일 제6-0509호

ISBN 978-89-5972-922-7 93300
[정가 24,000원]